DWD 88

Der gutgläubige Erwerb von Geschäftsanteilen
im Recht der GmbH

Europäische Hochschulschriften

Publications Universitaires Européennes
European University Studies

Reihe II
Rechtswissenschaft

Série II Series II
Droit
Law

Bd./Vol. 5117

PETER LANG
Frankfurt am Main · Berlin · Bern · Bruxelles · New York · Oxford · Wien

Johannes Wagner

Der gutgläubige Erwerb von Geschäftsanteilen im Recht der GmbH

Ein teilweise verfassungswidriges Rechtsinstitut?

PETER LANG
Internationaler Verlag der Wissenschaften

Bibliografische Information der Deutschen Nationalbibliothek
Die Deutsche Nationalbibliothek verzeichnet diese Publikation in der Deutschen Nationalbibliografie; detaillierte bibliografische Daten sind im Internet über http://dnb.d-nb.de abrufbar.

Zugl.: Frankfurt (Oder), Europa-Univ., Diss., 2010

Gedruckt auf alterungsbeständigem,
säurefreiem Papier.

D 521
ISSN 0531-7312
ISBN 978-3-631-61344-3

www.peterlang.de

Vorwort

Die vorliegende Untersuchung wurde im Sommersemester 2010 von der Juristischen Fakultät der Europa-Universität Viadrina Frankfurt (Oder) als Dissertation angenommen. Die mündliche Prüfung fand am 11. Juni 2010 statt.

Die Arbeit entstand während meiner Zeit als wissenschaftlicher Mitarbeiter am Lehrstuhl meines Doktorvaters, Herrn Professor Dr. Kaspar Frey, an der Europa-Universität Viadrina Frankfurt (Oder). Bei ihm möchte ich mich für die umfangreiche Betreuung dieser Arbeit sehr herzlich bedanken. Er gab mir ausreichenden Freiraum, mich mit meiner Dissertation zu beschäftigen und stand mir stets mit den notwendigen Hilfestellungen und Anregungen zur Seite.

Gleichzeitig möchte ich mich bei Herrn Professor Dr. Sigurd Littbarski für die äußerst rasche Erstellung des Zweitgutachtens bedanken.

Großen Dank schulde ich schließlich Eva, Christine, Johannes, Roman und meinen Eltern für ihre Unterstützung bei der Entstehung des Manuskripts.

München, im August 2010

Johannes Wagner

Inhaltsübersicht

Inhaltsverzeichnis

Abkürzungsverzeichnis

a.A.	anderer Ansicht
Abl.	Amtsblatt
Abs.	Absatz
AcP	Archiv für die civilistische Praxis
a.E.	Am Ende
a.F.	alte Fassung
AG	Die Aktiengesellschaft (Zeitschrift); Aktiengesellschaft
AktG	Aktiengesetz
Alt.	Alternative
AöR	Archiv der öffentlichen Rechts
Art.	Artikel
Aufl.	Auflage
Az.	Aktenzeichen
BayObLG	Bayerisches Oberstes Landesgericht
BB	Der Betriebs-Berater
Bd.	Band
BeckOK	Beck´scher Online-Kommentar
BFH	Bundesfinanzhof
BGB	Bürgerliches Gesetzbuch
BGBl.	Bundesgesetzblatt
BGH	Bundesgerichtshof
BGHZ	Entscheidungen des Bundesgerichtshofs in Zivilsachen
BT-Drs.	Bundestagsdrucksache
BVerfG	Bundesverfassungsgericht
BVerfGE	Entscheidungen des Bundesverfassungsgerichts
BWNotZ	Zeitschrift für das Notariat in Baden-Württemberg
BZRG	Gesetz über das Zentralregister und das Erziehungsregister (Bundeszentralregistergesetz)
bzw.	beziehungsweise
DAV	Deutscher Anwaltsverein
DB	Der Betrieb
Der Konzern	Der Konzern. Zeitschrift für Gesellschaftsrecht, Steuerrecht, Bilanzrecht und Rechnungslegung der verbundenen Unternehmen
ders.	derselbe
d.h.	das heißt
DNotZ	Deutsche Notarzeitschrift
DStR	Deutsches Steuerrecht

DZWIR	Deutsche Zeitschrift für Wirtschafts- und Insolvenzrecht
EG	Europäische Gemeinschaft
EGGmbHG	Einführungsgesetz zum Gesetz betreffend die Gesellschaften mit beschränkter Haftung
etc.	et cetera
EU	Europäische Union
f.	und die folgende Seite (Paragraf)
FamFG	Gesetz über das Verfahren in Familiensachen und den Angelegenheiten der freiwilligen Gerichtsbarkeit
ff.	und die folgenden Seiten (Paragrafen)
FGG	Gesetz über die Angelegenheiten der freiwilligen Gerichtsbarkeit
FN.	Fußnote
FS	Festschrift
GBO	Grundbuchordnung
GmbH	Gesellschaft mit beschränkter Haftung
GmbHG	Gesetz betreffend die Gesellschaften mit beschränkter Haftung
GmbHR	GmbH-Rundschau
GmbHRG	Gesetz zur Reform des Rechts der Gesellschaften mit beschränkter Haftung (GmbH-Reformgesetz), Gesetzesvorschlag der Notare Vossius/Wachter
Großkomm.	Großkommentar
GVBl.	Gesetz- und Verordnungsblatt
HGB	Handelsgesetzbuch
h.M.	herrschende Meinung
HRV	Verordnung über die Einrichtung und Führung des Handelsregister (Handelsregisterverordnung)
i.d.F.	in der Form
i.S.d.	im Sinne des (der)
i.V.m.	in Verbindung mit
Jura	Juristische Ausbildung
juris-PK	juris Praxiskommentar
JuS	Juristische Schulung
JZ	Juristenzeitung
LG	Landgericht
MittBayNot	Mitteilungen des Bayerischen Notarvereins, der Notarkasse und der Landesnotarkammer Bayern
MittRhNotK	Mitteilungen der Rheinischen Notarkammer
MoMiG	Gesetz zur Modernisierung des GmbH-Rechts und zur Bekämpfung von Missbräuchen
MünchKomm.	Münchener Kommentar
mwN.	mit weiteren Nachweisen

n.F.	Neue Fassung
NJ	Neue Justiz
NJW	Neue Juristische Wochenzeitschrift
NJW-RR	NJW Rechtsprechungsreport Zivilrecht
Nr.	Nummer
NVwZ	Neue Zeitschrift für Verwaltungsrecht
NZG	Neue Zeitschrift für Gesellschaftsrecht
OLG	Oberlandesgericht
RabelsZ	Rabels Zeitschrift für ausländisches und internationales Privat-
Rdnr.	recht
RefE	Randnummer
RegE	Referentenentwurf
RG	Regierungsentwurf
RGZ	Reichsgericht
RNotZ	Entscheidungen des Reichsgerichts in Zivilsachen
Rpfleger	Rheinische Notar-Zeitschrift
	Der deutsche Rechtspfleger
S.	Seiten
Status: Recht	Beilage zu DB
UmwG	Umwandlungsgesetz
Var.	Variante
vgl.	vergleiche
VGR	Wissenschaftliche Vereinigung für Unternehmens- und Gesell-
VO	schaftsrecht
VVDStRL	Verordnung
	Veröffentlichungen der Vereinigung der Deutschen Staats-
	rechtslehrer
WM	Wertpapiermitteilungen
z.B.	zum Beispiel
ZErb	Zeitschrift für die Steuer- und Erbrechtspraxis
ZfIR	Zeitschrift für Immobilienrecht
ZGR	Zeitschrift für Unternehmens- und Gesellschaftsrecht
ZHR	Zeitschrift für das gesamte Handels- und Wirtschaftsrecht
ZIP	Zeitschrift für Wirtschaftsrecht
Zit.	zitiert
ZNotP	Zeitschrift für die Notarpraxis
ZPO	Zivilprozessordnung

A. Einführung

Das Gesetz zur Modernisierung des GmbH-Rechts und zur Bekämpfung von Missbräuchen (MoMiG)[1] trat am 01.11.2008 in Kraft. Die Reform verfolgt im Wesentlichen zwei, bereits im Namen zum Ausdruck kommende Hauptziele. Einerseits soll die GmbH besser gegen Missbräuche geschützt werden, andererseits soll das GmbH-Recht modernisiert, dereguliert und die Attraktivität der GmbH gegenüber konkurrierenden ausländischen Rechtsformen gesteigert werden.[2] Die Spannbreite der Änderungen erfasst zeitlich betrachtet das ganze Leben der GmbH, angefangen bei der Gründungsphase bis hin zur Insolvenz der Gesellschaft.

Rein formell betrachtet ist damit der Schlusspunkt hinter eine Reformdiskussion gesetzt, die greifbar mit einem Beschluss der Justizministerkonferenz vom 14.11.2002[3] begonnen wurde, in dem das Bundesjustizministerium gebeten wurde, die Reformbedürftigkeit des Rechts der Gesellschaften mit beschränkter Haftung, insbesondere vor dem Hintergrund der zunehmenden Insolvenzen, zu prüfen. Ob das MoMiG auch den inhaltlichen Schlusspunkt darstellt, darf bezweifelt werden, wird sich aber erst im Laufe der Zeit nach einer umfassenden theoretischen Aufarbeitung und praktischer Anwendung der neuen Regelungen wirklich beantworten lassen.

Innerhalb dieses Prozesses übernimmt die vorliegende Arbeit eine Teilaufgabe und beschäftigt sich mit dem gutgläubigen Erwerb von GmbH-Geschäftsanteilen und Rechten daran. Dieses Institut als autonome GmbH-rechtliche Figur war bisher nicht geregelt und gutgläubiger Erwerb im GmbH-Recht konnte daher nur ganz punktuell in Sonderfällen eintreten.[4] Namentlich stellen sich die Fragen, wie das Gesetz den gutgläubigen Erwerb ausgestaltet und dessen Reichweite abgrenzt, ob es die Reichweite zu eng oder zu weit zieht und wie der Rechtsverlust des wahren Berechtigten zu rechtfertigen ist. Sind hierauf Antworten gefunden, so wird sich zeigen, ob das MoMiG - bezogen auf den Gutglaubensschutz - den Reformprozess beendet hat oder aber noch Nachbesserungsbedarf besteht.

---

1 Gesetz zur Modernisierung des GmbH-Rechts und zur Bekämpfung von Missbräuchen (MoMiG) vom 23.10.2008 (BGBl. I S. 2026).

2 Regierungsbegründung, BT-Drs. 16/6140, S. 25 linke Spalte.

3 Siehe hierzu: *Seibert*, FS Röhricht, 585, 586.

4 Siehe hierzu: 2. Kap. A. II. 1.

1. Kapitel: Grundbegriffe und Gang der Darstellung

A. Die Grundbegriffe

Gegenstand der vorliegenden Betrachtungen ist der gutgläubige Erwerb von GmbH-Geschäftsanteilen und Rechten daran gemäß § 16 Abs. 3 GmbHG. Dies macht es nötig, zunächst überblicksartig die hierbei maßgeblichen Grundbegriffe, namentlich den Geschäftsanteil und den gutgläubigen Erwerb, darzustellen.

I. Der Geschäftsanteil

Der Begriff des Geschäftsanteils wird im Gesetz nach wie vor verwendet (z.B. §§ 3 Abs. 1 Nr. 4, 5 Abs. 2, 14 ff. GmbHG), aber nicht bestimmt.[5] Rechtsprechung und Literatur sind sich aber darin einig, dass über den Geschäftsanteil einem Gesellschafter die Gesamtheit seiner vermögens- und personenrechtlichen, mitgliedschaftlichen Rechte und Pflichten zugeordnet werden.[6] Daher ist der Geschäftsanteil in der Gesetzesterminologie der für die Mitgliedschaft in der GmbH verwendete Ausdruck.[7] Anschaulich lässt sich damit sagen, dass der Geschäftsanteil die Mitgliedschaft vergegenständlicht.[8] Hält ein Gesellschafter mehrere Geschäftsanteile, etwa weil er bei Gründung zwei Anteile übernommen (§ 5 Abs. 2 Satz GmbHG) oder einen weiteren Geschäftsanteil im Wege der Kapitalerhöhung erworben hat, so vermitteln die Geschäftsanteile eine jeweilige Mitgliedschaft an der Gesellschaft.[9] Unter Mitgliedschaft wird heute allgemein die Summe der einzelnen Rechte, die einer Person als Mitglied eines Verbandes zustehen, und aller Pflichten, die sie in diesem zu erfüllen hat, verstanden.[10] Mitgliedschaftliche Rechte lassen sich in Teilnahme-, Teilhaber-, Informations-, Kontroll- und Lösungsrechte unterteilen.[11] Mitgliedschaftliche Pflichten spalten sich grob in Vermögens- und Verhaltenspflichten auf.[12]

---

5 Münch. Hdb. GesR. III/*Jasper/Wollbrink*, § 23 Rdnr. 1; zur Rechtslage vor dem 01.11.2008: Scholz/*Winter/Seibt*, GmbHG, § 14 Rdnr. 2.

6 RG, Urteil vom 18.04.1913, Az. Rep. II. 659/12, RGZ 82, 167, 169; RG, Urteil vom 25.11.1919, Az. VII 295/19, RGZ 97, 197, 200; BGH, Urteil vom 08.12.1971, Az. VIII ZR 113/70, WM 1972, 81, 82; *Reichert/Weller*, GmbH-Geschäftsanteil, § 14 Rdnr. 4; *Hueck/Fastrich* in: Baumbach/Hueck, GmbHG (2010), § 14 Rdnr. 3; Michalski/*Ebbing*, GmbHG, § 14 Rdnr. 2; eingehend hierzu: *Flume*, Juristische Person, § 8 I, S. 258 ff.

7 Vgl. Hachenburg/*Raiser*, GmbHG, § 14 Rdnr. 1.

8 In Anschluss an: *Flume*, Die Personengesellschaft, § 9, S.125.

9 Vgl. *Hueck/Fastrich* in: Baumbach/Hueck, GmbHG (2010), § 14 Rdnr. 4.

10 *Lutter*, AcP 180 (1980), 84, 86; vgl. auch: Hachenburg/*Raiser*, GmbHG, § 14 Rdnr. 13; *Wiedemann*, Die Übertragung, S. 23 ff.; *Schmidt*, Gesellschaftsrecht, § 19 I 3.

11 Vgl. *Wiedemann/Frey*, PdW Gesellschaftsrecht, Fall 8, S. 7.

12 Hachenburg/*Raiser*, GmbHG, § 14 Rdnr. 15; weiterführend zu den Verhaltenspflichten: *Lutter*, AcP 180 (1980), 84, 102 ff., der selbst von Förderungspflichten spricht. Weiterführend

Trotz des damit engen Zusammenhanges zwischen Mitgliedschaft und Geschäftsanteil haben beide nach herrschender Ansicht unterschiedliche Entstehungszeitpunkte. Die Mitgliedschaft entsteht nach allgemeiner Meinung bereits in der Vorgesellschaft mit dem wirksamen Abschluss des Gesellschaftsvertrages.[13] Der Geschäftsanteil hingegen entsteht nach überwiegender Auffassung mit Eintragung der Gesellschaft in das Handelsregister[14] oder im Falle der Neuentstehung von Geschäftsanteilen durch Kapitalerhöhung in der Person des Übernehmers mit deren Eintragung gemäß § 54 Abs. 3 GmbHG. Für diese Ansicht ließ sich bislang anführen, dass der Begriff des Geschäftsanteils gesetzlich erstmals in § 14 GmbHG a.F. verwendet wurde und damit noch nicht für die Gründungsphase.[15] Hieraus wurde abgeleitet, dass der Geschäftsanteil in der Terminologie des Gesetzes alleine der für die Mitgliedschaft in einer GmbH reservierte Ausdruck sei.[16] Dieser Überlegung kann indes unter dem neuen GmbHG nicht mehr gefolgt werden, da nunmehr auch in §§ 3 Abs. 1 Nr. 4, 5 Abs. 2, 3, 4, 7 Abs. 2 und 8 Abs. 1 Nr. 3, 5 GmbHG einheitlich der Begriff des Geschäftsanteils verwendet wird. Bedenkt man zudem, dass nach allgemeiner Auffassung die Mitgliedschaft in der Vor-GmbH und der GmbH identisch ist[17], muss der Geschäftsanteil die einheitliche Mitgliedschaft bereits vor der Eintragung verkörpern[18] und entsteht somit zum gleichen Zeitpunkt wie die Mitgliedschaft.

Der Geschäftsanteil erlischt mit Einziehung gemäß § 34 GmbHG[19], der Vollbeendigung der Gesellschaft[20] und der Beseitigung des Geschäftsanteils im Rahmen einer gezielten Kapitalherabsetzung, bei der nicht die Nennbeträge aller Anteile quotal herabgesetzt werden, sondern nur ein bestimmter Geschäftsanteil gänzlich beseitigt wird.[21] Die Mitgliedschaft eines Gesellschafters endet hingegen bei Veräußerung des Geschäftsanteils, bei Austritt oder Ausschließung des Gesellschafters, als solche schließlich durch Untergang des Geschäftsanteils.[22]

---

zu den Vermögenspflichten: *Schmidt*, Gesellschaftsrecht, § 19 III 3. b) und § 20 II, der selbst von Beitragspflichten spricht.

13 *Wicke*, GmbHG, § 14 Rdnr. 3.

14 BGH, Urteil vom 13.12.2004, Az. II ZR 409/02, MittBayNot 2005, 323, 324; Lutter/Hommelhoff/*Bayer*, GmbHG, § 14 Rdnr. 3; ausführlich hierzu: *Reichert/Weller*, GmbH-Geschäftsanteil, § 14 Rdnr. 11 ff.

15 *Reichert/Weller*, GmbH-Geschäftsanteil, § 14 Rdnr. 13 mwN.

16 *Reichert/Weller*, GmbH-Geschäftsanteil, § 14 Rdnr. 13.

17 Statt aller: Lutter/Hommelhoff/*Bayer*, GmbHG, § 14 Rdnr. 3.

18 So auch im Ergebnis: Ulmer/Habersack/Winter/*Raiser* § 14 Rdnr. 2 und dem folgend: Scholz/*Winter/Seibt*, GmbHG, § 14 Rdnr. 9 FN. 4, jeweils bereits zum alten Recht.

19 *Hueck/Fastrich* in: Baumbach/Hueck, GmbHG (2010), § 34 Rdnr. 19.

20 Scholz/*Winter/Seibt*, GmbHG, § 14 Rdnr. 4.

21 *Reichert/Weller*, GmbH-Geschäftsanteil, § 14 Rdnr. 15; Münch. Hdb. GesR. III/ *Jasper/Wollbrink*, § 23 Rdnr. 11.

22 Michalski/*Ebbing*, GmbHG, § 14 Rdnr. 41 f.

Der Geschäftsanteil ist gemäß § 15 Abs. 1 GmbHG veräußerlich und vererblich und stellt somit ein übertragbares Rechtsobjekt dar. Für eine Einzelrechtsnachfolge unter Lebenden bedeutet dies, dass die Verfügung über den Geschäftsanteil oder Teile desselben im Wege einer Abtretung erfolgt (§ 15 Abs. 3 GmbHG, §§ 398, 413 BGB), wobei der Abtretungsvertrag, wie auch das zugrunde liegende Verpflichtungsgeschäft nach § 15 Abs. 4 Satz 1 GmbHG, der notariellen Form der §§ 8 ff. BeurkG bedarf.[23] Das Formerfordernis hat den Zweck, den Handel mit GmbH-Geschäftsanteilen zu erschweren und dient daneben der Beweiserleichterung.[24] Zum Wechsel der Rechtsträgerschaft führt ferner die Gesamtrechtsnachfolge kraft Rechtsgeschäfts aufgrund eines Umwandlungsvorgangs nach dem UmwG.[25] Als übertragbares Recht kann ein GmbH-Geschäftsanteil darüber hinaus gemäß § 1274 BGB verpfändet werden und gemäß §§ 1068 Abs. 1 i.V.m. 1069 Abs. 1 BGB Gegenstand eines Nießbrauchs sein.

Das GmbH-Recht ermöglicht es aber auch, die Abtretbarkeit und damit die freie Übertragbarkeit im Wege der Einzelrechtsnachfolge zu erschweren oder sogar ganz auszuschließen, indem es den Gesellschaftern in § 15 Abs. 5 GmbHG die Befugnis eröffnet, Vinkulierungsklauseln im Gesellschaftsvertrag zu verankern. Ausweislich des Wortlauts können damit jedoch Rechtsträgerwechsel im Wege der Gesamtrechtsnachfolge nicht unterbunden werden.[26]

Vor Eintragung der Gesellschaft im Handelsregister kann ein Mitgliederwechsel nicht als Abtretung desselben konstruiert werden, würde der überwiegenden Meinung zum Entstehungszeitpunkt des Geschäftsanteils gefolgt werden.[27] Ein Wechsel im Mitgliederbestand kann unter dieser Prämisse nur durch allseitige Änderung des Gesellschaftsvertrages in notarieller Form vorgenommen werden.[28] Wird aber richtigerweise der Entstehungszeitpunkt des Geschäftsanteils bereits mit dem Abschluss des Gesellschaftsvertrages angenommen, so ist ein Gesellschafterwechsel bereits vor Eintragung gemäß § 15 GmbHG möglich.[29] Der Schutz der Mitgründer vor der Beteiligung ihnen

---

23 Auch gewahrt ist das Formerfordernis gemäß § 127a BGB in Fällen eines wirksamen gerichtlichen Vergleichs, wenn dieser eine Abtretung zum Gegenstand hat. Ebenso erfüllt ein rechtskräftiges Leistungsurteil auf Abtretung nach § 894 ZPO das Formerfordernis.

24 BGH, Urteil vom 24.03.1954, Az. II ZR 23/53, BGHZ 13, 49, 51 f.; BGH, Urteil vom 05.11.1979, Az. II ZR 83/79, BGHZ 75, 352, 353 ff.

25 Vgl. Roth/*Altmeppen*, GmbHG, § 16 Rdnr. 58.

26 Allg. Meinung vgl. nur: *Schmitz*, FS Wiedemann, 1223, 1236 mwN.

27 Siehe hierzu soeben.

28 BGH, Urteil vom 13.12.2004, Az. II ZR 409/02, MittBayNot 2005, 323, 324; *Reichert/Weller*, GmbH-Geschäftsanteil, § 14 Rdnr. 13; Scholz/*Winter/Seibt*, GmbHG, § 14 Rdnr. 9.

29 So auch: Scholz/*Schmidt*, GmbHG, § 11 Rdnr. 41; *ders.*, GmbHR 1987, 77, 82; *ders.*, GmbHR 1997, 869, 870 ff.; *Manger*, GmbHR 2005, 355, 356 f.; zustimmend auch: Münch. Hdb. GesR. III/*Gummert*, § 16 Rdnr. 24.

unbekannter Dritter vor dem Hintergrund der Verlustdeckungshaftung und der Ausfallhaftung lässt sich erreichen, indem die Wirksamkeit der Abtretung von der Zustimmung sämtlicher Gesellschafter abhängig gemacht wird.[30] Diese Konstruktion des Gesellschafterwechsels ist dem Weg mit Hilfe einer Vertragsänderung vorzuziehen, da sie den Entstehungszeitpunkt des Geschäftsanteils konsequent beachtet. Zudem ermöglicht sie einen Gesellschafterwechsel unter erleichterten Bedingungen, da nur die Rechtsgeschäfte zwischen dem alten und dem neuen Gesellschafter beurkundungsbedürftig sind, wohingegen die Zustimmung der übrigen Gesellschafter formfrei gemäß § 182 Abs. 2 BGB und nachträglich gemäß § 184 Abs. 1 BGB erfolgen kann. Schließlich lässt sich hierdurch auch lückenlos der Gesellschafterbestand seit Feststellung des Gründungsstatutes nachvollziehen, da die Gründungsgesellschafterliste des § 8 Abs. 1 Nr. 3 GmbHG den Mitgliederbestand zum Zeitpunkt der Anmeldung enthalten muss[31] und bereits Veränderungen der Gesellschafter zwischen Anmeldung und Eintragung die Einreichung einer neuen Gesellschafterliste gemäß § 40 GmbHG bedingen.[32]

II. Gutgläubiger Erwerb

Regelungen zum Gutglaubenserwerb finden sich über verschiedene Bereiche des Privatrechts verstreut. Die prominentesten Tatbestände stellen §§ 932 ff. BGB, gutgläubiger Fahrniserwerb, und §§ 892 f. BGB, redlicher Erwerb im Liegenschaftsrecht, dar. Weitere Möglichkeiten des gutgläubigen Erwerbs finden sich im BGB beispielsweise in § 135 Abs. 2 (gutgläubiger Erwerb trotz eines gesetzlichen Veräußerungsverbotes), § 161 Abs. 3 (gutgläubiger Erwerb bei einer Zwischenverfügung), § 405 (teilweise Möglichkeit des gutgläubigen Forderungserwerbs), § 1032 Satz 2 (gutgläubiger Erwerb eines Nießbrauchs), § 1138 (gutgläubiger Erwerb im Recht der Hypothek), § 1207 (gutgläubiger Erwerb eines vertraglichen Pfandrechts), § 1244 (gutgläubiger Erwerb bei Veräußerung einer Sache als Pfand), § 2113 Abs. 3 (gutgläubiger Erwerb trotz Vorerbschaft bei bestimmten Sachen), § 2211 Abs. 2 (gutgläubiger Erwerb von Nachlassgegenständen trotz bestehender Testamentsvollstreckung), § 2366 (gutgläubiger Erwerb eines Nachlassgegenstandes vom Scheinerben), im WG in Art. 16 Abs. 2 (gutgläubiger Erwerb eines Wechsels) und im ScheckG in Art. 21 (gutgläubiger Erwerb eines Inhaberschecks) und in § 81 Abs. 1 Satz 2 InsO (teilweise Möglichkeit des gutgläubigen Erwerbs nach Eröffnung des Insolvenzverfahrens).

---

30 Statt aller: *Manger*, GmbHR 2005, 355, 356.

31 Statt aller: Scholz/*Winter/Veil*, GmbHG, § 8 Rdnr. 8 mwN.

32 *Roth*/Altmeppen, GmbHG, § 8 Rdnr. 4; *Wicke*, GmbHG, § 8 Rdnr. 4. Ausführlich zu § 40 GmbHG: 4. Kap. B. VI, VII, VIII, IX.

Diese Tatbestände stellen jeweils Ausnahmen vom Grundsatz dar, dass nur der Berechtigte wirksam über eine Rechtsstellung verfügen kann.[33] So unterschiedlich die Normen im Detail auch sein mögen – etwa bei den subjektiven Anforderungen an den Erwerber –, so lassen sie sich doch auf eine durchgängige Grundstruktur zurückführen.[34] Die Rechtsfolge ist stets, dass ein Recht von einem Vertragspartner erworben werden kann, der ohne Vorschriften des Gutglaubensschutzes über das Recht nicht beständig verfügen könnte, weil eine gesetzliche Sonderregelung existiert. So kann Eigentum an beweglichen Sachen gemäß §§ 932 ff. BGB vom Nichteigentümer übertragen werden und ein Grundstück gemäß § 892 BGB vom Bucheigentümer wirksam veräußert werden.

Ein Grundprinzip stellt das Erfordernis eines Rechtsgeschäfts im Sinne eines Verkehrsgeschäfts dar.[35] Der Erwerber darf somit nicht zugleich rechtlich oder faktisch Verfügender sein.[36] Denn nur bei einem wirklichen Dritterwerb ist das Schutzbedürfnis des Rechtsverkehrs ausreichend stark, dass ihm das materiell bessere Recht des wahren Berechtigten geopfert werden kann.[37]

Weiterhin kann es zu einem Rechtserwerb vom Nichtberechtigten nur dort kommen, wo ein Rechtsscheinträger besteht, der die erforderliche Rechtsmacht ausweist.[38] Der gutgläubige Erwerb bedarf daher einer Position, die den Ausgangspunkt dafür bietet, überhaupt auf eine nicht bestehende Rechtsmacht vertrauen zu können. Für den gutgläubigen Fahrniserwerb sieht die überwiegende Meinung den Rechtsschein des Eigentums darin begründet, dass der Veräußerer in der Lage ist, dem Erwerber die Besitzerlangung an der Sache zu ermöglichen.[39] Im Liegenschaftsrecht wird die Rolle des Rechtsscheinträgers vom Grundbuch, bzw. dessen Eintragungen[40], übernommen.[41]

Neben diesen objektiven Voraussetzungen findet sich auch bei allen Gutglaubenstatbeständen eine subjektive Komponente. Jeweils muss der Erwerber redlich sein. So ist gutgläubiger Erwerb einer beweglichen Sache dann nicht

---

33 Vgl. den bekannten Satz Ulpians: Nemo plus transferre potest quam ipse haberet (D 50, 17, 43), zitiert nach *Wieling*, Sachenrecht, § 10 FN 1.

34 *Wiegand*, JuS 1978, 145.

35 Palandt/*Bassenge*, § 932 Rdnr. 1; MünchKommBGB/*Kohler* § 892 Rdnr. 24 und 33 ff.; *Baur/Stürner*, Sachenrecht § 23 Rdnr. 23; *Lutter*, AcP 164 (1964), 122, 159 ff.; ablehnend hierzu: *Hager*, Verkehrsschutz, § 5 III (dort auch zu den Fallgruppen).

36 Weitergehend hierzu, insbesondere unter dem Blickwinkel des § 16 Abs. 3 GmbHG: 5. Kap. B. III.

37 Vgl. *Lutter*, AcP 164 (1964), 122, 159.

38 Statt aller: *Westermann*, JuS 1963, 1, 2.

39 Staudinger/*Wiegand* (2004) Vor § 932 Rdnr. 12; *Rebe*, AcP 173 (1973), 186, 194 f.; *Thorn*, Der Mobiliarerwerb vom Nichtberechtigten, S. 99 f.; ausführlich hierzu und auch zur Gegenmeinung: *Hager*, Verkehrsschutz, § 7 II und III.

40 Zur Frage, welche Eintragungen mit öffentlichen Glauben ausgestattet sind siehe: MünchKommBGB/*Kohler* § 892 Rdnr. 10 ff.

41 *Wiegand*, JuS 1975, 205, 205 f.; *Westermann*, JuS 1963, 1, 3 f.

möglich, wenn der Erwerber die fehlende Rechtsmacht des Veräußerers kennt oder in Folge grober Fahrlässigkeit nicht kennt. Im Grundstücksrecht schadet dem Erwerber hingegen nur die positive Kenntnis der Unrichtigkeit des Grundbuches. Ebenso konzipiert ist der redliche Erwerb auf Grundlage eines Erbscheins.

B. Gang der Darstellung

Ausgehend vom bisherigen gesetzlichen Befund und dessen Konsequenzen wird im 2. Kapitel dargestellt, welche Gründe bestanden, den Gutglaubenserwerb im GmbHG zu regeln und auf welche Vorschläge der Gesetzgeber zurückgreifen konnte. Sodann wird im 3. Kapitel der Frage nachgegangen, ob sich für den Verkehrsschutz und dessen Grenzen im GmbH-Recht greifbare verfassungsrechtliche Vorgaben gewinnen lassen. Da diese mit der Verlässlichkeit des Rechtsscheinträgers zusammenhängen, beschäftigt sich das 4. Kapitel mit der Gesellschafterliste des § 40 GmbHG unter dem Aspekt ihrer Eigenschaft als Rechtsscheinträger. Neben einem kurzen Überblick zur alten Gesellschafterliste wird aufgezeigt, wie die Eintragungen ihren Weg in die Gesellschafterliste nehmen und welche Eintragungen in der Gesellschafterliste vorgenommen werden können. Am Kapitelende wird ein eigener Vorschlag für eine Neugestaltung des § 40 GmbHG unterbreitet. Im 5. Kapitel wird der gutgläubige Erwerb untersucht. Schwerpunktmäßig wird hierbei auf die Reichweite des Gutglaubensschutzes, auch unter dem Gesichtspunkt der Weiterentwicklung des geltenden Rechtes, und die Ausschlussgründe des § 16 Abs. 3 GmbHG eingegangen. Am Ende dieses Kapitels wird der Frage nachgegangen, ob die im 3. Kapitel herausgearbeiteten verfassungsrechtlichen Vorgaben durch die Neuregelungen eingehalten sind oder unter diesem Gesichtspunkt gesetzgeberischer Handlungsbedarf besteht. Abschließend werden die wichtigsten Ergebnisse der Arbeit thesenartig zusammengestellt.

2. Kapitel: Das Bedürfnis für die Regelung und die Reaktion des Gesetzgebers

A. Das Bedürfnis für die Regelung des gutgläubigen Erwerbs von Geschäftsanteilen und Rechten daran im Recht der GmbH

Der MoMiG-Gesetzgeber betritt, indem er die Möglichkeit eröffnet, einen Geschäftsanteil oder ein Recht daran gutgläubig zu erwerben, ein bislang nur in Randbereichen[42] eröffnetes Terrain. Der historische Gesetzgeber im Jahre 1892 sah für dieses Rechtsinstitut noch keinen Bedarf. Vielmehr ließ er sich vom Gedanken leiten, dass wegen der notariellen Beteiligung am Übergang eines Geschäftsanteils Zweifel und Unklarheiten über die Tatsache der Übertragung nicht entstehen könnten.[43] Die Einführung des § 16 Abs. 3 GmbHG erst über 100 Jahre nach dem Inkrafttreten des GmbHG wirft natürlich die Frage auf, warum der Gesetzgeber ein solches Institut nunmehr ins Leben ruft. Ein Blick auf die rechtliche Ausgangslage vor dem 01.11.2008 und die damit verbundenen Konsequenzen zeigt indes ein im Prinzip von Beginn der GmbH an bestehendes Bedürfnis für den Gutglaubenserwerb im GmbH-Recht.

I. Die frühere gesetzliche Ausgangslage

Die Verfügung über einen Geschäftsanteil oder Teile eines solchen erfolgte, wie auch aktuell[44], rechtstechnisch als Zession im Sinne der §§ 413, 398 ff. BGB[45], da es sich um eine Verfügung über (die mitgliedschaftlichen) Rechte handelte.[46] Das Regime der §§ 398 ff. BGB hatte, wie auch beim allgemeinem Forderungserwerb, zur Folge, dass der Erwerb eines GmbH-Geschäftsanteils vom Nichtberechtigten grundsätzlich[47] nicht möglich war.[48]

---

42 Siehe hierzu: 2. Kap. A. II.

43 So die Begründung zum GmbH-Gesetzentwurf, Stenographische Berichte über die Verhandlungen des Reichstages, 8. Legislaturperiode, I. Session, 1890/1892, Band V Anlagen 3724, 3737.

44 1. Kap. A. I.

45 Roth/*Altmeppen*, GmbHG, § 15 Rdnr. 16; *Hueck/Fastrich* in: Baumbach/Hueck, GmbHG (2010), § 15 Rdnr. 22; MünchKommBGB/*Roth* § 413 Rdnr. 10; *Hamann*, NZG 2007, 492, 492; eingehend aber kritisch: *Beuthin*, AG 2002, 266, 269 f.

46 *Schmidt*, Gesellschaftsrecht, § 35 II 1 a). Zur Frage, wie sich die Verfügung einordnen lässt, wenn in der Mitgliedschaft nicht ein Rechtsverhältnis, sondern ein Bündel von Rechten und Pflichten gesehen wird (so z.B. *Hadding*, FS Kellermann, 91, 102 ff.), siehe: *Reymann*, WM 2008, 2095, 2099.

47 Zu den Ausnahmen siehe sogleich.

Ein gegenteiliges Ergebnis ließ sich auch nicht mit Hilfe der §§ 932 ff. BGB und deren erweitertem Anwendungsbereich durch § 366 HGB erreichen.[49] Hierfür fehlte es an der tatbestandlich vorausgesetzten Sacheigenschaft des Geschäftsanteils.[50] Zudem begründete selbst die Stellung als GmbH-Gesellschafter nicht die Kaufmannseigenschaft des Nichtberechtigten.[51]

Machte die Gesellschaft von der gesetzlich nicht geregelten Möglichkeit Gebrauch, Anteilsscheine über Geschäftsanteile auszugeben, handelte es sich hierbei nicht um Wertpapiere, die grundsätzlich gutgläubigen Erwerb ermöglichen können[52], sondern nur um reine Beweisurkunden[53]. Wegen der Sonderregelung des § 16 Abs. 1 GmbHG a.F. konnte dem Anteilsschein nicht die für ein Wertpapier erforderliche Liberationswirkung zukommen.[54]

Gutgläubiger Erwerb ließ sich auch nicht mit § 16 Abs. 1 GmbHG a.F. begründen. Nach § 16 Abs. 1 GmbHG a.F. galt im Verhältnis zur Gesellschaft nur derjenige als Gesellschafter, der bei ihr unter Nachweis des Übergangs angemeldet war. Die bloße Verfügung über den Geschäftsanteil hatte hingegen im Verhältnis zur Gesellschaft keine Wirkung, solange keine neue Anmeldung erfolgte.[55] Hiermit sollten der Gesellschaft im Einzelfall schwierige Nachforschungs- und Überprüfungsaufgaben zur Gesellschafterstellung erspart werden, da sie nicht notwendig an der Übertragung des Geschäftsanteils beteiligt sein musste.[56] Wegen dieses nur auf die Gesellschaft bezogenen Schutzzwecks entfaltete § 16 Abs. 1 GmbHG a.F. nach allgemeiner Meinung keinen Schutz zugunsten Dritter.[57] Diese konnten sich daher nicht zu Lasten des wahren Anteilsinhabers auf eine Anmeldung bei der Gesellschaft gemäß § 16 Abs. 1 GmbHG a.F. berufen und gutgläubig erwerben.

Schließlich ermöglichte auch die Gesellschafterliste nach § 40 Abs. 1 GmbHG a.F. einen Rechtserwerb vom Nichtberechtigten im GmbH-Recht nicht, da die Gesellschafterliste in der alten Form nicht als Rechtsschein-

---

48 Allg. Meinung: vgl. Hachenburg/*Zutt*, GmBHG, § 15 Rdnr. 135; Scholz/*Winter/Seibt*, GmbHG, § 15 Rdnr. 101; *Hueck/Fastrich* in: Baumbach/Hueck, GmbHG (2006), § 15 Rdnr. 29; *Rodewald*, GmbHR 1995, 718.

49 Allgemeine Meinung: vgl. nur *Kühn*, GmbHR 1970, 201.

50 So auch: *Leeser*, Gutgläubiger Erwerb, S. 17.

51 Zur fehlenden Kaufmannseigenschaft des GmbH-Gesellschafters: BGH, Urteil vom 24.01.2006, Az. XI ZR 384/03, BGHZ 166, 84, 107 mwN.

52 Z.B. Art. 16 Abs. 2 WG, Art. 21 ScheckG.

53 RG, Urteil vom 02.12.1902, Az. Rep. II. 405/02, RGZ 53, 107, 109; OLG Köln, Urteil vom 15.04.1994, Az. 20 U 149/93, GmbHR 1995, 293, 293; ausführlich hierzu: *Albertz*, Die Verbriefung, S. 24 ff.

54 *Albertz*, Die Verbriefung, S. 35 ff.

55 *Peetz*, GmbHR 2006, 852.

56 Vgl. *Marx*, Die Publizität des GmbH-Gesellschafters, S. 22.

57 Scholz/*Winter/Seibt*, GmbHG, § 16 Rdnr. 3; *Reichert/Weller*, GmbH-Geschäftsanteil, § 16 Rdnr. 24.

träger konzipiert war. Die alte Gesellschafterliste bot keine ausreichende Gewähr für ihre Richtigkeit, da sie einerseits in der Praxis nicht gewissenhaft aktualisiert wurde.[58] Andererseits wurde das Geheimhaltungsinteresse des Anteilsinhabers gegenüber dem Erwerberinteresse an belastbarer Information über die Zusammensetzung der Gesellschafter bevorzugt.[59] So konnte ein Erwerber auf die Anmeldung seiner Gesellschafterstellung bei der Gesellschaft verzichten und erschien auf diesem Wege nicht in der Gesellschafterliste, obgleich er materiell Berechtigter am Geschäftsanteil war.

Gleiches galt im Ergebnis bei Bestellung eines Rechts an einem GmbH-Geschäftsanteil. War der Besteller Nichtberechtigter, konnte er ein Recht am Geschäftsanteil nicht wirksam begründen.

II. Ausnahmsweise: Möglichkeit des gutgläubigen Erwerbs

Trotz des soeben aufgezeigten Befundes war auch nach bisheriger Rechtslage ein gutgläubiger Erwerb von GmbH-Geschäftsanteilen nicht völlig ausgeschlossen.

1. Erwerb vom Scheinerben

Auch wenn ein Nichtberechtigter eine Verfügung über einen GmbH-Geschäftsanteil vornimmt, kann diese unter den Voraussetzungen des § 2366 BGB wirksam sein, wenn der Verfügende Scheinerbe ist[60], da auch ein Geschäftsanteil als übertragbares Recht einen Nachlassgegenstand darstellen kann. Erforderlich hierfür ist, dass der Erblasser tatsächlicher Inhaber des Geschäftsanteils war, weil durch den Erbschein nur das mangelnde Erbrecht des Legitimierten ersetzt wird.[61] Bereits nach bisheriger Rechtslage war damit gutgläubiger Erwerb eines GmbH-Geschäftsanteils in einer Sonderkonstellation möglich.

2. Gutgläubiger Erwerb eines GmbH-Geschäftsanteils nach § 405 BGB

Zusätzlich zum soeben dargestellten Fall wird von einzelnen Stimmen in der Literatur vertreten, dass auf den GmbH-Anteilserwerb § 405 BGB Anwendung finden könne mit der Folge, dass damit teilweise gutgläubiger Erwerb im GmbH-Recht möglich sei, wenn über den Geschäftsanteil ein Anteilsschein ausgestellt ist.[62] Ein gutgläubiger Erwerber kann in Konsequenz dieser Auffassung

58 *Bednarz*, BB 2008, 1854, 1854 f.

59 *Rau*, DStR 2006, 1892, 1893 f.; *Marx*, Die Publizität des GmbH-Gesellschafters, S. 36 f.; vgl. allgemein hierzu: BGH, Beschluss vom 08.04.1991, Az. II ZB 3/91, BB 1991, 925, 927.

60 *Schreiner*, NJW 1978, 921, 923 f.; *Mayer*, DNotZ 2008, 403, 415 mwN.

61 *Lange/Kuchinke*, Erbrecht, § 39 VII 3. d).

62 *Schuler*, NJW 1956, 689, 692 (für die Verpfändung); *Grau*, FS Oberneck, 173, 177; *Reymann*, WM 2008, 2095, 2096, wobei aber Letztgenannte die praktische Bedeutung verneinen bzw. als äußerst gering einschätzen.

einen GmbH-Geschäftsanteil oder ein Recht daran auch dann erwerben, wenn hierüber nur zum Schein ein Anteilsschein ausgegeben wurde oder ihm ein Anteilsschein vorgelegt wird, der ein bestehendes Abtretungsverbot nicht ausweist. Die herrschende Meinung folgt diesem Ansatz zu Recht nicht, wendet § 405 BGB bei Verfügungen über GmbH-Geschäftsanteile nicht an und lehnt damit die Möglichkeit gutgläubigen Erwerbs über § 405 BGB ab.[63] Begründet wird dies damit, dass § 405 BGB nur dann wegen der in § 413 BGB zum Ausdruck gebrachten Subsidiarität der §§ 398 ff. BGB eingreifen könne, wenn spezialgesetzlich nichts anderes geregelt sei. Im GmbHG könne ein Geschäftsanteil aber nur durch Eintragung der Gründung oder Kapitalerhöhung entstehen, nicht aber durch gutgläubigen Erwerb.[64] Zudem wird darauf verwiesen, dass ein Anteilsschein nicht sämtliche Rechte und Pflichten für den Erwerber enthalten könne, diese vielmehr nur in der Satzung einsehbar seien und damit der Anteilsschein bereits keinen tragfähigen und vertrauensauslösenden Rechtsschein setzen könne.[65]

III. Konsequenzen aus der früheren Rechtslage

Das Bedürfnis, eine Regelung zu schaffen, die den gutgläubigen Erwerb von GmbH-Geschäftsanteilen ermöglicht, zeigt sich vor allem anhand zahlreicher Fehlerquellen im GmbH-Recht, die dazu führen, dass ein Geschäftsanteil nicht wirksam übertragen wird, und der hierauf beruhenden Folgen, die die frühere Rechtslage nach sich zog. Das Recht der GmbH bezogen auf Existenz und Inhaberschaft eines Geschäftsanteils erweist sich nämlich einerseits als leicht fehlerproduzierend, andererseits als wenig fehlerverzeihend.

1. Fehlerquellen

Das GmbH-Recht kennt eine Reihe von Konstellationen, in denen sich die Existenz und konkrete Beschaffenheit eines Geschäftsanteils zwar aus der Gesellschafterliste ableiten lässt, der Geschäftsanteil in Wirklichkeit aber gar nicht oder nicht in der verlautbarten Art und Weise besteht. Eine Verfügung über einen solchen unrichtig dargestellten Anteil ist unwirksam. Das Auseinanderfallen der materiellen, tatsächlich bestehenden und der erkennbaren Rechtslage stellt im Recht der GmbH leider keine Seltenheit dar.[66]

---

63 Scholz/*Winter/Seibt*, GmbHG, § 15 Rdnr. 101; Hachenburg/*Zutt*, GmbHG, § 15 Rdnr. 136; Roth/*Altmeppen*, GmbHG, § 15 Rdnr. 18 und § 14 Rdnr. 9; *Albertz*, Die Verbriefung, S. 91 ff. mwN.

64 Hieran ändert es nichts, wenn man, wie hier (2. Kap. A. I.) als Entstehungszeitpunkt des Geschäftsanteils bereits den Abschluss des Gesellschaftsvertrages bestimmt.

65 Siehe weitergehend hierzu: *Albertz*, Die Verbriefung, S. 92 ff.

66 Vgl. nur: *Rau*, DStR 2006, 1892.

a) Mängel der Rechtsinhaberschaft auf Seiten des Veräußerers

Zunächst kann die Situation auftreten, dass der Veräußerer nicht Inhaber des GmbH-Geschäftsanteils ist, über den verfügt werden soll. Hierzu kann es kommen, wenn beim Vorerwerb des Veräußerers Beurkundungsmängel aufgetreten sind. Wegen des Verstoßes gegen § 15 Abs. 3 GmbHG ist die Abtretung gemäß § 125 BGB nichtig[67] und der Ersterwerber bzw. Veräußerer ist bereits nicht Inhaber des Anteils geworden. Auch eine Abtretung unter Missachtung einer Vinkulierungsklausel im Sinne des § 15 Abs. 5 GmbHG führt zur Unwirksamkeit der Verfügung.[68] Häufig unterliegen Geschäftsanteilveräußerungen – insbesondere in der Praxis der Unternehmensübernahme[69] – bestimmten aufschiebenden Bedingungen. Zu denken ist hierbei beispielsweise an die Erteilung ausstehender Genehmigungen, die kartellrechtliche Freigabe oder die Zahlung des Kaufpreises.[70] Eine vor Eintritt der Bedingung erfolgte Eintragung in die Gesellschafterliste sorgt hierbei für das Auseinanderfallen der verlautbarten und tatsächlichen Anteilsinhaberschaft. Nicht zuletzt können sich auch Unwirksamkeitsgründe des Ersterwerbs aufgrund allgemeiner Normen ergeben. Denkbar sind hier eine mangelnde Vertretungsmacht oder eine beschränkte Geschäftsfähigkeit des Ersterwerbers.[71]

b) Durch die Gesellschaftliste angegeben fehlerhafte Existenz des GmbH-Geschäftsanteils

Weiterhin kann der Fall eintreten, dass ein Geschäftsanteil entweder gar nicht besteht oder zumindest nicht so besteht, wie er durch die Gesellschafterliste verlautbart wird. Insbesondere kommt es in der Praxis vor, dass mehrere Anteile eines Gesellschafters in der Gesellschafterliste als ein Anteil zusammengefasst werden[72], ohne dass eine wirksame Zusammenlegung[73] der Geschäftsanteile durchgeführt worden ist, oder dass nur teileingezahlte Geschäftsanteile zusammengelegt werden, was die Unwirksamkeit der Zusammenlegung zur Folge hat.[74] Ebenfalls eine Teilung, die gegen §§ 17 Abs. 4, 5 Abs. 3 Satz 2 GmbHG a.F. verstößt, führt nicht zur wirksamen Entstehung von Teilgeschäftsanteilen.[75]

---

67 *Hueck/Fastrich* in: Baumbach/Hueck, GmbHG (2010), § 15 Rdnr. 29.

68 Ausführlich hierzu: *Bohrer*, DStR 2007, 995, 995 f.

69 Statt vieler: *Greitemann/Bergjan*, FS Pöllath, 271, 277.

70 *Götze/Bressler*, NZG 2007, 894, 895.

71 Weitere denkbare Fälle finden sich bei: *Mayer*, DNotZ 2008, 403, 417 und *Bohrer*, DStR 2007, 995, 995 ff.

72 *Böttcher/Blasche,* NZG 2007, 565, 566; *Flesner*, NZG 2006, 641, 643.

73 Allgemein zur Zusammenlegung von Geschäftsanteilen: *Jasper/Rust*, DB 2000, 1549 ff.; *Priester*, GmbHR 1976, 130 ff.

74 *Mayer*, DNotZ 2008, 403, 417.

75 BGH, Urteil vom 20.07.2005, Az. VIII ZR 397/03, BB 2005, 2206.

2. Fehlerfolgen

Für die Frage nach den Fehlerfolgen, die eintreten, wenn ein Nichtberechtigter über einen Geschäftsanteil verfügt, ist es angezeigt, zwischen den Folgen für die Gesellschaft und denjenigen für die beteiligten Vertragsparteien zu unterscheiden.

a) Fehlerfolgen für die Gesellschaft

Wird ein Geschäftsanteil von einem Nichtberechtigten veräußert, kann der Erwerber nicht wirksam Gesellschafter, sondern nur Scheingesellschafter werden und den wahren Berechtigten aus dessen Gesellschaftereigenschaft nicht verdrängen.[76] Die frühere Rechtsprechung griff zumindest im Zwei-Personen-Verhältnis in Fällen mängelbehafteter Anteilsübertragungen auf die Lehre der fehlerhaften Gesellschaft[77] zurück[78], mit der Folge, dass der Erwerber zunächst Gesellschafter wird und bis zur Geltendmachung der Unwirksamkeit mit Ex-nunc-Wirkung bleibt.[79] Mittlerweile hält die Rechtsprechung nach überzeugender Kritik[80] an ihrem Vorgehen hieran nicht mehr fest.[81] Zu Recht wird darauf verwiesen, dass die Lehre von der fehlerhaften Gesellschaft nur bei fehlerhaften Strukturänderungen[82] zur Anwendung kommen kann und die Mitgliedschaftsübertragung gerade keine solche Maßnahme darstellt, die Einfluss auf das korporationsrechtliche Organisationsgefüge der GmbH hat.[83] Wird ein Anteil übertragen, sorgt dies nicht für eine Änderung der Verbandszusammensetzung, sondern stellt einen schlichten Fall der Rechtsnachfolge dar. Zudem bedarf es keines Rückgriffs auf dieses Institut, da für die GmbH in § 16 Abs. 1 GmbHG a.F. bereits geregelt ist, was im Falle fehlerhafter Übertragungen im Verhältnis zwischen Gesellschaft und Gesellschafter gilt.[84]

---

76 Zur Stellung und den Einflussnahmemöglichkeiten des Scheingesellschafters siehe ausführlich: *Schnorbus*, ZGR 2004, 126, 133 ff.

77 Ausführlich hierzu: *Schäfer*, Die Lehre vom fehlerhaften Verband, S. 137 ff. (für die fehlerhafte Gründung) und S. 289 ff. (für die fehlerhafte Strukturänderung).

78 BGH, Urteil vom 13.03.1975, Az. II ZR 154/73, WM 1975, 512, 514 (für eine arglistische Täuschung); OLG Hamm, Urteil vom 27.06.1983, Az. 8 U 225/82, GmbHR 1985, 22, 23 (Anfechtung); dem zustimmend: *Wiesner*, NJW 1984, 95, 97 f.

79 Vgl. *Zeilinger*, NZG 1999, 1021, 1027 mwN; *Zöllner* in: VGR, Die GmbH-Reform in der Diskussion, 175, 187 f.

80 *Schmidt*, AcP 186 (1986), 421, 436; *ders*., BB 1988, 1053, 1058 f.; *Grunewald*, ZGR 1991, 452, 459 ff.; *Paschke*, ZHR (155) 1991, 1, 12 f.; aus jüngerer Zeit: *Schäfer*, Die Lehre vom fehlerhaften Verband, S. 314 ff.

81 BGH, Urteil vom 22.01.1990, Az. II ZR 25/89, NJW 1990, 1915, 1916; BGH, Urteil vom 13.12.2004, Az. II ZR 409/02, MittBayNot 2005, 323, 324.

82 Der Fall der fehlerhaften Gründung liegt beim Inhaberwechsel am Geschäftsanteil ersichtlich nicht vor.

83 Vgl. *Pascke*, ZHR (155) 1991, 1, 12; *Schmidt*, AcP 186 (1986), 421, 438.

84 BGH, Urteil vom 22.01.1990, Az. II ZR 25/89, NJW 1990, 1915, 1916.

Demgemäß gilt im Verhältnis zur Gesellschaft wegen der Legitimationswirkung des § 16 Abs. 1 GmbHG a.F. auch bei unwirksamer Anteilsübertragung der Erwerber ab der Anmeldung als Gesellschafter.[85] Nach erfolgter wirksamer Anmeldung[86] gehen damit alle Rechte und Pflichten aus der Mitgliedschaft im Verhältnis zur Gesellschaft auf den Erwerber über.[87] Aus Sicht der Gesellschaft kommt es damit auf die Wirksamkeit der Übertragung nicht an. Für diese hat nur die Anmeldung eine entscheidende Wirkung.

Im Ergebnis muss daher die Gesellschaft den Scheingesellschafter als Gesellschafter behandeln, ist aber durch die Fiktion der Gesellschafterstellung ausreichend geschützt. Eine Divergenz zwischen formeller und materieller Rechtslage führt daher für die Gesellschaft dazu, dass sie – in den Worten *Schmidts*[88] – die Unwirksamkeit der Verfügung nichts angeht.

b) Fehlerfolgen für die Parteien des Abtretungsvertrages

Deutlich eingreifender stellen sich die Fehlerfolgen für Veräußerer und Erwerber dar. Zwar muss die Gesellschaft nach Anmeldung den Erwerber als Gesellschafter akzeptieren, doch ist dieser permanent dem Risiko ausgesetzt, dass der wahre Berechtigte seine Gesellschafterstellung gegenüber der GmbH zu Lasten der Scheingesellschafterstellung wiedererlangt, indem er die Anmeldung des Erwerbers analog § 16 Abs. 1 GmbHG a.F. bei der GmbH unter Nachweis seiner eigenen Gesellschafterstellung widerruft.[89] In der Zwischenzeit getätigte Investitionen auf das von der GmbH betriebene Unternehmen erweisen sich damit nicht selten für den Erwerber als vergebliche Aufwendungen. Dies ist insoweit besonders misslich, wenn, was häufig der Fall sein dürfte, der Erwerber ein konkretes Ziel, etwa die Eröffnung eines neuen Marktes oder Marktspektrums oder den Erwerb fremden Know-Hows, mit der Investition verfolgte. Bereits dahingehend erreichte Schritte mit Hilfe der Gesellschaft werden im Nachhinein für den Erwerber nutzlos. Dies führt unter Umständen dazu, dass Geld und insbesondere Zeit fruchtlos verwendet wurden und der Erwerber einen gewünschten bzw. (teilweise) bereits erlangten Marktvorteil nicht erreichen kann bzw. wieder verliert. Derartige Schwierigkeiten lassen eine GmbH gerade für ausländische Investoren als unattraktiv erscheinen mit der Folge, dass diese auf konkurrierende Gesellschaftsformen zurückgreifen.[90] Doch es besteht nicht nur ein Risiko für unmittelbar zum Erwerb und anschließend zum Betreiben der GmbH

---

85 Vgl. Hachenburg/*Zutt*, GmBHG, § 16 Rdnr. 42.

86 Allgemein zur Anmeldung siehe: *Marx*, Die Publizität des GmbH-Gesellschafters, S. 21 ff.

87 *Schnorbus*, ZGR 2004, 126, 131 f.

88 *Schmidt*, BB 1988, 1053, 1059.

89 Statt aller: Ulmer/Habersack/Winter/*Winter/Löbbe* § 16 Rdnr. 52; Ausführlich zum Widerruf der Anmeldung: *Müller*, GmbHR 1996, 641, 643 ff., der richtigerweise den Ausdruck Abmeldung verwendet, da der wahre Berechtigte eine fremde Erklärung nicht widerrufen kann.

90 So auch: *Grunewald*/Gehling/Rodewig, ZIP 2006, 685.

eingesetzte Ressourcen, denn auch die im Vorfeld der Beteiligung anfallenden Kosten und Zeit – etwa für Markt- oder Unternehmensanalysen – erweisen sich beim Verlust der Scheingesellschafterstellung als ergebnislos aufgebracht.

Kommt es im Nachgang einer Transaktion zur Wiederherstellung der Gesellschafterstellung des wahren Berechtigten gegenüber der GmbH, bleibt dem Scheingesellschafter nur die Möglichkeit, sich an den Nichtberechtigten zu halten. Ihm stehen dann zwar Rechte wegen anfänglicher Unmöglichkeit der Leistung[91] gegen den Veräußerer zu, wenn dieser den Geschäftsanteil nicht vom wahren Berechtigten beschaffen kann. Diese Ansprüche lassen sich aber häufig nur nach einem unter Umständen langwierigen Prozess durchsetzen und führen dazu, dass der Erwerber entgegen der ursprünglich vertraglichen Intention die Insolvenzgefahr des Nichtberechtigten voll zu tragen hat.[92]

Schließlich führt die fehlgeschlagene Übertragung zu schwierigen Rückabwicklungsverhältnissen zwischen dem Erwerber, dem tatsächlich Berechtigten und dem Veräußerer.[93] Der nichtberechtigte Veräußerer, der von seiner Nichtberechtigung nicht notwendig Kenntnis haben muss, sieht sich der Gefahr einer doppelten Inanspruchnahme seitens des Erwerbers und des wahren Berechtigten ausgesetzt. Haftet er ersterem wegen Unmöglichkeit, stehen dem wahren Berechtigten Ansprüche aus Geschäftsführung ohne Auftrag, Bereicherungsrecht und bei schuldhaftem Handeln aus Deliktsrecht zu.

3. Reaktionen der Praxis und deren Folgen

Die soeben beschriebene, bisherige gesetzliche Ausgangslage macht es damit erforderlich, dass die Historie des Geschäftsanteils als Verfügungsgegenstand über alle Abtretungen, Vererbungen, Verschmelzungen, Spaltungen, Zusammenlegungen, Teilungen, Einziehungen, Kapitalerhöhungen etc. bis hin zur Gründung der GmbH zurückverfolgt wird[94], will sich der Erwerber vor bösen Überraschungen schützen.[95] Hierfür greift vor allem die Praxis bei größeren Transaktionen häufig auf eine Due-Diligence-Prüfung[96] zurück, in deren Rahmen Nachforschungen über den Erwerbsgegenstand angestellt werden. Derartige Prüfungen sind aber kosten- und zeitintensiv, da sie mit hohem Organisations-

---

91 MünchKommBGB/*H.P. Westermann* § 453 Rdnr. 10; *Schröcker*, ZGR 2005, 63, 86 f.
92 Vgl. *Harbarth*, ZIP 2008, 57.
93 Zu der Schwierigkeit der Rückabwicklung bereits im Zwei-Personen-Verhältnis: BGH, Urteil vom 22.01.1990, Az. II ZR 25/89, NJW 1990, 1915, 1916; *Grunewald*, ZGR 1991, 452, 464 f.; vgl. auch: *Zöllner* in: VGR, Die GmbH-Reform in der Diskussion, 175, 188 f.; Für das Drei-Personen-Verhältnis: *Reichert* in: Bayer/Koch, Das neue GmbH-Recht, 29, 33.
94 *Müller*, GmbHR 2006, 953, 954; vgl. auch: *Harbarth*, ZIP 2008, 57 und *Böttcher/Blasche*, NZG 2007, 565.
95 Zusammenfassend zu den hierbei potentiell auftretenden Schwierigkeiten bereits: *Kühn*, GmbHR 1970, 201, 202.
96 Ausführlich zur Due Diligence: *Beisel/Klumpp*, Unternehmenskauf, 2. Kapitel Rdnr. 1 ff; *Semler* in: Hölters, Handbuch des Unternehemens- und Beteiligungskaufs, Teil VII Rdnr. 29 ff.; überblicksartig: *Gran*, NJW 2008, 1409, 1410 ff.

aufwand verbunden sind.[97] Sie führen damit insgesamt zu einer Erhöhung der Transaktionskosten[98], worauf nicht zuletzt die Regierungsbegründung zum MoMiG verweist.[99] Doch kann auch trotz umfangreicher Prüfung nicht ausgeschlossen werden, dass in der Vergangenheit eine unerkannt gebliebene Zwischenverfügung erfolgte oder sonstige Gründe zur Unwirksamkeit einer früheren Verfügung führen, was die Unmöglichkeit der angestrebten Übertragung bedingt und erst lange Zeit nach dem Geschäftsabschluss erkannt werden kann.[100]

Um die damit trotz extensiver Nachprüfung über Bestand und Zustand des Geschäftsanteils drohenden Risiken zumindest zu minimieren, greift die Praxis zudem auf umfangreiche selbstständige Garantien des Veräußerers auf Grundlage des § 311 Abs. 1 BGB zurück[101], in denen der Veräußerer u.a. Existenz, Inhaberschaft und Lastenfreiheit des Erwerbsgegenstandes garantiert.[102] Doch führen derartige Vorsorgemaßnahmen nur zu schuldrechtlichen Ansprüchen gegen den Veräußerer. Handelt der Veräußerer als Nichtberechtigter und erlangt der wahre Anteilsinhaber seine Gesellschafterstellung zurück, verliert der Erwerber die Eigenschaft als Scheingesellschafter und erreicht somit sein Ziel, die Anteilsinhaberschaft zu erlangen und zu behalten, nicht. Ein absoluter Schutz des Erwerbers ist damit nach früher geltendem Recht nicht möglich und nur die Folgen der Unmöglichkeit der Übertragung lassen sich begrenzen.

4. Bewertung der früheren gesetzlichen Lage

Die frühere gesetzliche Ausgangslage macht den Erwerb eines GmbH-Geschäftsanteils zu einem äußerst risikoreichen Geschäft sowohl für den Erwerber, aber auch für den Veräußerer. Nicht zu Unrecht spricht *Winter*[103] davon, dass beim Kauf eines Geschäftsanteils Vorsicht geboten sei. Bereits im Tatsächlichen ist es mit großem Aufwand verbunden, Existenz, Inhaberschaft und ggf. Lastenfreiheit eines Geschäftsanteils nachzuweisen und kann selten mit absoluter Sicherheit festgestellt werden. Die Reaktionen der Praxis führen zu einer Kostensteigerung einerseits, können aber auf der anderen Seite nicht sicherstellen, dass das angestrebte Ziel, nämlich der beständige Erwerb eines Geschäftsanteils, erreicht wird. Die Folge hiervon ist ein schwerfälliges System, welches keine wirkliche Rechtssicherheit zu leisten vermag.[104] Die Attraktivität der GmbH als Investitionsvehikel und für den Mittelstand geeignete Gesellschaftsform wird hierdurch stark eingeschränkt. Nicht zuletzt erschwert dieser Befund

97 Vgl. *Rodewald*, GmbHR 2009, 196.
98 *Reichert* in: Bayer/Koch, Das neue GmbH-Recht, 29, 33.
99 Regierungsbegründung, BT-Drs. 16/6140, S. 38 rechte Spalte.
100 Vgl. *Seibert*, ZIP 2006, 1157, 1160.
101 *Fischer*, DStR 2004, 276, 281; *Müller*, GmbHR 2006, 953, 954; allgemein hierzu: *Larenz/Canaris*, Schuldrecht II 2, § 64 II.
102 Beispiel hierfür: *Wetzler* in: Hölters, Handbuch des Unternehemens- und Beteiligungskaufs, Anhang A V. 5.
103 Scholz/*Winter/Seibt*, GmbHG, § 15 Rdnr. 101.
104 Vgl. Regierungsbegründung, BT-Drs. 16/6140, S. 38 rechte Spalte.

die Kapitalbeschaffung, da auch der Geschäftsanteil als Sicherungsmittel nur bedingt geeignet ist. Es verwundert daher nicht, dass im vorliegenden Zusammenhang das gesetzgeberische Ziel darin liegt, Transaktionskosten zu senken und die Rechtssicherheit zu steigern.[105]

B. Die Vorschläge der Literatur zum gutgläubigen Erwerb von GmbH-Geschäftsanteilen

Die soeben beschriebene gesetzliche Ausgangslage und die sich hieraus ergebenden Konsequenzen wurden von der Literatur bereits in der ersten Hälfte des letzten Jahrhunderts[106] benannt und als unbefriedigend erkannt. Im Laufe der Zeit wurden verschiedene Vorschläge unterbreitet[107], um den bestehenden Schwierigkeiten zu begegnen.

I. Der Registerbestand als Grundlage gutgläubigen Erwerbs

Ein bereits sehr frühzeitig unterbreiteter Diskussionsbeitrag für den gutgläubigen Erwerb von GmbH-Geschäftsanteilen aus dem Jahre 1929 schlägt die Eintragung[108] des Gesellschafterbestandes in das Handelsregister vor.[109] Hiermit wäre die Folge verbunden, dass der Gesellschafterbestand entgegen der bislang geltenden Rechtslage nicht nur frei einsehbar wäre, sondern § 15 HGB anwendbar wäre. Demgemäß könnte gutgläubiger Erwerb von GmbH-Anteilen auf Basis der Publizität des Handelsregisters erfolgen.

Dieser Vorschlag wurde vom Gesetzgeber explizit[110] nicht übernommen, da auf Seiten der Bundesländer die Befürchtung bestand, dass hiermit eine Prüfung der Gesellschafterstellung seitens des Registergerichts erforderlich wäre und somit unerwünschte finanzielle und zeitliche Mehrbelastungen einhergingen.[111] Zudem ergäbe sich hieraus ein hohes Staatshaftungsrisiko im Falle von Falscheintragungen.[112]

---

105 Regierungsbegründung, BT-Drs. 16/6140, Seite 26 linke Spalte.

106 Erstmals im Jahre 1929: *Grau*, FS Oberneck, 173, 176 ff.

107 Vgl. auch die Zusammenstellung bei: *Leeser*, Gutgläubiger Erwerb, S. 30 ff.

108 Vergleichbar der Rechtslage in Österreich. Gemäß § 26 Abs. 1 GmbHG haben Geschäftsführer u.a. beim Übergang eines Geschäftsanteils den neuen Gesellschafter beim Firmenregister anzumelden, in das dieser eingetragen wird. Gemäß § 15 UGB (Unternehmergesetzbuch) – weitgehend identisch mit der deutschen Rechtslage – unterliegt diese Eintragung der handelsrechtlichen Publizität. Dennoch lässt die h.M. keinen gutgläubigen Anteilserwerb zu. Vgl. hierzu weiterführend: *Marx*, Die Publizität des GmbH-Gesellschafters, S. 168 ff.

109 So zuerst: *Grau*, FS Oberneck, 173, 202; *Kühn*, GmbHR 1970, 201, 202; *Rodewald*, GmbHR 1995, 718, 720; in diese Richtung wohl auch: *Flesner*, NZG 2006, 641, 643 f.

110 Regierungsbegründung, BT-Drs. 16/6140, S. 43 rechte Spalte.

111 *Seibert*, ZIP 2006, 1157, 1160.

112 Vgl. Stellungnahme des deutschen Notarvereins zur GmbH-Reform vom 26.09.2003, 3. b) aa), abrufbar unter: www.dnotv.de/Dokumente/Stellungnahmen/Stellungnahme20030926.html (Zuletzt abgerufen am 23.02.2010).

II. Verbriefung von GmbH-Anteilen

Daneben finden sich auch Vorschläge, wonach gutgläubiger Erwerb im GmbH-Recht nach wertpapierrechtlichen Grundsätzen ermöglicht werden solle.[113] Hiernach ist die Verbriefung des Geschäftsanteils in einem Orderpapier erforderlich, welches gemäß Art. 12 f. WG übertragen wird. Das Indossament selbst erfolgt in notariell beglaubigter Form. Gutgläubiger Erwerb kann in Folge dessen entsprechend Art. 16 Abs. 1 WG eintreten. Ein Blankoindossament ist nicht statthaft.[114]

Für dieses Modell wird insbesondere vorgebracht, dass es auf bewährte Formen gestützt werden könne[115], international anerkannt sei[116] und Verstöße gegen den sachenrechtlichen Bestimmtheitsgrundsatz vermeide.[117]

Überwiegend stößt dieser Vorschlag auf Kritik. So wird darauf hingewiesen, dass die Verbriefung zu erhöhten Kosten führe und dieser Ansatz neben § 16 Abs. 1 GmbHG a.F. und der Gesellschafterliste eine dritte Legitimationsgrundlage schaffe.[118] Zudem sei die Echtheit der Urkunde nur schwer sicher feststellbar, was die Rechtssicherheit stark einschränken würde.[119] Darüber hinaus wird darauf verwiesen, dass hiermit die Gefahr einherginge, entgegen der Grundentscheidung der Schöpfer des GmbHG, die Umlauffähigkeit und damit den spekulativen Handel von Geschäftsanteilen zu erhöhen.[120]

III. Der Vorschlag von Hohner

Hohner[121] plädiert dafür, gutgläubigen Erwerb im GmbH-Recht durch eine Kombination von Ersitzungs- und Eintragungsmomenten zu ermöglichen. Nach seinem Vorschlag kann gutgläubig vom Nichtberechtigten erworben werden, wenn dieser seit 10 Jahren von der Gesellschaft als Gesellschafter anerkannt ist und als solcher behandelt wird und in einem von der Gesellschaft geführten Anteils- oder Gesellschafterbuch[122] und in der zum Handelsregister eingereichten Gesellschafterliste eingetragen ist. Rechtsscheinträger wäre nach *Hohner* das Anteilsbuch.

Bedenklich an diesem Vorschlag ist neben der komplexen Mischung unterschiedlicher Institute, dass das Anteilsregister als nur von der Gesellschaft ge-

---

113 *Krefting*, Deutscher Notartag 1962, 79, 80; *Ziemons*, BB-Spezial 7 2006, 9, 12; Grunewald/*Gehling*/Rodewig, ZIP 2006, 685, 689 f.

114 So der detaillierte Vorschlag bei: *Ziemons*, BB-Spezial 7 2006, 9, 12.

115 Grunewald/*Gehling*/Rodewig, ZIP 2006, 685, 689.

116 *Ziemons*, BB-Spezial 7 2006, 9, 12.

117 *Ziemons*, BB-Spezial 7 2006, 9, 12.

118 Grunewald/Gehling/*Rodewig*, ZIP 2006, 685, 690.

119 *Harbarth*, ZIP 2008, 57, 62.

120 Rischbieter/Gröning/*Rischbieter*, Gründung und Leben, 5. Kap. Rdnr. 56.

121 *Hohner*, FS Barz, 147, 158 f.

122 In eine ähnliche Richtung: *Wiedemann*, Die Übertragung, S. 147.

führter Rechtsscheinträger keine hohe Richtigkeitsgewähr bietet, da es ausschließlich privat geführt würde.[123] Zudem beständen Defizite in der Publizität des Rechtsscheinträgers und es drohte eine Vermischung verschiedene Legitimationsgrundlagen.

IV. Der Vorschlag von Zöllner

Zöllner [124] steht dem Bedürfnis der Einführung eines gutgläubigen Erwerbs im GmbH-Recht kritisch gegenüber, da er kein ausreichendes rechtspolitisches Bedürfnis hierfür erkennen könne, schlägt aber eine Konstruktion vor, die zu einer dem Gutglaubenswerb ähnlichen Wirkung führen kann.

Zöllner[125] plädiert dafür, bei einem materiell unwirksamen Anteilserwerb die Lehre der fehlerhaften Gesellschaft anzuwenden. Dies hat zur Folge, dass der Nichtgesellschafter vor Geltendmachung der Unwirksamkeit seines Erwerbs als Gesellschafter an einen Dritten den Geschäftsanteil übertragen kann. Dieser erwirbt damit vom Berechtigten, auf einen Gutglaubenswerb kommt es somit gar nicht an. Dennoch hält *Zöllner*[126] die analoge Anwendung von § 142 Abs. 2 BGB auf den Letzterwerber für geboten. Hat der Letzterwerber von der Mangelhaftigkeit der ersten Verfügung Kenntnis oder muss er diese kennen, kann er nicht vom Zwischenerwerber rechtsbeständig erwerben, sondern sieht sich dem Einwand der Mangelhaftigkeit seitens des ursprünglichen Inhabers ausgesetzt.

Zunächst erscheint diese Ansicht schlüssig. Dennoch kann sie nicht überzeugen, da sie einen unrichtigen Ausgangspunkt wählt, nämlich die Lehre von der fehlerhaften Gesellschaft. Wie bereits gezeigt[127] ist diese nicht bei reinen Anteilsübertragungen anwendbar, da wegen § 16 GmbHG a.F.[128] ein hinreichendes Bedürfnis hierfür nicht besteht.

V. Der Vorschlag von *Vossius* und *Wachter*

Der Gesetzesvorschlag[129] der Notare *Vossius* und *Wachter* sieht in ihrem § 27 GmbHRG die Möglichkeit vor, einen GmbH-Geschäftsanteil oder Rechte hieran gutgläubig zu erwerben. Rechtsscheinträger ist gemäß § 27 GmbHRG die zuletzt zum Handelsregister eingereichte Gesellschafterliste. Eintragungen in die

---

123 So auch: *Kühn*, GmbHR 1970, 201, 202.

124 *Zöllner* in: VGR, Die GmbH-Reform in der Diskussion, 175, 183. Hiergegen: *Harbarth*, ZIP 2008, 57.

125 *Zöllner* in: VGR, Die GmbH-Reform in der Diskussion, 175, 187 ff.

126 *Zöllner* in: VGR, Die GmbH-Reform in der Diskussion, 175, 190.

127 Siehe: 2. Kap. A. III. 2. a)

128 Gleiches gilt unter dem Regime des § 16 Abs. 1 GmbHG n.F., da die GmbH hier durch die Aufnahme in die Gesellschafterliste vergleichbar geschützt ist.

129 Gesetz zur Reform des Rechts der Gesellschaften mit beschränkter Haftung (GmbH-Reformgesetz – GmbHR) Entwurf von Vossius und Wachter, www.gmbhr.de/heft/21_05/GmbHRG_Text_Vossius_pp.pdf (zuletzt abgerufen am 23.02.2010).

Gesellschafterliste erfolgen gemäß § 26 GmbHRG nur nach Übermittlung eines Auszugs aus dem Anteilsregister seitens des Gesellschaftsnotars an das Handelsregister. Der Gesellschaftsnotar führt ein Anteilsregister, in das alle Verfügungen über Geschäftsanteile einzutragen sind. Eintragungen in die Gesellschafterliste sind demnach nur möglich, wenn Änderungen von einem Gesellschaftsnotar angezeigt werden.

Dieser Vorschlag kann für sich in Anspruch nehmen, eine durch die ausschließliche Zuständigkeit des Gesellschaftsnotars sichergestellte hohe Richtigkeitsgewähr der Gesellschafterliste zu schaffen. Dennoch besteht wegen der doppelten Registerführung die Gefahr, dass hierdurch Verkehrsverwirrung eintreten kann.[130] Ebenso kann das Institut des ausschließlich zuständigen Gesellschaftsnotares nach § 24 Abs. 1 GmbHRG dazu führen, dass bei dessen Verhinderung wichtige Strukturveränderungen der Gesellschaft unnötig verzögert werden. In derartigen Fällen müsste zunächst das Handelsregister vom Notarwechsel unterrichtet werden und der neue Gesellschafsnotar müsste sich umfassend Kenntnis über die Gesellschaft verschaffen. Der Vorschlag kann daher wegen eines gesteigerten Bürokratieaufwandes zu einem erhöhten Kosten- und Zeitaufwand führen.[131]

VI. Die Lösung mit Hilfe des formellen Konsensprinzips

Ähnlich wie der gerade dargestellte Entwurf fordert *Harbarth*[132], dass Eintragungen im Handelsregister nur vorgenommen werden dürfen, wenn diese von einem Notar mitgeteilt werden. Grundlage des Gutglaubensschutzes ist nach seinem Vorschlag der jeweilige Registerbestand. Zusätzlich will *Harbarth* auf das formelle Konsensprinzip des Liegenschaftrechts zurückgreifen, sodass ohne Bewilligung des Veräußerers eine Registeränderung nicht möglich ist.[133]

Der Vorschlag *Harbarths* stellt durch ausschließliche Beteiligung des Notars eine hohe Richtigkeitsgewähr des Rechtsscheinträgers sicher und sorgt durch das Konsensprinzip dafür, dass ein Rechtsverlust auf Seiten des wahren Berechtigten nur unter seiner Mitwirkung erfolgen kann.

VII. Der Vorschlag von *Grunewald*

Grunewald[134] schlägt vor, dass gutgläubiger Erwerb nur dann eintreten kann, wenn der Veräußerer in der zum Handelsregister eingereichten Gesellschafterliste als Gesellschafter eingetragen ist. Im Falle einer Veränderung des Listenbestandes dürfe eine Listenänderung nur dann erfolgen, wenn ein Notar als neutra-

130 So auch: *Grunewald*/Gehling/Rodewig, ZIP 2006, 685, 687.

131 Ähnlich: *Zöllner* in: VGR, Die GmbH-Reform in der Diskussion, 175, 192.

132 *Harbarth*, ZIP 2008, 57, 62 f.

133 Ebenfalls für Geltung des formellen Konsensprinzips spricht sich *Reichert* in: Bayer/Koch, Das neue GmbH-Recht, 29, 47 aus.

134 *Grunewald*/Gehling/Rodwig, ZIP 2006, 685, 686 ff.

le Person erklärt, dass die Geschäftsanteile übertragen wurden. Liegt der Veränderung eine Gesamtrechtsnachfolge zugrunde, so solle die Mitteilung an das Gericht entweder durch einen Notar oder denjenigen erfolgen, zu dessen Gunsten sich die Eintragung auswirkt.

Dieser Vorschlag ähnelt bereits sehr stark der nunmehr geltenden Gesetzesfassung. Anders als bei dieser, besteht aber die Befugnis weiterer Personen, auf die Gesellschafterliste Einfluss zu nehmen. Hierin liegt aber die Gefahr, dass bei einem einheitlichen Erwerbsvorgang unterschiedliche Gesellschafterlisten eingereicht werden können. Dies würde das nötige Vertrauen in die Gesellschafterliste indes stark beeinträchtigen.

C. Der Weg des MoMiG

I. Eigenes Regelungsmodell

Der Gesetzgeber des MoMiG hat sich für keinen der vorgeschlagenen Lösungswege unmittelbar entschieden, wenngleich eine gewisse Nähe zu den Ansätzen von *Vossius/Wachter* und *Grunewald* wegen der Anknüpfung an die Gesellschafterliste als Rechtsscheinträger unverkennbar ist. Eine eindeutige Absage hingegen erteilt das neugeschaffene Institut dem Wertpapier- und Registermodell und den Überlegungen, als Rechtsscheinträger auf ein Anteilsbuch der Gesellschaft zurückzugreifen.

II. Der Tatbestand des § 16 Abs. 3 GmbHG im Überblick

Die Regelung des § 16 Abs. 3 GmbHG folgt in der Grundstruktur den bekannten Mustern des gutgläubigen Erwerbs, wobei sie sich teilweise an § 892 BGB orientiert.[135] Voraussetzung des gutgläubigen Erwerbs im GmbHG ist, dass eine Reihe positiver Tatbestandsvoraussetzungen erfüllt ist (§ 16 Abs. 3 Satz 1 GmbHG) und keine Ausschlussgründe gegeben sind (§ 16 Abs. 3 Satz 2 und 3 GmbHG).

Neben dem Erfordernis des Rechtsgeschäfts muss der Veräußerer gemäß § 16 Abs. 3 Satz 1 GmbHG in der zum Handelsregister aufgenommenen Gesellschafterliste als Inhaber des Geschäftsanteils eingetragen sein. Rechtsscheinträger ist damit die Gesellschafterliste im Sinne des weitreichend geänderten § 40 GmbHG. Ein Erwerb vom Nichtberechtigten kann nicht stattfinden, wenn der Erwerber bösgläubig (§ 16 Abs. 3 Satz 3 Alt. 1 GmbHG) oder der Gesellschafterliste ein Widerspruch zugeordnet ist (§ 16 Abs. 3 Satz 3 Alt. 2 GmbHG).

Einen bislang unbekannten Weg beschreitet hingegen § 16 Abs. 3 Satz 2 GmbHG. Innerhalb der ersten drei Jahre der Unrichtigkeit der Liste kann gutgläubiger Erwerb nur eintreten, wenn die Unrichtigkeit der Liste dem wahren Berechtigten zurechenbar ist. Ist keine Zurechnung an den wahren Berechtigten möglich, kann gutgläubiger Erwerb erst nach Ablauf von drei Jahren stattfinden.

135 So ausdrücklich: Regierungsbegründung, BT-Drs. 16/6140, S. 38 rechte Spalte.

Mithin stellt sich die Norm als Ausfluss sowohl des Zurechnungsprinzips als auch – nach drei Jahren – des reinen Rechtsscheinprinzips dar, mit der Folge, dass bekannte mobiliar- und immobiliarrechtliche Strukturen innerhalb einer Norm zur Anwendung kommen.

Als Rechtsfolge statuiert § 16 Abs. 3 GmbHG die Möglichkeit einerseits einen GmbH-Geschäftsanteil, andererseits ein Recht an einem GmbH-Geschäftsanteil gutgläubig von einem Nichtberechtigten zu erwerben.

3. Kapitel: Verfassungsrechtliche Vorgaben für die Regelung des gutgläubigen Erwerbs von GmbH-Geschäftsanteilen

Die Möglichkeit des gutgläubigen Erwerbs von GmbH-Geschäftsanteilen berührt die Rechtsstellungen (mindestens) zweier Personen; auf der einen Seite die des Erwerbers, auf der anderen Seite die des wahren Gesellschafters. Dieser geht seiner bisher bestehenden Rechtsposition zum Geschäftsanteil verlustig und hat nur noch die Möglichkeit, schuldrechtliche Ausgleichsansprüche gegen den Veräußerer wahrzunehmen. Durch die Neuregelung erhält daher eine Privatperson, namentlich der Verfügende, die „Befugnis“, auf die Rechtsposition eines anderen rechtsbeständig einzuwirken. Hierbei handelt es sich um eine recht weite „Befugnis“, die auch eine verfassungsrechtliche Dimension eröffnet, denn gemäß Art. 1 Abs. 3 GG ist auch der Privatrechtsgeber an die Grundrechte gebunden[136] und – untechnisch gesprochen – erfolgt auf Seiten des wahren Berechtigten bezogen auf seine Stellung zum Geschäftsanteil ein zumindest enteignungsnaher Totalentzug. Betrachtet man die Regierungsbegründung, so ist festzustellen, dass der Gesetzgeber zwar eine gewisse Abwägung der Interessen des Rechtsverlierenden mit denen des gutgläubigen Erwerbers vornimmt. Er kommt aber doch insgesamt zum Ergebnis, dass die Belange des Erwerbers aus Gründen der Transparenz und Schwierigkeiten beim GmbH-Geschäftsanteilskauf höher zu bewerten sind. Als ausreichend wird erachtet, dass der wahre Berechtigte durch die Frist des § 16 Abs. 3 Satz 2 GmbHG und des während dieser Zeit geltenden Zurechnungserfordernisses geschützt wird.[137]

Für eine Darstellung des gutgläubigen Erwerbs im GmbH-Recht darf indes nicht die Frage übergangen werden, ob sich für dieses Institut aus dem Grundgesetz greifbare Vorgaben ableiten lassen.

A. Das einschlägige Grundrecht

Das einschlägige Grundrecht für die vorliegende Prüfung ist Art. 14 GG. Zwar ist im Grundsatz denkbar, die Untersuchungen an Art. 2 Abs. 1 GG, also dem allgemeinen Persönlichkeitsrecht, auszurichten. Dies würde aber das Verhältnis der beiden Grundrechte zueinander verkennen. Art. 2 Abs. 1 GG stellt als Gene-

---

136 *Dreier* in: H. Dreier, Grundgesetz, Art. 1 III Rdnr. 54.
Der in der Verfassungsdogmatik umstrittenen Frage, in wie weit Besonderheiten bezüglich des Grades und des Umfangs der Bindung bestehen und ob es sich um eine mittelbare oder unmittelbare Bindung handelt, soll hier nicht weiter nachgegangen werden, da eine hier interessierende grundsätzliche Bindung der allgemeinen Meinung entspricht. Siehe hierzu: *Stern* in: Stern, Staatsrecht III/1, § 76 IV 3 und *Hager*, Verkehrsschutz, § 3 III.

137 Regierungsbegründung, BT-Drs. 16/6140, S. 39 linke Spalte.

ralklausel ein gegenüber anderen Freiheitsrechten subsidiäres Grundrecht dar.[138] Auch Art. 12 GG kann nicht zum Zuge kommen. Die Abgrenzung zwischen Art. 12 GG und Art. 14 GG erfolgt danach, ob ein Eingriff in die Freiheit der individuellen Erwerbs- und Leistungsfähigkeit[139] oder in die Innehabung und Verwendung vorhandener Vermögensgüter[140] vorliegt. Im ersten Fall ist Art. 12 GG, im letzten Art. 14 GG das betroffene Grundrecht. Im zu untersuchenden Zusammenhang liegt der Schwerpunkt auf der Innehabung und Verwendungsmöglichkeit des Geschäftsanteils, da bereits Erworbenes, nämlich die bestehende Rechtsposition der Gesellschafterstellung, und nicht noch zu Erwerbendes inmitten steht.[141]

B. Der GmbH-Geschäftsanteil als geschütztes Eigentum im Sinne des Art. 14 GG

Schutzgut des Art. 14 GG ist das Eigentum. Die ständige Rechtsprechung des Bundesverfassungsgericht und die Lehre verstehen unter dem grundrechtlich geschützten Eigentum vermögensrechtliche Positionen, die dem Ziel dienen, dem Einzelnen im privaten oder wirtschaftlichen Bereich einen gesicherten Freiraum zur eigenverantwortlichen Lebensgestaltung zu schaffen bzw. zu erhalten, auf dessen Fortbestand er vertrauen kann.[142] Der verfassungsrechtliche Eigentumsbegriff erfasst daher nicht nur Eigentum im bürgerlichrechtlichen Sinn, sondern nimmt auch andere vermögenswerte Positionen in sich auf, die einem Einzelnen zugeordnet sind.

Entscheidungen in der veröffentlichten Rechtsprechung zur Frage, ob auch der Geschäftsanteil eines GmbH-Gesellschafters unter den verfassungsrechtlichen Eigentumsbegriff fällt, finden sich nicht. Bisherige hier interessierende Entscheidungen haben regelmäßig aktienrechtliche Fragestellungen zum Gegenstand und anerkennen für diesen Bereich das Anteilseigentum des Gesellschafters als vom Schutzbereich des Art. 14 GG umfasstes Eigentum.[143] In der verfassungsrechtlichen Literatur wird dem vom Bundesverfassungsgericht dies-

138 *Jarass*/Pieroth, GG, Art. 2 Rdnr. 2.

139 BGH, Urteil vom 09.12.2004, Az. III ZR 263/04, BGHZ 161, 305, 312.

140 BVerfG, Beschluss vom 16.03.1971, Az. 1 BvR 52, 665, 667, 754/66, BVerfGE 30, 292, 335.

141 So auch im Ergebnis für §§ 932 ff. und §§ 892 f. BGB: *Hager*, Verkehrsschutz, § 3 II und *Peters*, Der Entzug des Eigentums, § 2 II.

142 BVerfG, Urteil vom 18.12.1968, Az. 1 BvR 638, 673/64 und 200, 238, 249/65, BVerfGE 24, 367, 389; BVerfG, Beschluss vom 08.06.1977, Az. 2 BvR 499/74 und 1042/75, BVerfGE 45, 142, 168; BVerfG, Beschluss vom 31.03.1998, Az. 2 BvR 1877/97 und 50/98, BVerfGE 97, 350, 370 f.; *Bryde* in: v. Münch/Kunig, GGK I, Art. 14 Rdnr. 11 ff.; *Dietlein* in: Stern, Staatsrecht Band IV/1, § 113 III 3.

143 BVerfG, Beschluss vom 27.04.1999, Az. 1 BvR 1613/94, BVerfGE 100, 289, 301 f.; BVerfG, Beschluss vom 19.04.2007, Az. 1 BvR 1935/06, BVerfG NJW 2007, 3265, 3265 f.

bezüglich eingeschlagenen Weg gefolgt.[144] Unter Rekurs auf die Rechtsprechung zum Aktienrecht befürworten auch gesellschaftsrechtliche Autoren den grundrechtlichen Schutz des Geschäftsanteils.[145] Wesensnotwendig für diese Einordnung ist für das Bundesverfassungsgericht nach seiner zum Aktienrecht entwickelten Rechtsprechung, dass im Anteil an einer Kapitalgesellschaft Eigentum verkörpert ist, welches im Rahmen seiner gesellschaftsrechtlichen Ausformung durch Privatnützigkeit und Dispositionsbefugnis über den Eigentumsgegenstand ausgestaltet ist.[146] Das Bundesverfassungsgericht erkennt daher Anteilseigentum als Eigentum im grundgesetzlichen Sinne an, da einerseits mitgliedschaftsrechtliche Mitgestaltungsbefugnisse und andererseits vermögensrechtliche Ansprüche durch den Anteil vermittelt werden. Mithin ist entscheidend, dass ein Anteilsinhaber über seinen Anteil verfügen kann, dieser ihm selbst zugeordnet ist, durch diesen vermögenswerte Rechte auf Seiten des Inhabers entstehen können und durch Innehabung desselben Mitgestaltungsbefugnisse bestehen.

Diese Voraussetzungen liegen nicht nur für das Aktienrecht vor, sondern lassen sich auch auf das GmbH-Recht übertragen. Die Verfügungsbefugnis ergibt sich unmittelbar aus § 15 Abs. 1 GmbHG. Eine eventuell bestehende Vinkulierung ändert an diesem Befund nichts, da einerseits keine uneingeschränkte und beliebige Verfügungsbefugnis notwendig ist[147] und andererseits ansonsten die Möglichkeit bestünde, über eine Vinkulierung in der Satzung verfassungsrechtliche Schutzbereiche zu verlassen. Dies zeigt auch die Möglichkeit der Vinkulierung im Aktienrecht gemäß § 68 Abs. 2 Satz 1 AktG. Selbst ein satzungsmäßiger Ausschluss der Abtretbarkeit als Fall des § 399 BGB lässt die grundsätzliche Verfügungsbefugnis unberührt, da ein solcher stets im Wege der Satzungsänderung entfallen kann.[148] Die Zuordnung eines Geschäftsanteils an seinen Inhaber folgt bereits im Rahmen der Gründung einer GmbH aus § 3 Abs. 1 Nr. 4 GmbH, wonach der Inhalt der Satzung einen direkten Bezug zwischen Gesellschafter und Geschäftsanteil herstellt, und im weiteren Verlauf der Gesellschaft aus der Gesellschafterliste gemäß § 40 Abs. 1 Satz 1 GmbHG. Die Eigenschaft als Anteilsinhaber führt zum Gewinnanspruch nach § 29 Abs. 1 GmbHG, dem Anspruch des Gesellschafters auf ein Bezugsrecht auf das erhöhte Kapital bei einer Kapitalerhöhung[149] und dem Anspruch auf Liquidati-

---

144 *Jarass*/Pieroth, GG, Art. 14 Rdnr. 9; BeckOK Epping/Hillgruber/*Axer*, GG Art. 14 Rdnr. 49 mwN.

145 Scholz/*Winter/Seibt*, GmbHG, § 14 Rdnr. 8.

146 BVerfG, Beschluss vom 19.04.2007, Az. 1 BvR 1995/06, BVerfG NJW 2007, 3265.

147 Vgl. BVerfG, Beschluss vom 26.05.1993, Az. 1 BvR 208/93, BVerfG NJW 1993, 2035, 2036.

148 Vgl. Roth/*Altmeppen*, GmbHG § 15 Rdnr. 104.

149 Nach h.M. steht jedem Altgesellschafter ein solches in analoger Anwendung des § 186 AktG zu. Siehe hierzu: *Wicke*, GmbHG, § 55 Rdnr. 11. Andere (*Roth*/Altmeppen, GmbHG § 55 Rdnr. 23) anerkennen kein gesetzliches Bezugsrecht, berücksichtigen aber beim Bezugs-

onserlös gemäß § 72 GmbHG, mithin zu vermögenswerten Rechten als Ausfluss der durch den Geschäftsanteil vermittelten Mitgliedschaft.[150] Endlich folgt die erforderliche Mitgestaltungsbefugnis aus der Stellung als Gesellschafter, die zur Teilnahme an Gesellschafterversammlungen berechtigt.

Demgemäß fällt auch der Geschäftsanteil des GmbH-Gesellschafters unter den Schutzbereich der Eigentumsgarantie des Art. 14 GG. Dies darf nicht darüber hinwegtäuschen, dass es sich um eine vom Eigentum der Gesellschaft selbst abzugrenzende Eigentumskategorie handelt. Die Gesellschaft ist als juristische Person gemäß Art. 19 Abs. 3 GG eigenständiger Träger des Grundrechts des Art. 14 GG bezogen auf eingebrachte Vermögensgegenstände.[151] Das Anteilseigentum des Gesellschafters stellt demgegenüber ein gesellschaftsrechtlich vermitteltes Eigentum[152] dar, da der Gesellschafter hier anders als beim klassischen Sacheigentum bezüglich der Nutzungsrechte nur mittelbar über die Organe der Gesellschaft handeln kann.[153]

C. Die Qualifizierung des staatlichen Handelns als Eingriff

Fällt beim gutgläubigen Erwerb von GmbH-Geschäftsanteilen die Rechtsposition des wahren Berechtigten in den Schutzbereich von Art. 14 GG[154], so setzt es weiterhin voraus, dass § 16 Abs. 3 GmbHG einen Eingriff in diesen Schutzbereich darstellt, um verfassungsrechtliche Vorgaben für die Neuregelung ableiten zu können. Es muss daher untersucht werden, ob eine eingreifende Maßnahme vorliegt und wie diese innerhalb der Eingriffsdogmatik des Art. 14 GG zu bewerten ist.

I. § 16 Abs. 3 GmbHG als Norm mit eingreifendem Charakter

Eingriffe in das Eigentum liegen vor, wenn durch unmittelbare Regelungen oder faktische und mittelbare Einwirkungen durch einen Grundrechtsverpflichteten die geschützte Rechtsposition entzogen oder die geschützte Nutzung, Verfügung oder Verwertung beschränkt wird.[155] Erwirbt ein Gutgläubiger unter den Vor-

---

rechtsausschluss die Sachgerechtigkeit und die Gleichbehandlung der Gesellschafter im besonderen Maße und kommen so nach eigenem Verständnis der h.M. im Ergebnis sehr nahe.

150 *Hueck/Fastrich* in: Baumbach/Hueck, GmbHG (2010), § 29 Rdnr. 49.

151 *Jarass*/Pieroth, GG, Art. 14 Rdnr. 27.

152 BVerfG, Urteil vom 01.03.1979, Az. 1 BvR 532, 533/77, 419/78 und 1 BvL 21/78, BVerfGE 50, 290, 342.

153 Hierzu kritisch *Dietlein* in: Stern, Staatsrecht IV/1, § 113 III 3, der hierin ein Übergehen der Grundrechtsberechtigung der juristischen Person sieht.

154 Zur Rechtsposition des Erwerbers als von Art. 14 GG geschütztes Recht siehe: 3. Kap. D IV. 1. a).

155 Vgl. *Jarass*/Pieroth, GG, Art. 14 Rdnr. 29 f.; *Wendt* in: Sachs, Grundgesetz, Art. 14 Rdnr. 52; *Billmeier*, Sperrungsverfügung, S. 194.

aussetzungen des § 16 Abs. 3 GmbH einen Geschäftsanteil, so hat dies zur Folge, dass er Inhaber desselben wird; der zuvor Berechtigte hingegen verliert seine Rechtsposition vollständig. Die vor dem Erwerb gegebenen und geschützten Einflussmöglichkeiten des ursprünglich Berechtigten existieren nicht mehr. Gesellschafteransprüche gegen die GmbH entstehen in der Person des gutgläubigen Erwerbers. § 16 Abs. 3 GmbHG führt daher zu einem vollständigen Entzug der Rechtsposition des vorher Berechtigten, mithin zu einem Eingriff in eine grundrechtlich geschützte Rechtsstellung.

Nicht übersehen werden darf aber, dass der Eingriff nicht unmittelbar durch einen Grundrechtsverpflichteten geschieht, sondern stets das Handeln einer Privatperson, nämlich des unberechtigt Verfügenden, voraussetzt. Doch auch „mittelbar" wirkendes staatliches Handeln lässt sich als Eingriff charakterisieren. Aus der Einordnung des Art. 14 GG als Institutsgarantie[156] folgt, dass Art. 14 GG auch ein Grundrecht mit Schutzfunktion ist.[157] Der Gesetzgeber ist also gehalten, überhaupt eine Privatrechtsordnung bereitzustellen, das Eigentum strafrechtlich zu schützen und dem Einzelnen Abwehransprüche gegen Einwirkungen Dritter einzuräumen.[158] Auch wenn sich hieraus keine subjektiven Rechte auf bestimmte gesetzgeberische Maßnahmen ableiten lassen[159], so ist doch jeder Grundrechtsverpflichtete gehalten, erweitert er den Rechtskreis einer Person, auch die Interessen des notwendig betroffenen Dritten zu berücksichtigen, wenn für diesen nachteilige Nebenwirkungen erwachsen.[160] Der Gesetzgeber muss daher bereits bei Normerlass potentiell widerstreitende Interessen, die sich aus Art. 14 GG ergeben, hinreichend berücksichtigen und abwägen. Liegt, wie hier, eine solche Interessenskollision aus der Sichtwarte des Art. 14 GG vor, ist anerkannt, dass eine hoheitliche Maßnahme dann als Eingriff wegen Missachtung der Schutzfunktion zu qualifizieren ist, wenn eine Nebenfolge der Maßnahme eine nachhaltige Beeinträchtigung der geschützten Rechtsposition ist.[161] Im interessierenden Zusammenhang liegen diese Voraussetzungen vor. Nebenfolge der durch § 16 Abs. 3 GmbHG statuierten „Befugnis" einer Privatperson, über fremde Rechtspositionen rechtsbeständig verfügen zu können, ist ein totaler Rechtsentzug bezogen auf den Geschäftsanteil auf Seiten des vorher Berechtigten. Es liegt daher im Verhältnis zu der von der Rechtsprechung geforderten

---

156 BVerfG, Beschluss vom 15.07.1981, Az. 1 BvL 77/78, BVerfGE 58, 300, 339; *Depenheuer* in: v. Mangoldt/Klein/Starck, GG I, Art. 14 Rdnr. 16; *Wendt* in: Sachs, Grundgesetz Art. 14 Rdnr. 10 f.

157 *Papier* in: Maunz/Dürig, GG, Art. 14 Rdnr. 16; *Jarass*/Pieroth, GG, Art. 14 Rdnr. 33.

158 *Depenheuer* in: v. Mangoldt/Klein/Starck, GG I, Art. 14 Rdnr. 16.

159 *Papier* in: Maunz/Dürig, GG, Art. 14 Rdnr. 15.

160 BVerwG, Urteil vom 01.12.1982, Az. 7 C 111.81, BVerwGE 66, 307, 309 für den Fall einer an eine Privatperson erteilten Genehmigung, die direkt in von Art 14 GG geschützte Rechtspositionen (eingerichteter und ausgeübter Gewerbebetrieb) eines Dritten eingriff.

161 BGH, Urteil vom 28.06.1984, Az. II ZR 35/83, BGHZ 92, 34, 42 f.; BVerwG, Urteil vom 14.05.1979, Az. 4 C 96, 97/76, BVerwG NJW 1979, 995, 996.

nachhaltigen Beeinträchtigung sogar ein qualitatives Mehr vor, weswegen § 16 Abs. 3 GmbHG eine Regelung darstellt, die in den Schutzbereich des Art. 14 GG eingreift.

Die zumindest im Ansatz vom Gesetzgeber durchgeführte Interessensabwägung kann in dogmatischer Hinsicht keine Folgen für die Qualifizierung als Eingriff zeitigen, sondern nur eine Rolle im Rahmen der Rechtfertigung spielen, da anderenfalls das grundrechtsverpflichtete Organ durch Abwägung eine rechtlich umfassende Kontrolle seines Handelns vermeiden könnte, was mit einem effektiven Grundrechtsschutz nicht zu vereinbaren wäre.

II. § 16 Abs. 3 GmbHG in der Eingriffsdogmatik des Art. 14 GG

Art. 14 GG umfasst zwei Arten von Eingriffen.[162] Hoheitliche Maßnahmen könne einerseits als Inhalts- und Schrankenbestimmung gemäß Art. 14 Abs. 1 Satz 2 GG, andererseits als Enteignung gemäß Art. 14 Abs. 3 GG qualifiziert werden. Weil die damit zu unterscheidenden Eingriffsarten insbesondere im Rahmen einer Rechtfertigung verschiedene Ansatzpunkte liefern können und gerade aus der Rechtfertigung des Grundrechtseingriffes Vorgaben für eine konkrete Ausgestaltung des neuen Instituts ableitbar sein werden, ist es erforderlich, § 16 Abs. 3 GmbHG innerhalb der Eingriffsdogmatik des Art. 14 exakt zu verorten.

1. § 16 Abs. 3 GmbHG als Enteignung

Eine Enteignung nach Art. 14 Abs. 3 GG stellt eine hoheitliche Maßnahme dar, die auf die vollständige oder teilweise Entziehung konkreter subjektiver Eigentumspositionen im Sinne des Art. 14 Abs. 1 Satz 1 GG zur Erfüllung bestimmter öffentlicher Aufgaben gerichtet ist.[163] Der gutgläubige Erwerb im GmbH-Recht wird, wenn auch ohne Begründung, teilweise als Enteignung angesehen.[164] Stellte § 16 Abs. 3 GmbHG einen Eingriff mit enteignendem Charakter dar, würde dies zur unmittelbaren Verfassungswidrigkeit des Instituts führen. Art. 14 Abs. 3 Satz 2 GG konstituiert die Pflicht des Gesetzgebers, im enteignenden Gesetz zugleich Art und Ausmaß der Entschädigung zu regeln.[165] Hierdurch soll der von der Enteignung potentiell Betroffene geschützt, der Gesetzgeber gewarnt

162 Teilweise werden auch der enteignende Eingriff und der enteignungsgleiche Eingriff als dritte Eingriffskategorie eingeordnet. Siehe hierzu weiterführend: BeckOK Epping/Hillgruber/*Axer*, GG Art. 14 Rdnr. 71.

163 BVerfG, Beschluss vom 12.03.1986, Az. 1 BvL 81/79; BVerfGE 72, 66, 76; BVerfG, Beschluss vom 16.02.2000, Az. 1 BvR 242/91, 1 BvR 315/99; BVerfGE 102, 1, 15; *Papier* in: Maunz/Dürig, GG, Art. 14 Rdnr. 527.

164 *Wicke*, GmbHG, § 16 Rdnr. 28; *Bohrer*, DStR 2007, 995, 999.

165 Siehe allgemein zur sogenannten Junktimklausel: *Papier* in: Maunz/Dürig, GG, Art. 14 Rdnr. 561 ff.

und die Budgetkompetenz des Parlaments gesichert werden.[166] Eine solche Entschädigungsregelung findet sich für § 16 Abs. 3 GmbHG indes nicht. Gleiches gilt für die übrigen Tatbestände des gutgläubigen Erwerbs im allgemeinen Zivilrecht. Vor diesem Hintergrund mag es nicht verwundern, dass weit überwiegend davon ausgegangen wird, dass privatrechtliche Regelungen, die die Befugnis vermitteln, in das Eigentum eines Rechtsgenossen einzugreifen, keine Enteignung darstellen, sondern stets eine Inhalts- und Schrankenbestimmung[167], womit Art. 14 Abs. 3 GG nicht Rechtmäßigkeitsgrenze wäre. Ob eine derartige pauschale „Alles-oder-Nichts"- Lösung streng durchgehalten werden kann, muss hier nicht entschieden werden, da zumindest der gutgläubige Erwerb von GmbH-Geschäftsanteilen nicht als Enteignung qualifiziert werden kann.

Zunächst lässt sich § 16 Abs. 3 GmbHG nicht als Legalenteignung begreifen. Eine solche setzt voraus, dass durch das Gesetz selbst und unmittelbar konkrete und individuelle Rechtspositionen entzogen werden.[168] Es kommt also darauf an, dass das Gesetz mit seinem Inkrafttreten ohne weiteren Vollzugsakt individuelle Rechte entzieht oder beschneidet.[169] Da aber § 16 Abs. 3 GmbHG wesensnotwendig einer weiteren Rechtshandlung, nämlich der Verfügung des Nichtberechtigten, bedarf, kann nicht davon gesprochen werden, dass durch die Norm selbst eine unmittelbare Entziehung geschützter Rechtspositionen eintrete.

Aber auch § 16 Abs. 3 GmbHG als Form der Administrativenteignung zu begreifen, kann nicht überzeugen. Insoweit ist *Hager*[170] zwar zuzustimmen, der den gutgläubigen Erwerb im allgemeinen Zivilrecht als ein Institut ansieht, das der Administrativenteignung näher liegt als der Legalenteignung, da sich das Verlustrisiko erst durch das Verfügungsgeschäft realisiere. Gleichzeitig ist dieser Gedanke auch auf § 16 Abs. 3 GmbHG übertragbar. Doch ist hiermit noch nichts gewonnen für die exakte Qualifizierung als Unterfall einer Enteignung, denn Voraussetzung für diese ist, dass sie einen hoheitlichen Rechtsakt darstellt.[171] Nicht zu vereinbaren hiermit ist ein Rechtsakt durch Private, wenn er auch sonstige Voraussetzungen einer Enteignung erfüllt.[172] Dies leitet sich aus

166 BVerfG, Beschluss vom 26.10.1977, Az. 1 BvL 9/72, BVerfGE 46, 268, 287; *Wieland* in: H. Dreier, Grundgesetz, Art. 14 Rdnr. 108.

167 *Papier* in: Maunz/Dürig, GG, Art. 14 Rdnr. 530 und die umfassenden Nachweise bei *Hager*, Verkehrsschutz, § 4 II. 2. FN 104 und *Schulze-Osterloh*, Das Prinzip der Eigentumsopferentschädigung im Zivilrecht und im öffentlichen Recht § 4 A. I. 2, die beide der h.M. gegenüber kritisch sind.

168 *Dietlein* in: Stern, Staatsrecht IV/1, § 113 VII 4 2. b.

169 BVerfG, Beschluss vom 17.07.1996, Az. 2 BvF 2/93, BVerfGE 95, 1, 22.

170 *Hager*, Verkehrsschutz, § 4 II 1. d).

171 Statt aller: *Jarass*/Pieroth, GG, Art. 14 Rdnr. 71.

172 BVerfG, Urteil vom 07.08.1962, Az. 1 BvL 16/60, BVerfGE 14, 263, 277; *Wieland* in: H. Dreier, Grundgesetz, Art. 14 Rdnr. 77; *Rozek*, Die Unterscheidung von Eigentumsbindung und Enteignung, S. 144; einschränkend: *Lege*, Zwangskontrakt und Güterdefinition § 3 II. 1. b).

der Struktur von Art. 14 Abs. 3 GG ab, der einen Zugriff des Staates erfordert und daher bei einem Zugriff von Privaten nicht anwendbar ist. Der Charakter des Art. 14 GG als Abwehrrecht gegen den Staat erfordert somit im Rahmen einer Enteignung unmittelbares[173] staatliches Handeln. Dieser Befund lässt sich auch mit einer nicht bestehenden Grundrechtsbindung aus Art. 1 Abs. 3 GG für Private belegen. Ebenso spricht gegen eine Enteignung durch Privatrechtsgesetzgebung, dass die Enteignung nach überwiegender Ansicht[174] kein Instrument privatnütziger Eigentumsumschichtung ist. Schließlich enthält § 16 Abs. 3 GmbHG das vom Bundesverfassungsgericht[175] als wesentlich bezeichnete Element, wonach jede Enteignung den Zeitpunkt der Rechtsänderung selbst und unmittelbar festlegen muss, nicht.[176]

2. § 16 Abs. 3 als Inhalts- und Schrankenbestimmung

Schließlich ermöglicht es Art. 14 Abs. 1 Satz 2, Abs. 2 GG, Eingriffe in das Eigentum in Form einer Inhalts- und Schrankenbestimmung vorzunehmen. Dass § 16 Abs. 3 GmbHG nur eine Inhalts- und Schrankenbestimmung sein kann, lässt sich auf zwei Wegen begründen.

a) Primäre Begründung als Inhalts- und Schrankenbestimmung

Nachdem Rechtsprechung und Literatur zunächst davon ausgingen, die Grenze zwischen Inhalts- und Schrankenbestimmung und Enteignung sei als eine fließende zu begreifen, setzte sich schließlich die Erkenntnis durch, dass beide Institute nicht ineinander übergehen können, sondern wegen der jeweiligen Eigenständigkeit strikt zu trennen sind.[177] Auf Grundlage des herrschenden formalen Enteignungsbegriffs wurde oben[178] festgestellt, dass § 16 Abs. 3 GmbHG keine Enteignung darstellt. Konsequenz der Trennung von Inhalts- und Schrankenbestimmung einerseits und Enteignung andererseits ist daher, dass § 16 Abs. 3 GmbHG als Inhalts- und Schrankenbestimmung anzusehen ist.[179]

Überzeugender als der soeben beschrittene formale Weg und auch gangbar ist es aber, § 16 Abs. 3 GmbHG nicht durch eine Abgrenzung, sondern aus sich

---

173 Dies gerade im Unterschied zum allgemeinen Eingriff, der auch bei mittelbarem staatlichem Handeln gegeben sein kann. Siehe hierzu: 3. Kap. C. I.

174 *Deppenheuer* in: v. Mangoldt/Klein/Starck, GG I, Art. 14 Rdnr. 412; *Ehlers*, VVDStRL 51(1992), 211, 238 f.

175 BVerfG, Beschluss vom 10.05.1977, Az. 1 BvR 514/68 und 323/69, BVerfGE 45, 297, 326.

176 Dennoch sprechen *Wicke*, GmbHG, § 16 Rdnr. 28 und *Bohrer*, DStR 2007, 995, 999 jeweils von einer Enteignung, ohne sich hiermit näher auseinander zusetzten.

177 BVerfG, Beschluss vom 15.07.1981, Az. 1 BvL 77/78, BVerfGE 58, 300, 330 ff.; *Jarass*/Pieroth, GG, Art. 14 Rdnr. 36.

178 3. Kap. C. II. 1.

179 Vgl. exemplarisch hierzu: *Ruffert*, Vorrang der Verfassung und Eigenständigkeit des Privatrechts § 11 III 1. d. bb).

selbst heraus als Inhalts- und Schrankenbestimmung einzuordnen. Die Rechtsprechung des Bundesverfassungsgerichts und dem folgend die Lehre verstehen unter der Inhalts- und Schrankenbestimmung eine „generelle und abstrakte Festlegung von Rechten und Pflichten durch den Gesetzgeber hinsichtlich solcher Rechtsgüter, die als Eigentum im Sinne der Verfassung zu verstehen sind“.[180] Wie bereits festgestellt, ist für den gutgläubigen Erwerb gemäß § 16 Abs. 3 GmbHG erforderlich, dass ein Handeln des unberechtigt Verfügenden vorliegt. Erst diese Verfügung, nicht das Gesetz, bedingt die neue Eigentumslage. Gestattet der Gesetzgeber eine derartige „Kompetenz“ des unberechtigt Verfügenden, zwingt er gleichzeitig den ursprünglich Berechtigten, diese „Kompetenz“ und damit die neue Eigentumslage zu akzeptieren und zu dulden. Diese sich aus § 16 Abs. 3 GmbHG ergebende „Duldungsgefahr“ aktualisiert sich bei rechtsbeständiger Verfügung zur Duldungspflicht. Da es sich hierbei auch um eine alle Geschäftsanteilsinhaber betreffende Pflicht handelt, ist diese auch abstrakt und generell.[181]

b) Sekundäre Begründung als Inhalts- und Schrankenbestimmung

Aber nicht nur unmittelbar aus dem Verhältnis zur Enteignung und der eigenen Begriffsbestimmung der Inhalts- und Schrankenbestimmung lässt sich § 16 Abs. 3 GmbHG als Inhalts- und Schrankenbestimmung qualifizieren. Auch die Figur der Kollision von Grundrechten[182] gebietet eine derartige Sichtweise, zumindest in Fällen einer wirksamen Verpflichtung des unberechtigt Verfügenden.[183] Kollidieren zwei grundrechtlich geschützte Rechtspositionen, ist es Aufgabe des Gesetzgebers, diese Kollision zu lösen. Das Bundesverfassungsgericht[184] fordert hierfür „einen Ausgleich der gegenläufigen, gleichermaßen verfassungsrechtlichen Interessen mit dem Ziel ihrer Optimierung“. Sind auch die genauen Grenzen und Inhalte dieser Rechtsfigur noch nicht abschließend geklärt[185], so ist sie doch allgemein anerkannt. Für die hier zu untersuchende Frage lassen sich aber zumindest zwei entscheidende Aspekte aus der Figur der Grundrechtskollision ableiten.

Zunächst liegt eine solche vor. Nicht nur die Rechtsposition des Eigentümers stellt grundrechtlich geschütztes Eigentum dar, sondern auch der wirksame Anspruch des Erwerbers gegen den Verfügenden, denn auch privatrechtliche Forderungen stehen als vermögenswerte Rechtspositionen unter dem Schutz des

180 BVerfG, Beschluss vom 12.06.1979, Az. 1 BvL 19/76, BVerfGE 52, 1, 27; *Jarass*/Pieroth, GG, Art. 14 Rdnr. 36; *Wieland* in: H. Dreier, Grundgesetz, Art. 14 Rdnr. 74.

181 So auch: *Mülbert/Leuschner*, ZHR 170 (2006), 615, 625 für die nämliche Abgrenzung beim gutgläubigen Erwerb im allgemeinen Zivilrecht.

182 Siehe hierzu allgemein und ausführlich: *Stern* in: Stern, Staatsrecht III/2, § 82.

183 Zum Aspekt der unwirksamen Verfügung siehe sogleich: 3. Kap. D. IV. 1. a).

184 BVerfG, Beschluss vom 07.03.1990, Az. 1 BvR 266/86 und 913/87, BVerfGE 81, 278, 292.

185 *Stern* in: Stern, Staatsrecht III/2, § 82 II 5.

Art. 14 GG.[186] Es besteht also die für eine Kollisionssituation notwendige Dreieckskonstellation[187], in der sich zwei Grundrechtsberechtigte und ein Grundrechtsverpflichteter treffen.

Weiterhin folgt aus dem Institut der Grundrechtskollision, dass diese eine Grundrechtsbeschränkung[188], also einer Eingriffsbefugnis, ermöglicht. Denn ist der Gesetzgeber gehalten, einen Interessensausgleich zu schaffen, muss ihm auch das dafür notwendige Werkzeug an die Hand gegeben werden. Dies gilt selbst dann, wenn bereits das Grundrecht, wie vorliegend Art. 14 GG, einen Gesetzesvorbehalt aufweist.[189] Ansonsten wären Grundrechte ohne textlichen Gesetzesvorbehalt in konturloserem Maße als solche mit Gesetzesvorbehalt einschränkbar und ihre grundsätzlich schrankenlose Gewährung würde negiert.[190] Mithin sind bestehende Befugnisse eines Grundrechtsverpflichteten, Grundrechte zu beschränken, durch die Kollisionssituation zu erweitern. Aus diesen Erwägungen heraus verwundert es auch nicht, dass das Bundesverfassungsgericht[191] und der BGH[192] Bemühungen zum Ausgleich von Grundrechtskollisionen durch den Gesetzgeber als Inhalts- und Schrankenbestimmung einordnen, da der Ausgleich stets inhaltlich auf ein geschütztes Rechtsgut einwirkt.

D. Folgen für die Ausgestaltung des gutgläubigen Erwerbs von GmbH-Geschäftsanteilen

Direkte Vorgaben für den gutgläubigen Erwerb von GmbH-Geschäftsanteilen lassen sich aus dem bisherigen Befund, wonach § 16 Abs. 3 GmbHG eine Inhalts- und Schrankenbestimmung im Sinne des Art. 14 GG ist, natürlich (noch) nicht ableiten. Hierfür kommt es entscheidend darauf an, einen Bezugspunkt für diese Vorgaben auszumachen. Dieser findet sich mittelbar in den denkbaren Rechtfertigungsmöglichkeiten des gutgläubigen Erwerbs von GmbH-Geschäftsanteilen. Es muss damit der Frage nachgegangen werden, wie sich der gutgläubige Erwerb von GmbH-Anteilen verfassungsrechtlich rechtfertigen lässt und ob sich hieraus Voraussetzungen für dessen konkrete Ausgestaltung ergeben. Im Rahmen der zivilrechtlichen Auseinandersetzung wird schließlich zu untersuchen sein, ob derartige Vorgaben hinreichend erfüllt sind.[193] Um indes

186 BVerfG, Beschluss vom 07.12.2004, Az. 1 BvR 1804/03, BVerfGE 112, 93, 107; *v. Brünneck*, Die Eigentumsgarantie des Grundgesetzes, S. 392.

187 *Stern* in: Stern, Staatsrecht III/2, § 82 III 2.

188 BVerwG, Urteil vom 18.10.1990, Az. 3 C 2.88, BVerwGE 87, 37, 45 f.; *Jarass*/Pieroth, GG, Art. Vor. Art. 1 Rdnr. 47.

189 *Lerche* in: Issensee/Kirchhof, HStR V, § 122 Rdnr. 14.

190 Vgl. *Jarass*/Pieroth, GG, Art. Vor. Art. 1 Rdnr. 47.

191 BVerfG, Urteil vom 28.02.1980, Az. 1 BvL 17/77, 7, 9, 14, 15, 16, 37, 64, 74, 78, 100/78, 5, 16/79 und 1 BvR 807/78, BVerfGE 53, 257, 295 f.

192 BGH, Urteil vom 04.05.1987, Az. II ZR 211/86, BGHZ 101, 24, 27 f.

193 Siehe hierzu: 5. Kap. D.

innerhalb der Angemessenheit der Norm im Rahmen der Verhältnismäßigkeitsprüfung substantiierte Rechtfertigungsmöglichkeiten näher untersuchen zu können, muss sich der Blick auf die Frage richten, ob § 16 Abs. 3 GmbHG einen legitimen Zweck verfolgt, diesen zu erreichen geeignet ist und sich schließlich als erforderlich darstellt.

I. Der legitime Zweck

Im bisher geltenden Recht der GmbH stellt der Geschäftsanteilskauf ein „risikoreiches" Geschäft dar.[194] Der Erwerber kann nicht immer sicher sein, ob sein Vertragspartner auch wirklich Inhaber des Geschäftsanteils ist[195], was in der Praxis zu zusätzlichen Sicherungsinstrumenten geführt hat.[196] Diese Schwierigkeiten sind es auch, die den Gesetzgeber veranlasst haben, den gutgläubigen Erwerb von GmbH-Geschäftsanteilen nunmehr zu ermöglichen.[197] Ziel der Neuregelung ist es daher, bisher erforderliche Transaktionskosten zu senken und die Rechtsunsicherheit beim GmbH-Anteilserwerb zu beseitigen.[198] Diese Zwecke sind legitim, da der Gesetzgeber hiermit die gemeinschaftswichtige Rechtssicherheit erhöhen und schutzwürdige Interessen verfolgen will.

II. Geeignetheit

§ 16 Abs. 3 GmbHG stellt ein geeignetes Mittel dar, diese Ziele zu erreichen. Das Bundesverfassungsgericht und die Lehre erkennen jede Maßnahme, die die Zweckerreichung fördert, als geeignet an.[199] Ohne an dieser Stelle genauer differenzieren zu müssen, gilt es zunächst festzuhalten, dass § 16 Abs. 3 GmbHG ein förderndes Moment in diesem Sinne nicht aberkannt werden kann. Bereits die Möglichkeit des gutgläubigen Erwerbs als solche befreit den Erwerber zumindest in Einzelfällen von Nachforschungspflichten und führt damit dazu, dass Transaktionskosten gesenkt werden können und die Rechtssicherheit beim Anteilserwerb erhöht wird.

III. Erforderlichkeit

Auch an der Erforderlichkeit lässt sich schwerlich zweifeln. Diese wäre nur zu verneinen, ließe sich das Ziel auch durch ein anderes gleich wirksames Mittel erreichen, welches das betroffene Grundrecht nicht oder deutlich weniger ein-

194 Vgl. 2. Kap. A. III. 4.
195 Vgl. 2. Kap. A. III. 1 a).
196 2. Kap. A. III. 3.
197 Regierungsbegründung, BT-Drs. 16/6140, S. 38 rechte Spalte.
198 Vgl. Regierungsbegründung, BT-Drs. 16/6140, S. 26 linke Spalte und S. 38 rechte Spalte.
199 BVerfG, Beschluss vom 20.07.1984, Az. 1 BvR 1494/78, BVerfGE 67, 157, 175; *Sachs* in: Sachs, Grundgesetz, Art. 20 Rdnr. 150.

schränkt.[200] Sowohl das Ziel, Transaktionskosten zu senken, als auch dasjenige, die Rechtssicherheit zu steigern, kann im vorliegenden Fall nur im Wege der „Alles-oder-Nichts"-Lösung erreicht werden, wie sie § 16 Abs. 3 GmbHG bestimmt. Der Gesetzgeber hat nur die Alternativen, gutgläubigen Erwerb zu ermöglichen und damit den Rechtsverlust auf Seiten des bisherigen Inhabers zu legitimieren oder hiervon abzusehen. Eine weniger einschränkende Regelung, die nicht zur rechtsbeständigen Gesellschaftereigenschaft des Erwerbers führte, kann oben genannte Ziele nicht gleich effektiv erreichen wie ein gutgläubiger Erwerb. Jede weniger einschneidende Rechtsfolge würde an den Gründen, die den Erwerb von GmbH-Geschäftsanteilen nach bisherigem Recht zu einem risikoreichen Geschäft machten, nichts oder nur weniger ändern als der gutgläubige Erwerb. Dies gilt namentlich für Modelle, nach denen dem Erwerber im Falle der Nichtberechtigung seines Vertragspartners oder dem Rechtsverlierenden ein Ersatzanspruch gegen den Staat zugebilligt werden würde.[201] Zweifelhaft ist bereits, ob hierdurch in gleicher Weise Rechtssicherheit geschaffen werden könnte, da insbesondere der Erwerber nach wie vor das Risiko der fehlenden Berechtigung tragen müsste. Ebenso wären hiermit jeweils zwangsläufig Regresssituationen verbunden, da nämlich der Staat versuchen müsste, sich selbst beim Verfügenden schadlos zu halten. Es käme mithin zum Eintritt einer weiteren Partei, nämlich des Staates, in eine ansonsten nur zwischen drei Personen bestehende Rechtsbeziehung, was die Situation zusätzlich verkompliziert und wegen der hiermit eintretenden Folgeschwierigkeiten daher kein gleich wirksames Mittel darstellen kann.

IV. Angemessenheit

Erst die Prüfung der Angemessenheit eröffnet die Möglichkeit, konkrete Rechtfertigungsfiguren für § 16 Abs. 3 GmbHG herauszuarbeiten und kann so die Frage nach Ausgestaltungsvorgaben beantworten. Die Angemessenheitsprüfung kann vorliegend auf zwei unterschiedlichen Ebenen ansetzen. Zum einen besteht mit Art. 14 Abs. 2 GG eine Kompetenz des Gesetzgebers bei der Ausgestaltung von Inhalt und Schranken des Eigentums dessen Sozialpflichtigkeit zu berücksichtigen, mithin externe Aspekte des Allgemeinwohls in seine Maßnahme einfließen zu lassen. Gleichzeitig existiert aber auch ein internes Rechtsverhältnis zwischen dem Rechtserwerber und dem Rechtsverlierenden, in welchem unvereinbare Rechtspositionen miteinander in Konkurrenz treten. Streiten innerhalb dieses Verhältnisses schutzwürdigere Interessen für die eine Seite, so könnte sich hieraus eine binnenrechtliche Rechtfertigung begründen lassen.

---

200 BVerfG, Beschluss vom 20.07.1984, Az. 1 BvR 1494/78, BVerfGE 67, 157, 176; BVerfG, Beschluss vom 26.04.1995, Az. 1 BvL 19/94 und 1 BvR 1454/94, BVerfGE 92, 262, 273.

201 Zu derartigen Überlegungen für den allgemeinen gutgläubigen Erwerb: *Peters*, Der Entzug des Eigentums, § 4 VI.

1. Erste Ebene: Rechtfertigung aus der Grundrechtskollision

Auf erster Ebene könnte sich der gutgläubige Erwerb von GmbH-Geschäftsanteilen aus binnenrechtlicher Sicht, nämlich dem Verhältnis zwischen Erwerber und Rechtsverlierer rechtfertigen lassen. Es ist daher zu untersuchen, ob aus verfassungsrechtlicher Sicht die Situation einer Grundrechtskollision besteht.[202] Eine solche liegt vor, wenn gegensätzliche Grundrechtspositionen aufeinander treffen. *Von Münch*[203] spricht in diesem Zusammenhang plakativ von einem Gegeneinander von einem oder mehreren Grundrechten mehrerer Grundrechtsträger. Die Lösung der Kollision hat zu erfolgen, indem im Einzelfall die entgegenstehenden Rechtsgüter gegeneinander abgewogen werden. Hierbei muss das Ziel darin bestehen, die kollidierenden Grundrechtspositionen zum Ausgleich zu bringen.[204] Das Bundesverfassungsgericht[205] formuliert wie folgt: Beide Verfassungswerte müssen im Konfliktfall nach Möglichkeit zum Ausgleich gebracht werden; lässt sich dies nicht erreichen, so ist unter Berücksichtigung der falltypischen Gestaltung und der besonderen Umstände des Einzelfalls zu entscheiden, welches Interesse zurückzutreten hat. Der so umschriebene Abwägungsauftrag richtet sich an alle drei staatlichen Gewalten[206] und damit auch – wie vorliegend relevant – an die Legislative.

a) Grundrechtspositionen

Setzt die Lösung über die Figur der Grundrechtskollision geschützte Grundrechtspositionen voraus, müssen solche in der Situation vorhanden sein, in welcher nunmehr das Institut des gutgläubigen Erwerbs im GmbH-Recht eingreift. Auf Seiten des Rechtsverlierenden steht dessen Eigentum am Geschäftsanteil. Diese Rechtsposition fällt in den Schutzbereich des Art. 14 GG.[207] Beim Erwerber ist die Situation diesbezüglich eine andere, denn seine Position manifestiert sich durch den Kontrakt mit dem Nichtberechtigten zunächst darin, dass er gegen diesen einen schuldrechtlichen Erfüllungsanspruch erlangt. Auch dieser Anspruch genießt den Schutz des Art. 14 GG.[208] Auf eine grundrechtlich geschützte Position aufgrund einer Übereignung kann sich der Gutgläubige hingegen noch nicht berufen, denn eine solche setzt voraus, dass ein wirksamer Erwerb eingetreten ist, dessen Vereinbarkeit mit Art. 14 GG gerade hier in Frage steht. Innerhalb dieser Grundrechtspositionen scheint damit der Weg hin zur gegenseitigen Abwägung der Interessen eröffnet zu sein.

---

202 Allgemein zur Grundrechtskollision: *Stern* in: Stern, Staatsrecht III/2, § 82 III.
203 *v. Münch* in: v. Münch/Kunig, GGK I, Vorb. Art. 1-19 Rdnr. 44.
204 *Stern* in: Stern, Staatsrecht III/2, § 82 III 2.
205 BVerfG, Urteil vom 05.06.1973, Az. 1 BvR 536/72, BVerfGE 35, 202, 225.
206 *Stern* in: Stern, Staatsrecht III/2, § 82 III 2.
207 Siehe: 3. Kap. B.
208 Vgl. 3. Kap. C. II. 2. b).

Dieser Erklärungsansatz zeigt aber bei genauerer Betrachtung einen entscheidenden Schwachpunkt, denn er muss stets verfolgbar sein, um gutgläubigen Erwerb von GmbH-Anteilen durchgängig rechtfertigen zu können. Wie aber der Blick auf ein unwirksames Grundgeschäft zeigt, ist dies nicht der Fall. Ein Rückgriff auf Art. 14 GG zugunsten des Gutgläubigen setzt voraus, dass die zu schützende Forderung tatsächlich entstanden ist, da Art. 14 GG nur vorhandene Positionen schützt.[209] Fehlt aber, wie in der Situation eines unwirksamen[210] Verpflichtungsgeschäfts, eine Forderung, so entfällt damit gleichzeitig der Anknüpfungspunkt für Art. 14 GG.[211] Eine binnenrechtliche Rechtfertigung verlöre damit in diesen Fällen ihre Berechtigung. Zudem setzte sich ein solcher Lösungsansatz in Widerspruch zum Abstraktionsprinzip[212], denn stets müsste bei der Frage, ob gutgläubiger Erwerb auf dinglicher Ebene möglich ist, zunächst die Wirksamkeit des schuldrechtlichen Grundgeschäfts feststehen. Wäre zudem ein wirksames Grundgeschäft entscheidende Voraussetzung des gutgläubigen Erwerbs, würde sich der Prüfungsaufwand einer Anteilstransaktion erhöhen, denn schuldrechtliche und dingliche Ebene überlagerten sich. Diese Folge konterkarierte den Willen des Gesetzgebers, der mit dem Institut des gutgläubigen Erwerbs von GmbH-Geschäftsanteilen die Schwerfälligkeit des bisher bestehenden Anteilserwerbes beseitigen wollte.[213]

b) Ergebnis

Als Ergebnis ist daher festzuhalten, dass gutgläubiger Erwerb von GmbH-Anteilen nicht durch die Figur der Grundrechtskollision gerechtfertigt werden kann. Eine binnenrechtliche Rechtfertigung anhand der widerstreitenden Grundrechtspositionen lässt sich nicht vertreten, weil der gutgläubige Erwerber nicht in jedem Fall Inhaber einer geschützten Grundrechtsposition ist.

2. Zweite Ebene: Rechtfertigung aus dem Allgemeinwohl

Art. 14 Abs. 1, 2 GG konstituiert die Pflicht des Gesetzgebers, bei Inhalts- und Schrankenbestimmungen des Eigentums einerseits die Gewährleistung des Eigentums, andererseits dessen Sozialpflichtigkeit zu beachten.[214] Der Gesetzgeber erhält hiermit einen Regelungsauftrag, der ihn dazu berechtigt, auch dem All-

---

209 BVerfG, Beschluss vom 31.10.1984, Az. 1 BvR 35, 356, 794/82, BVerfGE 68, 193, 222; BVerfG, Beschluss vom 26.05.1993, Az. 1 BvR 208/93, BVerfG NJW 1993, 2035, 2036.

210 Nichts Anderes ergibt sich aus § 15 Abs. 4 Satz 2 GmbHG. Diese Heilungsnorm regelt zum einen nur einen Einzelfall der Unwirksamkeit, zum anderen tritt die Heilung erst durch die Wirksamkeit des Abtretungsvertrages ein. Eine wirksame Forderung besteht damit erst ab diesen Zeitpunkt, nicht hingegen zuvor.

211 *Leuschner*, AcP 205 (2005), 205, 225; *Wolf*, JZ 1997, 1087, 1091.

212 Hierauf verweist *Wolf*, JZ 1997, 1087, 1091 für den gutgläubigen Erwerb im allgemeinen Zivilrecht.

213 Regierungsbegründung, BT-Drs. 16/6140, S. 38 rechte Spalte.

214 Vgl. *Bryde* in: v. Münch/Kunig, GGK I, Art. 14 Rdnr. 68.

gemeinwohl Geltung zu verschaffen, wenn er das Eigentum ausgestaltet. Hierbei ist der Gesetzgeber nicht frei, sondern muss in den Worten des Bundesverfassungsgerichts „bei der Bestimmung von Inhalt und Schranken des Eigentums im Sinne des Art. 14 Abs. 1 Satz 2 GG die schutzwürdigen Interessen des Eigentümers und die Belange des Allgemeinwohls in einen gerechten Ausgleich und ein ausgewogenes Verhältnis bringen“.[215] Da sich der Gesetzgeber nunmehr dafür entschieden hat, gutgläubigen Erwerb im Recht der GmbH zu regeln, muss im Folgenden zunächst näher betrachtet werden, ob Allgemeinwohlinteressen in diesem Rahmen zur Rechtfertigung herangezogen werden können und solche überhaupt vorliegen. Lässt sich dies bejahen, kann schließlich die Frage nach verfassungsrechtlichen Vorgaben beantwortet werden, die einen gerechten Interessensausgleich sicherzustellen geeignet sind.

a) Die Tauglichkeit des Kriteriums des Allgemeinwohls zur Rechtfertigung gutgläubigen Erwerbs

Ist es damit im Grundsatz möglich, mit Hilfe von Allgemeinwohlbelangen eine Rechtfertigung des gutgläubigen Erwerbs von GmbH-Geschäftsanteilen zu erreichen, so setzt dies voraus, dass auch der Privatrechtsgesetzgeber solche Belange berücksichtigen darf. Wäre ihm dieser Weg versperrt, so wäre damit eine Rechtfertigung aus dem Ausgleich der widerstreitenden Interessen nicht zu erreichen. Mithin ist zu untersuchen, ob der Privatrechtsgesetzgeber die Kompetenz hat, Allgemeinwohlinteressen und deren Schutz zu bestimmen.

Nun mag diese Frage zunächst verwundern, denn auch der Privatrechtsgeber ist gemäß Art. 1 Abs. 3 GG an die Grundrechte gebunden[216] und dem Grundgesetz ist eine Unterscheidung zwischen dem privatrechtrechtlichen und dem öffentlich-rechtlichen Gesetzgeber, dessen Kompetenz zur Bestimmung und Verfolgung von Allgemeinwohlinteressen schwerlich bestritten werden könnte, fremd.[217] Eine Differenzierung zwischen Gesetzgebung in unterschiedlichen Rechtsgebieten würde auch nicht zu begründende Geltungsunterschiede innerhalb derselben Grundrechte nach sich ziehen. Warum sollte der Gesetzgeber im Rahmen des öffentlichen Rechts Normen zum Schutz des Allgemeinwohls erlassen dürfen, im Privatrecht aber nicht, sind doch jeweils vergleichbare maßnahmenauslösende Interessen, etwa das Verkehrsinteresse, berührt. Namentlich in Fällen, in denen das Privatrecht hierzu effektivere Mittel zu Verfügung stellt, wie nicht zuletzt beim gutgläubigen Erwerb[218], ließe sich eine solche Sicht nicht mit Art. 1 Abs. 3 GG in Einklang bringen.

---

215 BVerfG, Beschluss vom 02.03.1999, Az. 1 BvL 7/91, BVerfG NJW 1999, 2877, 2878.
216 *Jarass*/Pieroth, GG, Art. 1 Rdnr. 32; *Canaris*, Grundrechte und Privatrecht, II. 1.
217 Vgl. *Leuschner*, AcP 205 (2005), 205, 232.
218 Vgl. 3. Kap. D. III.

Dennoch finden sich Überlegungen in der Literatur, wonach es dem Privatrechtsgesetzgeber verwehrt sei, Allgemeinwohlbelange zu berücksichtigen.[219] *Wolf* nähert sich dem Problem abstrahierend, indem er fragt, „unter welchen Umständen die Privatrechtsordnung an überindividuellen Zielen ausgerichtet werden kann“ und hat dies verneint.[220] Hierzu bezieht sich *Wolf* auf den Gedanken der iustitia distributiva und iustitia commutativa. Während die iustitia distributiva, also die verteilende Gerechtigkeit, im öffentlichen Recht zu verorten sei, werde die iustitia commutativa mehr dem Privatrecht zugeordnet. Nur bei ersterer könne mit dem Allgemeinwohl operiert werden, da hier Belastungen, welche durch eine Mittelbeschaffung im Allgemeininteresse entstünden, auch gleichmäßig verteilt werden könnten. Im Rahmen des Privatrechts könne eine solche Belastungsgerechtigkeit nicht erzielt werden, da die Begünstigung des einen in der Regel zur Belastung des anderen führe.[221] Wendet man diesen Gedanken auf den hier interessierenden Zusammenhang an, muss man feststellen, dass für den gutgläubigen Erwerb nicht auf das Allgemeinwohlerfordernis zurückgegriffen werden kann, da die Verteilung der Belastung, nämlich der Rechtsverlust des ursprünglichen Rechtsinhabers, nicht gleichmäßig auf die übrigen Rechtsgenossen erfolgt, sondern nur den wahren Berechtigten trifft.

Es lässt sich nicht von der Hand weisen, dass gutgläubiger Erwerb im Allgemeinen und natürlich auch speziell der eines GmbH-Geschäftsanteils zu einem „Sonderopfer“[222] des ursprünglich Berechtigten führt. Zudem ist der genannten Überlegung mit *Leuschner*[223] auch insoweit zuzustimmen, als dass es im Rahmen des öffentlichen Rechts leichter fällt, mit dem Allgemeinwohl einhergehende Belastungen gerechter zu verteilen als mit Mitteln des Privatrechts. Hieraus aber folgern zu wollen, der Privatrechtsgesetzgeber dürfe sich nicht vom Wohle der Allgemeinheit leiten lassen, wie es *Wolf* vornimmt, kann nicht überzeugen. Bereits die oben genannte fehlende Differenzierung des Grundgesetzes zwischen dem privaten und dem öffentlich-rechtlichen Gesetzgeber lässt sich mit der These *Wolfs* nicht in Einklang bringen. Gerade das Fehlen einer Differenzierung zeigt sich bei Art. 14 GG. Sowohl die Enteignung als Unterfall der iustitia distributiva als auch die Inhalts- und Schrankenbestimmung in Gestalt der iustitia commutativa, wie im Falle des gutgläubigen Erwerbs, beziehen

---

219 *Wolf*, JZ 1997, 1087, 1090.
220 *Wolf*, JZ 1997, 1087, 1090.
221 Vgl. *Wolf*, JZ 1997, 1087, 1090.
222 So: *Wolf*, JZ 1997, 1087, 1090; *Canaris*, Die Bedeutung der iustitia distributiva im deutschen Vertragsrecht, V 2 a) aa) spricht plakativ davon, dass jede Belastung von Privatpersonen mit distributiven Aufgaben von vornherein dem Bedenken ausgesetzt ist, dass sie häufig rein zufallsbedingt erfolgt.
223 *Leuschner*, AcP 205 (2005), 205, 233. Dieser nennt als Beispiel hierfür steuerfinanzierte Ausgleichsansprüche.

sich jeweils auf Allgemeinwohlbelange.[224] *Wolfs* Ansicht zu Ende gedacht, würde eine Entschädigungsanordnung im Gesetz – wie von Art. 14 Abs. 3 Satz 2 GG gefordert – überflüssig machen, da eine Enteignung als Maßnahme der iustitia distributiva per se dazu führen müsste, dass ausgleichende Gerechtigkeit hergestellt wird, mithin nicht der Betroffene alleine belastet ist. Auch eine strikte Trennung zwischen den beiden Rechtsbereichen Privatrecht und öffentlichen Recht, kann nicht dazu führen, das Postulat aufzustellen, Belastungsgerechtigkeit könne nur in einem Bereich erreicht werden und sperre es daher, im anderen Allgemeinwohlinteressen zu berücksichtigen. Im Hinblick auf das Allgemeinwohl als tragenden Grund für eine potentielle Belastung muss vielmehr mit *Leuschner*[225] gefragt werden, ob es zu einer privatrechtlichen Lösung eine öffentlich-rechtliche Alternative gibt, durch die ein höheres Maß an Belastungsgerechtigkeit erzielt werden könnte, ohne dabei Abstriche im Hinblick auf das verfolgte Allgemeinwohlinteresse machen zu müssen. Besteht, wie vorliegend[226], eine solche nicht, kann es nicht die Folge sein, das Allgemeinwohlinteresse gar nicht zu fördern, indem sich darauf berufen wird, mit dem Privatrecht dürften diese Interessen nicht verfolgt werden. Die hiermit verbundenen Einschränkungen einer absoluten Belastungsgerechtigkeit müssen dann auf einer anderen Ebene, nämlich innerhalb der jeweiligen Norm selbst, möglichst minimiert werden. Nur auf diesem Wege ist es erreichbar, übermäßigen staatlichen Einfluss gerade im Privatrecht zu verhindern, denn ansonsten müssten alle gesetzgeberischen Intentionen, das Allgemeinwohl zu schützen, stets mit den aufwändigeren Mitteln des öffentlichen Rechts verfolgt werden. Damit stellt es sich als zu weitgehend heraus, wegen fehlender absoluter Belastungsgerechtigkeit im Zivilrecht dem Privatrechtsgesetzgeber das Allgemeinwohl als Bezugspunkt einer konkreten Maßnahme zu verweigern.

Im Ergebnis ist es daher dem Privatrechtsgesetzgeber nicht verwehrt, Normen im Allgemeinwohlinteresse zu erlassen.

b) Einschlägiger Allgemeinwohlbelang

Darf der Privatrechtsgesetzgeber Allgemeinwohlbelange berücksichtigen, so kann sich auf die Suche nach Belangen begeben werden, welche vorliegend das Allgemeinwohl ausfüllen könnten. Das Institut des gutgläubigen Erwerbs von GmbH-Anteilen bewegt sich diesbezüglich auf bereits beschrittenem Terrain. Die Gesetzesbegründung nennt zum einen als Ziel und schutzwürdiges Interesse die Senkung von Transaktionskosten, womit im Ergebnis die Leichtigkeit des Verkehrs erhöht werden soll, zum anderen die Rechtssicherheit beim Anteilser-

---

224 Zu den unterschiedlichen Begriffsbestimmungen bei Art. 14 Abs. 2 und Abs. 3 bezüglich des Allgemeinwohls vgl.: *Hager*, Verkehrsschutz, § 4 II 1. c).
225 *Leuschner*, AcP 205 (2005), 205, 233.
226 Siehe: 3. Kap. D. III.

werb.[227] Beide Aspekte werden in der Literatur unter dem Oberbegriff des Verkehrsinteresses zusammengeführt.[228] Hiermit lässt sich aber der Begriff des Allgemeinwohls nur relativ schemenhaft konkretisieren. Es muss daher untersucht werden, welche Aspekte sich aus dem Verkehrsinteresse ableiten lassen und ob diese auch beim gutgläubigen Erwerb von GmbH-Geschäftsanteilen als Allgemeinwohl einschlägig sind.

aa) Leichtigkeit des Verkehrs

Die Verkehrsleichtigkeit ist dadurch gekennzeichnet, dass die Herbeiführung eines rechtsgeschäftlichen Erfolgs möglichst einfach, d.h. ohne zeitlichen oder sonstigen Aufwand erreicht werden kann.[229] Die Verkehrsleichtigkeit stellt damit ein wichtiges Bedürfnis in jedem modernen Rechtssystem dar, da hierdurch der Rechtsverkehr an Effektivität gewinnt. Hierin ist auch der Aspekt zu erkennen, der die Verkehrsleichtigkeit mediatisiert über das Verkehrsinteresse als Teil des Allgemeinwohls erscheinen lässt, denn ein grundsätzlich eröffneter Rechtsverkehr gewinnt durch gesteigerte Leichtigkeit an Attraktivität. Besteht damit die Möglichkeit, ein Gut, eine Ware oder auch einen Geschäftsanteil unter leichteren Bedingungen zu erwerben, so führt dies zu einem breiteren Spektrum an potentiellen Erwerbern. Die Wahrscheinlichkeit, dass derjenige erwirbt, der die angebotenen Ressourcen am besten nutzen kann und für den allgemeinen Wohlstand am meisten aus der Ressource ziehen kann, wird somit erhöht.[230] Gerade hierin ist der Zusammenhang zwischen Verkehrsleichtigkeit und Allgemeinwohl zu erblicken.

Fraglich bleibt aber, ob auch der gutgläubige Erwerb im GmbH-Recht die Leichtigkeit des GmbH-Anteilsverkehrs steigert. Zunächst geht die Gesetzesbegründung von einer Senkung der Transaktionskosten aus[231], was unzweifelhaft die Leichtigkeit des Anteilserwerbs erhöhen würde. Mag diese Betrachtung nicht in jedem Falle zutreffen, wie etwa der nicht gegebene Gutglaubensschutz bei einem nicht existierenden Geschäftsanteil zeigt[232], so kann aber davon ausgegangen werden, dass die bisher gängigen Nachprüfungen[233] zur Inhaberschaft des Veräußerers in weit kleinerem Maß zu erfolgen haben als bislang, was den Anteilserwerb zu geringeren Kosten ermöglicht.

Folgen aus der niedrigeren Intensität der Nachprüfung ergeben sich aber nicht nur auf finanziellen Ebenen. Auch der Aufwand an Mitteln und Ressourcen selbst, den z.B. eine Due-Diligence-Prüfung erfordert, wird durch die Mög-

227 Regierungsbegründung, BT-Drs. 16/6140, S. 26 linke Spalte und 38 rechte Spalte.

228 Vgl. *Baur/Stürner*, Sachenrecht § 52 Rdnr. 8 ff.; *Leuschner*, AcP 205 (2005), 205, 226 ff.

229 Vgl. *Leenen*, Die Funktionsbedingungen von Verkehrssystemen in der Dogmatik des Privatrechts, S. 111.

230 Vgl. *Leuschner*, AcP 205 (2005), 205, 228 ff.

231 Regierungsbegründung, BT-Drs. 16/6140, S. 38 rechte Spalte.

232 Hierzu ausführlich: 5. Kap. A. II. 1.

233 Siehe hierzu: 2. Kap. A. III. 3.

lichkeit des gutgläubigen Erwerbs verringert. Gleichzeitig wird hiermit einhergehend die zeitliche Dauer der Nachprüfung minimiert.

Eine gesteigerte Leichtigkeit des Anteilserwerbs bringt aber nicht nur Vorteile auf Seiten des Erwerbers, sondern auch auf Seiten des (berechtigten) Veräußerers.[234] Dieser hat durch die erhöhte Effektivität des Erwerbsvorgangs eine größere Zahl an Interessenten, wodurch seine Veräußererposition verbessert wird. Sein laufender eigener Betrieb oder seine eigene Geschäftstätigkeit werden in geringerem Maße durch Belastungen wegen der Nachprüfungen seitens des Erwerbers beeinträchtigt, was nicht zuletzt zusätzliche zeitliche Freiräume schafft.

Mithin lässt sich feststellen, dass die Möglichkeit des gutgläubigen Erwerbs von GmbH-Geschäftsanteilen die Leichtigkeit des Verkehrs mit diesen als Aspekt des Verkehrsinteresses steigert.

bb) Rechtssicherheit des Verkehrs

Einen weiteren Aspekt des Verkehrsinteresses stellt die Rechtssicherheit dar.[235] Rechtssicherheit begegnet auf der Ebene des gutgläubigen Erwerbs in zweifacher Hinsicht. So kann gutgläubiger Erwerb zu einer gesteigerten Rechtssicherheit beim Erwerb selbst führen, aber auch Rechtssicherheit durch den Erwerb für die nachfolgende Zeit entstehen.

(1) Rechtssicherheit beim Erwerb

Die Möglichkeit des gutgläubigen Erwerbs führt zunächst direkt zu einer gesteigerten Rechtssicherheit beim Erwerbsvorgang selbst. Rechtssicherheit in diesem Zusammenhang bedeutet, dass der einzelne Verkehrsteilnehmer sicher beurteilen kann, ob er durch die Erwerbshandlung ein Recht erwirbt.[236] Grundsätzlich besteht bei jedem Rechtserwerb die Gefahr, dass das Recht nicht dem Veräußerer zusteht. Der Erwerber kann sich also stets nur auf Angaben des Veräußerers und soweit möglich auf eigene Erkundigungen verlassen. Demgegenüber schafft gutgläubiger Erwerb einen Tatbestand, der aufbauend auf wahrnehmbaren und überprüfbaren Tatsachen – wie die Eintragungen im Grundbuch oder die Besitzverschaffungsmacht – für den Erwerber bei Hinzutreten der erforderlichen subjektiven Umstände eine Situation begründet, in der er zusätzlich eine weitere Grundlage erhält, mit Hilfe derer er leichter beurteilen kann, ob er Rechtsinhaber werden kann. Er wird damit im Vergleich zur Lage ohne die Möglichkeit des gutgläubigen Erwerbs bezüglich der beurteilbaren Sicherheit seines Erwerbs besser gestellt.

---

234 So auch für den allgemeinen gutgläubigen Erwerb: *Wehmann*, Gutgläubiger Fahrniserwerb, S. 92.

235 3. Kap. D. IV. 2. b).

236 *Leuschner*, AcP 205 (2005), 205, 226.

Diesem Prinzip folgt auch § 16 Abs. 3 GmbHG. Auch hier besteht mit der Gesellschafterliste gemäß § 40 GmbHG wegen deren Publizität ein wahrnehmbarer Rechtsscheinträger, der für den Erwerber die Gesellschafterstellung seines Veräußerers überprüfbar macht. Somit hilft § 16 Abs. 3 GmbHG die Beurteilung zu erleichtern, ob ein Rechtserwerb eintreten kann und beständig sein wird.

Eine gesteigerte Rechtssicherheit tritt aber auch auf Seiten des Veräußerers ein. Dieser kann, ohne dies vorwerfbar nicht zu wissen, selbst Unberechtigter sein. Durch gutgläubigen Erwerb kann er dennoch seine Pflichten aus dem Grundgeschäft erfüllen, ohne Gewährleistungsrechte des Erwerbers unter dem Gesichtspunkt der eigenen Nichtberechtigung befürchten zu müssen. Zumindest im Verhältnis zum gutgläubigen Erwerber sieht er sich dann keinen Ansprüchen ausgesetzt.

Gutgläubiger Erwerb von GmbH-Geschäftsanteilen steigert somit die Rechtssicherheit beim Erwerb sowohl auf Erwerber- wie auch auf Veräußererseite.

(2) Rechtssicherheit für nachfolgende Zeit

Doch nicht nur primär beim Erwerb selbst erhöht die Möglichkeit des gutgläubigen Erwerbs die oben skizierte Rechtssicherheit. Auch für die nachfolgende Zeit führt gutgläubiger Erwerb zu einer geklärten Rechtslage bezogen auf das Anteilseigentum und damit zu sicheren und beruhigten Rechtsverhältnissen.[237] So können namentlich beim Erwerb eines GmbH-Geschäftsanteils Schwierigkeiten in Bezug auf die Rechtsinhaberschaft in der Vergangenheit dadurch umgangen werden, dass der Vorerwerber den Anteil zumindest gutgläubig und damit rechtsbeständig erworben hat. Liegen also wenigstens die Voraussetzungen des gutgläubigen Erwerbs beim Veräußerer vor, so kann der Erwerber von diesem als berechtigten Inhaber beständig erwerben und muss keine durchgreifenden Auseinandersetzungen mit früheren Inhabern fürchten.

cc) Interessen des Erwerbers

Schließlich stellen auch die Einzelinteressen des Erwerbers einen Teil des Allgemeinwohls dar. Gerade in dessen Person wird im Einzelfall das Interesse an Sicherheit und Leichtigkeit des Verkehrs zusammengefasst, da dieser hieran das höchst mögliche Interesse hat. Der einzelne Erwerber tritt damit als Repräsentant der Allgemeinheit auf, deren Belange durch die Möglichkeit gutgläubigen Erwerbs geschützt werden sollen. So führt der gutgläubige Erwerb gleichzeitig zu einer generellen und konkreten Stärkung des Verkehrsinteresses.[238] Auch in

237 Vgl. *Wehmann*, Gutgläubiger Fahrniserwerb, S. 94.

238 *Hübner*, Der Rechtsverlust im Mobiliarsachenrecht, S. 84 f., verweist in diesem Zusammenhang darauf, dass das Gemeinschaftsinteresse sowohl zum Schutze des Eigentums, als auch zum Schutze der Erwerberinteressen berücksichtigt werden könne. Siehe hierzu auch: *Wehmann*, Gutgläubiger Fahrniserwerb, S. 90.

der Regierungsbegründung kommt dieser Gedanke zum tragen. Hierin wird explizit auf die Schwierigkeiten beim Erwerb eines GmbH-Geschäftsanteils vom Nichtberechtigten auf Seiten des konkreten Erwerbers eingegangen.[239]

dd) Zusammenfassung der einschlägigen Allgemeinwohlbelange

Es hat sich nunmehr gezeigt, dass die Möglichkeit des gutgläubigen Erwerbs von GmbH-Geschäftsanteilen Allgemeinwohlbelange schützt. Namentlich geht es um den Schutz des Verkehrsinteresses, begriffen als eine Steigerung der Leichtigkeit des Verkehrs und der Rechtssicherheit, und hiermit korrespondierend dem Schutz der Einzelinteressen des konkreten Erwerbers.

c) Die Abwägung im Rahmen des Spannungsverhältnisses Eigentümerinteressen – Allgemeinwohl

Wie bereits dargelegt, muss der Gesetzgeber, wenn er, um Allgemeinwohlaspekte zu berücksichtigen, Inhalt und Schranken des Eigentums bestimmt, diese Belange und die schutzwürdigen Interessen des Eigentümers in einen gerechten Ausgleich und ein ausgewogenes Verhältnis bringen.[240] Es ist mithin zu untersuchen, ob sich zum einen Aspekte finden lassen, die eine Abwägung hin zur Möglichkeit des gutgläubigen Erwerbs von GmbH-Geschäftsanteilen bedingen, und zum anderen, ob sich hieraus fassbare Gestaltungsaufträge ableiten lassen. Derartige Aspekte könnten der Ausgleichsanspruch des Rechtsverlierenden, das reine Rechtsscheinprinzip oder das Zurechnungsprinzip darstellen.

aa) Der Ausgleichsanspruch des Rechtsverlierenden

Die Position des ursprünglich wahren Berechtigten bei gutgläubigem Erwerb erschöpft sich nicht ausschließlich darin, nunmehr sein Recht am Geschäftsanteil verloren zu haben. Gemäß § 816 Abs. 1 Satz 1 BGB besteht für ihn regelmäßig ein Anspruch auf Herausgabe desjenigen, was der unberechtigt Verfügende durch die Verfügung über den Geschäftsanteil erlangt hat. Es liegt nahe, hierin einen Ausgleich für die zunächst verlorene Rechtsposition zu erblicken und damit den Rechtsverlust zu rechtfertigen. Ließe sich diese These begründen, würden sich hieraus keine weiteren Vorgaben an den Gesetzgeber zur exakten Ausgestaltung von § 16 Abs. 3 GmbHG ergeben, da der Ausgleichsanspruch bereits im geltenden Recht existiert.

Ungeachtet der umstrittenen Frage des Umfangs der Herausgabepflicht[241] kompensiert § 816 Abs. 1 Satz 1 BGB maximal auch den Veräußerungsgewinn, nicht aber andere ideelle oder wirtschaftliche Interessen, wie etwa den Einfluss auf die Gesellschaft und das hiermit verbundene wirtschaftliche Tätigsein des Gesellschafters, auf Seiten des ursprünglich Berechtigten. Da Art. 14 Abs. 1 GG

---

239 Regierungsbegründung, BT-Drs. 16/6140, S. 38 rechte Spalte.

240 3. Kap. D. IV. 2.

241 Siehe hierzu zusammenfassend: *Larenz/Canaris*, Schuldrecht II 2, § 72 I 2. a).

die vermögenswerten Rechte schützt, die Befugnisse vermitteln, welche ein Privater zu seinem eigenen Nutzen ausüben darf[242], muss Art. 14 Abs. 1 GG auch die Ausübungsmöglichkeit dieser Befugnisse im Auge haben. Gerade solche Befugnisse korrespondieren aber mit den soeben genannten Interessen, für die es keinen Ausgleich gibt. Die Ausgleichswirkung des § 816 Abs. 1 Satz 1 BGB erfasst also nicht die gesamte Bandbreite der von Art. 14 Abs. 1 GG geschützten Position und kann daher deren Totalverlust nicht rechtfertigen.

Aber auch aus rein zivilrechtlicher Sicht kann eine Argumentation mit dem Ausgleichsanspruch vor dem Hintergrund des Art. 14 Abs. 1 GG nicht überzeugen. Abgestellt werden kann nur auf einen tatsächlichen und wirklich realisierten Ausgleich. Ob sich aber der Ausgleichsanspruch jeweils durchsetzen lässt, hängt von zusätzlichen Umständen, wie etwa der Solvenz des Verfügenden, ab. Da aber das Gesetz nicht mehr leistet und leisten kann, als einen noch durchzusetzenden Anspruch zu gewähren, stellt dieser alleine nur einen Reflex der unberechtigten Verfügung dar. Einem solchen reinen Reflex kann nicht die Geltungskraft eines rechtfertigenden Aspektes beigemessen werden, mit dem ein Rechtsverlust ausgeglichen werden kann. *Rebe*[243] spricht hier anschaulich von einer völligen Verwässerung dieses Rechtfertigungsversuches, wenn alleine schon die Möglichkeit des Ausgleichsanspruchs ausreichend wäre. Da aber das Gesetz selbst den gutgläubigen Erwerb gerade nicht vom Bestehen des Ausgleichsanspruchs abhängig macht, würde – vermittelt über § 816 Abs. 1 Satz 1 BGB – Art. 14 GG zur ausschließlichen fakultativen und von Zufälligkeiten abhängigen Schutzschranke verkümmern, läge die Rechtfertigung in der Kondiktion vom Nichtberechtigten begründet.[244]

Im Ergebnis kann daher der Ausgleichsanspruch des Rechtsverlierenden dessen Rechtsverlust nicht rechtfertigen.

bb) Das reine Rechtsscheinprinzip

Einen weiteren Aspekt, der den erforderlichen gerechten Interessensausgleich sicherzustellen geeignet ist, könnte das reine Rechtsscheinprinzip[245] darstellen.[246] Die Untersuchung dieser These erfordert zunächst, das Institut mit seinen Voraussetzungen darzustellen. Anschließend ist auf die Möglichkeit der Rech-

---

242 Vgl. BVerfG, Beschluss vom 31.03.1998, Az. 2 BvR 1877/97 und 50/98, BVerfGE 97, 350, 370 f.

243 *Rebe*, AcP 173 (1973), 186, 197.

244 So im Ergebnis auch für §§ 932 ff. BGB: *Peters*, Der Entzug des Eigentums, § 4 III 2.

245 Der Begriff des reinen Rechtsscheinprinzips geht zurück auf *Westermann*, JuS 1963, 1, 6, der dieses Prinzip für das Grundbuch und den Erbschein geprägt hat, da hierbei keinerlei Veranlassung des Rechtsscheins seitens des ursprünglich Berechtigten erforderlich ist. Ähnlich *Canaris*, Vertrauenshaftung, § 14 IV 1 und § 37 FN. 14, der abstrakter formuliert, wenn er davon ausgeht, dass beim reinen Rechtsscheinprinzip auf das Zurechnungserfordernis des Rechtsscheins an den Verlierenden verzichtet wird.

246 Allgemein zur Prinzipienabwägung: *Bydlinski*, AcP 204 (2004), 309, 329 ff.

tfertigung gutgläubigen Erwerbs im Allgemeinen durch das reine Rechtsscheinprinzip einzugehen, um abschließend feststellen zu können, ob sich hieraus Regelungsvorgaben auch für § 16 Abs. 3 GmbHG ableiten lassen.

(1) Das reine Rechtsscheinprinzip als Institut

Der Eintritt der gewollten Rechtsfolgen eines Rechtsgeschäfts, insbesondere einer Verfügung, setzt voraus, dass dessen materielle Voraussetzungen bestehen. So müssen z.B. der Erwerber und der Veräußerer wirksam rechtsgeschäftlich handeln und der Veräußerer berechtigt bzw. vom Berechtigten ermächtigt sein, den Verfügungsgegenstand zu übertragen. Dieser Grundsatz erfährt durch das reine Rechtsscheinprinzip teilweise eine Ausnahme. Demnach kommt es für den Eintritt der Rechtsfolge nicht auf die wahre Rechtslage bezogen auf die dingliche Zuordnung des Verfügungsgegenstandes, sondern auf einen von dieser abweichenden Rechtsschein an.[247] Ein in Wirklichkeit nicht bestehendes Tatbestandsmerkmal wird also durch den erkennbaren Anschein seines Vorliegens ersetzt, um die von den Parteien gewollte Rechtsfolge – einen Zuordnungswechsel – dennoch erreichen zu können.

(2) Voraussetzungen des reinen Rechtsscheinprinzips

Aus dem soeben genannten Grundgedanken folgen diejenigen Voraussetzungen, die einen Rückgriff auf das reine Rechtsscheinprinzip erst ermöglichen.

Zunächst muss ein Rechtsscheinträger für das objektiv fehlende Tatbestandsmerkmal bestehen. Hierunter wird ein äußerer Tatbestand verstanden, von dem ein Rechtsschein ausgeht und dessen Vorliegen die Entbehrlichkeit einer materiellen Wirksamkeitsvoraussetzung eines Rechtsgeschäfts zur Folge hat.[248] Auf die Einteilung von *Wellspacher*[249] zurückgehend, werden „natürliche äußere" von „künstlichen äußeren" Vertrauenstatbeständen unterschieden. Hiernach existieren bereits vorgefundene Rechtsscheinträger und solche, die erst durch gesetzliche Anordnung und Regelung erzeugt werden. Ein Beispiel für den ersten Fall stellt der Besitz[250], eines für den zweiten die Eintragungen im Grundbuch[251] dar. Zusätzlich muss in subjektiver Hinsicht beim Begünstigten guter Glaube vorliegen. Die Inkongruenz von wahrer Rechtslage und Rechtsschein darf dem Begünstigten nicht bewusst sein.[252]

Nicht erforderlich ist es hingegen, dass der Begünstigte im Rahmen des reinen Rechtsscheinprinzips auf die Richtigkeit des Rechtsscheinträgers konkret

---

247 *Westermann*, JuS 1963, 1.

248 Vgl. *Leuschner*, Verkehrsinteresse und Verfassungsrecht, S. 34.

249 *Wellspacher*, Das Vertrauen auf äußere Tatbestände, S. 22 ff. und 58 ff.

250 BGH, Urteil vom 05.05.1971, Az. VIII ZR 217/69, BGHZ 56, 123, 128 f.; *Wiegand*, JuS 1975, 205.

251 Vgl. *Höland*, AcP 198 (1998), 539, 573.

252 *Canaris*, Vertrauenshaftung, § 40 I; *Leuschner*, Verkehrsinteresse und Verfassungsrecht, S. 37.

vertraut. Dieser auf den ersten Blick überraschende Befund lässt sich aber rechtfertigen, da der Begünstigte keine Kenntnis von der Existenz des Rechtsscheinträgers haben muss[253], weil gesetzlich keine Kausalität zwischen dem Rechtsscheinträger und dem rechtsgeschäftlichen Verhalten gefordert wird und die Kenntnis der Unrichtigkeit nur einen Ausschlussgrund darstellt.[254] Wo aber Kenntnis nicht nötig ist, kann sich hierauf auch kein konkretes Vertrauen stützen. Geschützt wird damit „mittelbares“ Vertrauen, welches aus der Unkenntnis der wahren Rechtslage resultiert[255] und wegen einer hohen Wahrscheinlichkeit, dass die wahre und die verlautbarte Rechtslage übereinstimmen, schützenswert ist.

Hohe Anforderungen müssen dementsprechend an die Qualität des Rechtsscheinträgers gestellt werden, da dieser die entscheidende objektive Voraussetzung für einen Rechtsverlust entgegen der materiellen Rechtslage darstellt. Notwendig ist damit, dass eine hohe Gewähr für die Kongruenz der wahren mit der verlautbarten Rechtslage besteht.[256] Eine derartige hohe Gewähr ist allgemein für das Grundbuch und den Erbschein anerkannt.[257] Grund hierfür ist die vor Eintragung/Erteilung notwendige institutionelle Prüfung durch das Register- bzw. Nachlassgericht. Insbesondere die Reglungen der §§ 19, 29, 39 und 55 GBO und die Widerspruchsmöglichkeit gemäß § 899 BGB, § 53 GBO stellen ein hierfür erforderliches gesetzliches Instrumentarium dar. Ähnlich verhält es sich beim Erbschein. Auch dort kommt die Erteilung eines Erbscheins nur nach Prüfung von deren Voraussetzungen im Erbscheinserteilungsverfahren vor dem Nachlassgericht in Betracht. Weil eine solche „verfahrensrechtliche“ Absicherung beim Besitz als Rechtsschein nicht gegeben ist, beruft sich die überwiegende Meinung zu Recht nicht auf das reine Rechtsscheinprinzip für den Bereich des Mobiliarrechts.[258]

---

253 So für § 892 BGB: BGH, Urteil vom 16.05.1980, Az. V ZR 27/79, NJW 1980, 2413, 2414; Palandt/*Bassenge*, § 892 Rdnr. 1; MünchKommBGB/*Kohler* § 892 Rdnr. 45; *Bydlinski*, AcP 204 (2004), 309, 355. Für § 2366 BGB: BGH, Urteil vom 23.11.1960, Az. V ZR 142/59, BGHZ 33, 314, 317; kritisch insoweit: *Canaris*, Vertrauenshaftung, § 40 II.

254 Vgl. Staudinger/*Gursky* (2008) § 892 Rdnr. 7 für § 892 BGB und MünchKommBGB/*Mayer* § 2366 Rdnr. 25 für § 2366 BGB.

255 Vgl. *Bydlinski*, AcP 204 (2004), 309, 355.

256 Vgl. Staudinger/*Gursky* (2008) § 892 Rdnr. 6; *Bednarz*, BB 2008, 1854, 1855, *Apfelbaum*, BB 2008, 2470, 2476 f.

257 Statt aller: *Bednarz*, BB 2008, 1854, 1855.

258 Statt vieler: *Thorn*, Der Mobiliarerwerb vom Nichtberechtigten, S. 66; mit anderer Akzentuierung hierzu: *Wiegand*, JuS 1974, 201, 206, der insoweit wohl grds. am Besitz als Rechtsscheinträger festhalten will, von ihm als notwendig bezeichnete Korrekturen aber im Rahmen des guten Glaubens vornimmt.

(3) Die Rechtfertigung gutgläubigen Erwerbs mit dem reinen Rechtsscheinprinzip

Im soeben genannten Bedürfnis, wonach ein Rechtsscheinträger nur dann als solcher im Sinne des reinen Rechtsscheinprinzips tauglich ist, wenn seiner Erzeugung eine strenge, formale und objektiv-neutrale Prüfung[259] vorangegangen ist, ist auch der entscheidende Punkt zu erblicken, weswegen dieses Prinzip gutgläubigen Erwerb rechtfertigen kann.[260] Gerade durch die vorangegangene institutionelle Prüfung ist weitgehend sichergestellt, dass die verlautbarte Rechtslage mit der wahren übereinstimmt. Die nach außen hin gegebene Erkennbarkeit des Rechtsscheinträgers und die Objektivität bei dessen Erstellung führen zu einer typisierten Entsprechung auf Seiten des Erwerbers. Ein sonst nicht leicht zu erkennendes Tatbestandsmerkmal, wie etwa das Eigentum eines Grundstückbesitzers oder das Erbrecht eines Erbschaftsbesitzers, wird effektiv für den Erwerber, aber auch den wahren Berechtigten nachprüfbar gemacht.

Eben dieser Punkt stellt einen Belang dar, der innerhalb einer Abwägung zwischen Rechtsbeharrungsinteresse und den durch gutgläubigen Erwerb geschützten Allgemeinwohlbelangen ein Ergebnis zu Lasten des wahren Berechtigten zu rechtfertigen vermag. Das Hinzutreten einer objektiv-neutralen Instanz sorgt dafür, dass die Ersetzungsfunktion des Rechtsscheinträgers so stark legitimiert ist, um die Interessen des wahren Berechtigten zurückstellen zu können. Gleichzeitig hat dieser zudem die Möglichkeit, den Rechtsscheinträger entscheidend, vor allem beim Grundbuch, mitzugestalten und zu überprüfen. Das Verkehrsinteresse wird also nicht aus sich heraus höher bewertet. Vielmehr gilt dies nur, weil die vorgefundene fingierte Rechtslage mit hoher Wahrscheinlichkeit der tatsächlichen entspricht. Der Rückgriff auf eine zusätzliche Instanz führt damit bereits bei der Schaffung des Rechtsscheinträgers zu einer ausreichenden Berücksichtigung der Interessen des wahren Berechtigten. Treten diese anschließend in Konkurrenz zu widerstreitenden Allgemeinwohlinteressen, darf sich das Gesetz zugunsten letztgenannter entscheiden.

(4) Vorgaben aus dem reinen Rechtsscheinprinzip für § 16 Abs. 3 GmbHG

Auch im Rahmen des § 16 Abs. 3 GmbHG wird auf das reine Rechtsscheinprinzip zurückgegriffen.[261] Existiert eine unrichtige Eintragung in der Gesellschafterliste seit wenigstens drei Jahren, kann gutgläubiger Erwerb vergleichbar mit der Rechtslage bei § 892 BGB nur auf Basis der Gesellschafterliste als Rechtsscheinträger stattfinden, wenn der Erwerber nicht bösgläubig ist. Hierin wird deutlich, dass auch bei § 16 Abs. 3 GmbHG für die Abwägung der widerstreitenden Interessen auf den Belang des reinen Rechtsscheinprinzips zurückgegriffen werden kann. Damit lässt sich auch innerhalb der Neuregelung dieser Konf-

259 *Bohrer*, DStR 2007, 995, 999.
260 Vgl. *Ziemons*, BB-Spezial 7 2006, 9, 11.
261 2. Kap. C. II.

likt mit den gerade genannten Erwägungen[262] zu Lasten des wahren Berechtigten auflösen. Auf einer ersten Stufe lässt sich damit konstatieren, dass § 16 Abs. 3 GmbHG abstrakt den Anforderungen aus Art. 14 Abs. 1 GG gerecht wird.

Hieraus aber zu folgern, in der Phase, in der § 16 Abs. 3 GmbHG auf das reine Rechtsscheinprinzip zurückgreift, wäre die Regelung damit bereits verfassungskonform und es ergäben sich aus diesem Gesichtspunkt keinerlei Vorgaben, würde am tieferen Gehalt des Abwägungserfordernisses vorbei gehen. Es kommt nämlich hierfür nicht darauf an, dass formal ein Belang besteht, der ein Ergebnis zu Lasten des wahren Berechtigten begründbar macht. Vielmehr müssen die Voraussetzungen des reinen Rechtsscheinprinzips auch tatsächlich erfüllt sein. Nur dann existiert der entscheidende Belang auch dergestalt, dass er berücksichtigt werden kann. Hieraus ergibt sich, dass sich für § 16 Abs. 3 GmbHG aus Art. 14 Abs. 1 GG die Vorgabe ableiten lässt, dass die Voraussetzungen des reinen Rechtsscheinprinzips auch wirklich erfüllt sein müssen und nicht nur formal auf dieses Institut abgestellt wird. Mithin muss die Gesellschafterliste als Rechtsscheinträger eine hohe Gewähr dafür bieten, dass ihre Verlautbarungen mit der wirklichen Rechtslage übereinstimmen, wenn das reine Rechtsscheinprinzip zur Anwendung kommt. Ist dies im System des gutgläubigen Erwerbs im GmbH-Recht sichergestellt, so erfüllt die Regelung die verfassungsrechtlichen Vorgaben und stellt sich damit als angemessene Inhalts- und Schrankenbestimmung im Sinne des Art. 14 Abs. 1 Satz 2 GG dar. Damit wird im Rahmen der zivilrechtlichen Prüfung zu untersuchen sein, ob die Gesellschafterliste ein Rechtsscheinträger mit einer ausreichend hohen Richtigkeitsgewähr ist.

cc) Zurechnungsprinzip

Nur im Rechtsscheinprinzip einen abwägungsentscheidenden Aspekt zu erblicken, würde den diesbezüglich durch § 16 Abs. 3 GmbHG vorgezeichneten Möglichkeiten für einen Interessensausgleich nicht gerecht. Es könnte sich ein weiterer Aspekt, der eine Abwägungsentscheidung zu Lasten des Rechtsbeharrungsinteresses des wahren Berechtigten rechtfertigt, aus dem Zurechnungsprinzip ergeben. Eine nähere Betrachtung dieses Ansatzes ist nötig, weil § 16 Abs. 3 GmbHG innerhalb der ersten drei Jahre seit der Aufnahme einer unrichtigen Gesellschafterliste zum Handelsregister selbst auf dieses Institut zurückgreift (§ 16 Abs. 3 Satz 2 GmbHG) und nicht nur alleine auf das reine Rechtsscheinprinzip.[263]

---

262 3. Kap. D. IV. 2. c) bb) (3).
263 Siehe: 2. Kap. C. II.

(1) Das Institut der Zurechnung

Mit der Figur der Zurechnung erfolgt eine Rückbeziehung[264] vom Gegenstand der Zurechnung, sei es ein Schaden, eine Erklärung oder ein Rechtsscheintatbestand, auf die Person, die in Anspruch genommen werden soll oder einen Rechtsverlust erleiden muss.[265] Es muss also ein Bezug zwischen einer Person und einem Umstand bestehen. Verkürzt und schlagwortartig lässt sich von einer notwendigen Verantwortlichkeit[266] einer Person für die Existenz eines Anknüpfungspunktes von Rechtsfolgen sprechen. Die Frage der Zurechnung und damit nach dem Zurechnungsprinzip im Allgemeinen stellt sich nicht nur im Rahmen des gutgläubigen Erwerbs. Vielmehr zeigt die Entwicklungsgeschichte der Zurechnung, dass diese zunächst eine zentrale Rolle im Schadensrecht[267] und in der Rechtsgeschäftslehre[268] spielte.[269] Es ist vor allem *Canaris*[270] zu verdanken, dass zurückgehend auf dessen Auseinandersetzung mit der Vertrauenshaftung erstmals allgemeine Grundsätze zur Zurechnung erarbeitet wurden. Obwohl *Canaris*[271] selbst innerhalb seiner Forschung dem Zurechnungsgedanken beim gutgläubigen Erwerb eher zurückhaltend Geltungskraft beimisst, rekurriert die heute herrschende Meinung, wenn auch in unterschiedlichen Nuancen, die Zurechnung als wichtigen Bestandteil der Rechtsfigur gutgläubiger Erwerb.[272]

Die Aufgabe des Prinzips lässt sich dahingehend zusammenfassen, dass es erklären und begründen kann, weswegen bestimmte Vorgänge und Zustände dergestalt einzelnen Personen „zugerechnet" werden können, dass sie im Hinblick auf diese Vorgänge und Zustände von bestimmten Wirkungen negativer Art getroffen werden.[273] Die eigene rechtsethische Begründung der Zurechnung liegt daher in der Selbstverantwortung des Einzelnen.[274] Das Zurechnungsprinzip stellt also den Zusammenhang zwischen dem selbst zu verantworteten Verhalten einer Person und den sich hieraus ergebenden negativen Folgen für die Person her, ohne den der Eintritt der negativen Folge dem Gebot der Gerechtigkeit widersprechen müsste. Im Hinblick auf die eigene Selbstverantwortung entscheidet

---

264 *Rebe*, AcP 173 (1973), 186, 198.

265 *Apfelbaum*, BB 2008, 2470; *Bohrer*, DStR 2007, 995, 999; Siehe auch: *Hübner*, Der Rechtsverlust im Mobiliarsachenrecht, S. 97 f.

266 *Rebe*, AcP 173 (1973), 186, 200; *Apfelbaum*, BB 2008, 2470.

267 Exemplarisch: *Bydlinski*, System und Prinzipien des Privatrechts, S. 106 ff.

268 Exemplarisch: *Bydlinski*, System und Prinzipien des Privatrechts, S. 164 ff.

269 *Karner*, Gutgläubiger Mobiliarerwerb, § 5 II B 1.

270 *Canaris*, Vertrauenshaftung, § 37.

271 *Canaris*, Vertrauenshaftung, § 37 II 1.

272 So z.B.: *Hübner*, Der Rechtsverlust im Mobiliarsachenrecht, S. 97 ff.; *Hager*, Verkehrsschutz § 9 I.

273 Vgl. *Bydlinski*, System und Prinzipien des Privatrechts, S. 105; ganz ähnlich: *Canaris*, Vertrauenshaftung, § 37 II 2, der von der Rechtfertigung der Auferlegung von Haftung spricht.

274 *Canaris*, Vertrauenshaftung, § 37 I.

damit das Prinzip der Zurechnung in den Worten von *Canaris*[275], ob und unter welchen Voraussetzungen die Rechtsordnung eine Partei mit einer Pflicht belasten kann.

(2) Die Rechtfertigung gutgläubigen Erwerbs mit dem Zurechnungsprinzip

Im allgemeinen Zivilrecht wird auf das Zurechnungsprinzip von der überwiegenden Meinung im Rahmen der Rechtfertigung namentlich für den Bereich des gutgläubigen Mobiliarerwerbs zurückgegriffen.[276] Natürlich ist das Zurechnungsprinzip als solches hier nicht der alleine rechtfertigende Gedanke.[277] Vielmehr stellt dieses ein in § 935 Abs. 1 Satz 1 BGB verortetes Korrekturelement dar, welches herangezogen wird, um festzustellen, wann und warum Interessen des Rechtsverkehrs den Eigentümerinteressen untergeordnet sein sollen.[278] Kann hier nicht im Einzelnen jedem Vorschlag nachgegangen werden, so lässt sich zusammenfassend feststellen, dass für das Mobiliarrecht die Zurechenbarkeit des Rechtsscheins erforderlich ist, um den Rechtsverlust des wahren Berechtigten zu legitimieren. Wann diese im Mobiliarrecht jeweils gegeben ist, muss hier nicht abschließend erörtert werden.[279]

Ausgangspunkt dieser Überlegung ist, dass der Besitz alleine keinen ausreichenden Rechtsscheinträger darstellt.[280] Vielmehr wird zu Recht darauf verwiesen, dass es in der heutigen Arbeits- und Wirtschaftswelt keine Besonderheit sei, dass Eigentum und Besitz auseinanderfielen.[281] Institute wie der Eigentumsvorbehalt oder die Sicherungsübereignung, aber auch das Erfordernis, eine Sache zu Reparaturzwecken aus der Hand zu geben, führten zu diesem Ergebnis.[282] Würde man bei dieser tatsächlichen Sachlage nur auf den Rechtsschein des Besitzes abstellen, so käme man zu einer doch recht undifferenzierten Lösung, da eine schwache Vertrauensgrundlage regelmäßig zu Lasten des starken Eigentumsrechtes bevorzugt würde. Auch die in der älteren Literatur[283] als Beleg für die Legitimationswirkung des Besitzes genannte Norm des § 1006 BGB kann eine

---

275 *Canaris*, Vertrauenshaftung, § 37 I 2.

276 So z.B.: *Hübner*, Der Rechtsverlust im Mobiliarsachenrecht, S. 105 ff.; *Westermann*, JuS 1963, 1, 7, der aber nur einen Aspekt der Zurechnung, nämlich die Veranlassung, rekurriert; *Rebe*, AcP 173 (1973), 186, 198; *Hager*, Verkehrsschutz, § 9 I mwN.

277 Vgl. *Karner*, Gutgläubiger Mobiliarerwerb, § 5 II. B 2.; *Hager*, Verkehrsschutz, § 9 I.

278 Vgl. *Wiegand*, JuS 1974, 201, 205; *Rebe*, AcP 173 (1973), 186, 198.

279 Verschiedene Fälle erörtert z.B.: *Hager*, Verkehrsschutz, § 9 II.

280 Vgl. 3. Kap. D. IV. 2. c) bb) (2).

281 So z.B.: *Hübner*, Der Rechtsverlust im Mobiliarsachenrecht, S. 56 ff; *Rebe*, AcP 173 (1973), 186, 193; *Zweigert*, RabelsZ 23 (1958), 1, 13 f.; zusammenfassend auch aus rechtsmethodologischer Sicht hierzu: *Bauer*, FS Bosch, 1, 5 ff.

282 *Wehmann*, Gutgläubiger Fahrniserwerb, S. 98 mwN.

283 *Westermann*, JuS 1963, 1, 3. Weitere Nachweise bei: *Hager*, Verkehrsschutz, § 7 II 1. c) FN. 87.

ausreichende Publizitätswirkung nicht bewirken.[284] Ohne hier den diesbezüglichen Einzelheiten[285] weiter nachgehen zu müssen, ergibt sich dies bereits aus der Rechtsnatur des § 1006 BGB, der eine rein prozessuale Beweisregel darstellt und mit dem materiell-rechtlichen Institut des Erwerberschutzes nicht vermischt werden kann.[286]

Dass aber dennoch gutgläubiger Erwerb möglich ist, wird mit dem Zurechnungsprinzip begründet.[287] Wenn das Auseinanderfallen von Besitz und Eigentum auf ein verantwortliches Verhalten des wahren Berechtigten zurückzuführen ist, wird hierin der Grund gesehen, dessen Interessen denjenigen des Erwerberschutzes unterzuordnen. Die Verantwortlichkeit des wahren Berechtigten für die Herbeiführung des Vertrauenstatbestandes rechtfertigt es also, den Erwerber in seiner Erwartung und seinem Vertrauen auf den Eigentumserwerb zu bevorzugen.[288]

(3) Vorgaben aus dem Zurechnungsprinzip für § 16 Abs. 3 GmbHG

Diese Erwägungen lassen sich auch für § 16 Abs. 3 GmbHG für diejenige Phase, in der es auf eine Zurechnung der unrichtigen Gesellschafterliste an den wahren Berechtigten ankommt, fruchtbar machen.

Die Figur der Zurechnung, hier in der konkreten Zurechnung des Rechtsscheins der Gesellschafterliste an den Rechtsverlierenden, erweist sich als Aspekt, die widerstreitenden Interessen in ein angemessenes Verhältnis zueinander zu stellen. Die Zurechnung, verstanden als Verantwortlichkeit des Rechtsverlierenden für den Rechtsschein, führt in die Abwägung der Interessen erstmals dessen Person als Punkt eines Dreiecks zwischen Erwerber, Verkehrsinteressen und Rechtsverlierenden ein. Ein konsequenter Blick auf die Selbstverantwortung des Rechtsverlierenden eröffnet diesem die Möglichkeit, letztendlich selbst den entscheidenden Anstoß zu geben, ob der gutgläubige Erwerb stattfinden kann oder nicht. Ist ihm die falsche Gesellschafterliste zurechenbar, kann er seine Stellung verlieren. Ist dies nicht der Fall, muss er keinen Rechtsverlust befürchten. Durch die Zurechnung werden daher die negativen Folgen des Instituts gutgläubiger Erwerb, die ja überhaupt erst bis hin zur Abwägung geführt haben, dorthin zurückbezogen, von wo aus sie ihren Ausgangspunkt genommen haben, nämlich in der Verantwortlichkeit des materiell berechtigten Gesellschafters. Das Erfordernis der Rückbeziehung ermöglicht und stellt sicher, dass der gutgläubige Erwerb von GmbH-Anteilen nur dann eintreten kann, wenn der Ausgangspunkt dort zu

---

284 Ausführlich hierzu: *Bauer*, FS Bosch, 1, 11 ff.; *Ernst*, FS Gernhuber, 95, 97 f.

285 Hierzu umfassend: *Bauer*, FS Bosch, 1, 11 ff.

286 Vgl. BeckOK Bamberger/Roth/*Fritzsche*, BGB § 1006 Rdnr. 1; Palandt/*Bassenge*, § 1006 Rdnr. 1.

287 MünchKommBGB/*Oechsler* § 935 Rdnr. 1; *Hübner*, Der Rechtsverlust im Mobiliarsachenrecht, S. 85 f. und 97 ff.; *Rebe*, AcP 173 (1973), 186, 199 f.

288 *Hübner*, Der Rechtsverlust im Mobiliarsachenrecht, S. 85 f.

suchen ist, wo die negativen Folgen eintreten. Der wahre Berechtigte hat es damit selbst in der Hand, ob er sein Anteilseigentum verlieren kann oder diese Möglichkeit ausgeschlossen ist.

Innerhalb der Abwägung zwischen den Allgemeinwohlaspekten im Sinne des Art. 14 Abs. 2 GG und den Interessen des Eigentümers führt daher das Prinzip der Zurechnung dazu, dass die Abwägung zugunsten der Allgemeinwohlbelange ausfällt, da hierdurch der Rechtsverlierende zu seinem eigenem Rechtsbewahrer aufgewertet wird und nicht nur ein Objekt des Instituts bleiben muss. Kommt dem wahren Berechtigten damit eine so entscheidende Position zu, können seine Interessen überwunden werden, wenn er diese Position nicht zu seinem Vorteil ausgenutzt hat, indem er bereits keine unrichtige Gesellschafterliste verursacht oder geduldet hat.

Für die hier interessierende Frage nach konkreten verfassungsdeterminierten Anforderungen an die Neuregelung ergibt sich damit folgendes Bild: Die Abwägung zu Lasten des wahren Berechtigten hat vor Art. 14 Abs. 1 GG Bestand, wenn der Rechtsverlust eintritt, weil der unrichtige Rechtsschein dem Anteilsinhaber zurechenbar ist. Solange § 16 Abs. 3 GmbHG tatbestandlich nur mit dem Erfordernis der Zurechnung eingreift, sind diese Anforderungen erfüllt. Ob und in wie weit diese Vorgaben erfüllt sind, wird innerhalb der zivilrechtlichen Auseinandersetzung damit noch zu beachten sein.

E. Ergebnis zu den verfassungsrechtlichen Vorgaben

Der gutgläubige Erwerb von GmbH-Geschäftsanteilen stellt einen Eingriff in Form einer Inhalts- und Schrankenbestimmung in das von Art. 14 Abs. 1 GG geschützte Anteilseigentum des wahren Berechtigen dar. Da als Rechtsfolge der Totalentzug des Eigentums angeordnet wird, stellt sich die Neuregelung nur dann als angemessen dar, wenn sich eine Abwägung zugunsten des geschützten Allgemeinwohls und hiermit einhergehend zu Lasten des Rechtsbeharrungsinteresses treffen lässt. Werden in diese Abwägungen als Belang entweder das reine Rechtsscheinprinzip mit dessen notwendigen Voraussetzungen oder das Zurechnungsprinzip eingestellt, so kann die vom Gesetzgeber vorgezeichnete Abwägung nachvollzogen werden.

Dieser Befund zeitigt die Folge, im Rahmen der einfachgesetzlichen Prüfung der Frage nachzugehen, ob die zusätzlichen Belange stets voll eingehalten werden. Lässt sich dies bejahen, so ist die Neuregelung insgesamt verfassungskonform, da sich der Rechtsverlust des wahren Berechtigten durchgängig rechtfertigen lassen wird.

4. Kapitel: Die Gesellschafterliste als Rechtsscheinträger

Das Institut des gutgläubigen Erwerbs bedarf der Existenz eines Rechtsscheinträgers[289], denn dessen Verlautbarung ersetzt die nicht existierende, gleichwohl aber erforderliche Rechtsmacht, um ein Recht wirksam übertragen zu können. Für den gutgläubigen Erwerb von GmbH-Geschäftsanteilen hat sich der MoMiG-Gesetzgeber dafür entschieden, die im Handelsregister aufgenommene Gesellschafterliste als Rechtsscheinträger auszugestalten. Da hierfür weitreichende Veränderungen des § 40 GmbHG a.F. nötig waren, wird im Folgenden zunächst kurz auf die fehlende Eignung der alten Gesellschafterliste als Rechtsscheinträger eingegangen. Anschließend hieran wird die Gesellschafterliste gemäß § 40 GmbHG n.F. einer genaueren Betrachtung unterzogen.

A. Die fehlende Eignung der Gesellschafterliste in der Form des § 40 a.F. GmbHG als Rechtsscheinträger

Eine entscheidende Rolle im Rahmen des gutgläubigen Erwerbs kommt dem jeweiligen Rechtsscheinträger zu. Seiner Funktion, die fehlende Rechtsmacht des Nichtberechtigten zu ersetzen, kann er nur gerecht werden, wenn ausreichend sichergestellt ist, dass dessen Verlautbarungen zum einen der wahren Rechtslage entsprechen und diese zum anderen aktuell sind. Fehlt es hieran, kann die Rechtsordnung keinen gutgläubigen Erwerb aufgrund des Rechtsscheinträgers anordnen, denn die Interessen des wahren Berechtigten wären zugunsten der Interessen des Erwerbers signifikant benachteiligt, weil guter Glaube an unsichere Äußerungen keinen Schutz verdient.

I. Die Bedeutung der Gesellschafterliste des § 40 Abs. 1 GmbHG a.F.

Bereits die Bedeutung der alten Gesellschafterliste zeigt, dass diese als Rechtsscheinträger ungeeignet ist. Der Sinn der alten Gesellschafterliste bestand nur darin, die Zusammensetzung des Gesellschafterkreises transparent zu machen[290], da „ein legitimes Interesse des Rechtsverkehrs an zutreffenden Informationen über den Gesellschafterbestand besteht".[291] Hierbei stand der Schutz von Gläubigern der GmbH im Vordergrund, da für diese ein Schadenersatzanspruch ge-

289 Siehe hierzu: 1. Kap. A. II.

290 *Bednarz*, BB 2008, 1854.

291 So die Regierungsbegründung zum Entwurf eines Gesetzes zur Neuregelung des Kaufmanns- und Firmenrechts und zur Änderung anderer handels- und gesellschaftsrechtlicher Vorschriften (Handelsrechtsreformgesetz) vom 29.08.1997, BT-Drs. 13/8444 S. 79, rechte Spalte, zur Änderung des § 40 GmbHG in dessen bis zum 31.10.2008 geltenden Fassung.

gen die Geschäftsführung explizit in § 40 Abs. 2 GmbHG a.F. geregelt war, wenn Gläubigern aus der Verletzung der Einreichungspflicht des § 40 Abs. 1 GmbHG a.F. ein Schaden entstand. Die Pflicht, eine Gesellschafterliste einzureichen, bestand für die Geschäftsführung bei Anmeldung der GmbH sowie nach jeder Veränderung in den Personen der Gesellschafter oder des Umfangs ihrer Beteiligung.[292] Zudem hatte das Registergericht die Befugnis, gemäß § 14 Satz 1 HGB, § 132 ff. FGG (nunmehr § 388 FamFG) Zwangsgeld zu verhängen, um die Einreichungspflicht durchzusetzen.[293] Flankierend trat die Pflicht eines die Abtretung beurkundenden Notars hinzu, die Verfügung unverzüglich dem Registergericht anzuzeigen, um diesem Kenntnis von Veränderungen zu verschaffen.[294] Da die Gesellschafterliste nicht zu einer Eintragung der Gesellschafter im Handelsregister führte, sondern die Liste nur bei den Registerakten aufbewahrt wurde, war sie zwar nach § 9 Abs. 1 HGB frei einsehbar, konnte aber kein Anknüpfungspunkt für die Publizitätswirkungen des § 15 HGB sein, weil es sich bei der Gesellschafterstellung nicht um eine im Handelsregister einzutragende Tatsache handelte.

Eine eigentliche Relevanz für Gesellschafter, in der Gesellschafterliste aufgenommen zu sein, bestand indes nicht. Diesen kam es vor allem darauf an, gegenüber der GmbH Rechte geltend machen zu können und Einfluss auf die Gesellschaft ausüben zu können. Hierfür war aber nicht die Aufnahme in die Gesellschafterliste nötig, sondern die Anmeldung bei der Gesellschaft gemäß § 16 Abs. 1 GmbHG a.F. Aus Sicht der Gesellschafter stellte es sich sogar nachteilig dar, in der Gesellschafterliste eingetragen zu sein. Wegen der hiermit verbunden Offenlegung ihrer Beteiligung konnte ein bestehendes Geheimhaltungsinteresse der Gesellschafter nicht befriedigt werden. Ebenso sah sich ein Gesellschafter hierdurch einer erleichterten Inanspruchnahme durch Gesellschaftsgläubiger ausgesetzt, was insbesondere in einer wirtschaftlich schlechten Lage der Gesellschaft für diesen nicht wünschenswert ist.[295]

II. Fehlende Richtigkeitsgewähr

Eine wirkliche Gewähr dafür, dass der Inhalt der Gesellschafterliste und die wahre Rechtslage übereinstimmten, konnte die Ausgestaltung der alten Gesellschafterliste nicht sicherstellen. Letzten Endes war es alleinige Aufgabe der Geschäftsführer, die Wirksamkeit einer Veränderung zu prüfen und festzustellen.

292 Bis zum 31.12.1998 musste eine Gesellschafterliste nach damaliger Fassung des § 40 GmbHG nur einmal jährlich beim Handelsregister eingereicht werden. Erfolgte seit der letzten Einreichung keine Veränderung so genügte die Einreichung einer entsprechenden Erklärung.

293 *Greitemann/Bergjan*, FS Pöllath, 270, 271.

294 Hierbei war vor allem der Inhalt der Notaranzeige streitig. Vgl. hierzu: Scholz/*Winter/Schneider*, GmbHG, § 40 Rdnr. 24.

295 Ausführlich zur Behandlung der alten Gesellschafterliste: *Marx*, Die Publizität des GmbH-Gesellschafters, S. 13 ff.

Das Registergericht traf nach alter Rechtslage nur eine formelle, nicht aber eine materielle Prüfungspflicht der Gesellschafterliste.[296] Die Notaranzeige nach § 40 Abs. 1 Satz 2 GmbHG a.F. konnte nur dahingehend eine Aussage treffen, dass eine Abtretung gemäß § 15 Abs. 3 GmbHG beurkundet wurde, war also nur im Falle der rechtsgeschäftlichen Einzelrechtsnachfolge einzureichen. Ob die Verfügung, etwa im Falle aufschiebender Bedingungen, jemals wirksam wurde, musste wiederum nur von den Geschäftsführern geprüft werden, da der Notar die Wirksamkeit der Abtretung nicht prüfen oder überwachen musste.[297]

Durch diese Alleinzuständigkeit für die Geschäftsführung hing die Qualität und Richtigkeit der Gesellschafterliste einerseits von deren rechtlicher Kompetenz bzw. davon ab, ob sie sich eine solche beschafften, andererseits von deren Engagement zur Listeneinreichung. Vor allem in Fällen komplexer Anteilsabtretungen mit aufschiebenden und auflösenden Bedingungen stellte diese Konstruktion die Geschäftsführung rasch vor große Schwierigkeiten mit der möglichen Folge, dass der Eintritt der auflösenden Bedingung nicht in der Liste nachvollzogen wurde. Da auch die Aufnahme in der Gesellschafterliste für die Gesellschafter wenig Relevanz hatte, wurde deren Aktualisierung seitens der Geschäftsführung häufig als Nebensache empfunden.[298] Beide Situationen konnten zur Folge haben, dass auch nach einem Inhaberwechsel der alte Gesellschafter in der Liste eingetragen blieb.

Schließlich war nicht immer sichergestellt, dass die Geschäftsführung überhaupt Kenntnis von Veränderungen erlangen musste, etwa im Falle des Todes eines Gesellschafters.[299] Insoweit verwundert es nicht, dass in der Praxis die Gesellschafterliste häufig veraltet oder unrichtig war.[300]

III. Fehlende Aktualität

Weiterhin war nicht sichergestellt, dass Veränderungen im Gesellschafterkreis in kurzem zeitlichen Abstand in der Gesellschafterliste nachvollziehbar waren. Auch hier tauchte die Schwierigkeit auf, dass die Geschäftsführer nicht zeitnah von einer Änderung erfahren mussten. Das Erfordernis der Unverzüglichkeit des § 40 Abs. 1 Satz 1 GmbHG a.F. konnte hier nicht helfen, da mangels Kenntnis keine schuldhafte Verzögerung gegeben ist. Zudem war es denkbar, dass die Geschäftsführung im Interesse eines Gesellschafters[301] darauf verzichtete, eine neue Liste einzureichen, da die gesetzlichen Sanktionsmittel tendenziell ein

296 Scholz/*Winter/Schneider*, GmbHG, § 40 Rdnr. 22.
297 *Wachter*, GmbHR Sonderheft Oktober 2008, 51, 52.
298 *Bednarz*, BB 2008, 1854.
299 Vgl. *Wachter*, GmbHR Sonderheft Oktober 2008, 51, 52.
300 *Harbarth*, ZIP 2008, 57, 58.
301 Genauer zu diesem Interesse: 4. Kap. A. I.

stumpfes Schwert[302] darstellten. So setzte die Anordnung von Ordnungsmitteln durch das Registergericht gemäß § 132 FGG Kenntnis von der Veränderung voraus, die im Falle beispielsweise einer Erbfolge nicht sichergestellt war. Auch die Haftungsgefahr des § 40 Abs. 2 GmbHG a.F. war nicht ausreichend hoch, weil diese in der Praxis meist mangels Schadens leer lief[303], da nur Gläubiger der Gesellschaft anspruchsberechtigt waren.

Auch der enge Anwendungsbereich von § 40 Abs. 1 Satz 2 GmbHG a.F. auf die notarielle Beurkundungen einer Abtretung führte dazu, dass der Notar nur zum Teil Veränderungen an das Gericht melden musste. So trat die Pflicht nicht bei allen anderen Erwerbsvorgängen ein, wie beispielsweise der Gesamtrechtsnachfolge oder dem Erwerb im Rahmen der Zwangsvollstreckung, selbst wenn ein Notar hieran beteiligt war. Unterließ der Notar die Anzeige, setzte er sich nur der Haftungsgefahr des § 19 Abs. 1 BNotO aus, der aber geringe praktische Relevanz zukam[304], da die Amtspflicht des § 40 Abs. 1 Satz 2 GmbHG a.F. nicht gegenüber Gesellschaftsgläubigern bestand. Die Ersatzpflicht des § 40 Abs. 2 GmbHG a.F. richtete sich nur an die Geschäftsführung und konnte den Notar daher nur bei Beteiligung gemäß § 830 BGB treffen. Auch wurde § 40 Abs. 1 Satz 2 GmbHG a.F. allgemein nicht als Schutzgesetz im Sinne des § 823 Abs. 2 BGB eingeordnet, da ein Gegenschluss aus § 40 Abs. 2 GmbHG a.F. ergebe, dass Schadenersatzansprüche wegen Verletzungen des § 40 Abs. 1 GmbHG a.F. nur gegen die Geschäftsführung möglich sein sollten und dieses Ergebnis konterkariert würde, wenn § 40 Abs. 1 Satz 2 GmbHG a.F. als Schutzgesetz angesehen werde.[305]

IV. Ergebnis

Die alte Gesellschafterliste erweist sich demnach als untauglicher Rechtsscheinträger. Eine wirkliche oder nur ausreichende Sicherheit, dass die dort eingetragene Person tatsächlich Gesellschafter ist, vermag sie nicht zu bieten. Aus Sicht eines Erwerbers kann sie somit nicht mehr als ein Indiz für die Gesellschaftereigenschaft des Veräußerers darstellen.[306]

B. Die Neuregelung der Gesellschafterliste

Die Neuregelung der Gesellschafterliste versucht nunmehr, bisher bestehende Schwächen der alten Gesellschafterliste abzustellen und weist ihr, um dies zu erreichen, neu ausgestaltete Wirkungen zu.

---

302 Vgl. nur die „beklagenden" Ausführungen im Rahmen der Neuregelung des § 40 GmbHG seitens der Regierungsbegründung zur Situation des Registergerichts im Jahre 1997 in BT-Drs. 13/8444 S. 79, linke Spalte.

303 *Wachter*, GmbHR Sonderheft Oktober 2008, 51, 52.

304 Roth/*Altmeppen*, GmbHG (2005), § 40 Rdnr. 11.

305 Statt aller: Ulmer/Habersack/Winter/*Paefgen* § 40 Rdnr. 25.

306 Rodewald, GmbHR 1995, 718, 719.

I. Die Rechtsnatur der Gesellschafterliste

Die Gesellschafterliste des § 40 GmbHG stellt vor allem unter dem Blickwinkel des Rechtsscheinträgers eine bisher einmalige Konstruktion dar. Vom Grundbuch oder von Eintragungen im Handelsregister unterscheidet sie sich stark, da sie nicht hoheitlich geprüft oder überwacht wird.[307] Die Aufgabe des Registergerichts besteht vielmehr darin, die Gesellschafterliste zu verwahren und die allgemeine Kenntnisnahme zu ermöglichen.[308] Die Gesellschafterliste ist daher kein hoheitliches Register oder diesem auch nur ähnlich.[309] Die Befugnis, die Gesellschafterliste zum Handelsregister einzureichen, besteht nur für die Geschäftsführung (§ 40 Abs. 1 GmbHG) oder den mitwirkenden Notar (§ 40 Abs. 2 GmbHG). Da für beide Personengruppen aber zuvor Prüfungspflichten[310] bestehen, ist die Gesellschafterliste ein privates gutachterliches Zeugnis[311], das zum Handelsregister aufgenommen wird.

II. Gesellschafterliste und Registerrecht

Ist das Registergericht nach der Regierungsbegründung nur die Verwahrungsstelle der Gesellschafterliste, so ist fraglich, welche Rolle dem Gericht damit genau zukommt.

Zunächst ist die Stellung als Gesellschafter einer GmbH keine im Handelsregister einzutragende Tatsache[312], da weder eine Eintragungspflicht normiert ist noch der Sinn und Zweck des Registers eine Eintragung erfordern. Die Gesellschafterliste ist aber im Handelsregister aufzunehmen (vgl. § 16 Abs. 1 GmbHG) und damit Teil des Handelsregisterbestandes. Für das Registerblatt (§ 13 HRV) der Gesellschaft werden Registerakten und ein Registerordner gemäß §§ 8 f. HRV gebildet. Die Gesellschafterliste wird in den Registerordner aufgenommen[313], da sie ein Dokument ist, das zum Handelsregister eingereicht wird (§ 40 Abs. 1 GmbHG) und der unbeschränkten Einsicht nach § 9 Abs. 1 HGB unterliegt. Die Einsichtnahme selbst ist als herkömmliche Papiereinsicht, aber auch als elektronische Online-Einsicht gemäß § 9 Abs. 1 Sätze 2-5 HGB möglich. Hierdurch kann also die Gesellschafterliste jederzeit

---

307 Die Regierungsbegründung, BT-Drs. 16/6140, S. 44 linke Spalte, formuliert: „Das Registergericht (…) hat keine inhaltliche Prüfpflicht.“ Allgemein zu den Prüfungspflichten des Gerichts: 4. Kap. B. II.

308 Vgl. die Regierungsbegründung, BT-Drs. 16/6140, S. 38 rechte Spalte.

309 Die Regierungsbegründung, BT-Drs. 16/6140, S. 38 rechte Spalte, spricht insoweit konsequent davon, dass „die Gesellschafterliste privat geführt wird“.

310 Siehe hierzu ausführlich: 4. Kap. B. VIII. 2. b) und 4. Kap. B. IX. 3.

311 So die Formulierung von *Bohrer*, DStR 2007, 995, 1000.

312 Vgl. Regierungsbegründung, BT-Drs. 16/6140, S. 43 rechte Spalte: „Der Entwurf macht nicht den Vorschlag, die Gesellschafter der Eintragungspflicht in das Handelsregister zu unterwerfen.“

313 *Krafka/Willer*, Registerrecht Rdnr. 1105.

weltweit online eingesehen werden, ohne dass der Nachweis eines besonderen Interesses erforderlich wäre.[314]

Die Einreichung der Liste erfolgt gemäß § 12 Abs. 2 Satz 1 HGB in elektronischer Form.[315] Da die Gesellschafterliste in Schriftform (§§ 40 Abs. 1, Abs. 2, 8 Abs. 1 Nr. 3 GmbHG) einzureichen ist, genügt es gemäß § 12 Abs. 2 Satz 2 HGB, eine elektronische Aufzeichnung an das Handelsgericht zu übermitteln, eine qualifizierte elektronische Signatur ist nicht erforderlich.[316] Die Einreichung erfolgt über das elektronische Gerichts- und Verwaltungspostfach (EGVP), zu dem sich jedermann einen Zugang auf einen beliebigen Namen einrichten kann. Eine Kontrolle der Identität des Einreichenden ist gesetzlich nicht angeordnet und findet damit nicht statt, so dass die Einreichung von einer anderen Person als einem Geschäftsführer nicht verhindert werden kann.[317] Es besteht damit die Möglichkeit, dass ein Unbefugter eine neue Gesellschafterliste zum Handelsregister einreicht, indem er selbst eine neue Liste erstellt und eine aus den abrufbaren Dokumenten der GmbH herauskopierte Unterschrift des Geschäftsführers verwendet.[318]

Im bisher geltenden Recht bestand nach herrschender Auffassung für das Registergericht die Pflicht, zu überprüfen, ob die Gesellschafterliste die von § 40 Abs. 1 GmbHG a.F. geforderten Angaben enthält. Eine materielle Prüfungspflicht wurde dem Gericht nicht zuerkannt. Dennoch hatte das Gericht bei einer offenkundig unrichtigen Liste ein Beanstandungsrecht.[319] Daran hat sich nach der Rechtsprechung[320] und der überwiegenden Ansicht in der Literatur[321] nichts geändert. Es finden sich aber auch Stimmen, die eine formelle Prüfungspflicht des Registergerichtes ablehnen und diesem nur ein diesbezügliches Prüfungsrecht zusprechen.[322] Auch im Rahmen der materiellen Prüfung wird vertreten, dass eine „gewisse Plausibilitätskontrolle“ sinnvoll und geboten sei.[323]

---

314 *Krafka/Willer*, Registerrecht Rdnr. 48, 51.

315 *Noack*, NZG 2006, 801, 802.

316 Vgl. die entsprechenden Rechtsverordnungen der Bundesländer auf Grundlage § 8 a Abs. 2 HGB, z.B. für das Land Baden-Württemberg: § 2 Abs. 3 der Verordnung des Justizministeriums über den elektronischen Rechtsverkehr in Baden-Württemberg vom 11.12.2006 (GBl. 393).

317 Heckschen/*Heidinger*, Die GmbH (2009), § 13 Rdnr. 310.

318 So das Beispiel des Bundesrates in dessen Stellungnahme zum MoMiG, Regierungsbegründung, BT-Drs. 16/6140 Anl. 2, S. 67 f.

319 *Zöllner/Noack* in: Baumbach/Hueck, GmbHG (2006), § 40 Rdnr. 13; Ulmer/Habersack/Winter/*Paefgen* § 40 Rdnr. 19.

320 OLG München, Beschluss vom 27.05.2009, Az. 31 Wx 38/09, NZG 2009, 797, 797 f.; LG Augsburg, Beschluss vom 28.04.2009, Az. 2 HK T 902/09, NZG 2009, 1032, 1033.

321 Lutter/Hommelhoff/*Bayer*, GmbHG, § 40 Rdnr. 15; Roth/*Altmeppen*, GmbHG, § 40 Rdnr. 11; *Wicke*, GmbHG, § 40 Rdnr. 6; *Schneider*, GmbHR 2009, 393, 394 f.

322 *Wachter*, NZG 2009, 1001, 1002; *Mayer*, ZIP 2009, 1037, 1039.

323 *Wachter*, ZNotP 2008, 378, 386.

Hier ist der herrschenden Meinung zu folgen. Bezüglich einer materiellen Prüfungspflicht besteht bereits keine Rechtsgrundlage. Im Grundsatz ließe sich hierfür zwar auf § 26 FamFG zurückgreifen. Da aber die Gesellschafterliste nur zum Handelsregister aufgenommen wird, liegt keine Tatsachenermittlung im Vorfeld einer Entscheidung vor.[324] Auch der Wille des Gesetzgebers geht dahin, dass das Registergericht die Gesellschafterliste lediglich entgegenzunehmen hat und keine inhaltliche Prüfungspflicht besteht.[325] Eine Prüfung durch das Registergericht hätte zudem zur Folge, dass hiermit eine Mehrbelastung des Registergerichts einhergehen würde, was der Gesetzgeber aber vermeiden wollte[326] und ihn davon abgehalten hat, die Gesellschafter in das Handelsregister eintragen zu lassen.[327] Eine „gewisse Plausibilitätskontrolle" würde demgegenüber regelmäßig zu einer zumindest eingeschränkten materiellen Prüfungspflicht durch die Hintertür führen und ließe sich mit dem gesetzgeberischen Willen nicht vereinbaren. Dennoch muss es dem Gericht zugestanden werden, bei offensichtlichen Fehlern, etwa wenn die Summe der Nennbeträge der Geschäftsanteile nicht mit dem Stammkapital bei Gründung übereinstimmt, die Liste zu beanstanden und deren Aufnahme zu verweigern, da erst durch die Aufnahme Rechtswirkungen der Gesellschafterliste entstehen. Andernfalls würde hoheitliches Handeln einfach zu erkennende Unrichtigkeiten sehenden Auges legitimieren, wie hier einen Verstoß gegen § 5 Abs. 3 Satz 2 GmbHG.

Wird aber auf der anderen Seite dem Registergericht bezüglich der Beachtung der von § 40 Abs. 1 GmbHG vorgesehen Angaben nur ein Prüfungsrecht zugestanden, so hätte dies vielfach die Folge, dass Gesellschafterlisten mit Fehlern bei diesen Angaben publiziert würden und die vom Gesetzgeber bezweckte Transparenz oft nicht erreicht werden könnte. Gerade in Zeiten einer dünnen Personaldecke in der Justiz würden dann nämlich häufig Gesellschafterlisten nicht einmal im Hinblick auf § 40 Abs. 1 GmbHG überprüft werden. Einer solchen negativen Entwicklung kann nur vorgebeugt werden, wenn das Registergericht hier eine Prüfungspflicht trifft.

Die Rolle des Registergerichts im Zusammenhang mit der Gesellschafterliste besteht damit darin, die elektronisch eingereichte Liste in den Registerordner aufzunehmen, ohne zu überprüfen, ob die einreichende Person mit derjenigen identisch ist, deren Unterschrift die Gesellschafterliste trägt. Eine materielle Prüfungspflicht besteht nicht. Nur bei einem offensichtlichen Fehler der Liste darf das Gericht eine Beanstandung vornehmen. Hinsichtlich der Angaben im Sinne des § 40 Abs. 1 GmbHG muss das Gericht überprüfen, ob diese in der Liste beachtet sind und die Liste damit formell ordnungsgemäß ist.

---

324 Weiterführend hierzu: *Marx*, Die Publizität des GmbH-Gesellschafters, S. 115 ff. noch zu § 12 FGG, welcher inhaltlich unverändert nunmehr in § 26 FamFG überführt wurde.

325 Regierungsbegründung, BT-Drs. 16/6140, S. 44 linke Spalte.

326 *Seibert*, ZIP 2006, 1157, 1160.

327 Vgl. 2. Kap. B. I.

III. Neue Wirkungen der zum Handelsregister aufgenommenen Gesellschafterliste

Ruft man sich die Wirkungen der alten Gesellschafterliste in Erinnerung, kommt man zu einem ernüchternden Ergebnis. Wirkliche Rechtsfolgen, auch nur mittelbare, ergaben sich aus der alten Gesellschafterliste nicht, wenn man von der Haftung der Geschäftsführung gemäß § 40 Abs. 2 GmbHG a.F. absieht. Vielmehr konnte nur eine schwache Transparenzwirkung erreicht werden. Hiervon unterscheidet sich die Gesellschafterliste nach dem MoMiG grundlegend.

1. Die Legitimationswirkung

Der Gesetzgeber stattet nunmehr die Gesellschafterliste als Legitimationsbasis des Gesellschafters gegenüber der Gesellschaft aus und vollzieht damit einen Strukturwechsel. Eine Rechtsnorm hat Legitimationswirkung, wenn sie Handlungen einer Person wirksam werden lässt, obwohl diese Handlungen von oder gegenüber einer zwar formell ausgewiesenen, aber nicht materiell berechtigten Person vorgenommen werden.[328] Eine so ausgestaltete Norm stellt § 16 Abs. 1 GmbHG im alten wie auch im neuen Recht dar. Nach bisher geltendem Recht kam es nach § 16 Abs. 1 GmbHG a.F. für die Gesellschafterstellung im Verhältnis zur GmbH in Fällen rechtsgeschäftlichen Erwerbs[329] nur darauf an, ob der Erwerber unter Nachweis des Übergangs bei der Gesellschaft angemeldet war.[330] Die herrschende Meinung erblickte hierbei unter Rekurs auf den Wortlaut der Norm („gilt") eine Fiktion[331] der Gesellschafterstellung des Angemeldeten. Teilweise wurde hierin aber auch eine unwiderlegliche Vermutung gesehen, da die Anmeldung der tatsächlichen Rechtslage typischer Weise entspreche.[332] Unabhängig von der genauen dogmatischen Einordnung führte § 16 Abs. 1 GmbHG a.F. dazu, dass die materielle Berechtigung am Geschäftsanteil und das Recht zur Wahrnehmung der Rechte aus dem Geschäftsanteil auseinanderfallen konnten, mithin der Norm Legitimationswirkung zukam. Diese Legitimationswirkung bleibt durch das MoMiG unangetastet. Im geltenden Recht knüpft diese Wirkung aber nicht mehr an die Anmeldung bei der Gesellschaft an, sondern an die Eintragung des neuen Gesellschafters in der zum Handelsregister aufgenommenen Gesellschafterliste. Die Gesellschafterliste ist damit alleinige Legitimationsbasis für die Ausübung von Gesellschafterrechten[333], aber

328 Vgl. *Wiedemann*, Die Übertragung, S. 137.

329 Die zunächst erste Legitimation gründet sich auf der Teilnahme an der Gründung der Gesellschaft.

330 Siehe ausführlich hierzu: *Peetz*, GmbHR 2006, 852, 852 f.

331 BGH, Urteil vom 09.07.1990, Az. II ZR 194/89, BGHZ 112, 103, 113; Hachenburg/*Zutt*, GmBHG, § 16 Rdnr. 26; Scholz/*Winter/Seibt*, GmbHG, § 16 Rdnr. 2 mwN.

332 So z.B.: *Müller*, DStR 1998, 296, 302 mwN.

333 Heckschen/*Heidinger*, Die GmbH (2009), § 13 Rdnr. 250; Mayer, DNotZ 2008, 403, 404. Die Regierungsbegründung, BT-Drs. 16/6140, S. 37 rechte Spalte, spricht davon, dass einem

auch die Inanspruchnahme wegen Gesellschafterpflichten.[334] Zudem wird der Anwendungsbereich erweitert. Galt § 16 Abs. 1 GmbHG a.F. nur bei der Veräußerung eines Geschäftsanteils, setzt § 16 Abs. 1 GmbHG tatbestandlich an eine Veränderung in den Personen der Gesellschafter oder des Umfangs ihrer Beteiligung an. § 16 Abs. 1 GmbHG greift damit in den Fällen ein, in welchen gemäß § 40 Abs. 1 GmbHG a.F. eine aktualisierte Gesellschafterliste einzureichen war. Der Gesetzgeber verfolgt durch die mit § 16 Abs. 1 GmbHG bestehende Koppelung der Eintragung in der Gesellschafterliste mit der Befugnis, gegenüber der Gesellschaft Rechte ausüben zu können, neben dem Ziel, Missbräuche zu bekämpfen, auch das allgemeine Anliegen, Transparenz über die Anteilsstrukturen der GmbH zu schaffen und Geldwäsche zu verhindern.[335] Es soll so ein Anreiz für Gesellschafter begründet werden, ihre Aufnahme in die Gesellschafterliste zu betreiben und hiermit neben einer Transparenz im Verhältnis zur Gesellschaft auch Transparenz im Verhältnis zu Außenstehenden und Mitgesellschaftern geschaffen werden.

2. Die Haftungswirkung

Die Eintragung in der zum Handelsregister aufgenommen Gesellschafterliste löst neben der Legitimationsfunktion auch die Mithaftung des neuen Gesellschafters für bis zum Zeitpunkt der Aufnahme rückständige Einlageverpflichtungen gemäß § 16 Abs. 2 GmbHG aus. Die Neuregelung greift die bisher in § 16 Abs. 2 GmbHG a.F. angeordnete Haftung des Erwerbers auf[336], für deren Eintritt bislang an die Anmeldung angeknüpft wurde. Anders als § 16 Abs. 1 GmbHG kommt § 16 Abs. 2 GmbHG nur bei rechtsgeschäftlichen Erwerbsvorgängen zur Anwendung. Dies ergibt sich zunächst aus dem Wortlaut der Norm, der ausdrücklich von Erwerber und Veräußerer spricht, und dem Willen des Gesetzgebers, der die bisher nach § 16 Abs. 2 GmbHG a.F. bestehende Haftung in § 16 Abs. 2 GmbHG überführen wollte[337], die nur bei Veräußerungen bestand.

3. Rechtsscheinträger

Schließlich stellt die Gesellschafterliste nach nunmehr geltender gesetzlicher Konzeption den Rechtsscheinträger für gutgläubigen Erwerb von GmbH-Geschäftsanteilen dar und macht diesen damit erst möglich. Nur wenn der Veräußerer als Inhaber des Geschäftsanteils in der im Handelsregister aufgenom-

---

neuen Gesellschafter die Ausübung von Rechten ohne Aufnahme in die aktualisierte Liste verwehrt sei.

334 *Kort*, GmbHR 2009, 169, 173.

335 BT-Drs. 16/6140, S. 37 rechte Spalte.

336 BT-Drs. 16/6140, S. 38 linke Spalte.

337 Vgl. BT-Drs. 16/6140, S. 38 linke Spalte.

menen Gesellschafterliste verlautbart ist, kann von diesem ein Geschäftsanteil gutgläubig erworben werden, verfügt er als Nichtberechtigter.

IV. Inhalt der Gesellschafterliste

Spielt damit im neuen Recht die Gesellschafterliste nicht nur für den gutgläubigen Erwerb eine enorme Rolle, so stellt sich die Frage, welche Angaben in der Liste aufgeführt sind.

Der Inhalt der Gesellschafterliste richtet sich nach den Vorgaben der §§ 8 Abs. 1 Nr. 3, 40 Abs. 1 GmbHG. Damit müssen Name, Vorname und Wohnort des Gesellschafters angegeben werden. Wie bisher hat die Gesellschafterliste die Nennbeträge der Geschäftsanteile zu enthalten. Neu eingeführt durch das MoMiG wurde die Pflicht, die Geschäftsanteile durchgehend zu nummerieren. Dieses zusätzliche, sinnvolle Erfordernis dient der einfacheren Bezeichnung eines Geschäftsanteils und führt zu einer praktischen Erleichterung insbesondere im Rahmen von Anteilsübertragungen.[338] Die Erweiterung der Gesellschafterliste bedingt somit eine bessere Identifizierbarkeit der Geschäftsanteile und trägt auch dem sachenrechtlichen Bestimmtheitsgrundsatz und der Möglichkeit des gutgläubigen Erwerbs Rechnung.[339] Handelt es sich bei einem Gesellschafter nicht um eine natürliche Person, sondern um eine Handelsgesellschaft, ist deren Firma und Sitz anzugeben.[340] Um dem Ziel des Gesetzgebers, möglichst weitreichend Transparenz der Beteiligungsverhältnisse zu schaffen, gerecht zu werden, ist bei Handelsgesellschaften auch deren Handelsregister und Registernummer zu benennen.

V. Einzelfälle des Inhalts

Trotz der gesetzlichen Regelungen zur Gesellschafterliste bestehen im Detail Konstellationen, deren Eintragungsmodalitäten sich unterschiedlich beantworten lassen. Nachfolgend werden diese aufgezeigt und bewertet.

1. Die Eintragung einer Gesellschaft bürgerlichen Rechts

Für die Frage, wie eine Gesellschaft des bürgerlichen Rechts (GbR) in die Gesellschafterliste einzutragen ist, muss zuerst geklärt werden, ob die GbR selbst oder deren Gesellschafter Mitglieder der GmbH sind. Wäre ersteres der Fall, stellt sich die Folgefrage, ob sich aus allgemeinen oder speziellen GmbH-rechtlichen Wertungen genaue Eintragungsmodalitäten ableiten lassen.

Bereits vor der Grundsatzentscheidung des BGH zur Rechtsfähigkeit der GbR[341] hatte die Rechtsprechung der GbR die Fähigkeit zuerkannt, als nicht

338 BT-Drs. 16/6140, S. 34 linke Spalte.

339 *Heckschen*, ZErb 2008, 246, 250.

340 *Wicke*, GmbHG, § 8 Rdnr. 4.

341 BGH, Urteil vom 29.01.2001, Az. II 331/00, BGHZ 146, 341, 343 ff.

rechtsfähige Gesamthandsgemeinschaft Gründerin einer GmbH zu sein[342] und einen GmbH-Anteil im Wege des abgeleiteten Erwerbs zu erwerben.[343] Wenngleich sich der BGH im Beschluss vom 03.11.1980 nicht explizit zur Frage äußert, ob die GbR selbst Rechtsträgerin des Geschäftsanteils ist[344], zeigt er dennoch durch einen argumentativen Rückgriff auf § 18 GmbHG, dass er die Beteiligung einer GbR an einer GmbH als Fall der gemeinschaftlichen Mitberechtigung und nicht als einen Fall der Einzelmitgliedschaft der GbR ansah.[345] Gesellschafter der GmbH war demnach nicht die GbR, sondern waren deren Gesellschafter.

Nachdem sich nunmehr in Rechtsprechung und Lehre die Ansicht durchgesetzt hat, wonach die GbR dergestalt ausreichend verselbständigt ist, dass sie selbst Zuordnungsobjekt von Rechten und Pflichten sein kann, besitzt sie auch nach herrschender Meinung die Fähigkeit, einen GmbH-Anteil zu halten.[346] Als Folge hieraus ergibt sich, dass keine Mitberechtigung im Sinne des § 18 GmbHG vorliegt, sondern die GbR selbst Gesellschafterin der GmbH ist. Demgegenüber vertritt, auch nach allgemeiner Anerkennung der Rechtsfähigkeit der GbR, eine Mindermeinung, dass der Anwendungsbereich des § 18 GmbHG eröffnet sei, mithin eine Mitberechtigung vorliege und die GbR-Gesellschafter im Verbund mit den übrigen Mitberechtigten eine jeweilige Gesellschafterstellung inne hätten.[347] Begründet wird diese Ansicht mit der fehlenden Registerpublizität der GbR. So sei es für die GmbH oft nicht erkennbar, welcher von mehreren GbR-Gesellschaftern in welchen Umfang vertretungsberechtigt und empfangszuständig sei. Insoweit bestehe ein Bedürfnis für die Anwendung des § 18 GmbHG. Diese Argumentation ist indes abzulehnen. Sie verkennt zunächst die rechtliche Verselbstständigung der GbR, wonach der Anteil nicht mehreren gemeinschaftlich zusteht. Es lässt sich nicht leugnen, dass die fehlende Registerpublizität die GbR in die Nähe der Erbengemeinschaft rückt, bei der § 18 GmbHG Anwendung findet. Dennoch ist zu bedenken, dass auch die Registerpublizität bei der OHG oder KG, die unstreitig nicht unter § 18 GmbHG fallen, nicht für diese konstitutiv ist. Schließlich fehlt es aber am Bedürfnis, § 18 GmbH auf die GbR anzuwenden. Das Ziel des § 18 Abs. 1 GmbHG, eine einheitliche Ausübung der Gesellschafterrechte zum Schutze der GmbH sicherzustellen, wird im Recht der GbR auch bei fehlender Registerpublizität erreicht,

342 BGH, Beschluss vom 03.11.1980, Az. II ZB 1/79, BGHZ 78, 311, 312 ff.
343 BGH, Beschluss vom 04.11.1991, Az. II ZB 10/91, BGHZ 116, 86, 88.
344 BGH, Beschluss vom 03.11.1980, Az. II ZB 1/79, BGHZ 78, 311, 313.
345 So auch: *Koch*, ZHR 146 (1982), 118, 128 f.; *Breuninger*, BGB-Gesellschaft, F. I 2 a).
346 *Wicke*, GmbHG, § 18 Rdnr. 2; *Reichert/Weller*, GmbH-Geschäftsanteil, § 18 Rdnr. 24 f.; *Hueck/Fastrich* in: Baumbach/Hueck, GmbHG (2010), § 18 Rdnr. 2; bereits vor 2001: Hachenburg/*Ulmer*, GmbHG, § 2 Rdnr. 80; *Koch*, ZHR 146 (1982), 118, 129; *Breuninger*, BGB-Gesellschaft, F. I 2 b).
347 Michalski/*Ebbing*, GmbHG, § 18 Rdnr. 18.

da bei dieser das gesetzliche Grundmodell der §§ 709, 714 BGB und der Gesellschaftsvertrag eine einheitliche Vertretung bedingen.[348] Insofern ist die Situation dieselbe, wie wenn die GbR einen gemeinsamen Vertreter im Sinne des § 18 Abs. 3 GmbHG hätte, der auch nach allgemeiner Ansicht[349] im Sinne des § 18 Abs. 1 GmbHG für alle Mitberechtigten handeln kann und nach herrschender Meinung[350] der GmbH nicht angemeldet oder angezeigt werden muss. Gesellschafterin einer GmbH ist damit die GbR und nicht deren Gesellschafter.

Ist somit geklärt, wer Gesellschafter ist, bleibt die Frage nach den Modalitäten der Eintragung in die Gesellschafterliste. Die überwiegende Meinung geht davon aus, dass alle Mitglieder der GbR einzutragen seien mit einem Hinweis auf die Zuordnungsform.[351] Nach dieser Ansicht lautet die Eintragung einer GbR mit den Gesellschaftern A und B: A und B in Gesellschaft bürgerlichen Rechts oder A und B als Gesellschafter bürgerlichen Rechts. Demgegenüber wird vertreten, nur die GbR mit einer identifizierbaren Gesamtbezeichnung sei einzutragen.[352]

Keine der beiden Ansichten vermag wirklich zu überzeugen. Die Frage bewegt sich im Spannungsverhältnis der Publizität der GbR und deren Fähigkeit Rechtsträger zu sein. Legt man die Betonung auf den ersten Aspekt ist das Ergebnis ernüchternd, da es eine Publizität bei der nicht registermäßig erfassten GbR nicht gibt.[353] Stellt man hingegen den zweite Gesichtspunkt in den Vordergrund, ist festzustellen, dass die Gesellschaft selbst Zuordnungsobjekt des Geschäftsanteils ist und nicht deren Gesellschafter. Auszugehen ist vom Wortlaut des § 40 Abs. 1 GmbHG. Demnach ist der Gesellschafter in die Liste einzutragen, hier also die GbR.[354] Nur so ist gewährleistet, dass der Anteilsinhaber auch als solcher verlautbart wird. Würde man nur die Gesellschafter mit Hinweis auf ihre Rechtsgemeinschaft eintragen, wie dies die herrschende Meinung fordert, bestünde die Gefahr der Verkehrsverwirrung, da nicht eindeutig ist, ob die GbR-Gesellschafter oder diese selbst Gesellschafterin der GmbH sind. Hat die GbR einen Namen, so ist dieser einzutragen. Fehlt es hieran, kann für die erforderliche Individualisierbarkeit nur auf deren Mitglieder zurückgegriffen werden. Ei-

---

348 Ulmer/Habersack/Winter/*Winter/Löbbe* § 18 Rdnr. 6.

349 Lutter/Hommelhoff/*Bayer*, GmbHG, § 18 Rdnr. 7.

350 Roth/*Altmeppen*, GmbHG, § 18 Rdnr. 14; Lutter/Hommelhoff/*Bayer*, GmbHG, § 18 Rdnr. 8.

351 *Hueck/Fastrich* in: Baumbach/Hueck, GmbHG (2010), § 8 Rdnr. 7; Michalski/*Heyder*, GmbHG, § 8 Rdnr. 10; *Breuninger*, BGB-Gesellschaft, F. I 2 c); *Schmidt*, BB 1983, 1697, 1700.

352 *Roth*/Altmeppen, GmbHG, § 8 Rdnr. 4; BeckOK Ziemons/Jaeger/*Jaeger*, GmbHG § 8 Rdnr. 6.

353 Zum fehlenden Register: BGH, Beschluss vom 04.12.2008, Az. V ZB 74/08, NZG 2009, 137, 139.

354 So auch für das Grundbuchrecht: BGH, Beschluss vom 04.12.2008, Az. V ZB 74/08, NZG 2009, 137, 139.

ne solche Eintragung muss daher lauten: Gesellschaft bürgerlichen Rechts bestehend aus A und B.[355]

Fraglich bleibt, ob auch bei einer namenstragenden GbR deren Mitglieder mit einzutragen sind, was die Mindermeinung ablehnt. Hierfür werden vor allem das Postulat der Publizität und ein Vergleich mit § 162 Abs. 1 Satz 2 HGB ins Feld geführt. Nach § 162 Abs. 1 Satz 2 HGB müssen, ist eine GbR Kommanditistin, auch deren Gesellschafter mit den Angaben des § 106 Abs. 2 HGB eingetragen werden, insbesondere auch die Vertretungsmacht der Gesellschafter. Die Norm stellt eine Reaktion des Gesetzgebers auf die Rechtsprechung des BGH[356] dar, wonach eine GbR Kommanditistin einer KG sein kann, dann aber auch deren Gesellschafter im Zeitpunkt des Beitritts entsprechend § 106 Abs. 2 HGB zur Eintragung anzumelden sind.[357] Hieraus lässt sich aber nur ableiten, dass der Gesetzgeber den Fall einer GbR-Kommanditistin positiv regeln wollte. Auch eine analoge Anwendung lässt sich nicht begründen, da eine planwidrige Regelungslücke nicht besteht. Der Rechtsausschuss verweist in seiner Stellungnahme zur Neuregelung des § 162 HGB darauf, dass eine Regelung auch für die Gesellschafterliste bei der GmbH erforderlich sei.[358] Die Gesetzesmaterialien zum MoMiG gehen hierauf mit keinem Wort ein, obwohl die Situation bekannt ist. Es mag daher eine Regelungslücke bestehen; diese kann aber nicht als planwidrig bezeichnet werden. Dennoch ist aus Publizitätsgründen eine Eintragung auch der Gesellschafter unumgänglich. Publizität ist kein Selbstzweck, sie lässt sich nur dort ins Feld führen, wo ihr Fehlen negative Folgen für berechtigte Interessen verursacht. Derartige negative Folgen sind aber hier eindeutig gegeben. Betrachtet man die Frage aus Sicht der GmbH, hat diese ein hohes Interesse, die Mitglieder der GbR zu kennen. So ist der GmbH beispielsweise im Falle eines Anspruches nach § 9a GmbHG mit der ausschließlichen Nennung der GbR in der Gesellschafterliste wenig geholfen. Gleiches gilt für Mitgesellschafter, wollen diese etwa Rückgriffsansprüche gegen die GbR im Falle des § 24 Satz 2 GmbHG geltend machen.[359] Auch Gläubiger der Gesellschaft werden, wie § 40 Abs. 3 GmbHG zeigt, durch die Gesellschafterliste geschützt, indem sie sich über den Gesellschafterbestand informieren können. Ein solcher Schutz wird aber nur effektiv erreicht, wenn Gläubiger nicht nur erkennen können, dass eine GbR Gesellschafterin ist, sondern auch aus welchen Mitgliedern die GbR

---

355 So auch für das Grundbuchrecht: BGH, Beschluss vom 04.12.2008, Az. V ZB 74/08, ZIP 2009, 137, 140.

356 BGH, Beschluss vom 16.07.2001, Az. II ZB 23/00, BGHZ 148, 291, 294 ff.

357 Begründung der Beschlussempfehlung des Rechtsausschuss zum Entwurf eines Gesetzes über elektronische Register und Justizkosten für Telekommunikation (BT-Drs. 14/6855), BT-Drs. 14/7348, S. 29 linke Spalte.

358 Begründung der Beschlussempfehlung des Rechtsausschuss zum Entwurf eines Gesetzes über elektronische Register und Justizkosten für Telekommunikation (BT-Drs. 14/6855), BT-Drs. 14/7348, S. 29 linke Spalte.

359 Siehe zu diesem Regress: *Wicke*, GmbHG, § 24 Rdnr. 6 f.

besteht. Hierfür spricht ebenfalls das gesetzgeberische Ziel, durch die Gesellschafterliste Transparenz über die Gesellschafter zu bewirken.[360] Dieses Ziel wird bei alleiniger Eintragung der GbR zwar grundsätzlich erreicht, weil die GbR als Gesellschafterin erkennbar ist. Dennoch besteht eine tatsächliche Transparenz nur, wenn auch die Mitglieder der GbR eingetragen werden. Schließlich lässt sich diese Ansicht mit einer anderen Formulierung aus der Gesetzesbegründung untermauern. Nach dieser lehnt sich die Regelung des § 16 GmbHG an die Norm des § 67 Abs. 2 AktG an.[361] Auch dort gilt im Verhältnis zur AG nur als Aktionär, wer als solcher im Anteilsregister eingetragen ist. Im Anteilsregister selbst sind nach allgemeiner Ansicht auch die Mitglieder einer GbR einzutragen.[362] Bereits diese kurzen Beispiele zeigen, dass eine Eintragung nur der GbR geeignet ist, berechtigte Interessen zu schädigen. Diese Interessen lassen sich nur schützen, wenn auch die Gesellschafter der GbR mit in der Gesellschafterliste aufgeführt sind.[363] Im Ergebnis ist damit eine namenstragende GbR als z.B. „X-GbR bestehend aus A und B" einzutragen.

2. Dingliche Belastungen

Dingliche Belastungen eines GmbH-Geschäftsanteils begegnen in der Praxis häufig. Als übertragbares Recht gemäß § 15 Abs. 1 GmbHG kann ein Geschäftsanteil nach § 1274 Abs. 1, 2 BGB verpfändet werden. Die Verpfändung dient vor allem als Kreditsicherungsmittel[364] und der Sicherung des Verkäufers bei Stundung des Kaufpreises.[365] Die Übertragbarkeit der Mitgliedschaft ermöglicht zudem die Bestellung eines Nießbrauchs gemäß § 1069 Abs. 1, 2 BGB am Geschäftsanteil.[366]

Ob dingliche Belastungen in die Gesellschafterliste eingetragen werden können, ist von hoher Bedeutung für den Bereich des gutgläubigen Erwerbs. Verneint man dies, so erscheinen dingliche Belastungen nicht im Rechtsscheinträger und gutgläubiger lastenfreier Erwerb muss von Beginn an ausscheiden. Bejaht man aber diese Möglichkeit, eröffnet sich die Frage, ob gutgläubiger lastenfreier Erwerb denkbar ist.[367]

---

360 Regierungsbegründung, BT-Drs. 16/6140, S. 37 rechte Spalte.

361 Regierungsbegründung, BT-Drs. 16/6140, S. 37 rechte Spalte.

362 Spindler/Stilz/*Cahn*, AktG, § 67 Rdnr. 19 mwN.

363 Zu den Auswirkungen auf den Gutglaubensschutz siehe: 5. Kap. A. II. 9.

364 *Reichert/Weller*, GmbH-Geschäftsanteil, § 15 Rdnr. 274.

365 *Kolkmann*, MittRhNotK 1992, 1, 4.

366 Allgemein zur Nießbrauchsbestellung bei Anteilen an Kapitalgesellschaften: *Wiedemann*, Die Übertragung, S. 397 ff.

367 Ausführlich zu dieser Frage: 5. Kap. A. II. 8.

a) Die herrschende Auffassung

Nach weit überwiegend vertretener Meinung dürfen dingliche Belastungen nicht in die Gesellschafterliste eingetragen werden.[368] Begründet wird dies mit einem Verweis auf die allgemeine Auffassung zu § 40 GmbHG a.F., wonach dingliche Rechte nicht eintragbar waren.[369] Zudem werden Bedenken erhoben, dass es durch die Dokumentation dinglicher Belastungen in der Gesellschafterliste zu Erschwerungen der Kreditaufnahme käme, da stille Verpfändungen offengelegt werden müssten. Insbesondere bei der mittelständischen Wirtschaft würde der Wegfall der stillen Belastung die Kreditfähigkeit einschränken.[370] Dennoch wird de lege ferenda verschiedentlich gefordert, dass auch dingliche Belastungen in die Liste eingetragen werden können, um gutgläubigen Hinwegerwerb zu ermöglichen.[371]

b) Die Gegenauffassung

Die gegenteilige Ansicht wird nunmehr von *Reymann* [372] und dem LG Aachen[373] vertreten. Nach dieser Auffassung können dingliche Belastungen in die Gesellschafterliste eingetragen werden. *Reymann* verweist darauf, dass sich das neue Regelungsmodell nach dem Willen des Gesetzgebers an § 67 Abs. 2 AktG orientiert und obwohl dort die Eintragung dinglicher Rechte nicht erwähnt ist, die herrschende Meinung deren Eintragungsfähigkeit in das Aktienregister bejaht. Daneben sei es bei § 16 Abs. 1 GmbHG a.F. anerkannt gewesen, die Norm analog auf Pfand- und Nießbrauchsrechteinhaber anzuwenden, da diese sonst Ansprüche gegen die GmbH nicht geltend machen könnten. Schließlich zieht er ein deliktsrechtliches Argument heran. Da ein Pfand- oder Nießbrauchsrecht ein subjektives Rechte im Sinne des § 823 Abs. 2 BGB sei, könne der Inhaber eines dinglichen Rechts gegen die Geschäftsführung als Handlungsstörer aus § 1004 Abs. 1 BGB vorgehen, wenn sie eine Eintragung der Belastung unterlasse und der Inhaber des dinglichen Rechts daher keine Rechte gegen die Gesellschaft geltend machen könne. Ein Anspruch aus § 1004 Abs. 1 BGB bestehe, da über

---

368 *Preuß*, ZGR 2008, 676, 688 mwN; *Kort*, GmbHR 2009, 169, 174 mwN; *Kindler*, NJW 2008, 3249, 3252; *Reichert* in: Bayer/Koch, Das neue GmbH-Recht, 29, 43 f.; *Zessel*, GmbHR 2009, 303; *Götze/Bressler*, NZG 2007, 894, 897; *Mayer*, ZIP 2009, 1037, 1042; *Rau*, DStR 2006, 1892, 1898 f.; *Schockenhoff/Höder*, ZIP 2006, 1841, 1844; *Gottschalk*, DZWIR 2009, 45, 51; *Harbarth*, ZIP 2008, 57, 63; *Greitemann/Bergjan*, FS Pöllath, 271, 286; *Seibert*, MoMiG, S. 64.

369 Hierzu: Heckschen/*Heidinger*, Die GmbH (2005), § 8 Rdnr. 36.

370 *Harbarth*, ZIP 2008, 57, 64; Stellungnahme des DAV zum RefE MoMiG, NZG 2007, 211, 215; *Reichert* in: Bayer/Koch, Das neue GmbH-Recht, 29, 44.

371 *Wegen*, FS Lüer, 321, 332; *Klöckner*, NZG 2008, 841, 844; *Harbarth*, ZIP 2008, 57, 63 f.; *Rau*, DStR 2006, 1892, 1899 f.; *Leeser*, Gutgläubiger Erwerb, S. 140 ff.

372 *Reymann*, WM 2008, 2095, 2101 ff.; dem folgend: Heckschen/*Heidinger*, Die GmbH (2009), § 13 Rdnr. 286 f.

373 LG Aachen, Beschluss vom 06.04.2009, Az. 44 T 1/09, RNotZ 2009, 409, 410.

§§ 1273 Abs. 2 Satz 1, 1227 BGB bzw. §§ 1068 Abs. 2, 1065 BGB bei Beeinträchtigungen dem Inhaber eines beschränkt dinglichen Rechts die Ansprüche des Eigentümers zustünden.

c) Stellungnahme

Der Wortlaut des § 40 Abs. 1 GmbHG spricht zunächst für die herrschende Meinung, da dingliche Belastungen dort nicht erwähnt sind. Zwar kommt es durch eine Pfandrechts- oder Nießbrauchsbestellung zu einer gewissen Aufspaltung der Rechte am Geschäftsanteil. Der Inhaber eines dinglichen Rechtes erhält Nutzungs- und Verwertungsrechte am Anteil (vgl. §§ 1273 Abs. 2, 1213 Abs. 1 BGB; §§ 1068 Abs. 2, 1030 Abs. 1 BGB regelmäßig also Gewinnanspruch und Anspruch auf Liquidationserlös), Gesellschafter bleibt aber der Besteller der dinglichen Belastung.[374]

Wie aber der folgende Beispielsfall zeigt, verkennt eine solche formale Betrachtung die Interessenslage der Beteiligten:

A ist eingetragener Gesellschafter der X-GmbH und hat an seinem Anteil für B einen Nießbrauch bestellt. Nach Fassung des Gewinnfeststellungsbeschlusses wendet sich B an die X-GmbH und verlangt Auszahlung des auf A entfallenden Gewinns in Höhe von 100.000 €.

Hier lässt sich die Interessenslage der Beteiligten leicht feststellen. B möchte das ihm zustehende Recht auf Nutzungen aus § 1030 Abs. 1 GmbHG, welches auch den Gewinnanspruch des A erfasst[375], möglichst einfach und sicher durchsetzen können. Am ehesten wird dieses Interesse erfüllt, wenn die GmbH die Auszahlung ihm gegenüber vornimmt. Die GmbH hat ein Interesse daran, sich nicht mit der Frage auseinander setzen zu müssen, wer ihr Gläubiger ist, und unter Umständen daran, nicht mit widerstreitenden Rechtsansichten des A und B konfrontiert zu werden. A könnte zwar daran interessiert sein, dass die Auszahlung an ihn erfolgt. Ein solches Interesse wäre aber nicht schützenswert, da er B einen Nießbrauch eingeräumt und hierin für sich einen Vorteil gesehen hat. Damit geht aber notwendig die Rechtsfolge des § 1030 Abs. 1 BGB einher.

Auf dem Boden der herrschenden Meinung werden nur die Interessen der X und des A geschützt und die des B vernachlässigt. Die GmbH kann an A zahlen und sich auf die Legitimationswirkung des § 16 Abs. 1 GmbHG berufen, da A in der Gesellschafterliste aufgenommen ist. A erhält direkten Zugriff auf den Gewinnanteil und kann diesen zwar an B weiterreichen, muss dies aber zunächst nicht tun und kann ein weiteres Vorgehen des B aus der Sicherungsabrede oder

---

374 BGH, Urteil vom 13.07.1992, Az. II ZR 251/91, BGHZ 119, 191, 194 f. (für ein Pfandrecht); *Reichert/Weller*, GmbH-Geschäftsanteil, § 16 Rdnr. 17; Hachenburg/*Zutt*, GmBHG, § Anh § 15 Rdnr. 44 (für ein Pfandrecht); *Schmidt*, Gesellschaftsrecht, § 61 II 3 (für den Nießbrauch).

375 Vgl. *Wiedemann*, Die Übertragung, S. 403 f.

zumindest §§ 677 ff., § 816 Abs. 2 und gegebenenfalls § 823 BGB abwarten[376], da die GmbH befreiend an A geleistet hat.[377] B schließlich trägt das volle Insolvenzrisiko des A und die Gefahr von Drittverwertungen zu seinen Lasten, obwohl eine dingliche Belastung diese Risiken ausschalten soll. Die herrschende Meinung kommt damit zu dem Ergebnis, dass die schutzunwürdigen Interessen des A höher bewertet werden als die schutzwürdigen Interessen des B.

Dieses ungereimte Ergebnis wird indes vermieden, wenn der Nießbrauch des B in der Gesellschafterliste eingetragen ist. Die Interessen der X sind gleichbleibend geschützt, da sie sich weiterhin auf die Legitimationswirkung des § 16 Abs. 1 GmbHG berufen kann, wenn sie an B leistet. Sie muss sich also nicht mit dem internen Verhältnis zwischen A und B beschäftigen. Die Interessen des B werden hinreichend geschützt, weil er ohne Umweg über die Auszahlung an A die ihm gebührenden Nutzungsrechte durchsetzen kann und genau das erreicht, was für ihn ein wichtiger Gesichtspunkt war, sich den Nießbrauch einräumen zu lassen. Der ungerechtfertigte Schutz des A tritt nicht ein, da A kein mittelbares Zugriffsrecht über die Legitimationswirkung des § 16 Abs. 1 GmbHG eingeräumt wird. Gleichsam als Nebeneffekt kommt A aber noch ein weiterer Vorteil zugute. Sorgt die Eintragung einer dinglichen Belastung für einen hinreichenden Interessensschutz des Sicherungsgebers B, wird dieser leichter geneigt sein, die Belastung eines GmbH-Anteils als Sicherheit zu akzeptieren. Kann sich also ein Sicherungsgeber auf § 16 Abs. 1 GmbHG berufen, wird damit für den Gesellschafter die Kreditaufnahme erleichtert und hiermit die Attraktivität einer GmbH gefördert, was der Gesetzgeber mit dem MoMiG auch als Ziel erreichen wollte.[378] Das Argument der herrschenden Meinung, wonach die Offenlegung dinglicher Belastungen die Kreditwürdigkeit negativ beeinflusst, erweist sich damit als nicht schlüssig.

Anhand einer Interessensbetrachtung zeigt sich somit, dass de lege lata der herrschenden Meinung nicht gefolgt werden kann, die die Eintragung dinglicher Belastungen in der Gesellschafterliste gänzlich ablehnt.

Fraglich bleibt aber, ob damit jede dingliche Belastung in der Gesellschafterliste eingetragen werden kann, wie es die Mindermeinung vertritt.

Dies ließe sich bejahen, wenn das deliktsrechtliche Argument *Reymanns* zutreffend wäre. Unterstellt, dingliche Belastungen sind eintragungsfähig, besteht in der Tat ein Anspruch aus § 1004 Abs. 1 BGB für den Rechteinhaber auf Beseitigung der Beeinträchtigung. Dieses Argument stellt aber einen Zirkelschluss dar. Ein Anspruch aus § 1004 Abs. 1 BGB auf Eintragung setzt voraus, dass diese möglich ist. Ist sie das nicht, besteht kein Anspruch. Mit anderen Worten begründet dieses Argument nicht die Eintragungsfähigkeit, sondern zeigt Folgen auf, wenn eine Eintragung dinglicher Belastungen in die Gesellschafterliste stat-

376 Vgl. *Merkt* in Großkomm. AktG § 67 Rdnr. 81 f.

377 Statt aller: Ulmer/Habersack/Winter/*Winter/Löbbe* § 15 Rdnr. 171.

378 Regierungsbegründung, BT-Drs. 16/6140, S. 26 linke Spalte.

thaft ist. Für die grundsätzliche Frage nach der Eintragbarkeit kann dieses deliktsrechtliche Argument daher keine Geltung beanspruchen.

Der Verweis auf die überwiegende Ansicht[379] im alten Recht, wonach auch der Inhaber einer dinglichen Belastung bei der GmbH angemeldet werden konnte, um für sich die Legitimationswirkung des § 16 Abs. 1 GmbHG a.F. in Anspruch nehmen zu können, trifft auf den ersten Blick zu. Da die Legitimationswirkung nunmehr an die Gesellschafterliste anknüpft, müsste nach dieser Ansicht im neuen Recht jede dingliche Belastung eintragungsfähig sein, da nur so die gleiche Wirkung erreicht werden kann. Ein solcher Schluss ist aber übereilt. Ruft man sich die soeben vollzogene Interessensbewertung in Erinnerung, so zeigt sich, dass ein schützenswertes Interesse des Nießbrauchers, in die Gesellschafterliste aufgenommen zu werden, deswegen besteht, weil ihm direkt gegenüber der Gesellschaft Ansprüche zustehen, die über § 1030 Abs. 1 BGB vermittelt werden. Nur in dieser Situation sieht er sich der Gefahr ausgesetzt, dass er sich entgegen der Intention der Nießbrauchsbestellung mit dem Gesellschafter auseinandersetzen muss. Der tiefere Grund für seinen Schutz liegt also darin, dass er unmittelbar gegen die GmbH vorgehen kann. Ein solches Recht gestatten aber nicht alle dinglichen Belastungen. Ein Pfandgläubiger hat nur das Recht, sich im Sicherungsfall aus dem Geschäftsanteil zu befriedigen gemäß §§ 1273, 1277 BGB.[380] Anders als der Nießbrauch erstreckt sich das Pfandrecht nicht auf Nutzungen aus dem Geschäftsanteil.[381] Dem Pfandrechtsgläubiger stehen damit keine unmittelbaren Vermögensrechte gegen die GmbH wie dem Nießbraucher zu. Daher besteht beim Pfandrecht nicht die Schutzbedürftigkeit, die eine Anwendung des § 16 Abs. 1 GmbHG rechtfertigt und die Eintragung des Pfandrechts in der Gesellschafterliste voraussetzt. Lediglich für den Unterfall des Nutzungspfandrechts, bei dem der Gläubiger zusätzlich zum Recht der Verwertung entgegen der Zweifelsregelung des § 1273 Abs. 2 BGB auch das Recht der Nutzungsziehung, vergleichbar mit dem Nießbraucher, erwirbt, befindet sich dieser in der gleichen Interessenslage wie ein Nießbraucher und muss daher ebenso behandelt werden wie dieser.

Für die damit zu befürwortende Eintragungsmöglichkeit eines Nießbrauchs und eines Nutzungspfandrechtes streitet auch die Aufgabe der Gesellschafterliste, Transparenz über die Anteilsstrukturen der Gesellschaft zu schaffen, damit

---

379 Michalski/*Ebbing*, GmbHG, § 16 Rdnr. 9; *Hueck/Fastrich* in: Baumbach/Hueck, GmbHG (2006), § 16 Rdnr. 2; *Reichert/Weller*, GmbH-Geschäftsanteil, § 16 Rdnr. 17 f.; *Wiedemann*, Die Übertragung, S. 399 (für einen Nießbrauch), S. 425 (für ein Pfandrecht).

380 *Wicke*, GmbHG, § 15 Rdnr. 29; Roth/*Altmeppen*, GmbHG, § 15 Rdnr. 56.

381 So die h.M.: Scholz/*Winter/Seibt*, GmbHG, § 15 Rdnr. 181; *Reichert/Weller*, GmbH-Geschäftsanteil, § 15 Rdnr. 291; *Hueck/Fastrich* in: Baumbach/Hueck, GmbHG (2010), § 15 Rdnr. 51. Anders aber *Wiedemann*, Die Übertragung, S. 426 unter Rekurs auf die nur für Personengesellschaften geltende Sonderregelung des § 725 Abs. 2 BGB. Hiergegen überzeugend MünchKommBGB/*Damrau* § 1274 Rdnr. 56 unter Verweis auf den Sondernormcharakter.

potentielle Geschäftspartner der GmbH leichter erkennen können, wer hinter der GmbH steht.[382] Zwar ändert die Bestellung eines Nießbrauchs- oder Nutzungspfandrechts die dingliche Zuordnung des Anteils nicht. Dennoch besteht stets die Gefahr, dass der Rechteinhaber wegen seines Rechtes zur Nutzungsziehung andere Interessen bezogen auf die GmbH verfolgt, als dies ein Gesellschafter machen würde. So kann dem Rechteinhaber daran gelegen sein, dass auf den Geschäftsanteil in möglichst kurzer Zeit möglichst hohe Gewinne entfallen, ohne ein Interesse an einem langfristigen Investment und damit der weiteren Zukunft der GmbH zu haben. Ist das Machtgefälle zwischen dem Rechteinhaber und dem Gesellschafter ausreichend groß, so wird ersterer verlangen, über die Sicherheitsabrede möglichst großen Einfluss auf das Handeln des Gesellschafters zu erlangen und damit mittelbar Einfluss auf die Willensbildung und wirtschaftliche Tätigkeit der GmbH. Lässt sich ein Gesellschafter beispielsweise in einer eigenen wirtschaftlich schlechten Lage hierauf ein, so kann der Rechteinhaber die Stellung eines Quasigesellschafters erhalten. In einer solchen Situation leistet die Gesellschafterliste ohne Eintragung der Belastung für andere potentielle Gläubiger der GmbH nur eine eingeschränkte Transparenz, da sie den Eindruck erweckt, der Gesellschafter sei frei in seinem Handeln. Ein potentieller Gläubiger kann nicht erkennen, dass hinter dem Gesellschafter eine weitere Person steht, die unerwartete Interessen verfolgt. Ist die Belastung aber eingetragen, so hat ein potentieller Gläubiger die Möglichkeit, auch diese Gefahr in seine Überlegungen mit einzustellen und wird unter Umständen wegen eines höheren Risikos keine Geschäfte mit der GmbH vornehmen. Ein soeben beschriebenes Machtgefälle zwischen dem Gesellschafter und einem Dritten ist zwar auch in anderen Konstellationen denkbar, etwa bei einem reinen Pfandrecht, einer Stimmbindungsvereinbarung[383] oder einer Kombination beider Institute. Zur gerade aufgezeigten Situation besteht aber der Unterschied, dass der Dritte hierbei kein unmittelbares Recht auf die Nutzungen aus dem Anteil hat. Das für potentielle Gläubiger unerwartete Interesse, kurzfristig hohe Gewinne zu generieren, besteht daher nicht in gleichem Maße wie bei einem Nießbrauchs- oder Nutzungspfandrecht.

Zusammenfassend ergibt sich damit, dass anders als bisher vertreten Nießbrauchs- und Nutzungspfandrechte in der Gesellschafterliste eingetragen werden können. Nur auf diesem Wege werden die Interessen eines Rechteinhabers hinreichend geschützt, wenn er kraft seines Rechtes unmittelbare Ansprüche gegen die GmbH geltend machen kann, da ihm die Legitimationswirkung des § 16 Abs. 1 GmbHG zuteil wird. Auch der gesetzgeberische Wille, Transparenz über die Anteilsstrukturen der Gesellschaft zu schaffen, spricht für dieses Ergebnis, da ein potentieller, anderer Gläubiger der GmbH nur so erkennen kann, dass ein

---

382 Regierungsbegründung, BT-Drs. 16/6140, S. 26 linke Spalte und S. 37 rechte Spalte.

383 Allgemein hierzu: *Hergeth/Mingau*, DStR 2001, 1217, 12 17 ff.

Gesellschafter nicht nur eigene Interessen, sondern auch die einer weiteren Person in der GmbH verfolgen könnte.

3. Unterbeteiligung und echte Treuhand

Weitere Fälle der Teilhabe eines Nichtgesellschafters stellen die Unterbeteiligung und die echte Treuhand dar. Die Unterbeteiligung am Geschäftsanteil ist eine vertraglich vereinbarte Mitberechtigung einer Person am Geschäftsanteil des Hauptbeteiligten[384], durch die der Unterbeteiligte an den Vermögensrechten des Anteils teilhat. Der Unterbeteiligte wird nicht zum Gesellschafter, da er nur in einer schuldrechtlicher Beziehung zum Hauptbeteiligten steht, den weiterhin alle Rechte und Pflichten eines Gesellschafters treffen. Die Unterbeteiligung wird als BGB-Innengesellschaft eingeordnet.[385] Bei der echten Treuhand am Geschäftsanteil ist der Treuhänder Gesellschafter[386], unterliegt aber Bindungen aus dem schuldrechtlichen Verhältnis zum Treugeber und hat dessen Interessen zu wahren.[387] Da das Treuhandverhältnis stets Elemente des Auftragsrechts enthält[388], hat der Treugeber regelmäßig ein Weisungsrecht und mangels abweichender vertraglicher Regelungen einen Anspruch aus § 667 BGB auf Herausgabe des durch die Ausführung der Treuhand Erlangten.[389] In beiden Fällen unterliegt ein GmbH-Gesellschafter aufgrund obligatorischer Verpflichtungen Einflüssen seitens einer anderen Person, weswegen daran gedacht werden könnte, deren Eintragungsfähigkeit zu bejahen.

Gemäß § 40 Abs. 1 GmbHG ist nur der Gesellschafter in die Gesellschafterliste einzutragen, mithin der Hauptbeteiligte bzw. der Treuhänder. Darüber hinaus lässt sich anders als beim Nießbrauch und dem Nutzungspfandrecht kein Bedürfnis für die Eintragungsfähigkeit aus den Interessen der Beteiligten ableiten. Die Gesellschaft selbst ist ausreichend durch die Legitimationswirkung des § 16 Abs. 1 GmbHG geschützt. Da der nur schuldrechtlich Beteiligte keine Ansprüche gegenüber der GmbH geltend machen und sich nur an seinen Vertragspartner halten kann, bedarf er nicht des Schutzes von § 16 Abs. 1 GmbHG. Es lässt sich zwar nicht von der Hand weisen, dass derartige schuldrechtliche Konstruktionen dem nur schuldrechtlich Beteiligten auch eine Quasigesellschafterstellung ermöglichen können und somit durchaus Schutzbelange der Gesellschaftsgläubiger für eine Eintragung sprechen. Dennoch darf nicht übersehen werden, dass auch der mittelbar Beteiligte bei der Ausübung seines Einflusses

384 Vgl. Staub/*Ulmer*, HGB, § 105 Rdnr. 108; *Tebben*, Unterbeteiligung und Treuhand an Gesellschaftsanteilen, S. 36 f.

385 BGH, Urteil vom 11.07.1968, Az. II ZR 179/66, BGHZ 50, 316, 320; *Reichert/Weller*, GmbH-Geschäftsanteil, § 15 Rdnr. 243 mwN.

386 Siehe nur: Lutter/Hommelhoff/*Bayer*, GmbHG, § 14 Rdnr. 17.

387 Vgl. hierzu allgemein: *Larenz/Wolf*, AT § 46 Rdnr. 63 f.

388 Vgl. BGH, Urteil vom 11.02.1960, Az. VII ZR 206/58, BGHZ 32, 67, 70; Hachenburg/*Zutt*, GmbHG, Anh § 15 Rdnr. 56.

389 *Reichert/Weller*, GmbH-Geschäftsanteil, § 15 Rdnr. 230.

auf den Gesellschafter dessen Treupflicht als Gesellschafter zu achten hat.[390] Zudem wirken die Beschränkungen als schuldrechtliche nur im Verhältnis der jeweiligen Vertragsparteien, haben also keine Außenwirkung. Damit ist weder eine Unterbeteiligung noch eine echte Treuhand in der Gesellschafterliste eintragungsfähig.

4. Eintragungsfähigkeit von Verfügungsbeschränkungen

§ 892 Abs. 1 Satz 2 BGB zeigt, dass Verfügungsbeschränkungen über eingetragene Rechte zugunsten bestimmter Personen im Grundbuch eintragungsfähig sind. Hierunter fallen relative Veräußerungsverbote nach §§ 135 f. BGB, aber auch Beschränkungen wegen §§ 80 f. InsO, §§ 1984, 2113, 2211 BGB.[391] Trotz ihres Charakters als absolutes Verfügungsverbot[392] können auch Verfügungsbeschränkungen wegen § 161 Abs. 1 BGB in das Grundbuch eingetragen werden.[393]

Da sich nach den Gesetzesmaterialien der gutgläubige Erwerb von GmbH-Geschäftsanteilen teilweise an § 892 BGB anlehnt[394], liegt es nahe, die Eintragungsfähigkeit soeben genannter Verfügungsbeschränkungen auch für § 40 Abs. 1 GmbHG anzunehmen. Aus dieser Formulierung in den Materialien lässt sich aber die konkrete Anwendbarkeit einzelner Grundsätze des § 892 BGB auf die Neuregelungen nicht ableiten. Im Wortlaut der §§ 16, 40 GmbHG sind Verfügungsbeschränkungen nicht erwähnt, was bereits gegen eine Eintragungsfähigkeit spricht. Die gleiche Folgerung lässt sich zudem aus einem Vergleich mit §§ 892 Abs. 1 Satz 2, 2363 f. BGB ableiten.[395] Beide Normen regeln die Eintragungsfähigkeit von Verfügungsbeschränkungen in einem künstlichen Rechtsscheinträger, zu dem auch die Gesellschafterliste gehört, also in einem vergleichbaren Sachverhalt. Eine entsprechende Anordnung findet sich für die Gesellschafterliste aber nicht. Zu überlegen ist, ob §§ 892 Abs. 1 Satz 2, 2363 f. BGB analog auf die Gesellschafterliste anzuwenden sind. Hiergegen spricht aber, dass im Grundbuch alle eingangs genannten Beschränkungen eintragungsfähig sind, wohingegen im Erbschein nur eine Testamentsvollstreckung und eine (Ersatz)Nacherbschaft eingetragen werden können. Das Gesetz behandelt also bereits bisher vergleichbare Sachverhalte unterschiedlich. Eine analoge Anwendung der §§ 892 Abs. 1 Satz 2, 2363 f. BGB würde diese Differenzierung negieren. Zwar ließe sich vertreten, dass die Differenzierung dennoch beachtet

390 Vgl. Hachenburg/*Zutt*, GmbHG, Anh § 15 Rdnr. 56.

391 Weitere Fälle bei: PWW/*Huhn*, § 892 Rdnr. 4.

392 BeckOK Bamberger/Roth/*Rövekamp*, BGB § 161 Rdnr. 9; MünchKommBGB/*H.P. Westermann* § 161 Rdnr. 7.

393 Allgemeine Meinung: BayObLG, Beschluss vom 18.02.1986, Az. BReg. 2 Z 19/86, NJW-RR 1986, 697, 698; PWW/*Huhn*, § 892 Rdnr. 4; Palandt/*Bassenge*, Überbl. v. § 873 Rdnr. 7.

394 Regierungsbegründung, BT-Drs. 16/6140, S. 38 rechte Spalte.

395 Vgl. hierzu: *Reymann*, GmbHR 2009, 343, 346.

werden könnte, indem für jede einzelne Verfügungsbeschränkung bestimmt wird, ob eine Analogie in Betracht kommt. Dies hätte aber zur Folge, dass bis zu einer höchstrichterlichen Klärung für jede einzelne Beschränkung gleiche Fälle von den Registergerichten unterschiedlich behandelt werden könnten und würde zu bundesweit unterschiedlich ausgestalteten Gesellschafterlisten führen. Eine solche Situation würde aber Rechtsunsicherheit und Rechtszersplitterung mit sich bringen, was vor dem Hintergrund der neuen Wirkungen der Gesellschafterliste nicht hinnehmbar ist.[396]

Auch Vinkulierungen nach § 15 Abs. 5 GmbHG schränken die Verfügungsbefugnis des Gesellschafters ein.[397] Sie werden daher als Verfügungsbeschränkungen eingeordnet[398] und sind somit nicht in der Gesellschafterliste eintragbar. Zudem wird zu Recht darauf hingewiesen, dass die Wiedergabe von Vinkulierungen in der Gesellschafterliste nicht praktikabel wäre, da Vinkulierungen häufig mit der Einhaltung komplizierter Satzungsregeln verbunden sind.[399]

VI. Die eine Einreichungspflicht auslösenden Tatbestände

Die Pflicht, eine Gesellschafterliste zum Handelsregister einzureichen, besteht[400] in zwei Fällen, nämlich bei Gründung der Gesellschaft und bei Veränderungen im Sinne des § 40 Abs. 1 GmbHG.

1. Einreichungspflicht bei Gründung

Wird die Gesellschaft zum Handelsregister angemeldet, muss der Anmeldung gemäß § 8 Abs. 1 Nr. 3 GmbHG eine von den Anmeldenden unterschriebene Liste der Gesellschafter beigefügt werden. Ob dies der Fall ist, hat das Registergericht gemäß § 9c Abs. 1 GmbHG zu prüfen und gegebenenfalls die Eintragung abzulehnen.[401] Wird bei Gründung das vereinfachte Verfahren des § 2 Abs. 1a GmbHG gewählt, so gilt gemäß Satz 4 das Musterprotokoll zugleich als Gesellschafterliste. Kommt es im weiteren Leben der GmbH zu keinerlei Veränderungen im Sinne des § 40 Abs. 1 GmbHG, bleibt die Gründungsgesellschafterliste in ihrer ursprünglichen Fassung bestehen.

2. Einreichungspflicht einer neuen Gesellschafterliste

Wird eine Veränderung in den Personen der Gesellschafter oder des Umfangs ihrer Beteiligung wirksam, so haben die Geschäftsführer (§ 40 Abs. 1 GmbHG)

---

396 Allgemein zu diesen Wirkungen: 4. Kap. B. III.

397 *Wiedemann*, Die Übertragung, S. 77.

398 MünchKommBGB/*Armbrüster* § 137 Rdnr. 23 f.; Staudinger/*Kohler* (2003) § 137 Rdnr. 13; Erman/*Palm*, BGB, § 137 Rdnr. 4; *Wiedemann*, Die Übertragung, S. 77.

399 *Mayer*, DNotZ 2008, 403, 418 mwN.

400 Vorbehaltlich den Erfordernissen des § 40 Abs. 1 Satz 2 GmbHG. Hierzu ausführlich: 4. Kap. B VIII 2. a), b).

401 Allgemein zu den Prüfungspflichten des Registergerichts: 4. Kap. B. II.

oder, bei Mitwirkung eines Notars, dieser (§ 40 Abs. 2 GmbHG) eine neue Gesellschafterliste zum Handelsregister einzureichen.

a) Einreichungspflichten im Einklang mit der allgemeinen Auffassung

Eine Veränderung liegt nach allgemeiner Ansicht vor, wenn eine Änderung hinsichtlich des Pflichtinhalts gemäß § 40 Abs. 1 GmbHG der Gesellschafterliste eingetreten ist[402]. Erfasst sind damit als Personenänderungen Fälle, in denen es zu einer Rechtsnachfolge in den Geschäftsanteil kommt.[403] Diese kann eintreten im Wege der rechtsgeschäftlichen oder kraft Gesetzes erfolgenden Einzelrechtsnachfolge (z.B. aufgrund Abtretung unabhängig vom Rechtsgrund und dessen Ausgestaltung[404], Kaduzierung gemäß § 21 Abs. 2 GmbHG[405] und Versteigerung[406]) oder der Gesamtrechtsfolge (z.B. Erwerb aufgrund Erbfolge[407], umwandlungsrechtliche Spaltung und Verschmelzung[408] und Anwachsung gemäß § 738 BGB[409]). Da die Gesellschafterliste die jeweilige Gesellschafterstruktur transparent gestalten soll[410], stellen auch Fälle des Neueintritts eines Gesellschafters in den Kreis der Gesellschafter Veränderungen dar, ohne dass eine Rechtsnachfolge eingetreten sein muss. Damit liegt nur eine Personenänderung vor bei wirksamer Übernahme eines neuen Geschäftsanteils im Zuge einer Kapitalerhöhung durch einen bislang Außenstehenden, wenn die übrigen Nennbeträge unverändert bleiben. Aber auch nur eine Änderung in der Person des Gesellschafters stellt eine Änderung im Sinne des Gesetzes dar. So löst auch ein Formwechsel, eine Namens- oder Firmenänderung die Einreichungspflicht aus.[411] Da nunmehr auch die Geschäftsanteile der GmbH in der Gesellschafterliste zu nummerieren sind, ist auch eine Änderung der Nummer eines Geschäftsanteils eine relevante Veränderung.

Der Umfang der Beteiligung an der Gesellschaft richtet sich nach der Höhe der Nennbeträge der Geschäftsanteile. Dies wird deutlich bei einem Blick auf die Vermögensverteilung gemäß § 72 GmbHG. Hierfür kommt es nach der gesetzlichen Grundwertung vorbehaltlich anderer Regelungen in der Satzung oder

---

402 Allgemeine Meinung; für die Rechtslage vor dem 01.11.2008: *Zöllner/Noack* in: Baumbach/Hueck, GmbHG (2006), § 40 Rdnr. 9; für die neue Rechtslage: Bunnemann/Zirngibl/*Bunnemann*, § 3 Rdnr. 78; Heybrock/*Born*, PK-GmbHR, § 40 Rdnr. 22; Ring/Grziwotz/*Westphal*, GmbH-Recht, § 40 Rdnr. 9.

403 *Wicke*, GmbHG, § 40 Rdnr. 3; *Vossius*, DB 2007, 2299.

404 Vgl. z.B. Heckschen/*Heidinger*, Die GmbH (2009), § 13 Rdnr. 273.

405 *Vossius*, DB 2007, 2299.

406 *Wachter*, GmbHR Sonderheft Oktober 2008, 51, 53.

407 *Mayer*, DNotZ 2008, 403, 407.

408 Heckschen/*Heidinger*, Die GmbH (2009), § 13 Rdnr. 278.

409 *Wicke*, GmbHG, § 40 Rdnr. 3.

410 Regierungsbegründung, BT-Drs. 16/6140, S. 37 rechte Spalte.

411 Bunnemann/Zirngibl/*Bunnemann*, § 3 Rdnr. 79.

einstimmigen Gesellschafterbeschlusses[412] für den Verteilungsmaßstab auf das Verhältnis der Geschäftsanteile untereinander an, mithin auf das Verhältnis der Nennbeträge.[413] Da die Nennbeträge der Geschäftsanteile gemäß § 40 Abs. 1 GmbHG in der Gesellschafterliste einzutragen sind, führt jede Änderung des Nennbetrages (z.B. Abtretung eines Teils eines Geschäftsanteils[414], Zusammenlegung und Teilung eines Geschäftsanteils[415] oder Kapitalmaßnahmen mit Auswirkung auf den Nennbetrag des Geschäftsanteils wie die Nennwerterhöhung[416]) zu einer Veränderung der Beteiligung.

b) Der Sonderfall des Nießbrauchs und des Nutzungspfandrechts

Sieht man richtigerweise die Eintragung eines Nießbrauchs- und Nutzungspfandrechts in der Gesellschafterliste als möglich an[417], bleibt nach den soeben gemachten Ausführungen fraglich, wie diese den Weg in die Gesellschafterliste finden können.

aa) Veränderung im Sinne des § 40 Abs. 1 GmbHG

Wäre die Bestellung eines Nießrauchs- oder Nutzungspfandrechtes eine Veränderung gemäß § 40 Abs. 1 GmbHG, bestünde nach allgemeiner Meinung eine notarielle Einreichungspflicht im Sinne des § 40 Abs. 2 GmbHG. Die Bestellung eines dinglichen Rechts führt nicht zu einer Veränderung in den Personen der Gesellschafter.[418] Eine Änderung nach § 40 Abs. 1 Satz 1 Alt. 1 GmbHG liegt damit nicht vor. Vereinzelt wird die Bestellung eines dinglichen Rechtes als Veränderung des Beteiligungsumfangs gemäß § 40 Abs. 1 Satz 1 Alt. 2 GmbHG eingeordnet. Die Bestellung eines Pfand- oder Nießbrauchsrechtes sei eine „Teilabtretung" und damit eine inhaltliche Reduzierung der Beteiligung.[419] Einer solchen These ist zuzugeben, dass durch Begründung dinglicher Belastungen eigene Ansprüche des Rechteinhabers gegen die GmbH entstehen. Gleichwohl ändert sie aber nicht die relative oder absolute Höhe des Nennbetrages eines Geschäftsanteils, was aber Voraussetzung für die Umfangänderung der Beteiligung ist.[420]

---

412 Siehe hierzu: *Haas* in: Baumbach/Hueck, GmbHG (2010), § 72 Rdnr. 2.

413 Hachenburg/*Hohner*, GmbHG, § 72 Rdnr. 3 mwN; Michalski/*Nehrlich*, GmbHG, § 72 Rdnr. 19; *Haas* in: Baumbach/Hueck, GmbHG (2010), § 72 Rdnr. 2.

414 Heckschen/*Heidinger*, Die GmbH (2009), § 13 Rdnr. 283.

415 *Vossius*, DB 2007, 2299.

416 *Wachter*, GmbHR Sonderheft Oktober 2008, 51, 53.

417 Ausführlich hierzu: 4. Kap. B. IV. 2. c).

418 Vgl. 4. Kap. B. IV. 2 c).

419 *Reymann*, WM 2008, 2095, 2102.

420 Vgl. 4. Kap. B. VI. 2.

bb) Widerspruchslösung

Reymann[421] und *Heidinger*[422] plädieren dafür, Pfand- und Nießbrauchsrechte im Wege eines Widerspruches gemäß § 16 Abs. 3 Satz 4 GmbHG in der Gesellschafterliste zu vermerken. Als Begründung dient eine Konstellation aus dem Hypothekenrecht. Dort ist anerkannt, dass Einreden im Sinne des § 1157 BGB im Grundbuch eintragbar sind, um zu verhindern, dass ein gutgläubiger Zweiterwerb einer Hypothek gemäß § 1157 Satz 2 BGB eintreten kann und damit der Zweiterwerber die Hypothek einredefrei erwirbt. Teilweise wird dem Eigentümer in diesem Fall das Recht eingeräumt, die Einrede als Widerspruch in das Grundbuch eintragen zu lassen.[423] Hieraus zieht *Reymann* den Schluss, auch der Inhaber dinglicher Belastungen könne im Wege des Widerspruchs seine Rechte in die Gesellschafterliste eintragen lassen.

Der Vergleich zum Hypothekenrecht kann diese Auffassung nicht begründen, denn eine Einrede ist nicht als Widerspruch im Grundbuch einzutragen. Vielmehr liegt die Konstellation einer Inhaltsänderung der Hypothek vor, da die Einrede deren Inhalt dergestalt einschränkt, dass dem Hypothekengläubiger bei Durchsetzung seiner Ansprüche die Einrede entgegengehalten werden kann.[424] Die Einrede ist damit in der Veränderungspalte einzutragen und es muss hierfür nicht auf einen Widerspruch zurückgegriffen werden.

Weiterhin lässt sich die Eintragung in die Gesellschafterliste als Widerspruch nicht mit dessen Sinn und Zweck vereinbaren. Aufgabe des Widerspruchs ist es, gutgläubigen Erwerb eines Geschäftsanteils auszuschließen.[425] Eine rechtsbegründende Wirkung, wie die Eintragung dinglicher Belastungen, ist hiervon klar zu trennen. Letztlich hätte die Eintragung als Widerspruch aber nicht die hiermit bezweckten Folgen, da dem so Eingetragenen nicht die Wirkung des § 16 Abs. 1 GmbHG, auf die es ja entscheidend ankommt, zur Seite stünden. Die Regierungsbegründung[426] stellt zum Widerspruch klar, dass dessen Eintragung nicht die relative Gesellschafterstellung des § 16 Abs. 1 GmbHG beseitigt. Der Rechteinhaber könnte sich nicht als Berechtigter an die Gesellschaft wenden. Die Eintragung seiner Rechte als Widerspruch hätte also für ihn unter diesem Aspekt keinerlei Wirkung.

---

421 *Reymann*, WM 2008, 2095, 2102 f.

422 Heckschen/*Heidinger*, Die GmbH (2009), § 13 Rdnr. 135.

423 *Schöne/Stöber* Grundbuchrecht Rdnr. 2340.

424 MünchKommBGB/*Eickmann* § 1157 Rdnr. 19; Staudinger/*Wolfsteiner* (2009) § 1157 Rdnr. 11; wohl auch: Erman/*Wenzel*, BGB, § 1157 Rdnr. 5; zweifelnd: PWW/*Waldner*, § 1157 Rdnr. 2.

425 Regierungsbegründung, BT-Drs. 16/6140, S. 39 linke Spalte.

426 Regierungsbegründung, BT-Drs. 16/6140, S. 39 linke Spalte. Dem folgend z.B.: Heybrock/*Haag*, PK-GmbHR, § 16 Rdnr. 30; Ring/Grziwotz/*Westphal*, GmbH-Recht, § 16 Rdnr. 4.

cc) Eintragungsfähigkeit und hieraus rechtsfortbildend abgeleitete Einreichungspflicht

Bislang wurde festgestellt, dass die Eintragung eines Nutzungspfand- oder Nießbrauchsrechts in der Liste möglich ist. Fraglich bleibt aber, ob es sich hierbei um eintragungsfähige Angaben handelt und sich hieraus rechtsfortbildend eine Einreichungspflicht ableiten lässt.

Die Gesellschafterliste wird nicht in das Handelsregister eingetragen, sondern nur zum Handelsregister aufgenommen.[427] Sie ist aber Teil des Registerbestandes und partizipiert damit an der Hauptfunktion[428] des Handelsregisters, Publizität zu schaffen, da auch die Gesellschafterliste für sich genommen diesen Zweck verfolgt, indem sie Transparenz sicherstellen soll.[429] Diese Parallelität zeigt, dass sich die Grundsätze zum Handelsregister auch auf die Eintragungen in der Gesellschafterliste übertragen lassen.[430] Dort wird zwischen nicht eintragungsfähigen, eintragungspflichtigen und eintragungsfähigen Tatsachen unterschieden.[431] Die Bestellung eines Nutzungspfand- oder Nießbrauchsrechts könnte sich als eine Tatsache der letztgenannten Kategorien erweisen.

Dingliche Belastungen stellen nach herrschender Meinung keine eintragungspflichtigen Angaben dar.[432] Dem ist auch zuzustimmen, da eine Eintragungspflicht nur dort besteht, wo das Gesetz eine solche bestimmt.[433] Was in diesem Sinne eintragungspflichtig ist, regelt für die Gesellschafterliste § 40 Abs. 1 GmbHG, in dem aber dingliche Belastungen nicht erwähnt sind.

Rechtsfortbildend ist eine Tatsache im Handelsregister aber ohne gesetzliche Anordnung eintragungsfähig, wenn die Eintragung im Interesse des Rechtsverkehrs dringend geboten und unumgänglich ist.[434] Im Falle einer Nießbrauchs- oder Pfandrechtsbestellung liegt ein solches dringendes Bedürfnis auf der Hand. Der Rechteinhaber ist auf die Eintragung in der Gesellschafterliste angewiesen, um die ihm direkt gegen die Gesellschaft zustehenden Rechte geltend machen

---

427 Vgl. 4. Kap. B. II.

428 Staub/*Brüggemann*, HGB, Vor § 8 Rdnr. 1.

429 Regierungsbegründung, BT-Drs. 16/6140, S. 37 rechte Spalte.

430 So auch im Ergebnis: LG Aachen, Beschluss vom 06.04.2009, Az. 44 T 1/09, RNotZ 2009, 409, 410; *Link*, RNotZ 2009, 193, 204.

431 MünchKommHGB/*Krafka* § 8 Rdnr. 28.

432 *Zöllner/Noack* in: Baumbach/Hueck, GmbHG (2010), § 40 Rdnr. 7; *Mayer*, ZIP 2009, 1037, 1042; *Preuß*, ZGR 2008, 676, 688 mwN; *Kort*, GmbHR 2009, 169, 174 mwN; *Kindler*, NJW 2008, 3249, 3252; *Reichert* in: Bayer/Koch, Das neue GmbH-Recht, 29, 44; *Zessel*, GmbHR 2009, 303; *Götze/Bressler*, NZG 2007, 894, 897; *Rau*, DStR 2006, 1892, 1898 f.; *Schockenhoff/Höder*, ZIP 2006, 1841, 1844; *Gottschalk*, DZWIR 2009, 45, 51; *Harbarth*, ZIP 2008, 57, 63; *Greitemann/Bergjan*, FS Pöllath, 271, 286; *Seibert*, MoMiG, S. 64.

433 Staub/*Brüggemann*, HGB, § 8 Rdnr. 19; Ebenroth/Boujong/Joost/Strohn/*Schaub*, HGB § 8 Rdnr. 58.

434 Vgl. MünchKommHGB/*Krafka* § 8 Rdnr. 32; Staub/*Brüggemann*, HGB, § 8 Rdnr. 31; Ebenroth/Boujong/Joost/Strohn/*Schaub*, HGB § 8 Rdnr. 58

zu können. Ist dies nicht der Fall, so steht stets dem Gesellschafter die Legitimationswirkung des § 16 Abs. 1 GmbHG zur Seite und sperrt damit gleichzeitig ein Vorgehen des Rechteinhabers gegen die GmbH. Eine andere Möglichkeit als die Eintragung in der Gesellschafterliste steht dem Rechtsinhaber nicht zu, weswegen seine Eintragung unumgänglich ist. Ein Bedürfnis existiert aber auch aus Sicht potentieller Gesellschaftsgläubiger, die nur durch die Eintragung des Rechtsinhabers erkennen können, dass ein Gesellschafter wegen des Einflusses eines hinter ihm stehenden Rechtsinhabers unerwartete Interessen verfolgt könnte.[435] Wird ein Nießbrauchs- und Nutzungspfandrecht als eintragungsfähige Angabe eingeordnet, so sorgt dies auch für einen Anwendungsgleichlauf zwischen dem Aktienregister des § 67 AktG, an dessen Regelungsmuster sich die Neuerungen im GmbH-Recht anlehnen[436], und der Gesellschafterliste.[437] Auch dort wird davon ausgegangen, es bestehe ein Bedürfnis, die hier diskutierten Rechte im Aktienregister einzutragen, ohne dass dies Pflichtangaben gemäß § 67 Abs. 1 AktG sind.[438] Im Ergebnis sind damit die Bestellung eines Nutzungspfand- und Nießbrauchsrechtes in der Gesellschafterliste eintragungsfähige Angaben.[439]

Steht damit fest, dass es sich bei den vorliegend besprochenen Rechten um eintragungsfähigen Angaben handelt, folgt hieraus die praxisrelevante Frage, ob ein Notar, der die Bestellung eines solchen Rechtes beurkundet, verpflichtet ist, eine neue Gesellschafterliste einzureichen, denn aus § 40 Abs. 2 GmbHG lässt sich eine solche Pflicht jedenfalls nicht herleiten.

Auch hier findet sich die Antwort anhand der übertragbaren Grundsätze des Registerrechtes. Dort folgt nach einhelliger Meinung aus der Einordnung einer Tatsache als eintragungsfähig im hiesigen Sinne rechtsfortbildend eine gesetzlich nicht geregelte erzwingbare Anmeldungspflicht für den Betroffenen, da es inkonsequent wäre, die Eintragungsfähigkeit im Interesse des Rechtsverkehrs als dringend geboten und unumgänglich anzusehen ohne den Betroffenen zu verpflichten, für die Eintragung zu sorgen und somit die Publizität in sein Belieben zu stellen.[440] Die Einreichungspflicht des § 40 GmbHG ist vergleichbar mit der allgemeinen Anmeldungspflicht. In beiden Fällen geht es darum, eine Person zu verpflichten, einen Beitrag zur Publizität zu leisten. Zwar ist der Notar nicht der von der Aufnahme der Liste Betroffene. Dies ändert aber nichts an der Parallele,

---

435 Allgemein zu diesen Interessen: 4. Kap. B. V. 2. c).

436 Regierungsbegründung, BT-Drs. 16/6140, S. 37 rechte Spalte.

437 Hierzu auch: LG Aachen, Beschluss vom 06.04.2009, Az. 44 T 1/09, RNotZ 409, 410; *Reymann*, WM 2008, 2095, 2102.

438 Siehe nur: *Merkt* in Großkomm. AktG § 67 Rdnr. 38 f.

439 So auch ohne Begründung: *Link*, RNotZ 2009, 193, 204.

440 Vgl. BGH, Beschluss vom 28.02.1983, Az. II ZB 8/82, BGHZ 87, 59, 60 ff. für eine Befreiung von § 181 BGB des Alleingesellschafter-Geschäftsführer; Staub/*Brüggemann*, HGB, § 8 Rdnr. 46; MünchKommHGB/*Krafka* § 8 Rdnr. 33.

da ausschließlich ein Notar bei Bestellung eines Nießbrauchs- oder Pfandrechts eine Einreichungskompetenz hat.[441] Ebenso lässt sich auch für die Gesellschafterliste vertreten, dass nur dann, wenn eine Einreichungspflicht des Notars über den Wortlaut des § 40 Abs. 2 GmbHG hinaus befürwortet wird, dem Bedürfnis Rechnung getragen wird, welches bereits zur Eintragungsfähigkeit geführt hat.

Die Bestellung eines Nießbrauches und eines Nutzungspfandrechtes stellen damit in der Gesellschafterliste eintragungsfähige Angaben dar. Beurkundet ein Notar die Bestellung eines solchen Rechtes, ist er verpflichtet, eine neue Gesellschafterliste zum Handelsregister einzureichen. Diese Einreichungspflicht folgt zwar nicht aus § 40 Abs. 2 GmbHG, lässt sich aber rechtsfortbildend begründen.

dd) Zusammenfassung

Zusammenfassend ergibt sich damit, dass mit der herrschenden Meinung eine Einreichungspflicht gemäß § 40 GmbHG entsteht, wenn eine Veränderung einer Pflichtangabe im Sinne des § 40 Abs. 1 GmbHG wirksam wird. Zusätzlich besteht eine solche im Wege der Rechtsfortbildung für den Notar, wenn dieser die Bestellung eines Nutzungspfand- oder Nießbrauchsrechtes beurkundet.

VII. Die gespaltene Zuständigkeit

Gemäß § 40 Abs. 1 Satz 1 GmbH a.F. war die Einreichung einer neuen Gesellschafterliste zum Handelsregister alleinige Aufgabe der Geschäftsführung. Das Regelungsmodell des § 40 GmbHG gibt diese Alleinzuständigkeit auf und ordnet eine zwischen der Geschäftsführung (§ 40 Abs. 1 GmbHG) und einem Notar (§ 40 Abs. 2 GmbHG) aufgeteilte Zuständigkeit an.

1. Das Verhältnis der Zuständigkeiten

Im Grunde sind für das Verhältnis der Zuständigkeiten zwei Möglichkeiten denkbar. Es könnte sich um eine parallele Zuständigkeit handeln mit der Folge, dass der Geschäftsführung und dem Notar – bei dessen Mitwirkung gemäß § 40 Abs. 2 Satz 1 GmbHG – eine Einreichungskompetenz zusteht. Die Mitwirkung des Notars bei einer Veränderung könnte aber auch dazu führen, dass seine Zuständigkeit die Kompetenz der Geschäftsführung verdrängt und eine ausschließliche ist.

Richtigerweise vermag nur Letzteres zu überzeugen. Dies ergibt sich zunächst aus dem Wortlaut von § 40 Abs. 2 GmbHG, nach dem der mitwirkende Notar die aktualisierte Gesellschafterliste einzureichen „hat". Eine parallel bestehende Kompetenz der Geschäftsführung lässt sich hiermit nicht vereinbaren. Zudem spricht hierfür auch eine Veränderung vom Referentenentwurf hin zur Gesetzesfassung, da nach diesem der Notar in Vertretung der Geschäftsführung eine neue Liste einzureichen hatte, nunmehr aber anstelle der Geschäftsführung

---

441 Allgemein zur Einreichungskompetenz des Notars: 4. Kap. VII. 2.

tätig wird.[442] Auch die Regierungsbegründung[443] stellt klar, dass wegen der Formulierung „anstelle“ die Einreichung allein im Verantwortungsbereich des Notars liegt. Daher stehen die beiden ersten Absätze des § 40 GmbHG im Verhältnis lex specialis zu lex generalis.[444]

2. Die Abgrenzung der Zuständigkeiten

Neben dem Verhältnis der Zuständigkeiten stellt sich aber die Frage, wann der Notar zur Listeneinreichung berufen ist und damit die grundsätzlich zuständige Geschäftsführung verdrängt. Die Abgrenzung erfolgt über das Kriterium der Mitwirkung gemäß § 40 Abs. 2 Satz 1 GmbHG. Liegt damit eine Mitwirkung des Notars bei der Veränderung in den Personen der Gesellschafter oder des Umfangs ihrer Beteiligung vor, so muss der Notar eine geänderte Gesellschafterliste zum Handelsregister einreichen.

Eine Definition des unbestimmten Rechtsbegriffs „Mitwirkung“ lässt § 40 GmbHG missen. Die Begründung[445] stellt diesbezüglich klar, eine Mitwirkung des Notars liege nur dann vor, wenn dieser in amtlicher Eigenschaft tätig wird und schließt damit eine Mitwirkung aus, wenn der Notar als Gesellschafter handelt. Weiter nennt die Regierungsbegründung als Beispielsfall, dass der Notar die Abtretung eines Geschäftsanteils beurkundet.[446] Hieraus lässt sich aber nur wenig für den Inhalt des Begriffs Mitwirkung ableiten, da eine nichtamtliche Mitwirkung des Notars nie eine amtliche Pflicht des Notars begründen kann und bereits nach § 40 GmbHG a.F. der Notar eine Veränderungsanzeige nach der Beurkundung einer Abtretung an das Registergericht übermitteln musste. Die denkbare Breite möglicher Mitwirkungen des Notars, die von der Beurkundung einer Anteilsabtretung bis hin zur Beglaubigung eines Erbscheinsantrages, der später zum Nachweis einer Personenveränderung führt, oder der Betreuung einer Umwandlung einer Gesellschaft, die Gesellschafterin einer GmbH ist, und der soeben aufgeführte gesetzliche Befund, haben zur Folge, dass der Begriff Mitwirkung bislang uneinheitlich ausgelegt wird und sich bereits eine umfangreiche Kasuistik entwickelt hat. Obwohl dies für die allgemeine Auslegung des § 40 GmbHG unbefriedigend ist, kann aber im Rahmen der vorliegenden Arbeit die exakte Abgrenzung der Zuständigkeiten offenbleiben. An späterer Stelle wird sich zeigen, dass es für den gutgläubigen Erwerb unbeachtlich ist, ob die Gesellschafterliste von der zuständigen Stelle eingereicht wurde.[447]

---

442 So auch: *Wachter*, ZNotP 2008, 378, 387.

443 Regierungsbegründung, BT-Drs. 16/6140, S. 44 linke Spalte.

444 So im Ergebnis auch die allgemeine Meinung z.B.: *Gehrlein*, Das neue GmbH-Recht, Teil 1 Rdnr. 85.

445 Regierungsbegründung, BT-Drs. 16/6140, S. 44 linke Spalte.

446 Regierungsbegründung, BT-Drs. 16/6140, S. 44 linke Spalte.

447 Siehe hierzu: 5. Kap. B. IV. 2.

Für die weitere Arbeit lassen sich aber auf dem Boden der überwiegenden Meinungen folgende Grundsätze aufstellen: Entscheidend ist, ob der Notar die Veränderung der Beteiligungsverhältnisse tatsächlich beherrscht und steuert, also Einfluss auf den Veränderungsvorgang hat, weil es nur dann gerechtfertigt ist, ihm die Verantwortlichkeit für den Inhalt der Gesellschafterliste aufzubürden.[448] Dies trifft zu, wenn eine unmittelbare notarielle Mitwirkung gegebenen ist, etwa der Notar eine Anteilsabtretung oder einen Gesellschafterbeschluss beurkundet, der eine Veränderung im Sinne des § 40 Abs. 1 GmbH zum Inhalt hat, wie ein Beschluss über eine Kapitalerhöhung oder Herabsetzung, Beurkundungen von Einziehungsbeschlüssen oder Teilungen und Zusammenlegungen von Geschäftsanteilen.[449] Eine Mitwirkung wird abgelehnt, wenn die Veränderung nicht Ziel, sondern Folge des notariellen Handelns ist und damit eine nur mittelbare Beteiligung vorliegt.[450] Hierunter lassen sich Fälle der Gesamtrechtsnachfolge einordnen. Beurkundet beispielsweise der Notar gemäß § 6 UmwG die Verschmelzung der A-AG auf die B-AG und hält die A-AG einen Geschäftsanteil an der C-GmbH, ist er mittelbar an einer Veränderung der Person eines Gesellschafters der C-GmbH beteiligt, da gemäß § 20 Abs. 1 Satz 1 Nr. 1 UmwG mit Eintragung der Verschmelzung die B–AG Inhaberin des Anteils an der GmbH wird.[451]

3. Reichweite der ausschließlichen Zuständigkeit

Wegen der unterschiedlichen Zuständigkeiten, stellt sich schließlich die Frage, wie weit die verdrängende Wirkung der notariellen Zuständigkeit reicht. Diese Frage wird beispielsweise relevant, wenn ein Geschäftsanteil abgetreten wird und, nachdem der Notar eine neue Gesellschafterliste zum Handelsregister eingereicht hat, eine auflösende Bedingung[452], etwa die Kaufpreiszahlung zu einem späteren Zeitpunkt, eintritt. Tritt eine auflösende Bedingung gemäß § 158 Abs. 2 BGB ein, fällt der Geschäftsanteil automatisch, d.h. ohne eine weitere Verfügung[453], an den Veräußerer zurück. Ähnlich liegt es auch, wenn der zugrunde liegende Abtretungsvertrag angefochten wird. Wegen der Ex-tunc-Wirkung der Anfechtung bleibt der ursprüngliche Veräußerer Anteilsinhaber. Jeweils liegt eine Veränderung im Gesellschafterbestand gemäß § 40 Abs. 1 Satz 1 GmbHG vor und die bisherige Gesellschafterliste ist unrichtig. Hier muss

448 Vgl. *Wachter*, ZNotP 2008, 378, 389.

449 Vgl. Heckschen/*Heidinger*, Die GmbH (2009), § 13 Rdnr. 320 ff.

450 Lutter/Hommelhoff/*Bayer*, GmbHG, § 40 Rdnr. 25 mwN.

451 So z.B.: *Mayer*, DNotZ 2008, 403, 408 f.

452 Zur gegenteiligen Frage der aufschiebenden Bedingung im Rahmen des § 40 Abs. 2 GmbHG siehe: 4. Kap. B. IX. 3. b).

453 Staudinger/*Bork* (2003) § 158 Rdnr. 21; MünchKommBGB/*H.P. Westermann* § 158 Rdnr. 38.

entschieden werden, ob die aktualisierte Gesellschafterliste durch den Notar oder die Geschäftsführung einzureichen ist.

Die allgemeine Meinung steht auf dem Standpunkt, dass hier, wenn wie regelmäßig keine erneute notarielle Mitwirkung vorliegt, die neue Liste von der Geschäftsführung einzureichen ist. Die notarielle Zuständigkeit wird damit als punktuell und nicht fortbestehend angesehen.[454] Abgestellt wird dabei auf den Gesetzeswortlaut und die Gesetzesmaterialien.

Zutreffend lässt sich nur diese Sichtweise mit dem Gesetzeswortlaut vereinbaren. Hiernach entsteht die notarielle Pflicht unverzüglich nach Wirksamwerden der Veränderung und ist unabhängig von später eintretenden Unwirksamkeitsgründen, wie einer auflösenden Bedingung oder § 142 Abs. 1 BGB. Da § 40 Abs. 2 Satz 1 GmbHG die Situation der später eintretenden Unwirksamkeit erkennt, hieran aber keine Einreichungspflicht knüpft, sondern diese per se für unbeachtlich erklärt, lässt sich ableiten, dass in diesen Fällen keine erneute Einreichungspflicht des Notars entsteht. Diese Auslegung wird auch gestützt durch die Begründung, in der angeführt wird, dass die Zuständigkeit der Geschäftsführung eröffnet ist, wenn nachträglich Unwirksamkeitsgründe eintreten.[455]

Darüber hinaus lässt sich diese Ansicht auf eine zusätzliche Erwägung stützen: Läge in oben genannten Fällen eine notarielle Einreichungspflicht vor, müsste die Kenntnis des Notars von der späteren Veränderung sichergestellt sein. Ansonsten bestünde stets die Gefahr, dass die Veränderung nicht in der Gesellschafterliste auftritt und eine Inkongruenz zwischen formeller und materieller Rechtslage wäre vorprogrammiert. Erforderlich wäre also, dass den Notar die Pflicht träfe, das Wirksambleiben einer Veränderung zu überwachen. Eine solche Pflicht des Notars besteht indes nicht.[456] *Bednarz*[457] verweist zutreffend darauf, dass hierfür keine Rechtsgrundlage besteht. Selbst wenn man diese Pflicht aus der Stellung des Notars als Person, die die Richtigkeitsgewähr der Gesellschafterliste erhöhen soll[458], ableiten würde, läge aus zwei Gründen eine inhaltsleere Pflicht vor. Es müssten nämlich korrespondierende Auskunftspflichten der Gesellschafter bestehen. Solche werden aber von § 40 Abs. 2 GmbHG nicht bestimmt. Der Notar könnte nur auf eine freiwillige Mitteilung der Gesellschafter hoffen und sähe sich dann häufig unterschiedlichen Rechtsansichten gegenüber oder könnte nur auf einseitig vorgetragene Tatsachen zurückgreifen. Dies machte für ihn einen hohen Prüfungsaufwand erforderlich. Bis zum Ab-

454 Vgl. Scholz/*Schneider*, GmbHG, § 40 Rdnr. 39; Rischbieter/Gröning/*Rischbieter*, Gründung und Leben, 5. Kap. Rdnr. 70; *Harbarth*, ZIP 2008, 57, 59.

455 Regierungsbegründung, BT-Drs. 16/6140, S. 44 rechte Spalte.

456 *Wicke*, GmbHG, § 40 Rdnr. 15; *Tebben*, RNotZ 2008, 441, 453; *Gehrlein*, Konzern 2007, 771, 790; *Kort*, GmbHR 2009, 169, 172; anders wohl: *Preuß*, ZGR 2008, 676, 681, die von einer „Nachkontrolle" des Notars spricht.

457 *Bednarz*, BB 2008, 1854, 1860.

458 Vgl. Regierungsbegründung, BT-Drs. 16/6140, S. 44 rechte Spalte.

schluss der Prüfung verlautbarte die Gesellschafterliste eine falsche Eintragung. Auch würde damit der Notar in die Rolle eines Ersatzrichters schlüpfen, was sich mit seiner Stellung als Organ der freiwilligen Gerichtsbarkeit nicht vereinbaren lässt. Ähnlich gelagert ist der zweite Grund. In rein tatsächlicher Sicht stellt sich die Frage, wie eine Überwachungspflicht durchgeführt werden soll. Es ist sicher nicht zu unterstellen, dass in Fällen nachträglich eintretenden Unwirksamkeit die Gesellschafter immer den Notar einschalten. Wegen fehlender Auskunftsrechte obläge es daher diesem selbst, sich die Informationen zu beschaffen, was ihm überwiegend schwer fallen dürfte. So kann z.B. nicht vom Notar erwartet werden, in bestimmten zeitlichen Abständen bei der Gesellschaft oder den Gesellschaftern Nachfragen zu stellen.

Ähnlich ist der sogenannte Fall der „sich kreuzenden Listen“ gelagert. In diesem in der Literatur häufig diskutierten Fall[459] reichen zwei Notare oder die Geschäftsführung und ein Notar in kurzen zeitlichen Abstand jeweils eine neue Gesellschafterliste ein. Dies kann dazu führen, dass die zeitlich spätere notarielle Liste die Vorgängerliste nicht berücksichtigt. Die später eingereichte Liste macht die Veränderung der vorherigen Liste sofort wieder rückgängig und es wird wieder die Rechtslage verlautbart, die sich kurz zuvor geändert hat. Im Unterschied zu den oben genannten Konstellationen tritt hier keine rechtliche Unwirksamkeit der ersten Veränderung ein, sondern nur eine in tatsächlicher Hinsicht. Dennoch ist das Ergebnis dasselbe: Die Gesellschafterliste verlautbart eine der materiellen Rechtslage widersprechende Gesellschafterstruktur. Dieser Fall muss daher entsprechend dem zuerst genannten gelöst werden, da auch hier den Notar nicht die Aufgabe treffen kann, das „Wirksambleiben“ der Veränderung zu überwachen. Auch hier fällt die Zuständigkeit für die Einreichung der fehlerkorrigierenden Liste nicht in den Aufgabenbereich des Notars, sondern in den der Geschäftsführung.

Anders zu beurteilen ist es, wenn der Notar nach der Einreichung erkennt, dass die eingereichte Liste fehlerhaft ist, die Veränderung also gar nicht wirksam geworden und kein Fall des Wirksambleibens gegeben ist. Hier hat er seine Amtspflichten aus § 40 Abs. 2 GmbHG noch gar nicht erfüllt und kann dies nur noch dadurch erreichen, indem er eine korrigierte Gesellschafterliste an das Registergericht übersendet.[460] Auch in dieser Konstellation bleibt es bei einer punktuellen Zuständigkeit, die nur im Wege einer Nacherfüllung verwirklicht wird.

Die notarielle Zuständigkeit des § 40 Abs. 2 GmbHG erweist sich damit als rein punktuelle. Hat der Notar einmal seine Einreichungspflicht erfüllt, muss er das Wirksambleiben der Veränderung nicht überwachen. Dies ist nach dem gesetzlichen Regelungsmuster vielmehr Aufgabe der Geschäftsführung, die bei

---

459 Zuerst wohl: *Götze/Bressler*, NZG 2007, 894, 896.

460 So auch: *Preuß*, ZGR 2008, 676, 681; *Tebben*, RNotZ 2008, 441, 453; *Hasselmann*, NZG 2009, 486, 492.

später eintretender Unrichtigkeit der Gesellschafterliste, sei es aus rechtlichen oder tatsächlichen Gründen, eine neue Gesellschafterliste einreichen muss. Hieraus lässt sich auch das gesetzliche Grundverhältnis der Zuständigkeiten ableiten: Es ist Aufgabe der Geschäftsführung, die Gesellschafterliste zu führen. Liegt der Veränderung eine notarielle Mitwirkung zugrunde, sorgt § 40 Abs. 2 GmbHG für einen Zuständigkeitswechsel. Dieser ist aber nur ein punktueller und ändert nichts daran, dass die Geschäftsführung die vom Notar eingereichte Liste ändern kann. Diese Befugnis besteht nicht nur bei Veränderungen, die unabhängig zu denjenigen sind, an denen der Notar mitgewirkt hat, sondern auch dann, wenn nachträgliche Unwirksamkeitsgründe eintreten.

4. Zuständigkeit der Gesellschafter

Gemäß § 40 GmbHG besteht eine Zuständigkeit zur Listeneinreichung nur für die Geschäftsführung oder den mitwirkenden Notar. Im Umkehrschluss hierzu existiert eine Kompetenz der Gesellschafter nicht. Fraglich ist, ob es dennoch Fälle gibt, in denen Gesellschafter eine neue Liste einreichen müssen.

Ein solcher Fall könnte sich ergeben, wenn die GmbH führungslos (§ 35 Abs. 1 Satz 2 GmbHG) ist und eine Änderung ohne notarielle Mitwirkung eintritt. Da kein Geschäftsführer vorhanden ist, gleichzeitig wegen der Wirkungen der Liste aber ein hohes Bedürfnis für eine Einreichungskompetenz der Gesellschafter, insbesondere unter dem Gesichtspunkt der Transparenz, nicht von der Hand zu weisen ist, ließe sich vertreten, dass analog § 15 Abs. 1 Satz 2 InsO jeder Gesellschafter zur Einreichung einer neuen Gesellschafterliste verpflichtet ist. Dennoch lässt sich eine analoge Anwendung des § 15 Abs. 1 Satz 2 InsO nicht vertreten, da es an der planwidrigen Regelungslücke fehlt.[461] In seiner Stellungnahme zum Gesetzentwurf der Bundesregierung[462] regte der Bundesrat an, in § 40 GmbHG eine Pflicht der Gesellschafter einzuführen, wonach diese bei Führungslosigkeit der Gesellschaft eine aktualisierte Gesellschafterliste einreichen müssen. Der Bundesrat wollte damit sichergestellt wissen, dass die Transparenz des Gesellschafterkreises auch ohne Geschäftsführung gewahrt ist. Dem hat sich die Bundesregierung nicht angeschlossen.[463] Sie hält eine solche Pflicht für nicht erforderlich, da in aller Regel ein Notar für die Einreichung zuständig sei und die Beteiligten einen neuen (Not)Geschäftsführer bestellen könnten. Dass hierdurch beispielsweise in Bestattungsfällen Schutzlücken entstehen können, weil es möglich ist, die Gesellschafterstruktur planvoll zu verschleiern, liegt zwar auf der Hand, wird aber vom gesetzgeberischen Willen durch die Ab-

---

461 Zu diesem Erfordernis: BGH, Urteil vom 13.03.2003, Az. I ZR 290/00, NJW 2003, 1932, 1933; *Canaris*, FS Bydlinsky, 47, 82 ff.

462 Regierungsbegründung, BT-Drs. 16/6140 Anl. 2, S. 68 linke Spalte.

463 Siehe die Gegenäußerung der Bundesregierung: Regierungsbegründung, BT-Drs. 16/6140 Anl. 3, S. 76 f.

sage an die gesellschafterliche Pflicht mittelbar in Kauf genommen. Einer Analogie ist daher der Weg versperrt.[464]

Das Bedürfnis einer Einreichungspflicht bzw. eines Einreichungsrechts könnte sich zudem beim Tod des Alleingesellschafter-Geschäftsführers stellen. Hier kann der Erbe als neuer Gesellschafter wegen § 16 Abs. 1 Satz 1 GmbH gegenüber der Gesellschaft keine Rechte ausüben und somit keinen neuen Geschäftsführer bestellen.[465] Dennoch bedarf es in einem solchen Fall keines Einreichungsrechts des Erben, da er wegen § 16 Abs. 1 Satz 2 GmbHG bereits vor Aufnahme in die Gesellschafterliste Rechtshandlungen vornehmen kann, die rückwirkend wirksam werden, wenn er unverzüglich in der Gesellschafterliste aufgenommen wird. Der Erbe kann somit einen neuen Geschäftsführer bestellen, der selbst eine aktualisierte Gesellschafterliste einreicht. Erfolgt die Aufnahme der neuen Liste zum Handelsregister unverzüglich, gilt die Bestellung als rückwirkend wirksam.

VIII. Die Gesellschafterliste der Geschäftsführung

1. Form

Trifft die Pflicht zur Listeneinreichung die Geschäftsführung, so müssen die Geschäftsführer die aktualisierte Liste in vertretungsberechtigter Anzahl unterschreiben. Dass nicht alle Geschäftsführer die Liste zu unterzeichnen haben[466], ergibt sich mittelbar aus § 78 GmbHG, der nur für Fälle der Anmeldung zum Handelsregister die Mitwirkung aller Geschäftsführer verlangt[467] und die Gesellschafterliste nicht in das Handelsregister eingetragen wird. Wegen der gesteigerten Bedeutung der Gesellschafterliste und der verschärften Haftung wird die Unterzeichnung der Gesellschafterliste von der überwiegenden Meinung[468] als höchstpersönliche Pflicht eingeordnet, sodass eine Stellvertretung nicht möglich ist.[469]

2. Einbeziehung der Betroffenen

Unmittelbar betroffen von der Einreichung einer neuen Gesellschafterliste sind der bisherige und der neue Gesellschafter. Der bisherige Gesellschafter verliert seine Gesellschafterstellung gegenüber der GmbH und der neue Gesellschafter ist nunmehr den Wirkungen der Gesellschafterliste[470] und seiner Gesellschafter-

464 Kritisch hierzu auch: *Mayer*, DNotZ 2008, 403, 428 f.; Heckschen/*Heidinger*, Die GmbH (2009), § 13 Rdnr. 365.

465 Siehe hierzu auch: *Wachter*, DB 2009, 159, 161 f.

466 So aber: *Hasselmann*, NZG 2009, 486, 487.

467 So auch die überwiegende Ansicht: z.B. *Wicke*, GmbHG, § 40 Rdnr. 7; *Tebben*, RNotZ 2008, 441, 451.

468 So z.B. Scholz/*Schneider*, GmbHG, § 40 Rdnr. 20; *Wachter*, ZNotP 2008, 378, 386.

469 Zu weiteren Formfragen siehe: 4. Kap. B. II.

470 Allgemein zu den Wirkungen der Gesellschafterliste: 4. Kap. B. III.

stellung unterworfen. Aus diesem Grunde muss § 40 Abs. 1 GmbHG sicherstellen, dass die Verlautbarungen der Gesellschafterliste nicht ohne eine Beteiligung der Betroffenen geschehen können und kann diese nicht alleine in die Hände der Geschäftsführung legen. Diese Ausgangsposition ist die Rechtfertigung des § 40 Abs. 1 Satz 2 GmbHG, wonach die Geschäftsführung die Liste nur ändern darf, wenn ihr die Veränderung mitgeteilt und nachgewiesen wurde. Dieses Erfordernis stellt eine Beziehung zwischen Listeninhalt und Gesellschaftern her. Die Geschäftsführung darf somit nur dann eine neue Liste einreichen, wenn eine wirksame Veränderung stattgefunden hat und ihr mitgeteilt und nachgewiesen ist. Die Regelung des § 40 Abs. 1 Satz 2 GmbHG verdeutlicht, dass die Gesellschafterliste Angelegenheit der Gesellschafter ist und nur der verfahrensmäßige Ablauf für § 40 Abs. 1 GmbHG in die Zuständigkeit der Geschäftsführung verlagert ist. *Schneider*[471] spricht in diesem Zusammenhang griffig davon, dass die Gesellschafter in ihrer Gesamtheit Herren der Gesellschafterliste sind.

Das Gesetz greift hierbei auf die Konstruktion des § 67 Abs. 3 AktG zurück.[472] § 67 AktG verpflichtet die AG für Namensaktien ein Aktienregister zu führen. Vergleichbar mit § 16 Abs. 1 GmbHG gilt im Verhältnis zur AG nur als Aktionär, wer im Aktienregister eingetragen ist (§ 67 Abs. 2 Satz 1 AktG). Erfolgt ein Rechtsübergang der Namensaktie, darf der hierfür als Organ zuständige Vorstand[473] die Neueintragung nur bewirken, wenn ihm der Rechtsübergang mitgeteilt und nachgewiesen ist.[474] Ein wichtiger Unterschied zwischen beiden Regelungen ist, dass die Eintragung in der Gesellschafterliste anders als die im Aktienregister gutgläubigen Erwerb ermöglicht und durch Aufnahme zum Handelsregisterbestand nach außen publiziert wird.[475]

a) Die Mitteilung

Die Mitteilung des Rechtsübergangs setzt das Änderungsverfahren durch die Geschäftsführung in Gang. Weil das Gesetz für die Mitteilung keine Formerfordernisse verlangt, kann sie mündlich, schriftlich, elektronisch oder sogar konkludent erfolgen.[476] Wie für § 67 Abs. 3 AktG[477] und das alte Anmeldeerfordernis des § 16 Abs. 1 GmbHG a.F. ist die Rechtsnatur der Mitteilung unklar. Im Ergebnis kommt es auf eine genaue dogmatische Einordnung aber nicht an, da unabhängig davon, ob die Mitteilung als Willenserklärung, rechtsgeschäftsähn-

---

471 *Schneider*, GmbHR 2009, 393, 395.

472 Regierungsbegründung, BT-Drs. 16/6140, S. 44 linke Spalte.

473 *Hüffer*, AktG, § 67 Rdnr. 5.

474 MünchKommAktG/*Bayer* § 67 Rdnr. 72, 89.

475 Zur Einsichtnahme siehe: 4. Kap. B. II.

476 Heckschen/*Heidinger*, Die GmbH (2009), § 13 Rdnr. 292. Aus kautelarjuristischer Sicht ist daher eine satzungsmäßige Regelung zu den Formerfordernissen der Mitteilung zur erleichterten Nachweisbarkeit empfehlenswert. Ein Beispiel hierzu bei: *Wachter*, DB 2009, 159, 160.

477 Siehe hierzu: MünchKommAktG/*Bayer* § 67 Rdnr. 73.

liche Handlung oder Verfahrenshandlung charakterisiert wird, immer die Vorschriften über Willenserklärungen zumindest entsprechend anwendbar sind.[478]

Inhaltlich muss die Mitteilung so beschaffen sein, dass aus ihr die zugrunde liegende Veränderung unzweideutig und nachvollziehbar hervorgeht. Dies ergibt sich aus der gesetzlichen Unterteilung zwischen Mitteilung und Nachweis. Kann die Geschäftsführung nicht zuordnen, worauf sich der Nachweis bezieht, müsste sie zunächst Nachforschungen hierzu anstellen und die Folge wären zeitliche Verzögerungen. Hiermit ließe sich auch das gesetzgeberische Ziel, die Anteilsstrukturen der GmbH aktuell und transparent zu gestalten, nicht vereinbaren.[479] Zudem würde sich die Rolle der Geschäftsführung, nämlich die verfahrensmäßige Einbindung in die Änderung der Liste, hin zur Position der Gesellschafter als Verantwortliche für die Liste bewegen und damit die gesetzliche Rollenverteilung nicht eingehalten.

Zur Frage, welche Personen mitteilungsbefugt sind, schweigt das Gesetz. In Anlehnung an das Aktienrecht wird davon ausgegangen, dass der bisherige und der neue Gesellschafter jeweils für sich genommen zur Mitteilung befugt ist.[480] Es ist also die Mitteilung des bisher Eingetragenen und dessen, der seine Rechtsstellung von diesem ableitet, erforderlich. Weiter wird gefordert, dass die Mitteilungen den Befugten auch zurechenbar sind, was nicht gegeben ist, wenn beispielsweise ein Geschäftsunfähiger oder ein unbefugter Dritter handelt. Dem ist zu folgen, da nur so der Einfluss der Betroffenen auf die Umschreibung gesichert ist. Ließe man die Mitteilung nur durch einen Beteiligten ausreichen, läge das Schicksal der Gesellschafterstellung des anderen Beteiligten alleine in dessen Hand. Die weitreichenden Wirkungen der Gesellschafterliste lassen sich aber nur dann in der Person des Gesellschafters rechtfertigen, wenn er selbst an deren Änderung mitgewirkt hat. Hiergegen lässt sich auch nicht anführen, als zusätzliches Korrektiv sei der Nachweis erforderlich und der nicht Mitteilende wäre daher geschützt.[481] In den weit überwiegenden Fällen ist zwar richtig, dass für den Nachweis die Mitwirkung beider Gesellschafter erforderlich sein wird, dennoch wird das höchstmögliche Schutzinstrument nur verwendet, wenn bei nur einer Mitteilung das Änderungsverfahren erst gar nicht in Gang gesetzt wird. Hierfür spricht schließlich der Gesichtspunkt der Effektivität, da die Geschäftsführung schnell und ohne großen Aufwand sicher weiß, ob sie das Änderungsverfahren durchzuführen hat, und somit selbst Schutz vor einer drohenden Haftung gemäß § 40 Abs. 3 GmbHG erfährt. Da zudem die §§ 104 ff. BGB zumin-

---

478 Vgl. BeckOK Ziemons/Jaeger/*Terlau*, GmbHG § 40 Rdnr. 15, der selbst die Mitteilung als geschäftsähnliche Handlung einordnet.

479 Zu diesen gesetzgeberischen Zielen: Regierungsbegründung, BT-Drs. 16/6140, S. 37 rechte Spalte.

480 Heckschen/*Heidinger*, Die GmbH (2009), § 13 Rdnr. 295; *Kort*, GmbHR 2009, 169, 169 f.

481 So aber: *Hasselmann*, NZG 2009, 486, 488.

dest entsprechend anwendbar sind, können Gesellschafter stets auf die Stellvertretung zurückgreifen[482] und damit im Ergebnis die Mitteilung durch nur einen der Beteiligten oder einen Dritten durchführen lassen.

Hiermit einher geht eine weitere Folge des Mitteilungserfordernisses. Ohne eine Mitteilung kann eine Listenänderung nicht erfolgen, da ansonsten ein Unterlaufen der eigentlichen Verantwortung der Gesellschafter für die Liste droht und die Aufgabe der Geschäftsführung zur verfahrensmäßigen Listenführung zu Lasten der Gesellschafter ausgedehnt wird. Dies hat zur Konsequenz, dass die Geschäftsführung, wie der Vorstand im Rahmen des § 67 Abs. 3 AktG[483], keine eigenmächtige Veränderung der Gesellschafterliste vornehmen darf, um die sicherzustellende Beteiligung der Gesellschafter zu wahren.[484] Dieser Grundsatz gilt insbesondere auch dann, wenn die Geschäftsführung anderweitig, d.h. nicht von einem Befugten oder durch eigene Teilnahme an der Veränderung, Kenntnis von dieser erlangt.[485] Dieses Ergebnis lässt sich aber nicht nur aus dem Sinn und Zweck der Mitteilung ableiten, sondern auch aus dem gesetzgeberischen Willen, da die Regierungsbegründung[486] die Vergleichbarkeit des § 16 GmbHG mit § 67 AktG betont und auch dort eine Veränderung des Aktienregisters eine Mitteilung zwingend voraussetzt.[487]

Schließlich eröffnet das Erfordernis der Mitteilung den Gesellschaftern einen gewissen Gestaltungsspielraum, da sie den Zeitpunkt der Mitteilung selbst bestimmen können und damit die Möglichkeit haben, die formelle Gesellschafterstellung erst später zu begründen. Somit liegt nicht nur die Einleitung des Änderungsverfahrens, sondern auch dessen Beginn in den Händen der unmittelbar Betroffenen.

b) Nachweis und Prüfungspflichten

Kumulativ zur Mitteilung der Veränderung ist diese der Geschäftsführung nach § 40 Abs. 1 Satz 2 GmbHG auch nachzuweisen. Dieses Tatbestandsmarkmal war bereits bei einer rechtsgeschäftlichen Veräußerung eines Geschäftsanteils in § 16 Abs. 1 GmbHG a.F. enthalten. Rechtsprechung[488] und herrschende Meinung[489] verlangten hierfür, dass die Geschäftsführung von der Veränderung „überzeugend unterrichtet" wurde, ließen aber auch einen gänzlichen Nachweisverzicht zu.[490]

---

482 Statt aller: Heckschen/*Heidinger*, Die GmbH (2009), § 13 Rdnr. 295.
483 Spindler/Stilz/*Cahn*, AktG, § 67 Rdnr. 48.
484 So auch die allgemeine Ansicht z.B.: *Gottschalk*, DZWIR 2009, 45, 47 mwN.
485 *Götze/Bressler*, NZG 2007, 894, 895; *Mayer*, DNotZ 2008, 403, 412.
486 Regierungsbegründung, BT-Drs. 16/6140, S. 44 linke Spalte.
487 Siehe nur: MünchKommAktG/*Bayer* § 67 Rdnr. 72.
488 BGH, Urteil vom 24.06.1996, Az. II ZR 56/95, NJW-RR 1996, 1377, 1378.
489 *Goette*, Die GmbH § 5 Rdnr. 31.
490 *Reichert/Weller*, GmbH-Geschäftsanteil, § 16 Rdnr. 44 mwN.

Weder § 40 GmbHG noch die Gesetzesmaterialien nehmen Stellung zu der Frage, welche Nachweise erforderlich oder auch ausreichend sind. Die Mehrzahl der Autoren geht davon aus, dass an den Nachweis strenge Anforderungen zu stellen seien, und lehnt die Möglichkeit eines Nachweisverzichts im neuen Recht ab[491], da die Gesellschafterliste nunmehr deutlich weitergehenden Rechtswirkungen zeitige, insbesondere gutgläubigen Erwerb ermögliche. Es wird gefordert, dass der Geschäftsführung Urkunden oder beglaubigte Abschriften der einer Veränderung zugrunde liegenden privatschriftlichen Gesellschafterbeschlüsse, ein Erbschein oder sonstige die Veränderung nachweisende Dokumente vorzulegen sind. Eine einfache Kopie oder ein privatschriftliches Testament sollen hingegen keinen statthaften Nachweis darstellen. De lege ferenda fordern Anhänger dieser Auffassung, § 40 Abs. 1 Satz 2 GmbHG dahingehend zu ändern, dass der Geschäftsführung, soweit möglich, öffentliche oder öffentlich beglaubigte Urkunden oder Auszüge aus einem öffentlichen Register vorzulegen sind.[492] Demgegenüber betont *Schneider*[493], dass ein enger Zusammenhang zwischen dem Nachweis der Veränderung und dem Umfang der Prüfungspflichten bezüglich der Wirksamkeit der Veränderung seitens der Geschäftsführung besteht. Da *Schneider* für die Reichweite der Prüfungspflichten eine Plausibilitätskontrolle der Geschäftsführung als genügend erachtet, reiche für den Nachweis aus, wenn hierdurch die Geschäftsführung in die Lage versetzt würde, eine Plausibilitätskontrolle durchzuführen. Insoweit geht er im Verhältnis zur überwiegenden Ansicht von geringeren Anforderungen an den Nachweis aus.

Die Formulierung der ersten Ansicht, wonach strenge Anforderungen zu stellen seien, ist nicht geeignet, im Einzelfall eine klare Abgrenzung treffen zu können und fördert eine Konkretisierung[494] des Tatbestandsmerkmals nicht. Das ist insbesondere aus Sicht der Geschäftsführung misslich, da, sollte später ein Gericht entscheiden, dass keine strengen Anforderungen erfüllt wurden, die Haftung gemäß § 40 Abs. 3 GmbHG droht. Daher wird eine gewissenhafte Geschäftsführung im Zweifel höchstmögliche Nachweise verlangen und somit das Änderungsverfahren im eigenen Interesse verzögern (müssen). Diese Ansicht widerspricht also dem gesetzgeberischen Ziel, mit Hilfe der Gesellschafterliste eine aktuelle Transparenz der Beteiligungsverhältnisse sicherzustellen.[495] Zudem besteht die Gefahr, dass damit Streit zwischen den Gesellschaftern zur Wirksamkeit einer Veränderung und damit deren Nachweis auf dem Rücken der Ge-

---

491 *Götze/Bressler*, NZG 2007, 894, 895: nicht zu geringe Anforderungen; *Mayer*, DNotZ 2008, 403, 413: strenge Anforderungen; *Wachter*, ZNotP 2008, 378, 384: hohe Anforderungen.

492 So zuerst: *Bohrer*, DStR 2007, 995, 1002 und dem folgend: *Mayer*, DNotZ 2008, 403, 430.

493 *Schneider*, GmbHR 2009, 393, 395.

494 So auch: *Schneider*, GmbHR 2009, 393, 395.

495 Regierungsbegründung, BT-Drs. 16/6140, S. 37 rechte Spalte.

schäftsführung ausgetragen werden könnte, obwohl diese nach der gesetzlichen Intention nur für das Eintragungsverfahren zuständig ist, die Gesellschafterliste aber Angelegenheit der Gesellschafter ist.[496] Die Nachweislast würde damit mittelbar auf die Beteiligten übertragen, die lediglich für das Eintragungsverfahren zuständig sind. Auch das Argument, nur durch möglichst hohe Anforderungen an den Nachweis könne eine wirkliche Richtigkeitsgewähr erreicht werden, kann letztendlich nicht überzeugen. Es kann nicht zwingend von der Qualität des Nachweises auf die Richtigkeit der hieraus gefolgerten Entscheidung geschlossen werden, da beispielsweise auch ein Erbschein unrichtig erteilt sein kann, obwohl dieser eine gerichtliche Prüfung durchlaufen hat. Mag es sich hierbei auch um einen Extremfall handeln, besteht dennoch eine solche Gefahr bei jedem Nachweis. Zudem spielt auch hierbei das Argument der Aktualität eine Rolle. Bis zur Einreichung einer neuen Gesellschafterliste ist diese nach der eingetretenen Veränderung unrichtig, da sie die Veränderung (noch) nicht verlautbart. Bis zur Aufnahme zum Handelsregisterbestand existiert also eine unrichtige Gesellschafterliste. Weil, wie soeben gesehen, die Geschäftsführung wegen dieser Ansicht stets einer hohen Haftungsgefahr ausgesetzt wäre, würde sich die Zeit, in der eine unrichtige Gesellschafterliste besteht, verlängern und die Richtigkeitsgewähr zu dieser Zeit gerade nicht bestehen, sondern vielmehr minimiert. Daher ist diese Ansicht abzulehnen.

Demgegenüber erkennt *Schneider* zu Recht, dass ein enger Zusammenhang zwischen dem Nachweis der Veränderung und der Prüfungspflicht der Geschäftsführung besteht. Das Nachweiserfordernis ist kein Selbstzweck, sondern hat die Aufgabe, der Geschäftsführung die Prüfung zu ermöglichen, ob eine Veränderung wirksam geworden ist. Gerade hierin liegt auch die Intention des Gesetzgebers, der aus Mitteilung und Nachweis eine Prüfpflicht der Geschäftsführung ableitet.[497] Müsste aber die Wirksamkeit nicht geprüft werden, hätte ein Nachweis keinen Sinn. Hieraus folgt, dass die Frage, welche Anforderungen an den Nachweis zu stellen sind, unmittelbar davon abhängt, wie weit die Prüfungspflichten der Geschäftsführung reichen. Die Intensität der Prüfungsdichte setzt damit Inhalt und Grenzen für den erforderlichen Nachweis.

Fraglich ist somit, wie weit der Umfang der Prüfungspflichten der Geschäftsführung geht, wenn diese die Wirksamkeit einer Veränderung im Sinne des § 40 Abs. 1 GmbHG zu prüfen hat. Zu dieser Frage finden sich drei unterschiedliche Ansichten. Zunächst wird vertreten, dass die Geschäftsführung keine

---

496 Zu diesem Aspekt siehe: 4. Kap. B. VIII. 2. a).

497 Die Regierungsbegründung, BT-Drs. 16/6140, S. 44 linke Spalte formuliert: „...erfolgt die Änderung der Liste ... auf Mitteilung und Nachweis. Den Geschäftsführern obliegt daher eine Prüfpflicht.“

Prüfpflicht treffe.[498] Andere Autoren plädieren für eine Plausibilitätsprüfung der Geschäftsführung.[499] Schließlich spricht sich *Gehrlein*[500] dafür aus, dass die Geschäftsführung zu prüfen habe, ob die Rechtsänderung tatsächlich eingetreten ist.

Der ersten Ansicht kann nicht gefolgt werden. Sie lässt sich nicht mit dem Wortlaut des § 40 Abs. 1 GmbHG vereinbaren, da dieser einen Nachweis fordert. Das macht aber nur dort Sinn, wo auch eine Prüfung, unabhängig ihrer konkreten Ausgestaltung, zu erfolgen hat. Insoweit wäre – unterstellt es gäbe keine Prüfungspflicht – jedweder Nachweis der Veränderung obsolet und nur eine Mitteilung wäre ausreichend. Zudem erfolgte in Konsequenz dieser Auffassung keine Prüfung der Wirksamkeit der Veränderung, bevor die aktualisierte Gesellschafterliste zum Handelsregister aufgenommen wird, da eine Prüfungspflicht des Registergerichts[501] nicht besteht. Diese Ansicht führte somit dazu, dass keinerlei Richtigkeitsgewähr bestünde und das im Rahmen der verfassungsrechtlichen Prüfung herausgearbeitete Erfordernis verletzt wäre, wonach zumindest im Geltungsbereich des reinen Rechtsscheinprinzips der Rechtsscheinträger eine hohe Richtigkeitsgewähr leisten muss.[502]

Die Ansicht von *Gehrlein*, nach der die Geschäftsführung eine vollumfängliche Prüfungspflicht hat, ist ebenfalls nicht überzeugend. Hieraus ergeben sich die gleichen Bedenken, die auch bereits dazu führten, die Ansicht abzulehnen, wonach strenge Anforderungen an den Nachweis zu stellen sind. Auch für den vorliegenden Zusammenhang befindet sich die Geschäftsführung unter dem Haftungsdruck der § 40 Abs. 3 GmbHG und wird daher eine Prüfung nur mit großer zeitlicher Verzögerung leisten können. Eine über längere Zeit unrichtige Liste wäre die Folge. Gleichsam kann von der Geschäftsführung bereits in praktischer Hinsicht nicht erwartet werden, dass diese befähigt ist, einen komplexen Gesellschafterwechsel in juristischer Sicht korrekt zu beurteilen, da eine juristische Vorbildung regelmäßig nicht gegeben sein wird.[503] Es besteht zwar stets die Möglichkeit, qualifizierten Rechtsrat einzuholen. Doch setzt dies voraus, dass die Geschäftsführung die juristische Schwierigkeit der Veränderung erkennt, was selbst wiederum zumindest eine rechtliche Erfahrung voraussetzt. Schließlich lässt sich gegen diese Ansicht die Gesetzesbegründung anführen,

---

498 *Gottschalk*, DZWIR 2009, 45, 47, der aber inkonsequent im weiteren Verlauf eine Prüfungspflicht unterstellt, wenn er davon ausgeht, dass Zweck des Nachweises ist, die Veränderung zu überprüfen.

499 *Schneider*, GmbHR 2009, 393, 395; wohl auch *Kort*, GmbHR 2009, 169, 171, der von keinen „allzu hohen Anforderungen an die Prüfungspflicht" spricht und später (S.174) davon ausgeht, dass die Geschäftsführung nur auf Verdachtsmomente hin prüft.

500 *Gehrlein*, Konzern 2007, 771, 790.

501 Siehe hierzu: 4. Kap. B. II.

502 Siehe hierzu: 3. Kap. D. IV. c) bb) (4).

503 Hierauf verweist auch in anderem Zusammenhang: *Bednarz*, BB 2008, 1854, 1858; tendenziell auch *Harbarth*, ZIP 2008, 57, 61.

nach der der Geschäftsführung nicht diejenige Prüfung aufgebürdet werden könne, die bereits nach bisherigem Recht den Erwerber vor erhebliche Schwierigkeiten stellte.[504] Der Gesetzgeber geht damit auch davon aus, dass eine vollumfängliche Prüfung der Geschäftsführung nicht möglich ist.

Sind damit die Extrempositionen nicht vertretbar, erscheint zunächst einiges für die vermittelnde Ansicht zu sprechen, wonach die Geschäftsführung nur eine Plausibilitätskontrolle durchzuführen hat, wie es auch für die Umschreibung bei Namensaktien gemäß § 67 Abs. 3 AktG von der herrschenden Meinung gefordert wird.[505] Hiermit wird in der Tat vermieden, dass die Aktualisierung der Gesellschafterliste eine über Gebühr lange Zeit in Anspruch nimmt und zudem zumindest eine gewisse Richtigkeitsgewähr erreicht. Ebenso berücksichtigt diese Auslegung die in der Mehrzahl der Fälle fehlende rechtliche Expertise der Geschäftsführung. Das Erfordernis einer Plausibilitätskontrolle sieht sich auch nicht dem Einwand einer inhaltsleeren Lehrformel ausgesetzt. Derartige Kontrollarten finden sich bereits im geltenden Recht. So stellen Rechtsprechung[506] und Lehre[507] bei der Frage, ob gemäß § 114 Abs. 1 ZPO Erfolgsaussichten für eine Rechtsverfolgung oder Rechtsverteidigung im Rahmen der Prozesskostenhilfe gegeben sind, auf eine Plausibilitätskontrolle ab. Zudem hat der BGH jüngst in einem haftungsrechtlichen Urteil für den Bereich der Fahrlässigkeit geprüft, ob der Rechtsstandpunkt des Schuldners plausibel und damit dessen Fahrlässigkeit abzulehnen ist.[508] Die dort aufgestellten Grundsätze nach dem Inhalt der Prüfungspflichten lassen sich auch auf den hier interessierenden Zusammenhang übertragen. Für die gerade genannten Bereiche wird hierfür darauf abgestellt, ob der eingenommene Rechtsstandpunkt vertretbar ist.[509]

Mithin hat die Geschäftsführung nur eine Prüfpflicht dahingehend, ob sie aus ihrer Sichtwarte vertretbar zum Ergebnis kommen kann, dass eine Veränderung wirksam eingetreten ist oder nicht. Eine weitergehende Prüfpflicht kann von der mit mangelnder Rechtskenntnis ausgestatteten Geschäftsführung nicht erwartet werden. Dieses Ergebnis mutet zwar vor dem Hintergrund der Richtigkeitsgewähr des Rechtsscheinträgers ernüchternd an, ist aber Folge des gesetzgeberischen Rückgriffs auf die Geschäftsführung als Prüfungsinstanz, die hierzu aus tatsächlichen Gründen nur mangelhaft befähigt ist. Insoweit bleibt festzuhalten, dass die Geschäftsführung – entgegen der herrschenden Meinung – nur eine Plausibilitätsprüfung leisten kann und muss.

Aus dieser Erkenntnis lässt sich damit ableiten, welche Anforderungen an den Nachweis gemäß § 40 Abs. 1 Satz 2 GmbHG zu stellen sind. Die Geschäfts-

---

504 Regierungsbegründung, BT-Drs. 16/6140, S. 39 rechte Spalte.
505 Zu § 67 Abs. 3 AktG siehe nur: *Merkt* in Großkomm. AktG § 67 Rdnr. 97.
506 BGH, Beschluss vom 14.12.1993, Az. VI ZR 235/92, NJW 1994, 1160, 1161.
507 Musielak/*Fischer* § 114 Rdnr. 19.
508 BGH, Urteil vom 16.01.2009, Az. V ZR 133/08, NJW 2009, 1262, 1264.
509 BGH, Beschluss vom 14.12.1993, Az. VI ZR 235/92, NJW 1994, 1160, 1161.

führung muss durch diesen in die Lage versetzt werden, die erforderliche Plausibilitätsprüfung durchzuführen. Soweit qualifizierte Nachweise existieren, etwa ein Erbschein oder eine beglaubigte Urkunde, reichen diese alleine für den Nachweis aus, wenn keine Anhaltspunkte für deren Unwirksamkeit bestehen. Liegen solche Nachweise nicht vor, ist es ausreichend, wenn die Beteiligten gegenüber der Geschäftsführung glaubhaft versichern, dass die Veränderung wirksam geworden ist, da eine hohe Wahrscheinlichkeit dafür besteht, dass ein Alt- oder Neugesellschafter eine solche Erklärung nur abgibt, wenn er selbst hiervon begründet überzeugt ist. Selbst wenn sich später die Unwirksamkeit der Veränderung herausstellt, kann dies nicht gegen die Plausibilität sprechen, solange für die Geschäftsführung diesbezüglich keine Anhaltspunkte erkennbar waren. Die Geschäftsführung kann daher auf alle jeweils geeigneten Beweismittel zurückgreifen. Hat die Geschäftsführung damit den Nachweis auf dessen Plausibilität hin zu überprüfen, kann sie auf diesen nicht verzichten, hat aber keine strengen Anforderungen zu stellen, wenn aus dem ihr zugänglichen Nachweis die Veränderung nachvollziehbar ist.

Zusammenfassend ergibt sich, dass als Nachweis ausreichend ist, was die Geschäftsführung benötigt, um die Plausibilität einer Veränderung vertretbar beurteilen zu können. Das Erfordernis der Plausibilität folgt aus der Prüfpflicht der Geschäftsführung, die die Wirksamkeit einer Veränderung nur auf eben diese zu überprüfen hat.

c) Einwirkungsmöglichkeiten der Gesellschafter

Die Gesellschafter sind nach den bisherigen Ergebnissen zwar Herren der Gesellschafterliste, wegen § 40 Abs. 1 Satz 2 GmbHG aber stets, wenn kein Notar gemäß § 40 Abs. 2 GmbHG mitwirkt, auf die Geschäftsführung angewiesen, um ihre Herrschaftsmacht auszuüben. Es besteht nur eine Einreichungspflicht und damit korrespondierend ein Einreichungsrecht der Geschäftsführung. Den Gesellschaftern steht ein solches nicht zu.[510] Demgegenüber haben es die Gesellschafter in der Hand, durch die Mitteilung der Veränderung[511] das Änderungsverfahren einzuleiten und dessen Verlauf maßgeblich durch den erforderlichen Nachweis zu beeinflussen.[512] Eine solche systematische Aufteilung der Verantwortlichkeiten erscheint aus Sicht der Gesellschafter unbefriedigend. Virulent wird dies, wenn die Geschäftsführung trotz Mitteilung und Nachweis einer wirksamen Veränderung keine neue Gesellschafterliste einreicht oder aber eine falsche Liste an das Registergericht übermittelt. Fraglich ist daher, ob den Gesellschaftern zusätzliche Einwirkungsmöglichkeiten zur Seite stehen, um den Weg in die Gesellschafterliste zu finden.

---

510 Vgl. 4. Kap. B. VII. 4.

511 Siehe hierzu: 4. Kap. B. VIII. 2. a).

512 Siehe hierzu: 4. Kap. B. VIII. 2. b).

aa) Weisungsrecht der Gesellschafter

In einem solchen Fall erscheint der Weg gangbar, dass die Gesellschafter auf ihr Weisungsrechts gemäß § 37 Abs. 1 GmbHG zurückgreifen und die Geschäftsführung hiermit bewegen, eine aktualisierte Gesellschafterliste einzureichen.[513] Eine solche Argumentation würde aber die Grenzen des Weisungsrechts verkennen.[514] Dieses besteht nicht in einem unbeschränkbaren eigenverantwortlichen Bereich der Geschäftsführung, etwa der Pflicht zur Kapitalerhaltung oder zur ordnungsgemäßen Bilanzierung und Buchführung.[515] Die Pflicht zur Führung der Gesellschafterliste lässt sich in diesem Bereich ansiedeln, da es sich um eine alleine in die Zuständigkeit der Geschäftsführung verwiesene, haftungsbewehrte Aufgabe handelt. Nur diese trifft die Einreichungspflicht, nicht hingegen die Gesellschafter.[516] Wollte man dem nicht folgen, ist aber zu berücksichtigen, dass kein Weisungsrecht der Gesellschafter anzuerkennen ist, wenn die Geschäftsführung Aufgaben im Allgemein- und vor allem im Gläubigerinteresse wahrnimmt.[517] Gerade mit der Aufwertung der Gesellschafterliste wird vom Gesetzgeber das Ziel verfolgt, im Interesse der Allgemeinheit Missbrauch zu bekämpfen und Geldwäsche zu verhindern.[518] Zudem soll für Dritte, insbesondere für Gläubiger, die Gesellschafterstruktur transparenter gestaltet werden.[519] Wenigstens unter diesem Gesichtspunkt besteht kein Weisungsrecht der Gesellschafter, mit dem sie auf die Einreichung der Gesellschafterliste durch die Geschäftsführung Einfluss nehmen können.[520]

bb) Widerspruch

Ein Gesellschafter könnte aber über einen Widerspruch gemäß § 16 Abs. 3 Satz 4 GmbHG versuchen, die Einreichungszuständigkeit der Geschäftsführung zu umgehen. Der Widerspruch kann aber als Ausschlussgrund nur gutgläubigen Erwerb verhindern und führt nicht zu einem Wechsel der relativen Gesellschafterstellung des § 16 Abs. 1 GmbHG. § 16 Abs. 1 GmbHG setzt nur voraus, dass eine Person in der aufgenommenen Gesellschafterliste eingetragen ist und geht nicht auf einen Widerspruch ein. Dieser hat mithin nur zerstörende, aber keine begründende Wirkung. Ein anderes Ergebnis lässt sich auch mit der Struktur des

---

513 Allgemein zum Weisungsrecht der Gesellschafter: *Konzen*, NJW 1989, 2977, 2979 ff.

514 A.A. scheinbar *Bednarz*, BB 2008, 1854, 1857, wenn sie von einem Stimmverbot für Gesellschafter im Zusammenhang von Weisungen bezüglich der Gesellschafterliste an die Geschäftsführung ausgeht, dies aber offen lässt.

515 *Mennike*, NZG 2000, 622, 623 mwN.

516 So im Ergebnis noch zur Gesellschafterliste im alten Recht: *Eisenhardt*, FS Pfeiffer, S. 839, 844 unter Berufung auf generelle „weisungsfreie Bereiche".

517 BGH, Urteil vom 18.03.1974, Az. II ZR 2/72, NJW 1974, 1088, 1089; Roth/*Altmeppen*, GmbHG, § 37 Rdnr. 6; *Konzen*, NJW 1989, 2977, 2982.

518 Regierungsbegründung, BT-Drs. 16/6140, S. 37 rechte Spalte.

519 Regierungsbegründung, BT-Drs. 16/6140, S. 26 linke Spalte und S. 37 rechte Spalte.

520 So auch im Ergebnis aber ohne Begründung: *Wachter*, NZG 2009, 1001, 1004.

gutgläubigen Erwerbs nicht vereinbaren, da auch im Rahmen des Liegenschaftsrechts der Widersprechende des § 899 BGB nicht zum (Buch)Eigentümer wird. Zudem würde sich hieraus die Möglichkeit ergeben, einen Dritten durch schlichte Bewilligung eines Widerspruchs die relative Gesellschafterstellung des § 16 Abs. 1 GmbHG zu vermitteln, wenn der Bewilligende zuvor als Gesellschafter in der Liste aufgenommen ist. Insoweit stellt auch die Regierungsbegründung[521] klar, dass der Widerspruch keine Auswirkung auf die relative Gesellschafterstellung hat. Der Widerspruch stellt daher keine Möglichkeit dar, ohne Zwischenschaltung der Geschäftsführung zumindest relativ zur Gesellschaft die Position eines Gesellschafters zu erlangen.

cc) Mittelbare Einwirkungsmöglichkeit über das Registergericht

Den Gesellschaftern stünde zumindest eine mittelbare Möglichkeit zur Seite, in die Gesellschafterliste eingetragen und – korrespondierend dazu – auch ausgetragen zu werden, wenn sie mit Hilfe des Registergerichtes die Geschäftsführung hierzu anhalten könnten.

Die Pflicht, eine aktualisierte Gesellschafterliste einzureichen, stellt eine solche im Sinne des § 14 Satz 1 Alt. 2 HGB dar, weil § 40 Abs. 1 GmbHG eine erforderliche Pflicht zu Lasten der Geschäftsführung statuiert.[522] Erhält das Registergericht glaubhaft Kenntnis von einem Sachverhalt, der ein Einschreiten nach § 14 HGB rechtfertigt, hat es gemäß § 388 Abs. 1 FamFG ohne Ermessen[523] den Beteiligten unter Androhung von Zwangsgeld aufzugeben, innerhalb einer bestimmten Frist ihrer gesetzlichen Pflicht nachzukommen. Für glaubhafte Kenntnis bedarf es nicht der vollen Gewissheit des Gerichts, ausreichend ist vielmehr ein schlüssiger Sachverhalt, gleichgültig durch wen das Gericht diesen erfährt.[524] Unterlässt die Geschäftsführung die Listeneinreichung, können die Gesellschafter den Sachverhalt einer Veränderung dem Gericht zur Kenntnis bringen und dieses hat gegen die Geschäftsführung vorzugehen. Den Gesellschafter steht damit ein Weg zur Seite mit dem sie mittelbar die Geschäftsführung zwingen können, eine aktualisierte Gesellschafterliste einzureichen oder auch für die Korrektur einer bereits eingereichten Liste zu sorgen, da sie in diesem Fall ihrer Einreichungspflicht nicht nachgekommen ist oder diese bei unterlassener Einreichung noch nicht der materiellen Rechtslage entsprechend erfüllt hat.

Die Regierungsbegründung ist der Auffassung, wegen dieses Verfahrens auf ein eigenes Eintragungsrecht der Gesellschafter gegenüber dem Registergericht

---

521 Regierungsbegründung, BT-Drs. 16/6140, S. 39 linke Spalte.

522 Ebenroth/Boujong/Joost/Strohn/*Schaub*, HGB § 14 Rdnr. 9; *Bumiller/Harders*, FamFG, § 388 Rdnr. 6.

523 *Krafka/Willer*, Registerrecht Rdnr. 2360.

524 Vgl. Keidel/*Heinemann*, FamFG § 388 Rdnr. 25 f.

verzichten zu können.[525] Eine solche Sichtweise verkennt aber die genaue Ausgestaltung des Zwangsgeldverfahrens nach §§ 388 ff. FamFG. Hierbei handelt es sich um ein äußerst umständliches Verfahren.[526] Zunächst ist das Verfahren durch die Gesellschafter einzuleiten. Nach gerichtlicher Prüfung erlässt das Gericht eine Verfügung, die die zu erfüllende Pflicht genau anzugeben hat und einen bezifferten Zwangsgeldbetrag und eine angemessene Frist bestimmen muss. Wird die Pflicht nicht innerhalb der Frist erfüllt, hat das Gericht das bislang nur angedrohte Zwangsgeld gemäß § 389 Abs. 1 FamFG festzusetzen und die Aufforderung zur Handlung zu wiederholen. Wird die Pflicht auch dann nicht erfüllt, ist dieses Verfahren gemäß § 389 Abs. 3 FamFG zu wiederholen, bis eine Gesellschafterliste an das Registergericht übermittelt oder im Wege des Einspruchs gegen die Verfügung vorgegangen wird. Zeigt sich die Geschäftsführung also beharrlich, führt dies nur zu einem höheren Zwangsgeld, nicht aber zu der bezweckten aktualisierten Gesellschafterliste. Das Verfahren kann damit aufwendig und zeitintensiv werden. Ein effektives Mittel, mit dem die Gesellschafter eine aktualisierte Gesellschafterliste erreichen können, stellt es hingegen nicht dar. Es zeigt sich damit, dass hierdurch – anders als in den Gesetzesmaterialien angenommen – kein adäquater Ersatz für ein fehlendes Einreichungsrecht der Gesellschafter erreicht wird. Wegen dieses Befundes ließe sich darüber nachdenken, ob das Verfahren des § 388 FamFG nicht an das Interesse der Gesellschafter anzupassen wäre. Eines solchen Schutzes de lege ferenda bedürfen diese allerdings nicht, da, wie sich sogleich zeigt, andere Möglichkeiten für die Gesellschafter bestehen, auf eine aktualisierte Gesellschafterliste hinzuwirken.

dd) Korrekturkompetenz der Geschäftsführung entsprechend dem Aktienrecht

Ebenfalls eine mittelbare Einwirkungsmöglichkeit für den Unterfall, dass die Geschäftsführung eine unrichtige Gesellschafterliste eingereicht hat, könnte sich ergeben, wenn die Geschäftsführung eine eigene Korrekturpflicht hätte. Hat diese also eine Gesellschafterliste, z.B. nach einer Teilung eines Geschäftsanteils aufgrund eines Gesellschafterbeschlusses gemäß § 46 Nr. 4 Var. 1 GmbHG, zum Handelsregister eingereicht und verlautbart die Liste wegen eines Versehens für den neu entstandenen Geschäftsanteil nicht entsprechend der materiellen Rechtslage den ursprüngliche Gesellschafter als Inhaber, fragt sich, ob die Geschäftsführung eine neue richtige Gesellschafterliste einreichen darf und die Gesellschafter hierauf hinwirken können.

525 Regierungsbegründung, BT-Drs. 16/6140, S. 44 linke Spalte, wobei die Begründung hier als Beispiel eine Abtretung erwähnt, bei der aber gemäß § 40 Abs. 2 GmbHG der mitwirkende Notar einreichungspflichtig ist und gerade nicht die Geschäftsführung.

526 Hierauf weist auch *Bednarz*, BB 2008, 1854, 1857 hin.

Eine derartige Korrekturpflicht ist gesetzlich nicht ausdrücklich geregelt.[527] Der Gesetzgeber geht aber davon aus, dass der Geschäftsführung ein solches Recht zustehe. Bereits aus der allgemeinen Sorgfaltspflicht der Geschäftsführer ergebe sich ein solches Recht und damit auch die Pflicht. Entsprechend § 67 Abs. 5 AktG müsse aber den Betroffenen Gelegenheit zur Stellungnahme gegeben werden.[528] Dieser Sichtweise wird auch zum Teil in der Literatur gefolgt mit der Begründung, der Gesetzgeber habe sich bei der Neuregelung an § 67 AktG orientiert und dort sei ein derartiges Korrekturrecht anerkannt.[529] Da im Aktienrecht die allgemeine Meinung korrespondierend mit der Korrekturkompetenz der AG ein Klagerecht auf Korrektur des Gesellschafters anerkennt[530], ergäbe sich nach dieser Ansicht für das GmbH-Recht ein einklagbarer Anspruch der Gesellschafter gegen die Geschäftsführung auf Einreichung einer korrigierten Gesellschafterliste entsprechend der Regelung des § 67 Abs. 5 AktG[531]. Dem wird aber entgegengetreten und ein eigenes Berichtigungsrecht und damit eine Berichtigungspflicht der Geschäftsführung abgelehnt.[532] Dies wird damit begründet, dass eine Listeneinreichung nur auf Mitteilung und Nachweis der Veränderung erfolgen dürfe. Zudem bestünden gravierende Unterschiede zwischen der Gesellschafterliste und dem Aktienregister; nur aufgrund der ersteren sei gutgläubiger Erwerb möglich. Hieraus ergebe sich, dass die Geschäftsführung nicht selbst tätig werden dürfe und demgemäß auch keine Pflicht hierzu bestehen könne.

Im Ergebnis kann nur die letztgenannte Ansicht überzeugen. Hierfür spricht, dass eine gesetzliche Regelung zur Korrekturkompetenz fehlt. Da aber ein eigenes Recht der Geschäftsführung mit einem hohen Risiko für die Gesellschafter einhergeht, welches bis hin zum Totalverlust der Gesellschafterstellung durch gutgläubigen Erwerb führen kann, müssen die genauen Voraussetzungen und Folgen eines Berichtigungsrechts gesetzlich klar bestimmt werden. Der Verweis in den Materialien auf das Korrekturverfahren des § 67 Abs. 5 AktG reicht hierfür nicht aus, da der strukturelle Unterschied zwischen Gesellschafterliste und Aktienregister zu groß ist.[533] Erfolgt eine Korrektur im Aktienregister zu Unrecht, besteht für den Aktionär nicht die Gefahr, seine Aktionärsstellung zu verlieren. Im Recht der GmbH existiert aber nunmehr die Möglichkeit gutgläubigen Erwerbs. Insoweit sichert § 40 Abs. 1 Satz 2 GmbHG den Gesellschafter ab, da

527 Dies betont auch explizit die Regierungsbegründung, BT-Drs. 16/6140, S. 44 rechte Spalte.

528 Regierungsbegründung, BT-Drs. 16/6140, S. 44 rechte Spalte.

529 *Kort*, GmbHR 2009, 169, 171; *Preuß*, ZGR 2008, 676, 679. Allgemein zu § 67 Abs. 5: *Merkt* in Großkomm. AktG § 67 Rdnr. 116 ff.

530 *Merkt* in Großkomm. AktG § 67 Rdnr. 151; *Hüffer*, AktG, § 67 Rdnr. 27.

531 Zu diesem Anspruch bei § 67 Abs. 5 AktG: *Merkt* in Großkomm. AktG § 67 Rdnr. 151 nwN.

532 *Noack*, Status: Recht (DB) 2/2009, 38, 39; *Hasselmann*, NZG 2009, 486, 489.

533 Zusammenfassend zu den Unterschieden: *Kort*, GmbHR 2009, 169, 170.

nur auf Mitteilung und Nachweis eine aktualisierte Gesellschafterliste eingereicht werden darf. Eine Listenänderung ohne Mitteilung und Nachweis lässt sich mit dem gesetzlichen Befund also nicht vereinbaren. Zudem stellt dieses Erfordernis gerade sicher, dass eine Veränderung in der Gesellschafterliste nur dann verlautbart wird, wenn die betroffenen Gesellschafter hieran mitgewirkt haben und erweist sich damit als eine Rechtfertigung, warum sie ihren Anteil verlieren können. Da aber ein unterstelltes Berichtigungsrecht hiervon unabhängig wäre, würde diese Rechtfertigung von vorneherein entfallen. Ebenso kann nicht vorschnell auf das Argument der Parallelität zwischen § 67 AktG und den hier interessierenden Regelungen zurückgegriffen werden. Berichtigt der AG-Vorstand das Aktienregister, führt dies nur zu einer Löschung der bisherigen Eintragung und zum Wiederaufleben der Voreintragung.[534] Die Betroffenen des Verfahrens sind also der aktuell im Register Aufgeführte und dessen Vormann. Für das GmbH-Recht ergäbe sich aber aus einem Korrekturrecht, dass auch eine zusätzliche Person betroffen sein kann, wenn etwa durch Listenkorrektur ein bislang nicht Eingetragener in die Liste aufgenommen wird. Ein derartiger Fall ist leicht denkbar, wenn die Geschäftsführung z.B. im Rahmen einer Erbfolge zunächst eine falsche Person als neuen Gesellschafter an das Registergericht übermittelt und anschließend im Wege der „Berichtigung“ einen anderen falschen Erben in die Gesellschafterliste einträgt. Insoweit unterschieden sich beide Korrekturpflichten eklatant, da eine solche im GmbH-Recht bislang Unbeteiligte erfassen könnte, was bei § 67 Abs. 5 AktG, der nur auf Korrektur gerichtet ist, nicht denkbar ist. Schließlich spricht gegen die Korrekturkompetenz, dass es nur Aufgabe der Geschäftsführung ist, den verfahrensmäßigen Ablauf des Änderungsverfahrens zu erledigen, die grundsätzliche Verantwortlichkeit für die Gesellschafterliste aber den Gesellschaftern zukommt.[535] Könnte aber die Geschäftsführung selbst aus eigenem Recht eine Liste einreichen, würde sich das gesetzliche Verhältnis zu Lasten der Gesellschafter umdrehen. Letztlich ergibt sich auch hier wieder das Grundproblem, dass die Geschäftsführung häufig über nur mangelnde rechtliche Expertise verfügt. Diese führt bereits dazu, ihr nur eine Plausibilitätskontrolle bezüglich der Wirksamkeit der Veränderung auferlegen zu können.[536] Der Geschäftsführung zudem ein eigenes Berichtigungsrecht zuzugestehen, perpetuierte diese Schwierigkeit zusätzlich. Daher ist ein eigenständiges Berichtigungsrecht und eine hiermit einhergehende Korrekturpflicht der Geschäftsführung abzulehnen.

Hieraus folgt, dass den Gesellschaftern unter dem Gesichtspunkt einer Korrekturkompetenz der Geschäftsführung keine mittelbare Einwirkungsmöglichkeit zusteht, wenn diese eine unrichtige Gesellschafterliste eingereicht hat, da

---

534 MünchKommAktG/*Bayer* § 67 Rdnr. 118; *Merkt* in Großkomm. AktG § 67 Rdnr. 141.

535 Siehe hierzu: 4. Kap. B. VIII. 2.

536 Vgl. 4. Kap. B. VIII. 2. b).

der Geschäftsführung die Kompetenz fehlt, eine korrigierte Gesellschafterliste einzureichen.

ee) Anspruch der Gesellschafter auf Einreichung einer Gesellschafterliste

Das effektivste Mittel für die Gesellschafter, den Weg in die Gesellschafterliste zu finden, stellt naturgemäß ein klagbarer Primäranspruch auf Einreichung einer aktualisierten Liste dar. Ist ein solcher gegeben, könnten die Gesellschafter erzwingen, dass eine neue Gesellschafterliste eingereicht oder eine falsche korrigiert wird.

(1) Anspruch auf Einreichung entsprechend dem Aktienrecht

Im bisher geltenden Recht war ein Anspruch der Gesellschafter gegen die Gesellschaft auf Aufnahme in die Liste, Berichtigung und zeitnahe Einreichung anerkannt.[537] In § 40 Abs. 1 GmbHG ist, wie im alten Recht, ein derartiger Erfüllungsanspruch der Gesellschafter nicht kodifiziert. Dennoch gehen die Gesetzesmaterialien davon aus, dass ein solcher Anspruch weiterhin gegeben sei.[538] Zum einen leiten die Gesetzesmaterialien den Anspruch aus der Parallelität der hier interessierenden Vorschriften mit dem Regelungsmodell des § 67 AktG ab. Auch dort sei für § 67 Abs. 2 AktG ein Erfüllungsanspruch ohne gesetzliche Regelung anerkannt. Dies lasse sich auch auf das Recht der GmbH übertragen. Demgemäß bestünde ein Anspruch des neu eintretenden Gesellschafters gegen die GmbH auf Einreichung einer neuen Gesellschafterliste. Auch die Literatur folgt diesem Ansatz.[539]

Führt man sich zunächst vor Augen, wann ein solcher Anspruch der Gesellschafter bestehen kann, kann dies nur der Fall sein, wenn keine notarielle Mitwirkung gemäß § 40 Abs. 2 GmbHG vorliegt. Legt man zur Frage der Mitwirkung die herrschende Meinung zugrunde, wird der Anspruch relevant bei einer erbrechtlicher Nachfolge und Teilung bzw. Zusammenlegung von Geschäftsanteilen gemäß § 46 Nr. 4 GmbHG. Zudem liegt, wie oben gezeigt[540], auch in Fällen der „sich kreuzenden Listen“ und des nachträglichen Unwirksamwerdens die Zuständigkeit bei der Geschäftsführung.

Die Begründung der Materialien ist überzeugend. Im Rahmen des § 67 Abs. 2 AktG geht die allgemeine Meinung davon aus, dass die Gesellschaft wegen ordnungsgemäßer Mitteilung und Nachweis des Aktienübergangs durch den Gesellschafter gemäß § 67 Abs. 3 AktG verpflichtet ist, diesen in das Aktienregister einzutragen.[541] Da § 67 Abs. 2 AktG und § 16 Abs. 1 GmbHG insoweit deckungsgleich sind, als dass der Gesellschafter im Verhältnis zur Gesellschaft

---

537 Statt aller: Scholz/*Schneider*, GmbHG, § 40 Rdnr. 29.

538 Regierungsbegründung, BT-Drs. 16/6140, S. 38 linke Spalte.

539 Heckschen/*Heidinger*, Die GmbH (2009), § 13 Rdnr. 266; *Preuß*, ZGR 2008, 676, 679; wohl auch: *Mayer*, DNotZ 2008, 403, 414 und *Hasselmann*, NZG 2009, 486, 489.

540 Vgl. 4. Kap. B. VII. 2.

541 Spindler/Stilz/*Cahn*, AktG, § 67 Rdnr. 66 mwN.

nur dann als Gesellschafter gilt, wenn er im Aktienregister bzw. in der Gesellschafterliste eingetragen ist, besteht hier eine absolute Parallelität. Diese ist vorliegend, anders als soeben[542], vollumfänglich anzuerkennen, da es im hiesigen Zusammenhang nicht um zusätzliche Wirkungen der jeweiligen Rechtsscheinträger, wie namentlich den gutgläubigen Erwerb, geht, sondern nur die Rechtsstellung im Verhältnis Gesellschaft-Gesellschafter geregelt ist. Aus dieser Überlegung heraus muss also auch im Rahmen des GmbH-Rechts ein Anspruch gegen die GmbH auf Listeneinreichung bestehen.

Aber auch autonom aus dem GmbH-Recht lässt sich der Anspruch begründen. Die Wirkungen der Gesellschafterliste[543] treffen nur die Gesellschafter. Die Aufnahme in die Liste befriedigt ausschließlich deren Interesse, da sie ohne Aufnahme keine Gesellschafterrechte gegenüber der GmbH geltend machen können. Wegen der verfahrensmäßigen Kompetenz der Geschäftsführung haben die Gesellschafter nur die Möglichkeit, durch Mitteilung das Änderungsverfahren zu eröffnen und durch Nachweis auf den Verlauf Einfluss zu nehmen. Ihr Interesse wird aber so nicht vollends befriedigt, wenn eine Eintragung trotzdem unterbleibt oder falsch vorgenommen wird. Haben die Gesellschafter ihren Beitrag, Mitteilung und Nachweis, erbracht, so muss ihnen hieraus ein Anspruch darauf zustehen, dass auch das sich hieran anschließende Verfahren seitens der Gesellschaft, vertreten durch die Geschäftsführung, ordnungsgemäß durchgeführt wird. Würde man dies anders sehen, so hieße dies, Mitteilungs- und Nachweispflichten der Gesellschafter zu statuieren, die selbst wenn sie erfüllt werden, keine Rechtswirkungen zeitigen. Mit anderen Worten würden die Gesellschafter einem Untätigbleiben der Geschäftsführung rechtlos gegenüberstehen.

Fraglich bleibt nur, wem dieser Anspruch, der also aus Mitteilung und Nachweis abzuleiten ist, zusteht. Die Regierungsbegründung vertritt, der Anspruch stehe dem eintretenden Gesellschafter zu.[544] Für einen Fall der Erbfolge lässt sich dem folgen, wenn auch terminologisch kein Eintritt vorliegt, sondern eine Gesamtrechtsnachfolge. Dennoch gehen hier Mitteilung und Nachweis vom Erben aus, weswegen der Anspruch auch in dessen Person besteht. Betrachtet man die anderen denkbaren Fälle, nämlich Teilung und Zusammenlegung des Geschäftsanteils, existiert kein eintretender Gesellschafter. Im Falle der Teilung eines Geschäftsanteils (§ 46 Nr. 4 GmbHG) bleibt der bisherige Gesellschafter Inhaber des neuen Geschäftsanteils. Werden verschiedene Geschäftsanteile zusammengelegt (§ 46 Nr. 4 GmbHG) führt auch dies nicht zum Eintritt eines neuen Gesellschafters, vielmehr bleibt der bisherige Inhaber Gesellschafter, nunmehr mit in der Anzahl reduzierten Geschäftsanteilen. Sieht man aber den eigentlichen Grund für den Anspruch auf Listeneinreichung in Mitteilung und

---

542 4. Kap. B. VIII. 2. c) dd).

543 Allgemein hierzu: 4. Kap. B. III.

544 Regierungsbegründung, BT-Drs. 16/6140, S. 38 linke Spalte.

Nachweis, folgt hieraus, dass bei Teilung und Zusammenlegung dem bisherigen Gesellschafter der Anspruch zusteht, da Mitteilung und Nachweis von diesem als alleine Betroffenen zu erfolgen haben. Im Fall der „sich kreuzenden Listen“[545] und des späteren Unwirksamwerdens[546] scheint es nicht von Mitteilung und Nachweis abzuhängen, ob eine aktualisierte Gesellschafterliste eingereicht wird. Dem wäre aber nur unter der Prämisse zuzustimmen, dass ein allgemeines Berichtigungsrecht der Geschäftsführung anzuerkennen ist und sie bereits hieraus die Gesellschafterliste korrigieren könnte. Da ein solches aber nicht besteht[547] und eine Veränderung des Gesellschafterbestandes ohne notarielle Mitwirkung vorliegt, ist die Zuständigkeit der Geschäftsführung aus § 40 Abs. 1 GmbHG eröffnet, die Mitteilung und Nachweis voraussetzt. Mithin bleibt festzuhalten, dass ein Anspruch auf Einreichung einer aktualisierten Liste für denjenigen besteht, der als Gesellschafter die Veränderung mitteilt und nachweist.

Im Ergebnis hat somit der zu Unrecht nicht in der Gesellschafterliste aufgeführte Gesellschafter einen Anspruch gegen die GmbH, dass eine Gesellschafterliste eingereicht wird, die ihn mit dem richtigen Umfang seiner Beteiligung als Gesellschafter ausweist.

(2) Anspruch auf Einreichung aus einem gesetzlichen Schuldverhältnis

Weil der soeben diskutierte Anspruch nur einem zu Unrecht nicht in der Liste aufgeführten Gesellschafter zusteht, bleibt fraglich, ob auch der zu Unrecht noch in der Liste verlautbarte ehemalige Gesellschafter gegen die GmbH vorgehen kann.

Nach Ansicht der Regierungsbegründung besteht zwischen GmbH und Alt- und Neugesellschafter wegen des Anteilserwerbs ein gesetzliches Schuldverhältnis, aus welchem beiden Gesellschaftern ein Anspruch auf unverzügliche Aktualisierung der Gesellschafterliste erwachse.[548] Diese Meinung wird auch in der Literatur geteilt.[549]

Dass ein Schuldverhältnis oder eine Sonderrechtsbeziehung zwischen Verband und einzelnen Mitglied besteht, ist heute weitgehend anerkannt.[550] Hieraus werden vor allem Loyalitätspflichten und Schadenersatzansprüche zwischen Gesellschaft und Gesellschafter abgeleitet. Die eigentliche Rechtfertigung hierfür findet sich in der Mitgliedschaft als Rechtsverhältnis. Existiert damit eine Sonderverbindung zwischen GmbH und dem einzelnen Mitglied, können sich hie-

545 Siehe hierzu: 4. Kap. B. VII. 3.
546 Siehe hierzu: 4. Kap. B. VII. 3.
547 Ausführlich hierzu: 4. Kap. B. VIII. 2.c) dd).
548 Regierungsbegründung, BT-Drs. 16/6140, S. 38 linke Spalte.
549 *Wicke*, GmbHG, § 40 Rdnr. 18; Ring/Grziwotz/*Westphal*, GmbH-Recht, § 40 Rdnr. 22; *Gehrlein*, Konzern 2007, 771, 791; *Hasselmann*, NZG 2009, 486, 489.
550 Wiedemann, Gesellschaftsrecht I, § 2 I 1 b) bb); Schmidt, Gesellschaftsrecht, insbes. § 19 III 1; *Lutter*, AcP 180 (1980), 84, 122; *Henzler*, Haftung, S. 99 mwN in FN 423; zusammenfassend aber kritisch hierzu: *Weber*, Treubindungen, § 5 I 2 c).

raus nicht nur Sekundärrechte ergeben, sondern auch primäre Erfüllungsansprüche. Dies zeigt sich namentlich im Bereich der Treubindung, wo wechselseitig zwischen GmbH und Gesellschafter verlangt werden kann, Treuepflichten zu erfüllen. Dies zugrunde gelegt, ist der Regierungsbegründung auch in diesem Ansatz zu folgen. Mithin besteht damit für Alt- und Neugesellschafter die Möglichkeit, gegen die Gesellschaft klageweise und damit auch im Wege des einstweiligen Rechtsschutzes vorzugehen, wenn sie noch oder noch nicht in der Gesellschafterliste aufgenommen wurden.

Nach *Bednarz*[551] ist ein solcher primärrechtlicher Anspruch äußerst zweifelhaft, da sich der Gesetzgeber bewusst dafür entschieden habe, einen sekundärrechtlichen Schadenersatzanspruch ausdrücklich in § 40 Abs. 3 GmbH zu statuieren. Für die Kritik von *Bednarz* spricht eine Formulierung in den Gesetzesmaterialien[552] im Zusammenhang mit dem Anspruch aus einem gesetzlichen Schuldverhältnis, wonach ein sich hieraus ergebender Schadenersatzanspruch in § 40 Abs. 3 GmbHG ausdrücklich fixiert werde. Damit gehen die Gesetzesmaterialien scheinbar davon aus, dass es sich inhaltlich um denselben Anspruch handelt. Dem zu folgen hieße aber, die Schuldnerpositionen der Schadenersatzansprüche und damit auch diejenige des primären Erfüllungsanspruchs zu verwechseln. Das gesetzliche Schuldverhältnis besteht nur zwischen GmbH und Gesellschafter und nicht auch zwischen Geschäftsführung und Gesellschafter. Geht damit ein Gesellschafter aus diesem Verhältnis vor, so richtet sich der Anspruch gegen die Gesellschaft.[553] Ein vertragliches Verhältnis zwischen Geschäftsführung und jeweiligem Gesellschafter besteht hingegen nicht.[554] Daher betreffen der Erfüllungsanspruch und ein hieran anknüpfender Sekundäranspruch gegen die Gesellschaft und der Anspruch aus § 40 Abs. 3 GmbHG von vorneherein zwei unterschiedliche Schuldner. Dies zeigt sich gerade dann, wenn der Gesellschafter wegen der unterlassenen Eintragung Schadenersatzansprüche geltend machen will. Er kann gegen die Gesellschaft wegen Verletzung des gesetzlichen Schuldverhältnisses vorgehen und zudem aus § 40 Abs. 3 GmbHG gegen die Geschäftsführung wegen Verletzung der Pflicht aus § 40 Abs. 1 GmbHG. Hieraus ergibt sich, dass aus der gesetzlichen Regelung des Schadenersatzanspruchs gegen die Geschäftsführung nicht abgeleitet werden kann, das Gesetz schließe einen primären Erfüllungsanspruch gegenüber der Gesellschaft aus. Vielmehr sorgt § 40 Abs. 3 GmbHG dafür, dass bei Verletzung der Einreichungspflicht die Haftung der Gesellschaft unmittelbar auf die Geschäftsführung ausgedehnt wird und im Ergebnis zwei Schuldner gegenüber dem Gesellschafter als Gläubiger existieren.

---

551 *Bednarz*, BB 2008, 1854, 1857.

552 Regierungsbegründung, BT-Drs. 16/6140, S. 38 linke Spalte.

553 Vgl. hierzu allgemein: *Lutter*, AcP 180 (1980), 84, 140 ff.

554 *Grunewald*, Die Gesellschafterklage, S. 97.

ff) Zusammenfassung

Das System des § 40 Abs. 1 GmbHG ordnet die verfahrensmäßige Kompetenz, eine aktualisierte Gesellschafterliste einzureichen, der Geschäftsführung zu, wenngleich die Liste ausschließlich die Interessen der Gesellschafter betrifft. Diese stehen dem aber nicht schutzlos gegenüber. Die Gesellschafter können mittelbar über das Registergericht gemäß § 388 Abs. 1 FamFG auf die Geschäftsführung einwirken, eine aktualisierte Gesellschafterliste einzureichen. Zudem hat der Gesellschafter, der eine wirksame Veränderung mitteilt und nachweist, einen Anspruch gegen die Gesellschaft, dass eine aktualisierte Liste eingereicht wird. Schließlich haben eintretender und austretender Gesellschafter kraft eines gesetzlichen Schuldverhältnisses einen gleichgerichteten Anspruch gegen die GmbH. Den Gesellschaftern stehen damit Wege offen, ihre Eintragung in der Gesellschafterliste zu erreichen, obwohl ihnen hierzu die unmittelbare Kompetenz fehlt.

Dieses Ergebnis ist auch aus Wertungsgesichtspunkten überzeugend, da hiermit dem Beteiligten, dessen Hauptinteresse es ist, in der Gesellschafterliste zu erscheinen oder nicht mehr zu erscheinen, neben dem nur gutgläubigen Erwerb verhindernden Widerspruch auch maximal drei Vorgehensweisen zur Verfügung stehen, aktiv eine Listenänderung zu erreichen. Weil die Ansprüche entsprechend § 67 AktG und aus dem Schuldverhältnis auch klageweise und damit im Wege des einstweiligen Rechtsschutzes durchsetzbar sind, ist aus Sicht der Gesellschafter das fehlende Einreichungsrecht kompensiert.

3. Flankierende Pflichten der Geschäftsführung

Ist eine wirksame Veränderung innerhalb der Zuständigkeit der Geschäftsführung eingetreten, etwa die Teilung eines Geschäftsanteils gemäß § 46 Nr. 4 GmbHG, und der Geschäftsführung mitgeteilt und nachgewiesen, bestehen abgesehen von der Prüfung[555] der Veränderung und der Einreichung einer neuen Liste zum Handelsregister keine weiteren Pflichten der Geschäftsführung. Diese hat keine gesetzliche Pflicht, die Gesellschafter zu informieren, dass eine neue Gesellschafterliste eingereicht wurde oder welchen Inhalt die neue Gesellschafterliste hat.[556] Vorschläge aus der Literatur, wonach die Geschäftsführung zumindest einmal jährlich die Gesellschafter über den aktuellen Listenstand zu informieren hätte[557], wurden nicht im Gesetz aufgenommen. Zudem ist die Geschäftsführung gesetzlich nicht verpflichtet, zu überprüfen, ob die aktualisierte Gesellschafterliste ordnungsgemäß in das Handelsregister aufgenommen worden ist.[558] Derartige Kontroll- und Informationspflichten können nur in der Satzung oder dem Anstellungsvertrag statuiert werden. Ohne diesbezügliche Vereinba-

555 Allgemein zur Prüfungspflicht der Geschäftsführung: 4. Kap. B. VIII. 2. b).

556 Statt aller: *Mayer*, ZIP 2009, 1037, 1044.

557 *Heckschen*, DStR 2007, 1442, 1450.

558 *Wachter*, ZNotP 2008, 378, 386.

rung haben die Gesellschafter selbst zu überprüfen, ob eine richtige Liste eingereicht und im Handelsregister aufgenommen wurde. Auch hierin zeigt sich wieder, dass die gesetzliche Regelung des § 40 Abs. 1 GmbHG nur die verfahrensmäßige Abwicklung der Gesellschafterliste der Geschäftsführung zuweist und die Gesellschafter selbst für die Gesellschafterliste als deren Herren verantwortlich sind.[559]

IX. Die Gesellschafterliste des § 40 Abs. 2 GmbHG

Eine grundlegende Neuerung zum bisherigen Recht stellt es dar, dass der Notar stärker in die Aktualisierung der Gesellschafterliste eingebunden ist. Musste der Notar bislang nur bei Anteilsabtretungen eine Veränderungsanzeige gemäß § 40 Abs. 1 Satz 2 GmbHG a.F. an das Registergericht übersenden, so trifft ihn nunmehr die ausschließliche Kompetenz[560] eine aktualisierte Gesellschafterliste einzureichen, wenn er an einer beliebigen zugrunde liegenden Veränderung[561] mitgewirkt[562] hat.

1. Die qualifizierte Gesellschafterliste des Notars

Inhaltlich bestehen zwischen der Gesellschafterliste der Geschäftsführung und der des Notars keine Unterschiede. Dennoch stellt die notarielle Gesellschafterliste im Vergleich zur der gemäß § 40 Abs. 1 GmbHG eine qualifizierte dar, da den Notar weiterreichende Pflichten als die Geschäftsführung treffen.

a) Die notarielle Informationspflicht

§ 40 Abs. 2 Satz 1 GmbHG a.E. statuiert die notarielle Pflicht, eine Abschrift der geänderten Liste an die GmbH zu übermitteln. Hierdurch wird sichergestellt, dass die nicht notwendig an der Veränderung beteiligte Gesellschaft von der Veränderung Kenntnis erhält. Rechtswirkungen begründet die Abschrift hingegen nicht, da das Regelungssystem der §§ 16, 40 GmbHG nur an die zum Handelsregister eingereichte Gesellschafterliste anknüpft.

b) Die Notarbescheinigung

Gemäß § 40 Abs. 2 Satz 2 GmbHG hat der Notar die einzureichende Gesellschafterliste mit einer notariellen Bescheinigung zu versehen. Inhaltlich muss diese angeben, dass die geänderten Eintragungen denjenigen entsprechen, an denen er mitgewirkt hat, und die übrigen Eintragungen mit dem Inhalt der zuletzt im Handelsregister aufgenommen Gesellschafterliste übereinstimmen. Im vorliegend interessierenden Zusammenhang ergeben sich aus der Notarbescheinigung, abgesehen von sich hieran anschließenden Prüfungspflichten[563], keine

---

559 Vgl. 4. Kap. B. VIII. 2.
560 Siehe hierzu ausführlich: 4. Kap. B. VII. 2.
561 Siehe hierzu: 4. Kap. B. VI. 2. a).
562 Siehe hierzu: 4. Kap. B. VII. 2.
563 Zu den notariellen Prüfungspflichten ausführlich: 4. Kap. B. IX. 3.

Rechtswirkungen. Im Rahmen des § 16 GmbHG kommt es jeweils nur auf die zum Handelsregister aufgenommene Gesellschafterliste an, nicht hingegen auf die Notarbescheinigung. Diese selbst zeitigt damit keinerlei Redlichkeitsschutz oder ist Grundlage einer Fiktion.[564] Der Gesetzgeber will durch die Bescheinigung die Richtigkeitsgewähr der Gesellschafterliste erhöhen[565], verkennt dabei allerdings, dass die Richtigkeitsgewähr durch die Prüfungspflichten des Notars begründet wird und nicht durch deren schriftlichen Bestätigung. Unterlaufen dem Notar diesbezüglich Fehler, setzen sich diese in der Bestätigung fort. Die Notarbescheinigung selbst sagt damit über die Richtigkeit der Liste abstrakt nichts aus. Vielmehr ergibt sich die Richtigkeitsgewähr aus der Beteiligung des Notars an sich.[566]

2. Der Begriff des Notars

Vor dem 01.11.2008 traf die Pflicht, eine Notaranzeige an das Registergericht zu übersenden, nach allgemeiner Auffassung nur einen inländischen Notar.[567] Für die Neuregelung des § 40 Abs. 2 GmbHG vertritt die weit überwiegende Meinung, auch hier richte sich die Einreichungspflicht, die dogmatisch eine Steigerung der Änderungsmitteilung darstellt, nur an inländische Notare.[568]

Dem ist auch zuzustimmen, da es sich bei der Einreichungspflicht um eine dem Territorialprinzip unterliegende öffentlich-rechtliche Amtspflicht deutscher Notare handelt[569], die somit nicht für ausländische Notare Geltung beanspruchen kann. Eine Gegenansicht argumentiert, die Einreichungspflicht folge als vertragliche Nebenpflicht aus dem mit dem ausländischen Notar bestehenden Vertragsverhältnis[570], da sich dieser durch die Beurkundung immanent dem deutschen Gesellschaftsrecht unterwerfe und ihn so dessen Pflichten träfen. Diese Ansicht verkennt aber den öffentlich-rechtlichen Charakter der Einreichungspflicht, welcher durch Privatvereinbarung nicht begründet werden kann. Zudem ist häufig mangels ausdrücklicher oder konkludenter Rechtswahl gemäß Art. 3 Abs. 1 VO (EG) Nr. 593/2008[571], der Anwendungsbereich des Art. 4 VO (EG) Nr.

---

564 *Mayer*, ZIP 2009, 1037, 1049 mwN.

565 Regierungsbegründung, BT-Drs. 16/6140, S. 44 rechte Spalte.

566 In diese Richtung auch: *Hasselmann*, NZG 2009, 486, 492 mwN.

567 Siehe nur: Scholz/*Schneider*, GmbHG, § 40 Rdnr. 25. So auch bereits die Regierungsbegründung zum Entwurf eines Gesetzes zur Neuregelung des Kaufmanns- und Firmenrechts und zur Änderung anderer handels- und gesellschaftsrechtlicher Vorschriften (Handelsrechtsreformgesetz) vom 29.08.1997, BT-Drs. 13/8444 S. 80, linke Spalte, zur Änderung des § 40 GmbHG in dessen bis zum 31.10.2008 geltenden Fassung.

568 Siehe nur: *Bednarz*, BB 2008, 1854, 1859; *Mayer*, ZIP 2009, 1037, 1046 jeweils mwN.

569 So auch: *Saenger/Scheuch*, BB 2008, 65, 67; *Bednarz*, BB 2008, 1854, 1859.

570 *Rau*, DStR 2006, 1892, 1895; *Zöllner* in: VGR, Die GmbH-Reform in der Diskussion, 175, 180 f.

571 Verordnung (EG) Nr. 593/2008 des europäischen Parlaments und des Rates vom 17.07.2008 über das auf vertragliche Schuldverhältnisse anzuwendende Recht (Rom I), ABl.

593/2008[572] eröffnet. Ordnet man den Notarvertrag als Dienstleistungsvertrag im Sinne des Art. 4 Abs. 1 b) VO (EG) Nr. 593/2008 ein, so ist das anzuwendende Recht das Recht des Staates des gewöhnlichen Aufenthalts des Notars. Der Ort des gewöhnlichen Aufenthalts bestimmt sich nach Art. 19 VO (EG) Nr. 593/2008. Da der Notar in Ausübung seiner beruflichen Tätigkeit handelt und seine Hauptniederlassung im Ausland hat, führt dies zur Anwendung des ausländischen Rechts. Aber auch wenn der Notarvertrag nicht als Dienstleistungsvertrag angesehen wird, ändert dies nichts am Ergebnis. Gemäß Art. 4 Abs. 2 VO (EG) Nr. 593/2008 bestimmt sich das anwendbare Recht nach dem Recht des Staates des gewöhnlichen Aufenthalts der Partei, die die charakteristische Vertragsleistung erbringt. Unter der charakteristischen Leistung wird – wie bei § 28 Abs. 2 EGBGB[573] – diejenige verstanden, die den Vertrag von anderen Verträgen unterscheidet und im Rahmen von Verträgen, bei denen sich Naturalleistungen und Geldleistungen gegenüberstehen, auf die Naturalleistung abgestellt.[574] Demgemäß liegt die charakteristische Leistung in der Beurkundung des Notars.[575] Die Anwendbarkeit des ausländischen Rechtes wird auch nicht durch die Ausweichklausel des Art. 4 Abs. 3 VO (EG) Nr. 593/2008 abgeändert. Dies wäre nur der Fall, wenn der Notarvertrag eine offensichtlich engere Verbindung zum deutschen Recht aufwiese. Die Frage der engsten Verbindung lässt sich anhand der zu § 28 Abs. 1 EGBGB anerkannten Kriterien entscheiden.[576] Es muss also ermittelt werden, in welcher Rechtsordnung der Vertrag bei Würdigung aller Umstände des Einzelfalls seinen Schwerpunkt hat.[577] Geht man hiervon aus, liegt die engste Verbindung zum Rechtsstatut des Notarsitzes vor, da die Parteiinteressen hierauf gerichtet sind. Für den Notar ergibt sich dies, weil er bei seiner Tätigkeit von Amts wegen seinem Heimatrecht unterliegt und damit dieses Recht erfüllen muss und auch erfüllen will. Dem Gesellschafter kommt es darauf an, keinem deutschen Recht zu unterliegen, da er die (vermeintlichen) Vorteile des ausländischen Rechts, etwa geringere Notarkosten, ausnutzen will. Daher liegt bei ausländischen Beurkundungen regelmäßig ausländisches Recht zugrunde, was dazu führt, dass es sich beim Begriff der „immanenten Unterwer-

---

L 177, S. 6, anwendbar auf Verträge, die nach dem 17.12.2009 geschlossen werden gemäß Art. 28 VO (EG) Nr. 593/2008. Für Verträge, die vor dem 17.12.2009 geschlossen wurden, ergab sich die Möglichkeit der freien Rechtswahl aus § 27 Abs. 1 EGBGB, der weitgehend inhaltsgleich der VO formulierte.

572 Für vor dem 17.12.2009 geschlossene Verträge findet sich die für den hier interessierenden Zusammenhang weitgehend inhaltsgleiche Regelung in § 28 EGBEB.

573 PWW/*Brödermann/Wegen*, Art. 4 Rom I Rdnr. 18.

574 MünchKommBGB/*Martiny* Art. 28 EGBGB Rdnr. 33.

575 Dies räumt wohl auch *Rau*, DStR 2006, 1892, 1893 FN 15 teilweise ein, wenn er die Anwendung des § 28 Abs. 2 EGBGB als „zweifelhaft“ bezeichnet ohne aber näher hierauf einzugehen.

576 PWW/*Brödermann/Wegen*, Art. 4 Rom I Rdnr. 20.

577 Vgl. MünchKommBGB/*Martiny* Art. 28 EGBGB Rdnr. 7.

fung" seitens des Notars nur um eine leere Begrifflichkeit handelt, die an der gesetzlichen Ausgangslage nichts ändern kann.[578] Eine rein vertraglich begründete Einreichungspflicht ist zudem auch nicht mit der gesetzlichen Anordnung derselben qualitativ vergleichbar. Leidet das Vertragsverhältnis an einem zur Unwirksamkeit des Vertrages führenden Mangel, wäre es nicht möglich, hieraus notarielle Pflichten abzuleiten, obwohl die Abtretung selbst wirksam wäre. Dieser Zusammenhang besteht aber bei einer gesetzlich angeordneten Pflicht nicht, da der Notar unabhängig vom Notarvertrag zur Einreichung verpflichtet ist, wenn die Veränderung wirksam geworden ist. Das vertragliche Konzept droht also an seiner eigenen Prämisse, dem Vertrag, in Einzelfällen zu scheitern. Auch die Intention des Gesetzgebers spricht für dieses Ergebnis, da dieser durch die stärkere Einbindung der Notare die Richtigkeitsgewähr der Gesellschafterliste erhöhen wollte, welche bei Mitwirkung ausländischer Notare nicht notwendigerweise in vergleichbarer Qualität erreicht werden kann.

Hiervon ist die Frage zu trennen, ob ein ausländischer Notar zumindest befugt ist, eine aktualisierte Gesellschafterliste zum Handelsregister einzureichen. Dies wird teilweise in der Literatur bejaht, wenn der ausländische Notar im Sinne der BGH-Rechtsprechung zur Auslandsbeurkundung[579] als einem deutschen Notar gleichwertig anzusehen ist.[580] Es wird argumentiert, dass es nur folgerichtig sei, wenigstens eine Befugnis anzunehmen, wenn bereits die Auslandsbeurkundung zugelassen würde. Andere Autoren lehnen hingegen selbst eine Befugnis des ausländischen Notars ab, da dieser nicht vom Normbefehl des § 40 Abs. 2 GmbHG erfasst sei.[581]

Richtigerweise ist der letztgenannten Auffassung zuzustimmen. Gegen die erste Meinung spricht, dass es zweifelhaft ist, ob nach geltendem Recht eine Auslandsbeurkundung überhaupt noch zulässig ist.[582] Insbesondere will auch der Gesetzgeber Lücken im Recht des GmbHG durch die Neuregelungen schließen und bezeichnet die Auslandsbeurkundung als derartige Lücke.[583] Aber ähnlich wie bei der Frage der Pflicht des ausländischen Notars widerspräche auch nur eine Befugnis dem gesetzgeberischen Ziel, durch die notarielle Beteiligung die Richtigkeitsgewähr der Gesellschafterliste zu erhöhen, da nicht davon ausge-

---

578 So im Ergebnis auch: *Leeser*, Gutgläubiger Erwerb, S. 71 f. nur unter dem Blickwinkel des EGBGB.

579 BGH, Beschluss vom 16.02.1981, Az. II ZB 8/80, BGHZ 80, 76, 78 ff.; BGH, Urteil vom 22.05.1989, Az. II ZR 211/88, NJW-RR 1989, 1259, 1261.

580 *Gottschalk*, DZWIR 2009, 45, 49; *Bednarz*, BB 2008, 1854, 1859 jeweils mwN.

581 Heckschen/*Heidinger*, Die GmbH (2009), § 13 Rdnr. 364; *Böhringer* BWNotZ 2008, 104, 110.

582 Siehe hierzu zusammenfassend: *Wicke*, GmbHG, § 15 Rdnr. 20; *Saenger/Scheuch*, BB 2008, 65, 66 ff.; *Berger/Kleissl*, DB 2008, 2235, 2238 ff.

583 Regierungsbegründung, BT-Drs. 16/6140, S. 37 rechte Spalte.

gangen werden kann, dass der ausländische Notar im deutschen Recht als regelmäßig ebenbürtig mit einem deutschen Notar anzusehen ist.[584]

Mit dem Argument des fehlenden Normbefehls an den ausländischen Notar lässt sich aber auch die hier vorgezogene Meinung nicht begründen, da sie die Ebenen der Pflicht und der Befugnis vermengt. Die fehlende Geltungskraft des § 40 Abs. 2 Satz 1 GmbHG kann nur dazu führen, eine Einreichungspflicht für den ausländischen Notar zu verneinen, nicht aber auch eine fehlende Befugnis zu begründen. Dennoch spricht für diese Ansicht ein gesetzessystematisches Argument.[585] Dem geltenden GmbH-Recht ist die Situation bekannt, an einen ausländischen Notar eine Befugnis zu erteilen. So kann gemäß § 8 Abs. 3 Satz 2 HS 2 GmbHG auch ein ausländischer Notar eine Belehrung nach § 52 Abs. 2 BZRG durchführen. Hieraus lässt sich ableiten, dass dem Gesetzgeber eine Befugniserteilung an ausländische Notare bekannt ist und solange keine Befugnis erteilt ist, eine solche nicht angenommen werden kann. Weil aber in § 40 Abs. 2 GmbHG eine entsprechende Erteilung nicht angeordnet ist, besteht damit keine Befugnis des ausländischen Notars, eine aktualisierte Gesellschafterliste einzureichen. Muss damit der ausländische mitwirkende Notar keine aktualisierte Gesellschafterliste einreichen und hat er auch keine Befugnis hierfür und darf ein inländischer Notar keine Gesellschafterliste einreichen, weil er nicht an der im Ausland vollzogenen Veränderung mitgewirkt hat, liegt die Kompetenz hierzu gemäß der Grundnorm des § 40 Abs. 1 GmbHG bei der Geschäftsführung, da die lex specialis des § 40 Abs. 2 GmbHG nicht eingreift.

Im Ergebnis lässt sich damit unter dem Begriff des Notars im Sinne des § 40 Abs. 2 GmbHG nur ein inländischer Notar einordnen. Erfolgt eine Veränderung gemäß § 40 Abs. 1 GmbHG unter Mitwirkung eines ausländischen Notars, so trifft diesen weder die Pflicht noch hat er eine Befugnis, eine aktualisierte Gesellschafterliste zum Handelsregister einzureichen.

3. Die Prüfungspflichten des Notars

Für den mitwirkenden Notar bestehen bezogen auf die Liste der Gesellschafter zwei wesentliche Handlungsaufträge. Er hat unverzüglich nach Wirksamwerden der Veränderung eine neue Liste zum Handelsregister einzureichen (§ 40 Abs. 2 Satz 1 GmbHG) und die Liste mit der Notarbestätigung des § 40 Abs. 2 Satz 2 GmbHG zu versehen. Es existieren also zwei Anknüpfungspunkte für notarielle Prüfungspflichten

a) Prüfungspflichten bezüglich des Wirksamwerdens der Veränderung

Weil der Notar gemäß § 40 Abs. 2 Satz 1 GmbHG eine neue Gesellschafterliste unverzüglich nach Wirksamwerden der Veränderung einzureichen hat, muss er

584 Tendenziell in diese Richtung bereits: *Grunewald*/Gehling/Rodewig, ZIP 2006, 685, 687 f.

585 Siehe hierzu auch: *Berger/Kleissl*, DB 2008, 2235, 2239.

zuvor prüfen, ob die Wirksamkeit eingetreten ist. Ebenso wie im Rahmen des § 40 Abs. 1 GmbHG schweigt das Gesetz zur Frage der Prüfungsintensität.

Zunächst ließe sich vertreten, den Notar träfen dieselben Prüfungspflichten[586] wie die Geschäftsführung; mithin hätte nur eine Plausibilitätskontrolle zu erfolgen. Argumentativ ließe sich der Wortlaut des § 40 Abs. 2 Satz 1 GmbHG anführen, nachdem der Notar „anstelle" der Geschäftsführung tätig wird und somit in deren Rolle schlüpft. Hierbei würde verkannt, dass die eingeschränkte Prüfungspflicht der Geschäftsführung auf deren fehlende rechtliche Expertise zurückzuführen ist. Demgegenüber besteht eine rechtliche Kenntnis des Notars in hohem Maße. Auch ließe sich eine nur minimierte Prüfungspflicht nicht mit der gesetzlichen Intention vereinbaren, wonach die Beteiligung des Notars die Richtigkeitsgewähr der Gesellschafterliste erhöhen soll.[587] Daher wird allgemein zu Recht vertreten, der Notar dürfe eine aktualisierte Gesellschafterliste nur einreichen, wenn er überzeugt ist, dass eine Veränderung wirksam geworden ist.[588] Nur so wird die Richtigkeitsgewähr der Liste effektiv gesteigert, weil ein Notar beteiligt ist und der gesetzgeberische Wille erreicht. Hierfür spricht auch die Begründung, nach der ein Notar so lange keine neue Gesellschafterliste einreichen darf, bis Zweifel an der Wirksamkeit der Veränderung beseitigt sind.[589]

b) Die inhaltliche Ausgestaltung der notariellen Prüfung bezüglich des Wirksamwerdens

Für die notarielle Prüfung der Wirksamkeit einer Veränderung lassen sich zwei Grundsituationen unterscheiden:

Im einfachen Grundfall befindet sich der Notar in der „komfortablen" Situation, wegen der ihm vorliegenden Dokumente sofort sicher feststellen zu können, ob die Veränderung wirksam geworden ist oder nicht. Dieser Grundfall ist beispielsweise gegeben, wenn neben dem unbedingten Abtretungsvertrag keine Gründe bestehen, die einer sofort wirksamen Veränderung entgegenstehen. Dem Gesetzgeber scheint diese Situation vor Augen gewesen zu sein, wenn er ausführt, die Einreichung einer neuen Gesellschafterliste durch den Notar sei eine zeitgleich mit der Abtretung zusammenfallende Folgeformalie.[590] Hier bestehen bezüglich der inhaltlichen Ausgestaltung der Prüfung keinerlei Schwierigkeiten, da dem Notar die erforderlichen Tatsachen zur Verfügung stehen, um eine Veränderung beurteilen zu können.

Häufiger dürfte aber die Situation vorliegen, in der die Wirksamkeit einer Veränderung von zusätzlichen Erfordernissen abhängt. So steht z.B. in der Pra-

586 Siehe zu diesen Pflichten: 4. Kap. B. VIII. 2. b).
587 Regierungsbegründung, BT-Drs. 16/6140, S. 44 rechte Spalte.
588 *Wicke*, GmbHG, § 16 Rdnr. 15; *Tebben*, RNotZ 2008, 441, 452; *Mayer*, DNotZ 2008, 403, 411; *Wachter*, GmbHR Sonderheft Oktober 2008, 51, 57.
589 Regierungsbegründung, BT-Drs. 16/6140, S. 44 rechte Spalte.
590 Regierungsbegründung, BT-Drs. 16/6140, S. 44 linke Spalte.

xis eine Anteilsübertragung oft unter der aufschiebenden Bedingung der Kaufpreiszahlung. Ebenso finden sich überwiegend in Satzungen Vinkulierungen, sodass ein Anteilsübergang erst wirksam wird, wenn beispielsweise die Zustimmung aller Gesellschafter gegeben wurde. Auch ist es denkbar, dass die Wirksamkeit einer Abtretung von einer behördlichen Genehmigung, z.B. einer Kartellfreigabe, abhängt. Schließlich kann die Wirksamkeit des Inhaberwechsels erst nach Zustimmung dritter Personen wirksam werden, wie beispielsweise im Falle des § 1365 BGB. Hier ist fraglich, wie der Notar die spätere Wirksamkeit der Veränderung überprüfen und zur Überzeugung gelangen kann, sie sei wirksam geworden. Dazu bedarf der Notar Kenntnis von der später eintretenden Wirksamkeit und Beweise, auf die er seine Überzeugung stützen kann. Wie aber oben gezeigt, bestehen keine notariellen Auskunftsansprüche gegenüber den Beteiligten, wonach diese ihm die erforderlichen Tatsachen mitzuteilen hätten.[591] Der Notar ist damit darauf angewiesen, dass ihm die Informationen freiwillig von den Beteiligten mitgeteilt werden.[592] Unterbleibt eine freiwillige Mitteilung, weichen formelle und materielle Rechtslage voneinander ab. Insoweit haben es auch bei Mitwirkung eines Notars zum Teil die Gesellschafter in der Hand, den Zeitpunkt zu bestimmen, ab dem eine Veränderung in der Gesellschafterliste verlautbart wird. Vor dem Hintergrund der gesetzlichen Ziele, Transparenz über die Anteilsstruktur und einen Rechtsscheinträger mit hoher Richtigkeitsgewähr zu schaffen, stellt dies ein unbefriedigendes Ergebnis dar.

c) Prüfungspflichten wegen der Notarbescheinigung

Weil der Notar gemäß § 40 Abs. 2 Satz 2 GmbHG bestätigen muss, dass die erfolgten Eintragungen den Veränderungen entsprechen, an denen er mitgewirkt hat, und die übrigen Eintragungen mit dem Inhalt der Vorgängerliste übereinstimmen, ist fraglich, ob sich auch aus dieser doppelten Bestätigungspflicht Prüfungspflichten für den Notar ableiten lassen.

Bezüglich der erst genannten Pflicht vertritt *Apfelbaum*[593] ohne Begründung, der Notar habe das Wirksamwerden der Veränderung zu bestätigen und unterstellt damit eine diesbezügliche Prüfungspflicht. Insoweit hätte der Notar wegen § 40 Abs. 2 Satz 2 GmbHG die Wirksamkeit der Veränderung zu überprüfen. Andere Autoren sprechen sich hingegen dafür aus, dass der Notar die Wirksamkeit der Veränderung alleine wegen der Bestätigungspflicht nicht zu überprüfen habe.[594] Hier kann nur der zuletzt genannten Ansicht gefolgt werden. Der Wort-

591 Vgl. 4. Kap. B. VII. 3.

592 Aus diesem Grunde wird aus kautelarrechtlicher Sicht vorgeschlagen, dass bereits im Notarvertrag sichergestellt wird, dass der Notar seitens der Beteiligten die notwendigen Mitteilungen und Nachweise erhält, z.B. *Tebben*, RNotZ 2008, 441, 452 und den Formulierungsvorschlag von *Wachter*, ZNotP 2008, 378, 391.

593 *Apfelbaum*, BB 2008, 2470, 2473.

594 *Hasselmann*, NZG 2009, 486, 492 mwN.

laut des § 40 Abs. 2 Satz 2 GmbHG verpflichtet den Notar nur, das Übereinstimmen der geänderten Eintragungen mit den unter seiner Mitwirkung eingetretenen Veränderung zu bestätigen. Ersichtlich geht es dem Gesetz darum sicherzustellen, dass diesbezüglich Gleichklang herrscht. Hierfür ist es aber grundsätzlich unbeachtlich, ob die Veränderung tatsächlich wirksam geworden ist. Auch besteht kein Bedürfnis für eine erneute Prüfung der Wirksamkeit, da der Notar eine solche bereits durchgeführt hat, weil er ansonsten keine neue Liste einreichen würde, an die die Notarbescheinigung als Annex angehängt ist. Schließlich würde es auch keinen Sinn machen dem Notar eine doppelte Prüfung abzuverlangen, da er jeweils zum selben Ergebnis kommen wird. Daher hat der Notar nur die Übereinstimmung zu bestätigen, nicht hingegen die Wirksamkeit der Veränderung. Eine unmittelbare Aussage zur Wirksamkeit der Veränderung enthält nur die Gesellschafterliste selbst, nicht aber die notarielle Bestätigung.

Bei der zweiten Bestätigungspflicht hat der Notar eine eingeschränkte Prüfungspflicht.[595] Er muss nur die Übereinstimmung der nicht geänderten Eintragungen der bisherigen Liste mit denjenigen in der neuen Gesellschafterliste prüfen. Ob diese Eintragungen der materiellen Rechtslage entsprechen, hat er hingegen nicht zu überprüfen. Hierfür lassen sich zwei Argumente anführen. Zunächst hat der Notar bereits faktisch keine Möglichkeit zu prüfen, ob jegliche Voreintragungen der materiellen Rechtslage entsprechen, da ihm hierfür erforderliches Wissen und Beweise nicht zugänglich sind. Zudem wäre eine solche Pflicht auch rein zeitlich nicht zu erfüllen und würde die Einreichung einer aktualisierten Gesellschafterliste verzögern.[596] Für dieses Ergebnis spricht aber vor allem die Gesetzesentwicklung vom Referentenentwurf hin zur endgültigen Gesetzesfassung.[597] Gemäß § 40 Abs. 1 Satz 3 GmbHG-RefE musste der Notar in der Bescheinigung zusätzlich bestätigen, „dass (...) aus den ihm vorliegenden Unterlagen nichts ersichtlich ist, was die Richtigkeit der Liste in Frage stellt“.[598] Hiermit wäre verbunden gewesen, dass der Notar auch bei Anhaltspunkten aus den Unterlagen die Richtigkeit der Vorliste hätte überprüfen müssen.[599] Da diese Anforderung aber bereits im Regierungsentwurf nicht mehr vorhanden war, lässt sich ableiten, dass der Notar nur noch die Übereinstimmung der Voreintragungen mit der aktualisierten Liste zu überprüfen hat und sich auf die alten Eintragungen verlassen kann. Er hat damit die alte Gesellschafterliste hinsichtlich der nicht veränderten Eintragungen nur fortzuschreiben.

---

595 Allgemeine Meinung statt aller: *Mayer*, ZIP 2009, 1037, 1048.

596 Hierauf verweist auch: *Bednarz*, BB 2008, 1854, 1861.

597 Vgl. Heckschen/*Heidinger*, Die GmbH (2009), § 13 Rdnr. 353.

598 Referentenentwurf vom 29.05.2006, abgedruckt bei *Seibert*, MoMiG, S. 303 ff.

599 *Reichert* in: Bayer/Koch, Das neue GmbH-Recht, 29, 39; *Ziemons*, BB-Spezial 7 2006, 9, 11 spricht hierbei sogar von einer „Vollprüfung“.

X. Abschließende Betrachtung der neuen Gesellschafterliste

Der Systemwechsel von der Gesellschafterliste der alten Form, die keine wirklichen Rechtswirkungen entfalten konnte[600], hin zu einem Rechtsscheinträger einerseits im Verhältnis zwischen GmbH und Gesellschafter gemäß § 16 Abs. 1 GmbHG und andererseits für gutgläubigen Erwerb gemäß § 16 Abs. 3 GmbHG muss sich an den eigenen, aber auch den verfassungsrechtlich vorgezeichneten Anforderungen messen lassen. Die eigenen Anforderungen formulieren die Gesetzesmaterialien dahingehend, dass vor allem Transparenz über die Anteilsstrukturen der GmbH geschaffen werden und durch die Neuregelung des § 40 GmbHG eine erhöhte Richtigkeitsgewähr eintreten solle.[601] Aus verfassungsrechtlicher Sicht muss sichergestellt sein, dass unter Anwendung des reinen Rechtsscheinprinzips nach Ablauf der Frist des § 16 Abs. 3 Satz 2 GmbHG eine hohe Richtigkeitsgewähr des Rechtsscheinträgers besteht, die ihrerseits auf eine strenge formelle Prüfung zurückzuführen ist.[602] Im Folgenden soll untersucht werden, ob diese Anforderungen erreicht werden können.

1. Die Transparenz

Eine wirkliche Transparenz in dem Sinne, dass für Dritte, insbesondere Gläubiger und potentielle Erwerber, aber auch die GmbH und deren Gesellschafter die Anteilsstrukturen erkennbar sind, setzt neben der Verlautbarung selbst, die die neue Gesellschafterliste leisten kann, zusätzlich voraus, dass die Verlautbarung aktuell ist. Ist dieses Erfordernis nicht erfüllt, kann Transparenz ihren Zweck nicht erfüllen, da es wenig hilft, wenn im Zeitpunkt, zu dem es auf die Erkennbarkeit der Anteilsstruktur ankommt, nicht sichergestellt ist, dass die formelle Rechtslage mit der aktuellen Rechtslage übereinstimmt, oder zumindest erkennbar ist, dass Gründe bestehen, wonach die formelle Rechtslage nicht der materiellen entsprechen könnte. Es fragt sich daher, ob die Gesellschafterliste in der neuen Form Aktualität ihrer Eintragungen leisten kann. Wenn ein Interesse der Gesellschafter besteht, die Aktualität der Gesellschafterliste zu behindern, sie die Aktualisierung beeinflussen können und bis dorthin eine Rechtsstellung erhalten können, die der eines formellen Gesellschafters stark angenähert ist, wäre dies nicht der Fall.

Interessen seitens der Gesellschafter, keine aktuellen Eintragungen in der Gesellschafterliste zu haben, lassen sich nicht von der Hand weisen. Insbesondere das Interesse, eine Beteiligung an einer GmbH zu verheimlichen, kann in verschiedenen Situationen und Intensitäten bestehen:

Der Erwerber einer GmbH bezweckt mit seiner Beteiligung, ein neues Geschäftsfeld zu eröffnen. Da er unsicher ist, ob das Engagement die erwarteten

600 Vgl. 4. Kap. A. I.

601 Regierungsbegründung, BT-Drs. 16/6140, S. 37 rechte Spalte und S. 43 rechte Spalte.

602 Vgl. 3. Kap. D. IV. 2. c) bb) (4).

Gewinne bringt, und befürchtet, bekanntwerdende Verluste auf diesem Gebiet könnten das Vertrauen von Geschäftspartnern und Gläubigern in sein Stammgeschäft und damit auch seinen guten Namen negativ beeinträchtigen, hat er ein großes Interesse, zunächst seine Beteiligung nicht offen legen zu müssen. Ebenso kann er ein Interesse daran haben, dass auch die Konkurrenz nichts von der Erweiterung seiner Geschäftstätigkeit erfährt.

Aber auch rein GmbH-interne Geheimhaltungsinteressen sind vorstellbar, wie folgendes Beispiel zeigt:

A, B und C halten jeweils einen Geschäftsanteil mit Nennbetrag 10.000 € an der Golfbedarf-GmbH, deren einziger Geschäftsführer C ist. Seit längerem ist das Verhältnis zwischen A und C zerrüttet, sodass A C gerne abberufen würde. Dies scheiterte bislang an den Mehrheitsverhältnissen und einem adäquaten Ersatz für den in der Branche als absoluten Experten anerkannten C. Im April 2010 bietet sich für A eine einmalige Gelegenheit: B gerät in finanzielle Schwierigkeiten und bietet A seinen Geschäftsanteil gegen sofortige Zahlung an. Zur gleichen Zeit erfährt A, dass D, bisheriger Geschäftsführer eines Konkurrenzunternehmens und ebenso anerkannt wie C, bereit wäre, ab Dezember die Geschäftsführung der Golfbedarfs-GmbH zu übernehmen. Die nächste Gesellschafterversammlung findet im Dezember 2010 statt. A befürchtet, C legte sein Amt nieder mit verheerenden Folgen für die GmbH, wenn er von der Mehrheitsbeteiligung des A erfährt.

Hier kann A sein Ziel, die Mehrheitsbeteiligung bis zur Gesellschafterversammlung vor C zu verheimlichen und somit dessen Amtsniederlegung vor Dezember zu verhindern, nur erreichen, wenn er bis zu diesem Zeitpunkt nicht in der Gesellschafterliste als Mehrheitsgesellschafter aufgeführt ist. Es besteht also aus seiner Sicht ein Bedürfnis, nicht in der Gesellschafterliste zu erscheinen.

Die zweite Voraussetzung ist ebenfalls gegeben, da die Gesellschafter den Zeitpunkt ihrer Eintragung in der Gesellschafterliste beeinflussen können. Im Rahmen des § 40 Abs. 1 GmbHG ist es zwar Aufgabe der Geschäftsführung, die Liste zu führen und bei Veränderungen eine aktualisierte Liste an das Gericht zu übermitteln. Dennoch ist die Geschäftsführung wegen § 40 Abs. 1 Satz 2 GmbHG stets auf Mitteilung und Nachweis der Veränderung seitens der Gesellschafter als Herren der Gesellschafterliste angewiesen.[603] Mit dieser Aufteilung geht einher, dass es die Gesellschafter selbst in der Hand haben, das Änderungsverfahren in Gang zu setzen und somit über § 40 Abs. 1 Satz 2 GmbHG den Zeitpunkt festlegen können, zu dem sie als Gesellschafter verlautbart werden, oder sogar die Eintragung der Veränderung vollends verhindern können, indem sie Mitteilung und Nachweis unterlassen. Im Ergebnis krankt damit die Neuregelung ähnlich der Vorgängerregelung an einer potentiell sogar dauerhaften Divergenz der formellen und materiellen Rechtslage. Zwar lässt sich hierge-

603 Ausführlich zu Mitteilung und Nachweis: 4. Kap. B. VIII. 2. a) und b).

gen einwenden, dass bei § 40 Abs. 1 GmbHG nicht die Situation eines unmittelbaren Inhaberwechsels – abgesehen von einer Gesamtrechtsnachfolge – eintreten kann. Aber es ist hier zu bedenken, dass bei einer Auslandsbeurkundung die Zuständigkeit für die Listeneinreichung bei der Geschäftsführung liegt[604] und daher auch bei § 40 Abs. 1 GmbHG das Interesse der Gesellschafter auf eine zumindest zeitweilige unrichtige Gesellschafterliste durchsetzbar ist.

Analog hierzu ist die Situation bei Mitwirkung eines Notars. Auch hier ist dieser – bei nicht sofortiger Wirksamkeit der Veränderung – auf die freiwillige Mitwirkung der Beteiligten angewiesen[605], weswegen hier der Zeitpunkt der Verlautbarung ebenso zur Disposition der Parteien steht. Diese Möglichkeit können sich die Beteiligten auch selbst eröffnen, indem sie die Wirksamkeit des Anteilsübergangs von der Kaufpreiszahlung, im Extremfall einen Tag nach der Abtretung, abhängig machen und diese dem Notar nicht oder erst später mitteilen.

Schließlich stehen den Gesellschaftern auch Mittel zur Seite, trotz § 16 Abs. 1 GmbHG die Stellung eines Quasigesellschafters ohne Aufnahme in die Liste zu erhalten. Die gesetzliche Logik geht davon aus, dass die Gesellschafter ein hohes Interesse daran haben, in der Gesellschafterliste eingetragen zu sein, da hiervon gemäß § 16 Abs. 1 GmbHG abhängt, ob sie im Verhältnis zur GmbH als Gesellschafter gelten und dieser gegenüber Rechte ausüben können. § 16 Abs. 1 GmbHG führt daher zu einem mittelbaren gesetzlichen Zwang für Gesellschafter, die eigene Aufnahme in die Gesellschafterliste zu betreiben. Dennoch hat ein Anteilsinhaber trotz dieses Zwangs die Möglichkeit, ohne in der Liste aufgenommen zu sein, eine einem Listengesellschafter ähnliche Position zu erreichen, muss gleichzeitig aber ein höheres Risiko eingehen.

Dafür muss er auf eine unechte bzw. Vollmachtstreuhand zurückgreifen.[606] Hierbei bleibt im Unterschied zur echten Treuhand der Treugeber Inhaber des Treugutes, hier des Geschäftsanteils, und ermächtigt den Treuhänder das Treugut zu verwalten[607], welcher somit Gewinnbezugsrechte geltend machen und das Stimmrecht ausüben kann.[608] Es finden die §§ 164 ff. BGB uneingeschränkt Anwendung.[609] Schließen Veräußerer und Erwerber einen unechten Treuhandvertrag und einen bedingten Abtretungsvertag, ohne die später eintretende Be-

---

604 Ausführlich hierzu: 4. Kap. B. IX. 2.

605 Vgl. 4. Kap. B. IX. 3.

606 Streitig ist hierbei, ob in die Vollmachtstreuhand als Treuhand eingeordnet werden kann, da der Treugeber Inhaber des Gutes bleibt vgl. *Larenz/Wolf*, AT § 46 Rdnr. 65. Für die rechtliche Bewertung macht dies aber keinen Unterschied, da es sich hier nur um eine begriffliche Einordnung handelt. Zur bejahten Zulässigkeit im GmbH-Recht siehe: *Reichert/Weller*, GmbH-Geschäftsanteil, § 15 Rdnr. 203.

607 Vgl. Erman/*Palm*, BGB, Vor § 164 Rdnr. 16.

608 *Leeser*, Gutgläubiger Erwerb, S. 67.

609 MünchKommBGB/*Schramm* Vor § 164 Rdnr. 37. Allgemein zur stets gegebenen Möglichkeit der Stellvertretung bei der Stimmabgabe: Scholz/*Schmidt*, GmbHG, § 47 Rdnr. 76 ff.

dingung an den Notar mitzuteilen oder unterlassen sie nach einer Auslandsbeurkundung Mitteilung und Nachweis an die Geschäftsführung, so ist wegen § 16 Abs. 1 GmbHG der Veräußerer weiterhin von der GmbH als Gesellschafter zu behandeln, da er nach wie vor in der Liste eingetragen ist. Er handelt aber unmittelbar wegen der Stellvertretung für den Erwerber, der materiellrechtlich Anteilsinhaber ist, nicht aber formell. Diese Konstruktion scheitert auch nicht an der fehlenden Offenkundigkeit, da diese vor allem dem Schutz des Geschäftspartners, hier also der Gesellschaft, dienen soll[610] und diese hinreichend über § 16 Abs. 1 GmbHG Schutz erfährt, da der Treuhänder Listengesellschafter ist. Dem Erwerber ist es somit möglich, über diese Konstruktion in Kombination mit einem Auftragsverhältnis eine Quasigesellschafterposition zu erhalten und mittelbar Zugriff auf Rechte und Pflichten eines Gesellschafters zu haben, ohne in der Gesellschafterliste eingetragen zu sein. Natürlich erhöht sich durch diesen Weg sein Risiko, da er stets auf die Person des Veräußerers vertrauen muss und angewiesen ist. Sieht er aber dieses Risiko als geringere Gefahr an als das (frühere) Bekanntwerden seiner Beteiligung, weil er sich größere Vorteile durch die Vollmachtstreuhand erhofft, wird sich der Erwerber für eine solche Konstruktion entscheiden. Als von wirtschaftlichem Kalkül geleiteter Teilnehmer am Geschäftsverkehr hängt für den Erwerber also das Interesse, in der Liste aufgenommen zu sein, davon ab, ob er notwendiges Vertrauen in seinen Treuhänder entwickeln kann. Gelingt ihm dies im ausreichenden Maß, besteht für ihn damit trotz § 16 Abs. 1 GmbHG kein Anlass, sich in die Gesellschafterliste eintragen zu lassen.

Im Ergebnis bleibt daher festzuhalten, dass auch die Gesellschafterliste in ihrer neuen Form eine wirkliche Aktualität nicht stets leisten kann, da die Gesellschafter diese mit Hilfe der Vollmachtstreuhand unterlaufen können und auch ausgemachte Interessen bestehen, hierauf zurückzugreifen. Das gesetzgeberische Ziel, Transparenz zu erreichen, ist damit nicht hinreichend erfüllt.

2. Richtigkeitsgewähr

Vermag die konzeptionelle Neuausrichtung der Gesellschafterliste bereits bezüglich der selbst angestrebten Erhöhung der Transparenz nicht zu überzeugen, setzt sich diese Bewertung hinsichtlich der angestrebten hohen Richtigkeitsgewähr fort. Wie sich zeigen wird, ist diese Anforderung weder bei der Gesellschafterliste der Geschäftsführung (dazu a) bis e)) noch bei der qualifizierten Liste des Notars (dazu f) bis h)) in notwendigem Ausmaße sichergestellt.

a) Keine Kontrolle durch hinreichend ausgebildete Instanz

Im Falle des § 40 Abs. 1 GmbHG prüft ausschließlich die Geschäftsführung die Veränderung. Da eine juristische Vorbildung keine Voraussetzung ist, als Geschäftsführer einer GmbH tätig zu sein, liegt das Schicksal des Rechtsscheinträ-

---

610 MünchKommBGB/*Schramm* § 164 Rdnr. 14 mwN.

gers Gesellschafterliste in den Händen juristisch ungebildeter Personen.[611] Dessen Richtigkeit hängt damit davon ab, ob die Geschäftsführung zufällig juristisch vorgebildet ist, die eigene fehlende Kompetenz erkennt und erkennen kann und sich daher rechtlicher Beratung bedient oder schlicht als rechtlicher Laie das eigene Wissen überbewertet. Hat diese Erkenntnis bereits dazu geführt, nur eingeschränkte Prüfungspflichten der Geschäftsführung für erforderlich zu halten[612], stellt sie sich vor dem Hintergrund der Richtigkeitsgewähr als grundlegender Systemfehler dar. Komplexe Sachverhalte, von deren rechtlicher Beurteilung unter Umständen einschneidende finanzielle und wirtschaftliche Folgen für die Beteiligten bis hin zum Totalverlust des Anteils abhängen können, sollen von hierzu unverschuldet ungeeigneten Personen geprüft werden. Die gesetzliche Einbindung der Geschäftsführung sorgt dafür, dass die Unrichtigkeit vieler Gesellschafterlisten geradezu vorprogrammiert ist.

b) Die fehlende Prüfung der Identität

Ein großes Manko, das bereits vom Bundesrat[613] und in der Literatur[614] angemahnt wurde, stellt die fehlende Überprüfung der Identität bei Einreichung der Gesellschafterliste durch die Geschäftsführung und die damit einhergehende Möglichkeit, dass unbefugte Dritte eine neue Gesellschafterliste einreichen können, dar.[615] Hierdurch besteht eine zwar eher theoretische Wahrscheinlichkeit, dass flächendeckend unrichtige Gesellschafterlisten zum Register eingereicht werden, um später Geschäftsanteile als formeller Inhaber zu veräußern. Dennoch kann stets ein Unbefugter ohne nennenswerten Aufwand unmittelbaren Einfluss auf Eintragungen in der Gesellschafterliste nehmen und wird hierbei im Zweifel nicht im Interesse handeln, eine selbst als unrichtig erkannte Gesellschafterliste durch eine richtige zu ersetzen.

c) Die Interessenslage

Mit der Einreichungskompetenz der Geschäftsführung geht einher, dass Personen zur Listenführung berufen sind, die abgesehen von der fehlenden rechtlichen Expertise nicht immer frei von unterschiedlichen sachfremden Einflüssen sind. Ist beispielsweise innerhalb der Gesellschafter die Wirksamkeit einer Veränderung, etwa einer Anteilsteilung oder einer komplexen Anteilseinziehung, umstritten, besteht für die Geschäftsführung die psychische Bürde, sich für eine der Gesellschaftergruppen entscheiden zu müssen. In einer derartigen Situation ist es nicht ausgeschlossen, dass die Geschäftsführung eher geneigt sein wird, die Rechtsposition der stärkeren Gesellschaftergruppe einzunehmen, um die ei-

611 Hierzu bereits: 4. Kap. B. VIII. 2. b).
612 Vgl. 4. Kap. B. VIII. 2. b).
613 Stellungnahme des Bundesrates, Regierungsbegründung, BT-Drs. 16/6140 Anl. 2, S. 67 f.
614 *Bednarz*, BB 2008, 1854, 1858; *Preuß*, ZGR 2008, 676, 700; *Harbarth*, ZIP 2008, 57, 59; *Mayer*, DNotZ 2008, 403, 429.
615 Siehe hierzu: 4. Kap. B. II.

gene Stellung in der GmbH zu verbessern oder überhaupt zu behalten. Aber auch bei eigener Beteiligung eines Geschäftsführers an der Gesellschaft, insbesondere als Mehrheitsgesellschafter-Geschäftsführer, besteht die Gefahr, dass sich der Geschäftsführer bei seinen Pflichten nicht ausschließlich dem rechtlichen Interesse unterwirft, sondern vor allem das eigene, welches mit dem erstgenannten nicht deckungsgleich zu sein hat, verfolgt.[616] Im Ergebnis führt die damit angesprochene fehlende Neutralität der Geschäftsführung zusätzlich zu einer Gefahr für die Richtigkeit der Gesellschafterliste.

d) Keine Informationspflichten

Misslich aus Sicht der Gesellschafter und damit aus der der Richtigkeitsgewähr erweist es sich, dass die Geschäftsführung nicht verpflichtet ist, die Gesellschafter zu informieren, wenn eine neue Liste zum Handelsregister eingereicht wurde und wie deren Inhalt ist. Hat die Geschäftsführung eine falsche Gesellschafterliste eingereicht, wird dieser Fehler erst dann aufgedeckt, wenn ein Gesellschafter, der die Unrichtigkeit auch erkennen kann, Einsicht in die Liste nimmt. Bis zu diesem Zeitpunkt publiziert die Liste eine falsche Inhaberzusammensetzung.

e) Disposition der Gesellschafter bei § 40 Abs. 1 GmbHG

Auch im Rahmen der Richtigkeitsgewähr der einfachen Gesellschafterliste erweist sich die Dispositionsmöglichkeit[617] der Gesellschafter durch das Mitteilungs- und Nachweiserfordernis des § 40 Abs. 1 Satz 2 GmbHG als nachteilhaft. Solange sie das Veränderungsverfahren nicht in Gang setzen oder nur schleppend hieran mitwirken, ist die Gesellschafterliste nicht nur nicht aktuell, sondern schlicht falsch. Die Gesellschafter haben es damit in der Hand, ob eine richtige oder falsche Gesellschafterliste vom Handelsregister publiziert wird. Die Qualität des Rechtsscheinträgers steht damit unmittelbar unter dem Einfluss der Gesellschafter.

f) Fehlender Bestand der qualifizierten Gesellschafterliste

Die soeben aufgezeigten Argumente gegen die Richtigkeitsgewähr der einfachen Gesellschafterliste treffen naturgemäß nicht zu, wenn ein Notar eine aktualisierte Liste einreicht. Dennoch handelt es sich bei der Zuständigkeit des Notars nur um eine punktuelle.[618] Diesen trifft nicht die Pflicht, das Wirksambleiben der Veränderung zu überwachen, und im Falle nachträglich eintretender Unwirksamkeit der Änderung ist nur die Geschäftsführung zu Listeneinreichung berufen.[619] Daher kann sie – verbunden mit allen soeben angesprochenen Bedenken – unmittelbar auch auf eine notarielle Liste einwirken und die durch notarielle Beteiligung erreichte Richtigkeitsgewähr wird nicht perpetuiert. Aus die-

616 Vgl. zu diesem Aspekt auch: *Harbarth*, ZIP 2008, 57, 61.
617 Allgemein zur Dispositionsmöglichkeit der Gesellschafter: 4. Kap. B. X. 1.
618 Vgl. 4. Kap. B. VII. 3.
619 Vgl. 4. Kap. B. VII. 3.

ser Aufteilung folgt zudem, dass bei einer Veränderung wechselweise eine notarielle und eine Zuständigkeit der Geschäftsführung bestehen kann. Dies kann bei komplexen Sachverhalten wie einer Abtretung unter einer später eintretenden aufschiebenden Bedingung in Kombination mit einem Rücktrittsrecht, das den Erwerber zur Rückübertragung verpflichtet, zu Verwirrung insbesondere der Geschäftsführung bezüglich der jeweils bestehenden Zuständigkeit führen, mit der Folge, dass vor Klärung der Rechtslage eine falsche Liste existiert.

g) Fehlende Feststellung der vorherigen Inhaberschaft

Bereits im Rahmen der notariellen Prüfungspflichten wurde gezeigt, dass der Notar nicht zu prüfen hat, ob die Voreintragungen der Gesellschafterliste der tatsächlichen Rechtslage entsprechen.[620] Der Notar hat nur zu bescheinigen, dass sich die aktualisierte Liste an die Vorgängerliste lückenlos anschließt, stellt aber nicht fest, ob der Veräußerer tatsächlich Inhaber der Anteils ist.[621] War aber der Veräußerer nicht Inhaber des Geschäftsanteils, setzt sich diese Unrichtigkeit trotz der Veränderung fort, solange kein gutgläubiger Erwerb eingreift. Hierin zeigt sich, dass von der Beteiligung eines Notars nicht auf die Berechtigung des Eingetragenen geschlossen werden kann.[622]

h) Disposition der Gesellschafter bei § 40 Abs. 2 GmbHG

Schließlich haben es die Gesellschafter in der Hand, ob der Notar seiner Einreichungspflicht nachkommen kann.[623] Ihre Dispositionsmöglichkeit besteht nicht nur im Rahmen der einfachen Gesellschafterliste[624], sondern auch bei der notariellen Gesellschafterliste. Teilen die Gesellschafter die später eintretende Wirksamkeit einer Veränderung dem Notar nicht mit, kann dieser keine neue Liste einreichen. Bis zu diesem Zeitpunkt verlautbart auch hier die Gesellschafterliste eine unrichtige Mitgliederstruktur der GmbH.

i) Haftung als Korrektiv

Nachdem nunmehr die Punkte aufgeführt wurden, die jeweils für sich aber vor allem im Zusammenspiel die neue Gesellschafterliste als Rechtsscheinträger mit geringer Richtigkeitsgewähr entlarven, fragt sich, ob Aspekte bestehen, die diese Schwäche ausgleichen können.

Das MoMiG greift hierbei auf die Figur der Haftungsandrohung zurück. Geschäftsführer haften nach § 40 Abs. 3 GmbHG gegenüber Gesellschaftern, deren Beteiligung sich geändert hat, und Gesellschaftsgläubigern für Schäden, die aus einer Verletzung ihrer Pflichten aus § 40 Abs. 1 GmbHG entstehen. Die Haftung der Geschäftsführung ist durch die Neuregelung im Vergleich zur Vorgängerre-

---

620 4. Kap. B. IX. 3. c).
621 *Preuß*, ZGR 2008, 676, 696.
622 Vgl. *Preuß*, ZGR 2008, 676, 696.
623 Vgl. hierzu: 4. Kap. B. X. 1.
624 4. Kap. B. X. 2. e).

gelung erweitert worden, als nunmehr auch Gesellschafter Gläubiger des Haftungsanspruches sind.[625] Mithin besteht für die Geschäftsführung ein deutlich erhöhtes Haftungsrisiko im Zusammenhang mit der Gesellschafterliste. Dennoch stellt dies kein ausreichendes Korrektiv dar, weil bereits die ähnliche Haftung im alten Recht häufig veraltete oder unrichtige Gesellschafterlisten nicht verhindert konnte.[626] Zudem ist nach neuer Rechtslage das Risiko des Gesellschafters stark erhöht, da sogar der Totalverlust seines Geschäftsanteils droht. Ein hieraus entstehender Schadenersatzanspruch bietet keinen gleichwertigen Ersatz für die verlorene Stellung als Gesellschafter mit Einflussnahmemöglichkeiten auf einen Verband, mit denen der Gesellschafter eine längerfristige Zielsetzung erreichen wollte.[627] Bedenkt man schließlich, dass nach richtiger Ansicht[628] die Geschäftsführung nur eine Plausibilitätskontrolle durchzuführen hat, liegt eine Pflichtverletzung nur vor, wenn die Geschäftsführung unvertretbar aus ihrer Sichtwarte die Wirksamkeit einer Veränderung bejaht oder verneint hat. Die Haftung der Geschäftsführung stellt somit keine hinreichende Präventionsmaßnahme dar, die der systemimmanenten Gefahr einer unrichtigen Gesellschafterliste entgegenwirken kann.

Auch bei der qualifizierten Gesellschafterliste ist der mitwirkende Notar einem Haftungsrisiko ausgesetzt. Bisher bestand weder eine Haftung des Notars aus § 40 Abs. 2 GmbHG a.F noch aus § 823 Abs. 2 BGB i.V.m. § 40 Abs. 1 Satz 2 GmbHG a.F.[629] Demgegenüber wird die neue notarielle Pflicht zur Erstellung und Einreichung einer aktualisierten Liste als gemäß § 19 Abs. 1 BNotO haftungsbewehrte Amtspflicht[630] des Notars eingeordnet.[631] Trotz der Haftungsdisziplinierung für Notare, soweit ein solche überhaupt nötig erscheint, greift diese in den oben genannten Konstellationen, die eine unrichtige Gesellschafterliste trotz notarieller Beteiligung nach sich ziehen, nicht ein. Es fehlt jeweils an der schuldhaften Pflichtverletzung, da den Notar keine Pflicht trifft, das Wirksambleiben der Veränderung zu überwachen, und er keine Auskunftsansprüche gegen die Gesellschafter hat. Insoweit besteht nur eine selten eingreifende Haftungsmöglichkeit.

---

625 Allgemein zu § 40 Abs. 3 GmbHG: *Schneider*, GmbHR 2009, 393, 394 ff.

626 So auch: *Bednarz*, BB 2008, 1854, 1857 und *Preuß*, ZGR 2008, 676, 700.

627 In diese Richtung auch: *Harbarth*, ZIP 2008, 57, 61.

628 Ausführlich hierzu: 4. Kap. B. VIII. 2. b).

629 Vgl. 4. Kap. A. III.

630 Heckschen/*Heidinger*, Die GmbH (2009), § 13 Rdnr. 360; *Mayer*, DNotZ 2008, 403, 415; *Rau*, DStR 2006, 1892, 1896; a.A. *Bohrer*, DStR 2007, 995, 1000, der davon ausgeht, dass die Listenerstellung und -einreichung nur auf Antrag erfolge und daher keine Amtspflicht des Notars vorliege, hierbei aber den klaren Wortlaut der Norm „hat" und die gesteigerten Wirkungen der Gesellschafterliste im Verhältnis zur GmbH verkennt.

631 Statt aller: *Gottschalk*, DZWIR 2009, 45, 47.

j) Zusammenfassung

All die soeben aufgeführten Argumente führen dazu, dass der Gesellschafterliste in der neuen Form keine hohe Richtigkeitsgewähr zugestanden werden kann. Der Gesetzgeber erreicht damit die selbst gesteckten Ziele nicht. Deutlich schwerwiegendere Konsequenzen ergeben sich aber aus verfassungsrechtlicher Sicht. Um vor Art. 14 GG bestehen zu können, muss eine hohe Richtigkeitsgewähr der Gesellschafterliste bestehen, wenn gutgläubiger Erwerb von GmbH-Geschäftsanteilen auf das reine Rechtsscheinprinzip zurückgreift.[632] Da dieses Prinzip gemäß § 16 Abs. 3 Satz 2 GmbHG zu Lasten des Zurechnungsprinzips nach einer länger als drei Jahre andauernden Unrichtigkeit rekurriert wird, gleichzeitig aber keine hohe Richtigkeitsgewähr der Gesellschafterliste sichergestellt ist, ist äußerst fraglich, ob § 16 Abs. 3 GmbHG durchgehend eine verfassungsgemäße Norm darstellt.[633] Dieser Befund macht bereits deutlich, dass unter diesen Aspekten, legt man zunächst alleine das gesetzgeberische Ziel zugrunde[634], Handlungsbedarf besteht.

XI. Konsequenzen aus der fehlenden Richtigkeitsgewähr

Da sich der Gesetzgeber für gutgläubigen Erwerb auf Grundlage der Eintragungen in der Gesellschafterliste entschieden hat, obwohl auch andere Modelle[635] bereits vorgeschlagen wurden und zur Verfügung standen, ist aus rechtspolitischer Sicht nicht zu erwarten, dass kurze Zeit, nachdem sich der Gesetzgeber für einen Weg entschieden hat, ein erneuter Systemwechsel vollzogen wird. Dies wäre auch nicht ratsam, da sich dann die Praxis in kürzester Zeit innerhalb unterschiedlicher Umfelder zurechtfinden müsste. Unter dieser Prämisse soll im Folgenden ein Vorschlag unterbreitet werden, wie die Richtigkeitsgewähr der Gesellschafterliste ausgestaltet werden kann, um dem gesetzgeberischen Zielen nach einer erhöhten Richtigkeitsgewähr gerecht zu werden, ohne den vom Gesetzgeber eingeschlagenen Weg grundsätzlich zu verlassen.

1. Das grundsätzliche Problem

Führt man sich die Aspekte vor Augen, die zur mangelhaften Richtigkeitsgewähr der Gesellschafterliste führen[636], fällt auf, dass sie jeweils mit der Kompetenz der Geschäftsführung gemäß § 40 Abs. 1 GmbHG zusammenhängen. Wegen der in § 40 GmbHG vorgezeichneten Aufteilung zwischen Geschäftsführung und Notar greift das Gesetz auf eine Instanz für die Führung der Liste zurück, die regelmäßig über keine ausreichende Rechtskenntnis verfügt und ein unter Umständen nur eingeschränktes Maß an Neutralität aufweisen kann. Das

632 Vgl. 3. Kap. D. IV. 2. c) bb) (3).
633 Ausführlich hierzu: 5. Kap. D.
634 Zu den verfassungsrechtlichen Auswirkungen: 5. Kap. D. 3.
635 Siehe hierzu: 2. Kap. B.
636 Zusammenfassend hierzu: 4. Kap. B. X. 2. j).

Grundproblem, welches die Gesellschafterliste zu einem nur sehr schwachen Rechtsscheinträger macht, ist also der Beteiligung der Geschäftsführung an der Führung der Gesellschafterliste. Daher muss ein Lösungsansatz für das Problem der fehlenden Richtigkeitsgewähr an diesem Punkt ansetzen.

2. Denkbare Lösungsmöglichkeiten

Als Lösungsmöglichkeiten hierfür bieten sich zwei Wege an. Zum einen könnte gutgläubiger Erwerb von GmbH-Geschäftsanteilen und Rechten hieran nur dann möglich sein, wenn dieser auf Grundlage einer notariellen Gesellschafterliste erfolgt. Hierzu müsste § 16 Abs. 3 Satz 1 GmbHG dahingehend geändert werden, dass nach den Worten „in der im Handelsregister aufgenommenen" die Wörter „mit einer Bescheinigung eines Notares versehene" eingefügt werden.[637] Andererseits könnte aber auch auf die Zuständigkeit der Geschäftsführung gemäß § 40 Abs. 1 GmbHG vollständig verzichtet werden und eine ausschließliche notarielle Einreichungsbefugnis angeordnet werden.[638]

3. Stellungnahme und eigener Vorschlag

Die Einführung der Möglichkeit gutgläubigen Erwerbs nur bei einer notariellen Gesellschafterliste, also partieller gutgläubiger Erwerb, empfiehlt sich nicht. Gutgläubiger Erwerb würde dann vom zufälligen Ergebnis abhängen, ob als letzte Liste vor dem Erwerb eine einfache oder qualifizierte Liste eingereicht wurde. Diesbezüglich haben weder der alte noch der neue Gesellschafter Einfluss und müssen daher mehr oder weniger auf Glück hoffen. Ein primär vom Zufall abhängiges Rechtsinstitut vermag aber insbesondere vor dem wirtschaftlichen Hintergrund einer GmbH-Anteilsübernahme nicht zu überzeugen. Zudem lässt sich hiermit nicht das Problem beseitigen, dass der Notar die nicht geänderten Voreintragungen der alten Liste übernimmt bzw. sich hierauf verlassen kann.[639] Ist beispielsweise A Nichtgesellschafter, aber als Gesellschafter in der Liste eingetragen, und veräußert Gesellschafter B seinen Anteil an C, perpetuiert der mitwirkende Notar die Unrichtigkeit der Gesellschafterliste, da auch in der von ihm eingereichten notariellen Gesellschafterliste weiterhin A als Gesellschafter verlautbart wird. Ebenso besteht bei diesem Vorschlag gleichbleibend die direkte Möglichkeit der Geschäftsführung, auf den Inhalt der Liste Einfluss zu nehmen und damit auch weiterhin das Grundproblem der Unrichtigkeit. Wie gerade gezeigt, kann sich aber eine aus der Beteiligung der Geschäftsführer ergebende unrichtige Eintragung trotz notarieller Liste in letzterer fortsetzen.

Aber auch eine weitere Modifikation dieses Vorschlags, wonach gutgläubiger Erwerb nur möglich ist, wenn die zum Erwerb erforderliche konkrete Eintragung des Veräußerers auf eine notarielle Mitwirkung zurückzuführen ist,

---

637 So der Vorschlag von *Mayer*, DNotZ 2008, 403, 432.

638 Hierfür: *Bednarz*, BB 2008, 1854, 1859; *Heckschen*, DStR 2007, 1442, 1450.

639 Siehe hierzu: 4. Kap. B. IX. 3. c).

kann nicht überzeugen. Denn auch hierfür müssten sich die Beteiligten auf das Zufallselement verlassen und die Wahrscheinlichkeit, gutgläubig erwerben zu können, wäre stark eingeschränkt, da weiterhin Geschäftsführung und Notar zur Listeneinreichung berufen wären.

Die Möglichkeit des partiellen gutgläubigen Erwerbs kann daher nicht überzeugen, da auch hier keine ausreichende Richtigkeitsgewähr besteht und die Wahrscheinlichkeit, dass das Institut eingreift, nur in begrenzter Anzahl von Fällen bestünde.

Demgegenüber stellt sich der Vorschlag, wonach nur ein Notar zur Listenführung berufen ist, als deutlich überlegen dar. Ist die Geschäftsführung nicht befugt, die Gesellschafterliste zu führen, entfallen alle diejenigen Gründe, die wegen deren Beteiligung eine geringe Richtigkeitsgewähr der Liste bedingen. Gutgläubiger Erwerb wäre nicht nur eingeschränkt möglich, sondern stets und durchgängig, womit auch keine Zufallsaspekte dieser Lösung immanent sind. Die vom Gesetzgeber gewollte Wettbewerbsfähigkeit der GmbH wird bei dieser Lösung deutlich mehr gestärkt, da gutgläubiger Erwerb in jedem Fall grundsätzlich eintreten kann.

Dennoch lassen sich zwei denkbare Einwände gegen letztgenannten, hier präferierten Vorschlag formulieren: Zunächst führt die alleinige notarielle Zuständigkeit für die Führung der Gesellschafterliste dazu, dass bei jeder Veränderung in der Beteiligungsstruktur der GmbH-Gesellschafter auch Notarkosten anfallen.[640] Weiterhin bestünde auch bei alleiniger notarieller Zuständigkeit die Dispositionsmöglichkeit der Gesellschafter, sodass vor einer freiwilligen Mitwirkung durch die Gesellschafter ab dem Zeitpunkt einer später eintretenden Wirksamkeit eine unrichtige Gesellschafterliste verlautbart wird.

Wendet man einen genaueren Blick auf den ersten Einwand, so zeigt sich recht schnell, dass dieser nicht durchgreifend ist. Eine sorgsame Geschäftsführung wird häufig bei Zweifeln im Bezug auf die Veränderung auf kostenintensiven anwaltlichen Rat zurückgreifen müssen. Ist aber nur ein Notar zur Listenführung berufen, besteht hierfür kein Bedarf. Die Notargebühren stellen demnach zumindest teilweise Kosten dar, die auch sonst angefallen wären. Auch die Gesellschaft selbst und damit die Gesellschafter profitieren davon, dass sich die Geschäftsführung nicht mit der Frage auseinandersetzen muss, ob eine Verände-

---

640 Für die Listenerstellung in Fällen, die im geltenden Recht ohne notarielle Mitwirkung erfolgen, etwa nach Erbfällen, fällt kostenrechtlich eine 5/10-Betreuungsgebühr gemäß § 147 Abs. 2 KostO an. Der Geschäftswert ist nach § 30 Abs. 1 KostO zu bestimmen. Bei dessen Bemessung wird vorgeschlagen, etwa 10 % bis 20 % des Stammkapitals anzusetzen; für die Prüfung der Wirksamkeit und Listeneinreichung fällt nach § 50 Abs. 1 Nr. 1 KostO eine 10/10- Gebühr an. Als deren Bemessungsgrundlage sind 20 % bis 100 % des Stammkapitals anzusetzen. Wird z.B. ein Geschäftsanteil vererbt und das Stammkapital lautet auf 10.000 €, entstehen Gebühren zwischen 23 € und 72 € (zzgl. Umsatzsteuer und Auslagen) je nach konkretem Prüfungsaufwand des Notars; vgl. *Sikora/Regler/Tiedtke*, MittBayNot 2008, 437, 443 f.

rung wirksam ist, sondern sich vielmehr dem laufenden Geschäft der Gesellschaft widmen kann. Ebenso hat dieser Vorschlag eine streitvermeidende Wirkung, da lähmende Konflikt innerhalb der Gesellschaft zur Frage der Wirksamkeit einer Veränderung nicht entstehen, wenn stets eine externe, neutrale und juristisch gut ausgebildete Instanz diese Frage zu beurteilen hat. Schließlich darf nicht außer Acht gelassen werden, dass die durch eine ausschließliche notarielle Zuständigkeit erreichte hohe Richtigkeitsgewähr auch die Gesellschafter selbst schützt. Diese können sich nämlich auf das Handeln des Notars verlassen und berechtigt darauf vertrauen, nicht zu Unrecht nicht oder falsch in der Gesellschafterliste verlautbart zu werden. Insbesondere im Rahmen der Akquirierung eines Erwerbers ist diese sichere Gesellschafterposition ein nicht zu unterschätzender Vorteil.

Der zweite Einwand, die nach wie vor bestehende Dispositionsmöglichkeit der Gesellschafter, wird sich im Folgenden als nicht mit gesetzlichen Mitteln ausräumbar erweisen. Dennoch wird sich zeigen, dass dieser Einwand im Ergebnis nur ein Scheineinwand ist.

Wollte man diesem Einwand mit gesetzlichen Mitteln begegnen, so könnte man die Beteiligten verpflichten, dem Notar das Wirksamwerden einer Veränderung unverzüglich mitzuteilen und gleichzeitig an ein Unterlassen dieser Pflicht Rechtsfolgen knüpfen, die den Gesellschaftern jedes Interesse nehmen, nicht in der Liste aufgeführt zu sein. Denkbar wäre z.B., das Stimmrecht der betroffenen Gesellschafter ab dem Zeitpunkt des Wirksamwerdens der Veränderung bis hin zur Mitteilung an den Notar ruhen zu lassen. Hiergegen lässt sich aber vorbringen, dass das Ruhen der Stimmrechte auch die Interessen anderer Gesellschafter der Gesellschaft beeinträchtigen kann, da sich unter Umständen erst einige Zeit nach einer Abstimmung herausstellt, dass ein Gesellschafter mit ruhendem Stimmrecht mitgestimmt hat. Die Folge wären innergesellschaftliche Auseinandersetzungen um die Wirksamkeit von Beschlüssen, die negative Folgen für die Mitgesellschafter und die Gesellschaft selbst hätten. Eine weitere Möglichkeit stellte es dar, wenn bis zur Mitteilung an den Notar kein Gewinnanspruch des Gesellschafters besteht. Hiermit wird nur er selbst betroffen und die übrigen Gesellschafter sind nicht tangiert. Rechtstechnisch ließe sich dies erreichen, indem die Rechtsfolgen des § 33 GmbHG für entsprechend anwendbar erklärt werden und damit eine Rechtsfolgenverweisung eingefügt wird. Hält die Gesellschaft eigene Anteile, so ruht nach ständiger Rechtsprechung und allgemeiner Ansicht in der Literatur das Gewinnbezugsrecht aus den eigenen Anteilen und der anteilige Gewinn fällt sofort den verbliebenen Gesellschaftern zu.[641] Die entspre-

641 BGH, Urteil vom 30.01.1995, Az. II ZR 45/94, NJW 1995, 1027, 1028; BGH, Urteil vom 08.12.1997, Az. II ZR 203/96, DStR 1998, 498, 498; *Hueck/Fastrich* in: Baumbach/Hueck, GmbHG (2010), § 33 Rdnr. 25; Michalski/*Sosnitza*, GmbHG, § 33 Rdnr. 56; Scholz/*Westermann*, GmbHG, § 33 Rdnr. 33; Roth/*Altmeppen*, GmbHG, § 33 Rdnr. 30; *Wi-*

chende Anwendung des § 33 GmbHG würde das gewollte Ergebnis erreichen und dem Gesellschafter stünde kein Gewinnbezugsrecht für die relevante Zeit zu. Hätte er bereits Gewinn bezogen, so wäre dieser gemäß § 812 Abs. 1 Satz 1 Alt. 1 BGB zurückzugewähren. Aber auch eine solche Sanktion stieße auf Grenzen bei einer Ein-Personen-GmbH, da andere Gesellschafter nicht beteiligt sind, in deren Personen der Gewinnanspruch besteht. Der Gewinn verbliebe daher bei der Gesellschaft und könnte in folgender Zeit, wenn der Erwerber in der Liste verlautbart wird, wieder ausgezahlt werden. Auch in einer Mehr-Personen-GmbH ließe sich diese Sanktion umgehen, indem mit den Mitgesellschaftern vereinbart wird, dass diese den Gewinnanteil, gegebenenfalls nur verkürzt, an den nicht in der Gesellschafterliste aufgeführten Gesellschafter weiterreichen. Konstellationen, in welchen auch diese ein Interesse haben, dass der Erwerber nicht in der Gesellschafterliste aufgeführt wird, sind auch durchaus denkbar, wenn beispielsweise ein geheimer Geldgeber selbst GmbH-Anteile als Gegenleistung für sein Engagement verlangt oder seine Beteiligung der GmbH einen Wettbewerbsvorteil verschafft, der vor der Konkurrenz zunächst verheimlicht werden soll. Im Ergebnis krankt daher eine Sanktionsmöglichkeit stets an der Möglichkeit umgehender Vereinbarungen.

Es bliebe daher nur der Weg, Anteilsübertragungen bedingungsfeindlich zu stellen, um einen Schwebezustand zwischen Abtretung und Wirksamkeit sicher ausschließen zu können. Dies würde aber dazu führen, dass Anteilsübertragungen häufig praktisch nicht mehr möglich wären. Die Praxis greift zu Sicherungszwecken nicht selten auf die Bedingung der Kaufpreiszahlung zurück. Anteilsübertragungen stehen oft unter der Voraussetzung behördlicher Genehmigungen. Wäre die Übertragung bedingungsfeindlich, müssten stets im Moment der Abtretung alle Bedingungen erfüllt sein, was aber nicht immer möglich ist. Insoweit verbietet sich eine solche Lösung.

Im Ergebnis lässt sich der Gefahr der fehlenden Aktualität und Unrichtigkeit der Gesellschafterliste wegen der Disposition der Beteiligten nicht wirksam begegnen.

Dies ist aber unter dem vorliegend interessierenden Blickwinkel des gutgläubigen Erwerbs nicht nötig. Bei dem hier diskutierten Einwand handelt es sich nämlich nur um einen Scheineinwand. Zwar sorgt die Dispositionsmöglichkeit der Gesellschafter in der Tat nicht für eine absolute Richtigkeitsgewähr der Gesellschafterliste. Führt man sich aber den tieferen Grund für eine hohe Richtigkeitsgewähr unter dem hier interessierenden Aspekt des gutgläubigen Erwerbs vor Augen, so liegt dieser in der von Art. 14 GG geschützten Eigentumsposition des wahren Berechtigten. Dessen Anteilsverlust ist nur aufgrund eines Rechtsscheinträgers mit hoher Richtigkeitsgewähr gerechtfertigt, wenn er wegen des reinen Rechtsscheinprinzips eintritt. Ist aber die Gesellschafterliste deswegen

---

cke, GmbHG, § 33 Rdnr. 9; Hachenburg/*Hohner*, GmbHG, § 40 Rdnr. 52 ff. mit Darstellung überholter Auffassungen.

falsch und verlautbart nicht den wahren Inhaber, weil dieser die Mitteilung der Wirksamkeit an den Notar unterlassen hat, würde die Richtigkeitsgewähr zugunsten eines Gesellschafters rekurriert, der die mangelnde Richtigkeit der Liste selbst verursacht hat. Führt also der Gesellschafter die Unrichtigkeit der Liste aus eigenem Antrieb herbei, weil er beispielsweise seine Beteiligung vor der Konkurrenz oder den Mitgesellschaftern verheimlichen will, verzichtet er aus verfassungsrechtlicher Sicht auf den Schutz des Art. 14 GG. Insoweit wendet sich die Dispositionsmöglichkeit des Gesellschafters gegen ihn selbst. Die hiermit verbundene eingeschränkte Richtigkeitsgewähr ist mit anderen Worten hier hinnehmbar, da deren Folgen den Gesellschafter treffen, der für die falsche Liste verantwortlich zeichnet. Zudem ist die Parallele zum Zurechnungsprinzip zu ziehen. Erscheint der wahre Inhaber absichtlich nicht in der Gesellschafterliste, so führt dies unabhängig der exakten Einordnung des Merkmals der Zurechnung in § 16 Abs. 3 GmbHG[642] stets zur Möglichkeit gutgläubigen Erwerbs schon vor Ablauf der Drei-Jahres-Frist. Bereits das mildere Zurechnungsprinzip wäre damit erfüllt. Dies bestätigt, dass die hohe Richtigkeitsgewähr hier nicht erforderlich ist.

Im Ergebnis zeigt sich damit, dass zwar auch der hier vorgeschlagene Lösungsweg dann keine absolute Richtigkeitsgewähr der Gesellschafterliste sicherstellen kann, wenn die Gesellschafter von ihrer Dispositionsmöglichkeit Gebrauch machen. Da aber ein sich hieran anschließender gutgläubiger Erwerb zu Lasten dessen geht, der selbst für die Unrichtigkeit verantwortlich ist, stellt die Dispositionsmöglichkeit keinen durchgreifenden Einwand gegen die ausschließliche Zuständigkeit des Notares dar.

Zusammenfassend ist damit die Zuständigkeit der Geschäftsführung abzulehnen und stattdessen eine ausschließliche notarielle Zuständigkeit gesetzlich zu fixieren. Hiermit wird eine ausreichende Richtigkeitsgewähr der Gesellschafterliste erreicht. Dass diese keine absolute ist, ist vor dem Hintergrund, wonach ansonsten auch nicht schutzwürdige Gesellschafter geschützt würden, hinnehmbar.

Demgemäß ist § 40 GmbHG und eine hierauf bezogene Gesetzesbegründung wie folgt zu fassen:

§ 40

Liste der Gesellschafter

[1]Ein Notar oder eine Notarin hat unverzüglich nach Wirksamwerden jeder Veränderung in den Personen der Gesellschafter oder des Umfangs ihrer Beteiligung ohne Rücksicht auf etwaige später eintretende Unwirksamkeitsgründe eine in amtlicher Eigenschaft unterschriebene Liste der Gesellschafter zum Handelsregister einzureichen und eine Abschrift der geänderten Liste an die Gesellschaft

642 Ausführlich hierzu: 5. Kap. C. 5.

zu übermitteln. [2]Aus der Liste müssen Name, Vorname, Geburtsdatum und Wohnort der Gesellschafter sowie die Nennbeträge und die laufenden Nummern der von einem jeden derselben übernommenen Geschäftsanteile zu entnehmen sein. [3]Die Liste muss mit der Bescheinigung versehen sein, dass die geänderten Eintragungen den Veränderungen entsprechen, an denen der Notar oder die Notarin mitgewirkt hat oder die dem Notar oder der Notarin mitgeteilt und nachgewiesen worden sind, und dass die übrigen Eintragungen mit dem Inhalt der zuletzt im Handelsregister aufgenommen Liste übereinstimmen.

Begründung:

Mit § 40 GmbHG a.F. konnte das Ziel, Transparenz über die Anteilsstruktur und eine hohe Richtigkeitsgewähr der Gesellschafterliste als Rechtsscheinträger für gutgläubigen Erwerb gemäß § 16 Abs. 3 GmbHG zu schaffen, nicht in befriedigendem Maße erreicht werden. Der entscheidende Aspekt hierfür lag in der partiellen Zuständigkeit der Geschäftsführung für die Führung der Gesellschafterliste gemäß § 40 Abs. 1 GmbHG a.F. In Satz 1 ist nunmehr klargestellt, dass diese Kompetenz ausschließlich einem Notar zufällt. Eine Kompetenz der Geschäftsführung besteht nicht mehr. Im Übrigen kann es bei den sich aus § 40 Abs. 2 Satz 2 GmbHG a.F. ergebenden Pflichten und Einreichungsmodalitäten für den Notar bleiben. Diese werden in Satz 1 der Neuregelung überführt. Um eine bessere Lesbarkeit der Regelung sicherzustellen, wird der Inhalt der Gesellschafterliste, der sich bislang aus § 40 Abs. 1 Satz 1 GmbHG a.F. ergab, eigenständig in Satz 2 geregelt und beibehalten.

Satz 3 der Neuregelung übernimmt im Wesentlichen die Bestimmung der § 40 Abs. 2 Satz 2 GmbHG a.F. Da aber nunmehr ausschließlich ein Notar zuständig ist, die Gesellschafterliste zu führen, sind zwei Fallgestaltungen zu unterscheiden. Ein Umstand, der eine Listenänderung erforderlich macht, kann sowohl aufgrund notarieller Mitwirkung (§ 40 Abs. 2 Satz 1 GmbHG a.F.) als auch ohne notarielle Beteiligung (§ 40 Abs. 1 Satz 1 GmbHG a.F.) eintreten. Liegt ein Fall der ersten Kategorie vor, kann es bei einer Übernahme der alten Regelung verbleiben. In den übrigen Fällen kann der Notar nur tätig werden, wenn er von einer Veränderung Kenntnis erlangt und in der Lage ist, diese auf ihre Wirksamkeit hin zu überprüfen. Um dies sicherzustellen, muss dem Notar eine solche Veränderung mitgeteilt und nachgewiesen werden. Insoweit übernimmt die Neuregelung das Mitteilungs- und Nachweiserfordernis des § 40 Abs. 1 Satz 2 GmbHG a.F. Da der Notar rechtlich umfassend ausgebildet ist, sind die Anforderungen an die Prüfungsintensität ungleich höher als im Rahmen des § 40 Abs. 1 Satz 2 GmbHG a.F. für die Geschäftsführung. Der Notar darf damit erst dann eine neue Liste einreichen, wenn er aufgrund von Mitteilung und Nachweis davon überzeugt ist, dass eine Veränderung auch tatsächlich wirksam geworden ist.

Durch die übrigen Änderungen wird der sprachlichen Gleichbehandlung von Frauen und Männern Rechnung getragen

5. Kapitel: Gutgläubiger Erwerb

Der gutgläubige Erwerb im GmbH-Recht als durch das MoMiG neu eingeführtes Institut hat in § 16 Abs. 3 GmbHG eine relativ komplizierte Regelung erfahren. Auf Grundlage der Gesellschafterliste als Rechtsscheinträger kann ein Gutgläubiger einen GmbH-Geschäftsanteil oder ein Recht daran erwerben, wenn der Veräußerer bzw. Besteller nicht Inhaber des Anteils ist. Dieser muss in der zum Handelsregister aufgenommenen Liste als Inhaber des Geschäftsanteils eingetragen sein. Gutgläubiger Erwerb tritt nicht ein, wenn die Unrichtigkeit der Liste innerhalb der ersten drei Jahre dem wahren Berechtigten nicht zurechenbar ist. Nach Ablauf dieser Wartefrist kommt es nach dem Wortlaut des Gesetzes auf eine Zurechnung nicht mehr an, es findet das reine Rechtsscheinprinzip Anwendung. Gutgläubiger Erwerb ist schließlich dann nicht möglich, wenn der Liste ein Widerspruch zugeordnet ist.

A. Die Reichweite des Gutglaubensschutzes

Gutgläubigem Erwerb ist es wesensimmanent, dass ein Zusammenspiel aus Rechtsscheinträger und jeweils zusätzlichen Voraussetzungen eine Ersetzungsfunktion schafft. Die Ersetzungsfunktion überspielt ein fehlendes Tatbestandsmerkmal und eine Verfügung kann wirksam vorgenommen werden. Der stets erforderliche gute Glaube des Erwerbers muss sich auf das ersetzte Tatbestandsmerkmal beziehen und bestimmt die Reichweite des Gutglaubensschutzes. Mithin ist bei jedem Tatbestand des gutgläubigen Erwerbs entscheidend, wie weit die Reichweite des Gutglaubensschutzes geht. Bei §§ 932 ff. BGB bezieht sich der gute Glaube auf das Eigentum des Veräußerers.[643] Dieses fehlende Tatbestandmerkmal wird ersetzt und stellt somit den Gegenstand des guten Glaubens dar. Hieraus lässt sich ableiten, dass guter Glaube an die Vertretungsmacht, die Verfügungsbefugnis und die Geschäftsfähigkeit von §§ 932 ff. BGB nicht geschützt wird. Für redlichen Erwerb im Immobilienrecht ist Anknüpfungspunkt des guten Glaubens der Grundbuchinhalt. Ist dieser unrichtig, greift die Ersetzungsfunktion ein, da es nicht auf die wahre, sondern die aus dem Grundbuch ersichtliche Rechtslage ankommt, solange dem Erwerber die Unrichtigkeit des Grundbuches nicht bekannt ist. So wird gewährleistet, dass die eingetragenen Grundstücksrechte bzw. Rechte an Grundstücksrechten mit dem buchmäßigen Umfang, Inhalt und Rang bestehen und dem im Grundbuch als Inhaber Benannten zustehen und dass andere als die eingetragenen Belastungen des Grundstücks bzw. der eingetragenen Rechte an diesem Grundstück nicht existieren.[644] Da die Geschäftsfähigkeit des Veräußerers, Angaben zu Vertretungsverhältnissen, nicht

---

643 Staudinger/*Wiegand* (2004) § 932 Rdnr. 38; HK-BGB/*Eckert*, § 932 Rdnr. 11; MünchKommBGB/*Oechsler* § 932 Rdnr. 9.

644 Staudinger/*Gursky* (2008) § 892 Rdnr. 27.

eintragbare Verfügungsbeschränkungen und Belastungen nicht an der Fiktion der Richtigkeit und Vollständigkeit teilhaben, können solche Mängel nicht durch öffentlichen Glauben überwunden werden. Vor diesem Hintergrund soll im Folgenden die Reichweite des gutgläubigen Erwerbs im GmbH-Recht untersucht werden.

I. Der Grundsatz

Die bislang veröffentlichte Literatur beantwortet die Frage, welche fehlende Voraussetzung einer Verfügung von § 16 Abs. 3 GmbHG ersetzt wird, uneinheitlich. Teilweise (Ansicht I) wird dafür plädiert, nur der gute Glaube an die Verfügungsbefugnis sei geschützt.[645] Als Begründung dienen die Gesetzesmaterialien, die davon sprechen, es werde nur der gute Glaube an die Verfügungsbefugnis geschützt.[646] Andere Autoren (Ansicht II) treten dafür ein, dass sich die Gutglaubenswirkung nur auf die Rechtsinhaberschaft des Veräußerers beziehe.[647] Hierfür streite der Wortlaut des § 16 Abs. 3 GmbHG, der nur einen Erwerb „vom Nichtberechtigten“ ermögliche. Schließlich finden sich Stimmen (Ansicht III), wonach Anknüpfungspunkt des gutgläubigen Erwerbs die Verfügungsberechtigung des Veräußerers sei.[648] Auch diese Meinung bemüht die Gesetzesmaterialien, die an anderer Stelle davon ausgehen, der gute Glaube an die Verfügungsberechtigung sei geschützt.[649]

Um sich der hier interessierenden Frage zu nähern, ist es zunächst erforderlich, die entscheidenden Begriffe „Verfügungsbefugnis“ und „Verfügungsberechtigung“ darzustellen. Diese werden weitgehend uneinheitlich verwendet.[650] Eine genaue Auseinandersetzung findet sich nur in der Literatur zum Grundstücksverfahrensrecht. Dort begreift die überwiegende Ansicht die Verfügungsberechtigung als eine aus zwei Elementen zusammengesetzte Figur. Die Verfügungsberechtigung erfordere Verfügungsmacht und Verfügungsbefugnis.[651] Unter der Verfügungsmacht wird die dingliche Rechtsstellung, kraft derer dem

---

645 Ring/Grziwotz/*Westphal*, GmbH-Recht, § 16 Rdnr. 12; *Wegen*, FS Lüer, 321, 328; *Vossius*, DB 2007, 2299, 2300; *Heckschen*, DStR 2007, 1442, 1450; *ders.*, Praxis, Rdnr. 546, wobei er aber später von Rechtsinhaberschaft spricht (Rdnr. 584); *Gehrlein*, Konzern 2007, 771, 791; *ders.*, Das neue GmbH-Recht, Teil 1 Rdnr. 92.

646 Regierungsbegründung, BT-Drs. 16/6140, S. 39 linke Spalte.

647 Lutter/Hommelhoff/*Bayer*, GmbHG, § 16 Rdnr. 56; *Mayer*, DNotZ 2008, 403, 417 f.; *Götze/Bressler*, NZG 2007, 894, 897; *Bohrer*, DStR 2007, 995, 1003; *Gottschalk*, DZWIR 2009, 45, 50; Rischbieter/Gröning/*Rischbieter*, Gründung und Leben, 5. Kap. Rdnr. 100; wohl auch: *Kort*, GmbHR 2009, 169, 174.

648 *Hueck/Fastricht* in: Baumbach/Hueck, GmbHG (2010), § 16 Rdnr. 26; *Leeser*, Gutgläubiger Erwerb, S. 116; Heybrock/*Haag*, PK-GmbHR, § 16 Rdnr. 21.

649 Regierungsbegründung, BT-Drs. 16/6140, S. 39 linke Spalte.

650 Vgl. hierzu: *Böttcher*, Rpfleger 1983, 49.

651 Grundlegend hierzu: *Böttcher*, Rpfleger 1983, 49, 50; BeckOK Hügel/*Hügel*, GBO Verfügungsbeeinträchtigungen Rdnr. 1 mwN; tendenziell auch Soergel/*Henssler* § 929 Rdnr. 14.

Rechtsinhaber Herrschaftsmacht über ein Rechtsobjekt gewährt wird, also die Rechtsinhaberschaft, verstanden.[652] Die Verfügungsbefugnis sei die rechtliche Fähigkeit, von den aus der Verfügungsmacht fließenden materiell-rechtlichen Befugnissen Gebrauch machen zu können.[653] Hieraus lässt sich ableiten, dass ein Nicht-Rechtsinhaber keine Verfügungsberechtigung hat, da ihm die Verfügungsmacht und die hieraus entstehende Verfügungsbefugnis fehlen. Nur wenn ihm vom Rechtsinhaber, also dem Inhaber der Verfügungsmacht, Rechtsmacht i.S.d. § 185 BGB erteilt ist, kann er wirksam eine Verfügung vornehmen. Ihm steht eine mit der Verfügungsmacht des Berechtigten konkurrierende Verfügungsmacht zu.[654] Für den Normalfall hat damit der Inhaber einer Rechtsposition wegen der aus der Verfügungsmacht fließenden Verfügungsbefugnis die Verfügungsberechtigung. Greifen aber Verfügungsbeeinträchtigungen ein, sorgen sie dafür, dass der Inhaber der Verfügungsmacht in der Ausübung seiner Verfügungsmacht gehindert ist[655] und somit die regelmäßige Ableitung der Verfügungsbefugnis aus der Verfügungsmacht aufgehoben ist. Verfügungsbeeinträchtigungen stellen z.B. die Nachlassverwaltung gemäß § 1984 BGB, die Anordnung der Testamentvollstreckung gemäß § 2211 BGB, die Insolvenzeröffnung gemäß § 80 InsO, aber auch die absoluten Verfügungsbeschränkungen der §§ 1365 Abs. 1 Satz 2, 1369 Abs. 1 BGB dar.[656] Der Betroffene bleibt Rechtsinhaber, ist aber in der Ausübung seiner materiell-rechtlichen Befugnisse beeinträchtigt, sodass ihm die Verfügungsbefugnis fehlt.

Um diese Differenzierung auch für § 16 Abs. 3 GmbHG zu veranschaulichen und damit dessen Reichweite abzustecken, bietet es sich an, die vorgeschlagenen Lösungen an Hand eines Beispiels zu erörtern:

A ist in der Liste eingetragener Inhaber eines Geschäftsanteils an der X-GmbH. Der Anteil ist Teil des Nachlasses von E und unterliegt der Testamentsvollstreckung. A tritt den Geschäftsanteil formwirksam an B, dem die Testamentsvollstreckung unbekannt ist, ab. Ist B aufgrund § 16 Abs. 3 GmbHG Inhaber des Anteils?

Wegen der Testamentsvollstreckung hat nicht A, sondern der Testamentsvollstrecker die Verfügungsbefugnis.[657] A handelte somit ohne Verfügungsbefugnis und, da sich die Berechtigung aus dieser und der (vorhandenen) Verfügungsmacht zusammensetzt, auch ohne Verfügungsberechtigung. Geht man da-

---

652 *Böttcher*, Rpfleger 1983, 49, 50; BeckOK Hügel/*Hügel*, GBO Verfügungsbeeinträchtigungen Rdnr. 1 mwN.

653 *Böttcher*, Rpfleger 1983, 49, 50; BeckOK Hügel/*Hügel*, GBO Verfügungsbeeinträchtigungen Rdnr. 1 mwN.

654 Vgl. MünchKommBGB/*Schramm* § 185 Rdnr. 33.

655 BeckOK Hügel/*Hügel*, GBO Verfügungsbeeinträchtigungen Rdnr. 2; vgl. auch: *Medicus/Petersen*, Bürgerliches Recht, Rdnr. 536.

656 BeckOK Hügel/*Hügel*, GBO Verfügungsbeeinträchtigungen Rdnr. 11 ff.

657 Vgl. BGH, Beschluss vom 18.06.1971, Az. V ZB 4/71, BGHZ 56, 275, 278; MünchKommBGB/*Zimmermann* § 2211 Rdnr. 2.

von aus, § 16 Abs. 3 GmbHG schütze den guten Glauben an die Verfügungsbefugnis oder die Verfügungsberechtigung, käme gutgläubiger Erwerb nach § 16 Abs. 3 GmbHG in Betracht. Bezöge sich die Reichweite der Vorschrift hingegen nur auf die Rechtsinhaberschaft, wäre gutgläubiger Erwerb ausgeschlossen, da diese zwar gegeben ist, aber keine Verfügungsberechtigung und Verfügungsbefugnis bei A vorliegt.

Würde man Ansicht I folgen, nach der § 16 Abs. 3 GmbHG den guten Glauben an die Verfügungsbefugnis schützt, wäre § 2211 Abs. 2 BGB im Hinblick auf § 16 Abs. 3 GmbHG überflüssig. § 2211 Abs. 2 BGB ist einschlägig, wenn dem Veräußerer bei angeordneter Testamentsvollstreckung die Verfügungsbefugnis fehlt.[658] Hierbei wird auch ein Grundprinzip des gutgläubigen Erwerbs sichtbar. Ist wegen einer Verfügungsbeschränkung die Verfügungsbefugnis nicht vorhanden, kann der Mangel nur überwunden werden, wenn dies gesetzlich bestimmt ist.[659] Gesetzliche Regelungen finden sich z.B. in §§ 135 Abs. 2, 161 Abs. 3, 2113 Abs. 3, 2211 Abs. 2 BGB. Existieren solche Regelungen nicht, hindern Verfügungsbeschränkungen den Erwerb.[660] Ansicht I bricht mit diesem Prinzip und § 16 Abs. 3 GmbHG stellte folglich eine singuläre Vorschrift dar. Zudem setzt § 16 Abs. 3 Satz 2 GmbHG eine unrichtige Gesellschafterliste voraus. Im Beispielsfall trifft dies aber nicht zu. Die Gesellschafterliste verlautbart die Inhaberstellung des A. Da die Testamentsvollstreckung nicht die Inhaberstellung des A ändert und nur dessen Verfügungsbefugnis entfallen lässt, ist die Gesellschafterliste richtig. Schließlich ist zu bedenken, dass die Testamentsvollstreckung nicht in der Liste eintragbar ist.[661] Verfügungsbeschränkungen unterlägen damit unter Ansicht I einer hohen Gefahr, überwunden zu werden, da sie aus der Liste nicht ersichtlich sind. Dies zeigt ebenfalls, dass die Liste keinen Rechtsschein für das (Nicht)Bestehen von Verfügungsbeschränkungen setzt. Es fehlt daher der tatsächliche Anknüpfungspunkt für den guten Glauben. Damit erweist sich die Formulierung in den Gesetzesmaterialien als nicht zutreffend[662] und kann nicht als Argument für Ansicht I herangezogen werden. Vielmehr hat sich gezeigt, dass § 16 Abs. 3 GmbHG nicht den guten Glauben an die Verfügungsbefugnis schützt.

Diese Überlegungen lassen sich auch für die Ablehnung von Ansicht III, wonach § 16 Abs. 3 GmbHG den guten Glauben an die Verfügungsberechtigung schützt, fruchtbar machen. Da die Verfügungsberechtigung eine bestehende Verfügungsbefugnis voraussetzt, sprechen die gegen Ansicht I erhobenen Einwände auch gegen Ansicht III. Auch mit dem Umweg über den guten Glauben an die Verfügungsberechtigung nimmt Ansicht III immer in sich auf, dass diese aus

---

658 HK-BGB/*Hoeren*, § 2211 Rdnr. 8.

659 Siehe nur: *Medicus/Petersen*, Bürgerliches Recht, Rdnr. 536.

660 Staudinger/*Wiegand* (2004) § 932 Rdnr. 7.

661 Siehe ausführlich hierzu: 4. Kap. B. V. 4.

662 So auch: *Bohrer*, DStR 2007, 995, 998 FN. 29.

einer bestehenden Verfügungsbefugnis ableitbar ist. Da aber § 16 Abs. 3 GmbHG nicht für diese streitet, kann die Norm auch nicht für die Verfügungsberechtigung streiten.

Für die Reichweite des Gutglaubensschutzes kann daher nur auf die Rechtsinhaberschaft abgestellt werden. Dies legt auch der Wortlaut des § 16 Abs. 3 GmbHG nahe, wonach gutgläubiger Erwerb nur möglich ist, wenn der Veräußerer als Inhaber in der Liste eingetragen ist. Das Gesetz stellt damit nur auf die Inhaberstellung ab. Dies ist auch konsequent, da auch nur diese in Bezug auf einen Geschäftsanteil verlautbart wird. Als zusätzliche Begründung lassen sich auch die Gesetzesmaterialien heranziehen. Die Begründung sieht ein Problem beim Anteilserwerb darin, dass der Anteil nicht dem Veräußerer zusteht. Diese Schwierigkeit solle behoben werde, indem ein Erwerber darauf vertrauen könne, der eingetragene Veräußerer sei Gesellschafter.[663] Dem Gesetzgeber geht es daher darum, mit § 16 Abs. 3 GmbHG die Schwierigkeit zu lösen, die sich aus einer fehlenden Rechtsinhaberschaft und damit einer fehlenden Verfügungsmacht ergibt. Schließlich spricht auch die Gesetzeshistorie für dieses Ergebnis. Erst in der letztlichen Gesetzesfassung erfolgte die Klarstellung, wonach vom Nichtberechtigten erworben werden kann. Diese Formulierung fehlte noch im Referentenentwurf, weswegen der genaue Umfang des Schutzes nicht eindeutig bestimmt war. Mit der Aufnahme dieser Formulierung wird nun deutlich, dass nur die fehlende Inhaberschaft überwunden werden kann, da nur ein eingetragener Gesellschafter, der nicht Inhaber des Anteils ist, auch Nichtberechtigter ist. Ob hingegen die Verfügungsbefugnis oder die Verfügungsberechtigung fehlen, hat hiermit nichts zu tun, da diese auch beim tatsächlichen Inhaber als Berechtigten fehlen können.[664] Dementsprechend kann im Beispiel nicht auf § 16 Abs. 3 GmbHG zurückgegriffen werden.

Somit schützt § 16 Abs. 3 GmbHG nur den guten Glauben an die Rechtsinhaberschaft und damit an die Verfügungsmacht des Veräußerers. Dieses fehlende Tatbestandmerkmal wird ersetzt und ist Bezugspunkt des guten Glaubens. Ist der Veräußerer nicht verfügungsberechtigt und/oder verfügungsbefugt, ist der Anwendungsbereich des § 16 Abs. 3 GmbHG nicht eröffnet.

II. Einzelfälle

Bereits kurze Zeit nach Inkrafttreten des MoMiG hat die Literatur Einzelfälle zur Reichweite des gutgläubigen Erwerbs aufgezeigt, die unterschiedlich beurteilt werden. Im Folgenden sollen diese Einzelfälle dargestellt und näher untersucht werden.

---

663 Regierungsbegründung, BT-Drs. 16/6140, S. 38 rechte Spalte.

664 Ähnlicher Gedanke auch bei: Heckschen/*Heidinger*, Die GmbH (2009), § 13 Rdnr. 136.

1. Die Existenz des Geschäftsanteils

Fraglich ist, ob es § 16 Abs. 3 GmbHG ermöglicht, einen nicht existenten Geschäftsanteil zu erwerben, mit der Folge, dass durch gutgläubigen Erwerb ein zuvor nicht (mehr) bestehender Geschäftsanteil entsteht.[665] Voraussetzung hierfür ist zunächst, dass ein nicht existierender Anteil in der Gesellschafterliste verlautbart wird. Hierzu kommt es, wenn ein Geschäftsanteil aus einer fehlerhaften Kapitalerhöhung resultiert oder aber zwischenzeitlich vernichtet wurde (§ 34 GmbHG) und jeweils dennoch in der Liste aufgeführt wird.

Für den Fall einer fehlerhaften, aber dennoch eingetragenen und schließlich für nichtig erklärten Kapitalerhöhung steht die traditionelle Ansicht auf dem Standpunkt, wonach eine Mitgliedschaft wegen der Rückwirkung der Entscheidung nicht entstanden ist.[666] Demgegenüber greift eine neuere, nunmehr überwiegend vertretene Meinung bei mangelhaften Kapitalerhöhungsbeschlüssen auf die Grundsätze der fehlerhaften Gesellschaft zurück, mit der Folge, dass mit gerichtlicher Feststellung der Nichtigkeit der fehlerhafte Beschluss nur mit Wirkung ex nunc als nichtig anzusehen ist.[667] Nach dieser Ansicht besteht die Mitgliedschaft wirksam bis zur rechtskräftigen Entscheidung im Prozess und es liegt zuvor kein nicht existenter Geschäftsanteil vor. Ungeachtet der unterschiedlichen Meinungen ist aber von einem nicht existenten Geschäftsanteil dann auszugehen, wenn ein solcher weiterhin nach Rechtskraft der Entscheidung in der Gesellschafterliste aufgeführt ist, da auch nach neuerer Ansicht diese das Ende der Mitgliedschaft bedeutet.[668]

Durch wirksame Einziehung des Geschäftsanteils gemäß § 34 GmbHG wird der Anteil des betroffenen Gesellschafters vernichtet und sämtliche mit dem Geschäftsanteil verbundenen Mitgliedschaftsrechte und -pflichten gehen unter.[669] Ist die Einziehung nicht in der Gesellschafterliste dargestellt, weist diese einen nicht existierenden Gesellschaftsanteil aus.

a) Argumente der anerkennenden Meinung

Für die Möglichkeit, auch nicht existente Geschäftsanteile gutgläubig zu erwerben, wurde mit dem Wortlaut des Referentenentwurfs argumentiert, wonach je-

---

665 Dafür: *Klöckner*, NZG 2008, 841, 844; *Grunewald*, Konzern 2007, 13, 14; de lege ferenda: *Leeser*, Gutgläubiger Erwerb, S. 124 ff.; dagegen: OLG München, Beschluss vom 08.09.2009, Az. 31 Wx 82/09, ZIP 2009, 1911, 1912; Lutter/Hommelhoff/*Bayer*, GmbHG, § 16 Rdnr. 58; *Mayer*, DNotZ 2008, 403, 418 jeweils mwN.

666 Hachenburg/*Ulmer*, GmbHG, § 57 Rdnr. 44 mwN.

667 Grundlegend: Zöllner, AG 1993, 68, 75 ff.; Lutter/Hommelhoff/*Lutter*, GmbHG, § 57 Rdnr. 24 f.; *Temme/Köperkoch*, GmbHR 2004, 1556, 1557 f. mwN.

668 Vgl. Scholz/*Priester*, GmbHG, 9. Aufl., § 57 Rdnr. 47; im Ergebnis wohl auch: *Klöckner*, NZG 2008, 841, 844; *Grunewald*, Konzern 2007, 13, 14.

669 BGH, Urteil vom 14.09.1998, Az. II ZR 172/97, BGHZ 139, 299, 302; Roth/*Altmeppen*, GmbHG, § 34 Rdnr. 69.

ner auch diese Konstellation erfasse.[670] Ebenso wird darauf verwiesen, dass ein gesetzgeberisches Ziel darin bestehe, Transaktionskosten zu senken. Bezöge sich der gute Glaube aber nicht auf die tatsächliche Existenz des Geschäftsanteils, müsse ein Erwerber stets überprüfen, ob der Anteil wirksam entstanden ist und nicht nachträglich vernichtet wurde. Diese Prüfung wäre zeit- und kostenintensiv.[671]

b) Die Gegenansicht

Die Gegenansicht verweist durchgängig[672] auf die Gesetzesbegründung, in der darauf hingewiesen wird, dass gutgläubiger Erwerb nicht existierender Anteile nicht möglich sein soll[673], und den Wortlaut des § 16 Abs. 3 Satz 1 GmbHG, wonach ein Geschäftsanteil nur von einem Nichtberechtigten erworben werden kann.

c) Stellungnahme

Der Mindermeinung muss zunächst zugestanden werden, dass der Wortlaut des Referentenentwurfes die hier fragliche Möglichkeit gedeckt hätte. Der Entwurf stellte für den Gegenstand des guten Glaubens noch auf den Listeninhalt ab. Hiernach ließe sich vertreten, dass der Inhalt der Gesellschafterliste auch die Existenz eines Geschäftsanteils verlautbart.

Nach der Gesetzesfassung muss indes von einem Nichtberechtigten erworben werden. Hieraus lässt sich ableiten, dass ein existierender Geschäftsanteil bestehen muss. Bei einem nicht existierenden Rechtsobjekt gibt es weder einen Berechtigten noch einen Nichtberechtigten.[674] Hätte das Gesetz dies anders regeln wollen, so dürfte die Gesetzesformulierung die Person des Verfügenden nicht erwähnen und nur darauf abstellen, dass ein in der Liste ausgewiesener Geschäftsanteil gutgläubig erworben werden kann, wie es noch im Referentenentwurf angelegt war. Zudem zeigt die Neuregelung in § 16 Abs. 3 Satz 2 GmbHG mit der Formulierung „dem Berechtigten nicht zurechenbar“, dass die Existenz eines Berechtigten vorausgesetzt ist. Einen Berechtigten gibt es aber nicht, wenn der Geschäftsanteil nicht besteht, da in diesem Fall niemand Inhaber des Anteils und damit Berechtigter sein kann. Desweiteren ist mit der überwiegenden Ansicht ein eindeutiger gesetzgeberischer Wille zu konstatieren, wonach nur ein existierender Geschäftsanteil gutgläubig erworben werden kann. Als Reaktion auf die Diskussion der vorliegenden Frage zum Referentenentwurf hat der Gesetzgeber die Person des Nichtberechtigten in das Gesetz aufgenom-

---

670 *Ziemons*, BB-Spezial 7 2006, 9, 12; *Eidenmüller*, ZGR 2007, 168, 201; *Grunewald*, Konzern 2007, 13, 14.

671 *Klöckner*, NZG 2008, 841, 844.

672 Statt aller: Bunnemann/Zirngibl/*Berger*, § 7 Rdnr. 18.

673 Regierungsbegründung, BT-Drs. 16/6140, S. 39 linke Spalte.

674 So auch: *Böttcher/Blasche,* NZG 2007, 565, 567.

men[675] und damit das soeben angeführte Wortlautargument erst ermöglicht. Diese Klarstellung findet sich auch in den Gesetzesmaterialien wieder, die darauf hinweisen, dass ein nicht bestehender Geschäftsanteil nicht gutgläubig erworben werden kann.[676] Für dieses Ergebnis spricht zudem, dass auch für den redlichen Erwerb im Liegenschaftsrecht gemäß § 892 BGB, an dem sich die Neuregelung orientiert[677], das Bestehen des erworbenen Rechts Voraussetzung für das Eingreifen der Norm ist und nicht deren Rechtsfolge.[678] So kann ein nicht existierendes Grundstück nicht gutgläubig erworben werden. Führt man sich zudem vor Augen, dass § 16 Abs. 3 GmbHG nur die fehlende Verfügungsmacht ersetzt[679], kann der gute Glaube an die Existenz des Anteils nicht geschützt sein. Verfügungsmacht als dingliche Rechtsstellung, kraft derer dem Rechtsinhaber Herrschaftsmacht über ein Rechtsobjekt gewährt wird, bedarf eines tatsächlichen Bezugspunktes, nämlich eines Rechtsobjektes, hier eines existierenden Geschäftsanteils. Ist ein solcher Bezugspunkt nicht vorhanden, entfällt jegliche Macht an diesem nicht bestehenden Rechtsobjekt, sodass niemand Verfügungsmacht an einem nicht existierenden Geschäftsanteil haben kann.

Vor diesem Hintergrund erweist sich auch das Argument der Transaktionskosten als ein Punkt, der nur für eine analoge Anwendung oder Überlegungen de lege ferenda ins Feld geführt werden kann. Der Einwand ist aber nicht zwingend. Zwar ist zuzugeben, dass mit dem hier beschrittenen Weg höhere Transaktionskosten bestehen. Das gesetzgeberische Ziel liegt aber nicht darin, diese Kosten zu vermeiden, sondern darin, diese zu senken[680], was auch erreicht wird, wenn der gute Glaube nur an die Verfügungsmacht geschützt ist, da diese auch bislang stets bei einer Transaktion zu überprüfen war. Insoweit verweist auch die Begründung darauf, dass ein Erwerber in seinem Vertrauen darauf geschützt werden soll, dass sein Veräußerer Inhaber des Anteils ist[681], und will daher in diesem Bereich die Kosten senken. Schließlich lässt sich auch ein anderes Ziel der Gesetzesverfasser anführen. So soll die GmbH durch das MoMiG attraktiver werden.[682] Dieses Ziel wird aber nicht erreicht, wenn die Gefahr besteht, dass eine zusätzliche Person in den Gesellschafterkreis aufgenommen wird, weil sie einen nicht existierenden Geschäftsanteil gutgläubig und damit nicht mehr vernichtbar erworben hat. Diese Erweiterung des Mitgliederbestandes hat stets zur Folge, dass die Rechte der bisherigen Gesellschafter zugunsten des zusätzlich

---

675 Hierauf verweist *Seibert*, MoMiG, S. 64, der Leiter des Referates für Gesellschaftsrecht im BMJ und damit maßgeblich am Gesetzgebungsverfahren beteiligt war.

676 Regierungsbegründung, BT-Drs. 16/6140, S. 39 linke Spalte.

677 Regierungsbegründung, BT-Drs. 16/6140, S. 38 rechte Spalte.

678 Siehe zu §§ 892, 932 BGB: *Wegen*, FS Lüer, 321, 329 f.; zu diesem Aspekt auch: *Böttcher/Blasche,* NZG 2007, 565, 567.

679 Vgl. 5. Kap. A. I.

680 Regierungsbegründung, BT-Drs. 16/6140, S. 26 linke Spalte.

681 Regierungsbegründung, BT-Drs. 16/6140, S. 38 rechte Spalte.

682 Regierungsbegründung, BT-Drs. 16/6140, S. 25 linke Spalte.

eintretenden Gesellschafters dauerhaft verwässert würden. Mag dies für den Erwerber zunächst vorteilhaft erscheinen, so kann auch er – ebenso wie seine Mitgesellschafter – für die Zukunft nicht sicher sein, dass kein weiterer gutgläubiger Erwerb eines nicht existierenden Anteils erfolgt. Die GmbH wäre damit eine Gesellschaftsform, in der unabhängig vom kollektiven Willen ihrer Gesellschafter deren Stimmacht verringert werden könnte.

Der gutgläubige Erwerb eines nicht existierenden Geschäftsanteils ist damit nicht möglich. Die Reichweite des Gutglaubensschutzes bezieht sich nicht auf die Existenz des Geschäftsanteils.

d) Analoge Anwendung des § 16 Abs. 3 GmbHG

Grundsätzlich möglich ist es dagegen, § 16 Abs. 3 GmbHG analog auf den Fall eines nicht existierenden Geschäftsanteils anzuwenden. Hierfür fehlt aber die erforderliche planwidrige Regelungslücke[683], da – wie gerade gezeigt – der Gesetzgeber dieser Möglichkeit eine willentliche Absage erteilt hat.

e) De lege ferenda

Letztlich diskutabel bleibt damit, ob künftig § 16 Abs. 3 GmbHG so gefasst werden sollte, dass gutgläubiger Erwerb nicht existierender Anteile möglich ist. Dies wird vielfach gefordert und nunmehr ausführlich von *Leeser*[684] begründet. *Leeser* unterbreitet hierzu einen Vorschlag, wonach § 16 GmbHG um einen zusätzlichen Absatz ergänzt werden soll:

„Auf den gutgläubigen Erwerb eines in der Liste eingetragenen, tatsächlich nicht existenten Geschäftsanteils findet Absatz 3 Satz 1 entsprechend Anwendung. Dies gilt nicht, wenn die Liste zum Zeitpunkt des Erwerbs hinsichtlich des Geschäftsanteils weniger als ein Jahr unrichtig ist oder dem Erwerber die Nichtexistenz des Geschäftsanteils bekannt oder infolge grober Fahrlässigkeit unbekannt ist.“

Zur Begründung verweist *Leeser* auf die hiermit verbundene weitere Kostensenkung bei Transaktionen, da der Erwerber sich nicht mit der Frage beschäftigen müsse, ob der Anteil wirksam entstanden sei. In der Praxis sei oft streitig, ob Kapitalerhöhungen wirksam seien und tatsächlich Geschäftsanteile entstanden seien. Die sich hieran anschließende juristische Streitfrage[685], ob der Anteil gar nicht entstanden sei oder die Regeln der fehlerhaften Gesellschaft anwendbar seien, würde sich erledigen, wenn auch der gutgläubige Erwerb nicht existenter Anteile möglich wäre.

Leeser unterscheidet nicht ausreichend zwischen verschiedenen Ebenen, wenn er mir der Erledigung einer juristischen Streitfrage argumentiert. Eine solche muss anhand von Gesetzen und deren Sinn und Zweck gelöst werden. Es ist

---

683 Zu diesem Erfordernis: BGH, Urteil vom 13.03.2003, Az. I ZR 290/00, NJW 2003, 1932, 1933; *Canaris*, FS Bydlinsky, 47, 82 ff.

684 *Leeser*, Gutgläubiger Erwerb, S. 124 ff.

685 Vgl. 5. Kap. A. II. 1.

nicht Aufgabe des gutgläubigen Erwerbs im GmbH-Recht, einer juristischen Streitfrage auszuweichen. Aber auch in der Sache greift dieses Argument zu kurz. Denn die Möglichkeit, einen nicht existierenden Anteil gutgläubig zu erwerben, hilft nicht weiter bei der Frage, ob es sich um einen nicht existierenden Anteil handelt und wie aus rechtlicher Sicht mit diesem Phänomen zu verfahren ist, da sich die Streitfrage, solange kein gutgläubiger Erwerb stattfindet oder eine Heilung entsprechend § 242 AktG eintritt, weiterhin stellt. Zudem sorgte der gutgläubige Erwerb nur in Einzelfällen dafür, dass der Anteil in einer anderen Person als der des ursprünglichen „Gesellschafters" entsteht. Kommt es nicht zu einer Veräußerung, kann dieses Institut nicht helfen. Nur unter der Prämisse, wonach alle Gesellschafter intern den Geschäftsanteil als wirksam behandeln und hoffen, ein Dritter erwerbe diesen gutgläubig, könnte der gutgläubige Erwerb tatsächlich Streit zwischen den Gesellschaftern vermeiden und damit faktisch den Anlass der juristischen Streitfrage innerhalb der Gesellschafter beseitigen. Dieser Fall würde aber nur selten eingreifen. Denn besteht zwischen den Gesellschaftern Streit über die Existenz des Anteils, werden die Gesellschafter, die dessen Wirksamkeit bestreiten, die ihres Erachtens notwendigen Schritte ergreifen, um die Nichtigkeit des Anteils feststellen zu lassen. Sie werden sich nicht auf die Möglichkeit einlassen, dass ein Dritter den Anteil vielleicht gutgläubig erwerbe, da sich aus ihrer Sicht die Unwirksamkeit des Anteils dann unangreifbar perpetuieren würde. Dies spricht dafür, dass sie noch konsequenter gegen den nach ihrer Meinung nicht existierenden Anteil vorgehen würden und die Möglichkeit des gutgläubigen Erwerbs die Auseinandersetzungen innerhalb der GmbH verschärft und so die GmbH bis zu einer rechtskräftigen Entscheidung gelähmt zu werden droht.

Das Argument der Kostensenkung ist demgegenüber nicht zu widerlegen. In der Tat verringern sich Umfang und Kosten einer Due-Diligence-Prüfung, wenn nicht geprüft werden muss, ob der Anteil wirklich entstanden ist und weiterhin besteht. Dennoch überwiegen die Nachteile diesen Vorteil bei weitem.

Ließe man gutgläubigen Erwerb nicht existierender GmbH-Geschäftsanteile zu, so schlösse sich hieran die Möglichkeit einer „kalten" Kapitalerhöhung an.[686] Hierfür wäre es ausreichend, dass eine Liste zum Register eingereicht wird, die einen nicht existierenden Geschäftsanteil aufführt, was unter Geltung des § 40 Abs. 1 GmbHG seitens eines Geschäftsführers möglich wäre. Kurze Zeit später wird dieser Anteil veräußert und der Anteil entsteht fehlerfrei in der Person des gutgläubigen Erwerbers. Hiermit wäre das Stammkapital der Gesellschaft ohne satzungsändernden Beschluss und damit unter Umgehung der hierfür zuständigen Gesellschafterversammlung erhöht. Ein Gesellschafter-Geschäftsführer hätte damit die Kompetenz, an der Gesellschafterversammlung vorbei gerade genannte Kapitalmaßnahmen zu treffen. Für ihn bestünde sogar die Möglichkeit,

686 Dieser Gedanke auch bei: *Seibert*, MoMiG, S. 64.

einen ihm treuen gutgläubigen Mitgesellschafter in die Gesellschaft aufzunehmen, indem er diesem den aus der kalten Erhöhung resultierenden Anteil abtritt, und so seinen Einfluss ohne Korrektiv der erforderlichen ¾ Mehrheit des § 53 Abs. 2 Satz 1 GmbHG zu stärken.

Durch gutgläubigen Erwerb müsste auch ein fehlerfreier Anteil entstehen, da ansonsten die Möglichkeit des gutgläubigen Erwerbs keinen Sinn machte. Hiermit verbunden wäre aber eine unwiederbringliche Verschiebung der Stimmacht und der Gewinn- und Liquidationsansprüche zu Lasten der alten Gesellschafter. Gutgläubiger Erwerb wirkte sich damit zum Nachteil von Beteiligten aus, denen nicht notwendig der Rechtsschein der unrichtigen Gesellschafterliste zuzurechnen ist.

Gleichfalls würde hiermit das Grundprinzip des gutgläubigen Erwerbs verletzt, wonach dem Rechtsgewinnenden ein Rechtsverlierender gegenüberstehen muss. Hier aber ließe sich nicht bestimmen, zu wessen Lasten der Rechtsgewinn eintreten würde, weil es einen zuvor Berechtigten am nicht existierenden Geschäftsanteil nicht gibt. Es besteht also nicht die typische Situation des gutgläubigen Erwerbs, wonach dieses Institut zu einem Wechsel in der Rechtsinhaberschaft an einem Rechtsobjekt führt, sondern eine Neubegründung eines Rechtsobjektes. Hiergegen ließe sich zwar einwenden, dass der Rechtsverlust zumindest mittelbar durch die Vermehrung an Mitgliedschaften zu Lasten der übrigen Gesellschafter eintrete und damit diese vom Rechtsverlust betroffen wären. Wendet man diesen Gedanken aber konsequent an und sieht die übrigen Gesellschafter als Rechtsverlierende an, so bedürfte es einer Rechtfertigung des Rechtsverlusts in der Person eines jeden Altgesellschafter. Diese einheitliche Rechtfertigung des gutgläubigen Erwerbs, die bei nur einem Rechtsverlierenden stets möglich ist, ließe sich aber für diese Konstellation nicht immer durchhalten, da im Verhältnis zu einzelnen Altgesellschaftern eine Rechtfertigung gegeben sein kann, nicht aber gegenüber allen gegeben sein muss. Da der Rechtsverlust durch gutgläubigen Erwerb bereits aus verfassungsrechtlichen Gründen aber nur dann eintreten kann, wenn eine Rechtfertigung beim Rechtsverlierenden gegeben ist, müsste konsequenterweise zwischen den jeweiligen Altgesellschaftern danach differenziert werden, ob ihnen gegenüber gutgläubiger Erwerb gerechtfertigt ist. So ließe sich etwa argumentieren, dass im Falle eines nichtigen Kapitalerhöhungsbeschlusses nur den dafür stimmenden Gesellschaftern die verlautbarte, aber fehlende Existenz des Geschäftsanteils zuzurechnen ist, nicht aber den abweichend Abstimmenden. Demnach könnten dann die fehlerfrei entstehenden Rechte zu Lasten der ersten Gruppe angenommen werden, nicht aber zu Lasten der letztgenannten. Eine Folge, die sich weit außerhalb eines vorhersehbaren und rechtssicheren Instituts bewegt.

Schließlich spricht gegen ein Bedürfnis des gutgläubigen Erwerbs nicht existenter Geschäftsanteile, dass auch im Parallelfall im Aktienrecht die Möglichkeit des gutgläubigen Erwerbs nicht entstandener Mitgliedschaften trotz

Verkörperung in einer Namensaktie überwiegend abgelehnt wird.[687] Auch dort muss der Erwerber die Existenz des Aktienrechts nachprüfen, ohne dass Forderungen nach gutgläubigem Erwerb erhoben werden. Ein durchgreifender Grund, dies in der GmbH anders zu gestalten, besteht nicht, da in beiden Fällen vergleichbare Gründe gegen den gutgläubigen Erwerb sprechen.

Wägt man damit die Vorteile von *Leesers* Ansicht mit den gerade genannten Nachteilen ab, überwiegen letztere. Denn nur die Senkung von Transaktionskosten zugunsten eines Erwerbers kann nicht ausgleichen, dass weite Eingriffe innerhalb der Verbandskompetenz der GmbH nachträglich akzeptiert werden und die Rechte der übrigen Gesellschafter zu verkümmern drohen. Auch die schwer steuerbaren unterschiedlichen Auswirkungen auf verschiedene Gesellschafter führen zu Rechtsunsicherheit, die erst im Rahmen eines gerichtlichen Verfahrens beseitigt werden könnte. In einer solchen Phase ist die GmbH nicht effektiv handlungsfähig und es würde damit nicht deren Attraktivität gesteigert.

Somit zeigt sich der Weg des Gesetzgebers, gutgläubigen Erwerb von nicht existenten Geschäftsanteilen nicht zuzulassen, als überzeugend und sollte nicht nachträglich durch eine Gesetzesänderung verlassen werden.

2. Gutgläubiger Erwerb entsprechend der in der Gesellschafterliste eingetragenen Stückelung

Bereits frühzeitig wurde eine mit dem gerade behandelten Fall verwandte, wenngleich hiervon deutlich zu trennende Frage aufgeworfen. In der Praxis kommt es vor, dass ein existierender Geschäftsanteil hinsichtlich seiner Stückelung falsch in der Gesellschafterliste eingetragen ist.[688] Dies tritt ein, wenn mehrere selbständige Anteile etwa zur Vereinfachung in der Gesellschafterliste nur als ein einheitlicher zusammengefasst werden oder, trotz fehlerhafter oder unterbliebener Teilung eines Geschäftsanteils, ein nach wie vor einheitlicher Anteil als zwei eigenständige Anteile in der Gesellschafterliste verlautbart wird.[689] Die nur von der Liste ausgewiesenen Geschäftsanteile sind nicht existierende Geschäftsanteile.[690] Wegen der bislang untergeordneten Rolle der Gesellschafterliste und den restriktiven Vorgaben zur Teilung gemäß § 17 GmbHG a.F. dürfte es sich um eine nicht selten vorkommende falsche Angabe in der Gesellschafterliste handeln. Veräußert nunmehr der Inhaber des in falscher Stückelung in der Gesellschafterliste eingetragenen Anteils diesen Geschäftsanteil oder nur einen aus einer unwirksamen Teilung hervorgegangenen Geschäftsanteil an einen

687 Siehe nur: *Merkt* in Großkomm. AktG § 68 Rdnr. 89 f. mwN; a.A. *Hueck/Canaris*, Recht der Wertpapiere, § 25 III 2 b).

688 Hierauf verweist zuerst: *Flesner*, NZG 2006, 641, 643; vgl. auch: *Berninger*, GmbHR 2009, 679, 679 f.

689 Für ein Fallbeispiel siehe: 5. Kap. A. II. 2. c).

690 BGH, Urteil vom 20.07.2005, Az. VIII ZR 397/03, NJW-RR 2005, 1619, 1620.

Gutgläubigen, so stellt sich die Frage, ob gutgläubiger Erwerb entsprechend der in der Gesellschafterliste unrichtig angegebenen Stückelung möglich ist.

a) Die Ansicht von Böttcher/Blasche

Eingehend beschäftigen sich *Böttcher/Blasche*[691] mit der soeben aufgeworfenen Frage und kommen zu dem Ergebnis, dass § 16 Abs. 3 GmbHG den gutgläubigen Erwerb entsprechend der in der Gesellschafterliste enthaltenen Stückelung ermöglicht. Sie gehen zunächst davon aus, dass der hiesige Fall nicht mit dem vom Gesetzgeber nicht gewollten gutgläubigen Erwerb eines nicht existierenden Anteils vergleichbar sei. Rechtlich gesehen existierten zwar keine in der angegebenen Stückelung bestehende Anteile, dennoch sei ein Äquivalent zu diesen in Form der tatsächlich in anderer Stückelung existierenden Anteile gegeben. Da sich zudem der Gesetzgeber mit diesem Fall nicht in den Gesetzesmaterialien beschäftigt habe, ließe sich hieraus ableiten, dass er diese Möglichkeit des gutgläubigen Erwerbs gar nicht im Blick gehabt habe. Der hier zu diskutierende Fall lasse sich auch unter den Wortlaut des § 16 Abs. 3 GmbHG fassen, dessen zentrale Voraussetzungen ein Geschäftsanteil und ein hieran Nichtberechtigter seien. Von einem Geschäftsanteil könne ausgegangen werden, da der Fall einer falsch angegeben Stückelung kein Fall eines nicht existenten Anteils sei, aber auch nicht der eigentlich § 16 Abs. 3 GmbHG zugrunde liegende Sachverhalt gegeben sei, wonach ein Anteil bestehe, aber einer anderen Person als dem Veräußerer zuzuordnen sei. Insoweit stelle der hiesige Fall eine Hybride zwischen beiden Fällen dar. Somit sei davon auszugehen, dass sich diese Konstellation unter den Begriff des Geschäftsanteils einordnen ließe, da das Gesetz einen Geschäftsanteil voraussetze, zu dem es einen Nichtberechtigten gebe. Ebenso existiere mit dem Veräußerer ein Nichtberechtigter, da dieser nicht berechtigt sei, entsprechend der eingetragenen Stückelung über den Anteil zu verfügen. Auch gebe es einen Berechtigten, da es sachgerecht sei, denjenigen als solchen anzusehen, der Inhaber der tatsächlich in anderer Stückelung existierenden Anteile sei. Dies ergebe sich, weil jener es sei, der durch gutgläubigen Erwerb seine Rechtsposition verliere und damit die typische Position des Berechtigten einnehme. Dies müsse erst recht dann gelten, wenn nur eine Zwei-Personenkonstellation vorliege, in der der eigentlich Berechtigte über die Anteile verfüge, da der Vermögensverlust unmittelbar bei diesem durch den Gegenwert kompensiert würde. Ebenso spreche der vom Gesetzgeber beschrittene Weg, die Gestaltung von Geschäftsanteilen deutlich zu flexibilisieren, für dieses Ergebnis. Dieser habe sich dafür entschieden, vom Grundsatz der einheitlichen Beteiligung des § 5 Abs. 2 GmbHG a.F. Abstand zu nehmen und ermögliche es

---

691 *Böttcher/Blasche,* NZG 2007, 565, 566 ff.; dem folgend: *Wicke*, GmbHG, § 16 Rdnr. 15; *Gottschalk*, DZWIR 2009, 45, 51; *Götze/Bressler*, NZG 2007, 894, 897; *Gehrlein*, Konzern 2007, 771, 791 f.

nunmehr, die Teilung von Geschäftsanteilen unter weitaus geringeren Voraussetzungen durchzuführen.

b) Die Gegenmeinung

Andere Stimmen in der Literatur lehnen die Möglichkeit, einen Geschäftsanteil entsprechend der in der Gesellschafterliste angegebenen Stückelung gutgläubig zu erwerben, ab.[692] Argumentiert wird, der gute Glaube beziehe sich nicht auf die Existenz des Anteils und damit erst recht nicht darauf, dass der Geschäftsanteil so bestehe, wie er in der Liste eingetragen sei.[693] Ebenso führe diese Möglichkeit zu Abgrenzungsschwierigkeiten, die mit dem Charakter des jetzt vom Gesetzgeber eingeführten gutgläubigen Erwerbs nicht vereinbar seien, da dieser ganz bewusst nur einen Teil der denkbaren Möglichkeiten gutgläubigen Erwerbs geregelt habe, weil dieser stets nur eine Ausnahmeregelung sein könne.[694] Es dürfe auch nicht über Jahre hinweg unsicher sein, welche Falschangaben schädlich und welche unschädlich sein sollten, da die massive Wirkung des gutgläubigen Erwerbs keine solchen Rechtsunsicherheiten vertrage.[695]

c) Stellungnahme

Der Vorschlag von *Böttcher/Blasche* erweist sich als nicht überzeugend. Es fehlt bereits die grundsätzlich erforderliche Existenz des Geschäftsanteils.[696] Dies zeigt sich exemplarisch anhand folgenden Beispiels:

A ist Inhaber eines Geschäftsanteils mit Nennwert 10.000 € an der X-GmbH. Die Gesellschafterliste weist für A aber zwei Anteile, jeweils mit Nennbetrag 5.000 €, aus, da A in der Vergangenheit seine Beteiligung halbieren wollte. Um den Aufwand einer wirksamen Teilung zu sparen, hatte der Geschäftsführer B eine Gesellschafterliste eingereicht, die für A zwei Anteile aufführt. Die Veräußerungsabsichten des A haben sich zerschlagen, ohne dass eine neue Gesellschafterliste eingereicht wurde.

Hier vertreten *Böttcher/Blasche*, es bestünden zwei existente Geschäftsanteile mit Nennwert 5.000 €, da ein Äquivalent zu den fälschlich gestückelten, eingetragenen Anteilen in Form des tatsächlich in anderer Stückelung, nämlich mit Nennbetrag 10.000 €, vorhandenen Anteils existiere. Wendet man diesen Gedanken konsequent an, so wäre insgesamt von der Existenz dreier Anteile auszugehen, nämlich des tatsächlich existierenden Geschäftsanteils mit Nennwert 10.000 € und der beiden in falscher Stückelung bestehenden Anteile mit Nennwert von jeweils 5.000 €. Dem Gesellschafter stünden Geschäftsanteile im Gesamtnennwert von 20.000 € zu. Dies würde aber einen Verstoß gegen § 5 Abs. 3

692 Heckschen/*Heidinger*, Die GmbH (2009), § 13 Rdnr. 140; *Heckschen*, Praxis, Rdnr. 552; *Mayer*, DNotZ 2008, 403, 418; *Wachter*, ZNotP 2008, 378, 394.

693 *Wachter*, ZNotP 2008, 378, 394.

694 *Heckschen*, Praxis, Rdnr. 552.

695 *Heckschen*, Praxis, Rdnr. 552.

696 Vgl. 5. Kap. A. II. 1. c).

Satz 2 GmbHG bedeuten, welcher sowohl für die Gründungsphase als auch für den weiteren Verlauf der GmbH sicherstellen soll, dass die Summe der Nennbeträge mit der Summe des Stammkapitals übereinstimmt.[697] Dieses Ergebnis ließe sich nur vermeiden, wenn man die Geschäftsanteile mit Nennbetrag von jeweils 5.000 € gleichsam nur als virtuelle Geschäftsanteile betrachten würde, um somit einen Verstoß gegen § 5 Abs. 3 Satz 2 GmbHG zu vermeiden. Dies zeigt aber, dass es sich dann um Geschäftsanteile handelt, die gerade nicht tatsächlich bestehen und somit Fälle des nicht existierenden Geschäftsanteils darstellen. Auch die Überlegung, wonach die Anteile mit Nennwert 5.000 € nicht virtuell, sondern tatsächlich bestünden, könnte nur mit der Folge verbunden werden, dass der tatsächlich bestehende Anteil über 10.000 € als nicht existent einzuordnen wäre. Dies wäre aber ein gesetzlich nicht vorgesehener Erlöschungsgrund eines Geschäftsanteils und ist daher abzulehnen. Als Grundproblem stellt sich damit das Äquivalenz-Argument dar. Es ist zwar richtig, dass mit dem tatsächlichen Anteil ein Äquivalent zu den falsch eingetragenen Anteilen besteht, nämlich im Ergebnis mit dessen Nennbetrag. Dieser Nennbetrag würde aber zumindest für den gutgläubigen Erwerb doppelt eingesetzt werden müssen, obwohl er nur einmal wirklich besteht und nur einmal als gestückelter Teil des Stammkapitals betrachtet werden kann. Damit kann *Böttcher/Blasche* nicht darin gefolgt werden, dass kein Fall eines nicht existenten Anteils vorliegt. Vielmehr ist zu konstatieren, dass die beiden Anteile mit Nennwert 5.000 € nicht bestehen und damit nicht gutgläubig erworben werden können, weil ein einmaliger Anteil am Stammkapital hierfür doppelt eingesetzt werden müsste.

Diese Überlegung lässt sich noch durch einen zweiten, wenn auch sehr formalen Gesichtspunkt stützen. Die in falscher Stückelung angegeben Geschäftsanteile müssen als nicht existent eingeordnet werden, da es für sie keinen Entstehungsgrund gibt. Weder bei Eintragung der GmbH in das Register noch durch Kapitalerhöhung oder wirksame Teilung oder Zusammenlegung kommen die in falscher Stückelung ausgewiesenen Anteile zur Entstehung. Ist aber ein Geschäftsanteil nicht entstanden, kann er nur als nicht existierend betrachtet werden. Hierüber kann auch, wie gerade gezeigt, das Äquivalenz-Argument von *Böttcher/Blasche* nicht hinweghelfen. Würde man einen solchen Anteil demgegenüber zumindest im Rahmen des § 16 Abs. 3 GmbHG wie einen wirklich bestehenden Anteil behandeln, so hieße dies, die fehlerhafte Maßnahme im Nachgang, trotz Umgehung der hierfür einschlägigen Kompetenzen, nur zum Schutze des gutgläubigen Erwerbers auch als wirksam zu behandeln.

Ein weiteres Argument gegen die Ansicht von *Böttcher/Blasche* ergibt sich aus der in § 16 Abs. 3 GmbHG erforderlichen Person des Nichtberechtigten. Hierfür bedarf es bezogen auf den in falscher Stückelung eingetragenen Geschäftsanteil sowohl eines Berechtigten als auch eines Nichtberechtigten.[698] Zu-

697 Regierungsbegründung, BT-Drs. 16/6140, S. 31 linke Spalte.
698 Vgl. 5. Kap. A. II. 1. c).

nächst lässt sich für die Person des Nichtberechtigten aus dem gerade Gesagten ableiten, dass es an einem nicht existierenden Anteil keinen Nichtberechtigten geben kann, da das notwendige Gegenstück, nämlich der Berechtigte, nicht existiert. Aber auch losgelöst von diesem Aspekt fehlt es an der Person des Berechtigten an dem in falscher Stückelung eingetragenen Geschäftsanteil. Um einen Berechtigten annehmen zu können, müsste es eine Person geben, die ohne die Möglichkeit des gutgläubigen Erwerbs, also als Berechtigter, den Anteil in der in der Gesellschaftsliste angegebenen Stückelung wirksam übertragen könnte. Diese Rechtsmacht steht aber niemanden zu, da nur über den tatsächlich bestehenden Anteil durch einen Berechtigten wirksam verfügt werden kann. Auch hieraus ist zu folgern, dass es keinen Nichtberechtigten geben kann.

Zudem kann nach Ansicht von *Böttcher/Blasche* sogar die Person des Berechtigten mit derjenigen des Nichtberechtigten zusammenfallen. Dies wäre dann der Fall, wenn der Veräußernde bei einem für ihn in der Gesellschafterliste mit falscher Stückelung eingetragenen Anteil gleichzeitig auch der Inhaber der tatsächlich bestehenden, aber anders gestückelten Anteile ist. Hiermit würde man aber das Grundprinzip des gutgläubigen Erwerbs verlassen, welches voraussetzt, dass ein anderer ein Recht übertragen kann, ohne die hierfür erforderliche rechtliche Kompetenz zu haben. Im gerade genannten Fall kann aber der Gesellschafter über den tatsächlich bestehenden Anteil als Berechtigter verfügen.

Die Auffassung von *Böttcher/Blasche* führt auch zu einer Kompetenzbeschneidung der Gesellschafterversammlung. Gemäß § 46 Nr. 4 GmbHG steht, vorbehaltlich einer anderweitigen gesellschaftsvertraglichen Regelung, die Kompetenz für Teilung und Zusammenlegung von Geschäftsanteilen der Gesellschafterversammlung zu. Wird aber in die Reichweite des Gutglaubensschutzes auch die Stückelung der Anteile aufgenommen, so wird ein Verstoß gegen diese Kompetenz seitens desjenigen, der eine falsche Gesellschafterliste einreicht, im Falle des gutgläubigen Erwerbs im Nachhinein geheilt. Es wäre demnach beispielsweise für einen Gesellschafter-Geschäftsführer möglich[699], seinen Anteil oder den eines Mitgesellschafters ohne Gesellschafterbeschluss neu zu stückeln, indem er eine neue Gesellschafterliste einreicht und Teile des neu gestückelten Anteils veräußert. Da der gutgläubige Erwerb des Neugesellschafters den Anteil in der neugestückelten Zusammensetzung zum Entstehen bringen würde, käme es zu einer zusätzlichen, vom Gesetzgeber nicht geregelten Möglichkeit, Geschäftsanteile zu teilen oder zusammenzulegen.

Die Ansicht von *Böttcher/Blasche* kann aber auch zu schweren Verwerfungen im Rahmen der Kapitalaufbringung führen und hiermit in schutzwürdige Interessen Dritter nachteilig eingreifen. Ist ein Gesellschafter Inhaber von vier Anteilen über je 1.000 €, sind aber für diesen Gesellschafter in der Gesellschaf-

---

699 Nur auf dem Boden der aktuellen Gesetzeslage. Nach hier unterbreitetem Vorschlag (4. Kap. B. XI. 3.) ist nur ein Notar zur Listeneinreichung befugt.

terliste zwei Anteile, jeweils mit Nennbetrag 2.000 €, eingetragen, so könnte nach *Böttcher/Blasche* der Gesellschafter beide in der Liste eingetragenen Geschäftsanteile an zwei unterschiedliche Neugesellschafter veräußern. Damit würden in deren Personen jeweils ein Geschäftsanteil mit Nennbetrag von 2.000 € neu entstehen. War aber bei nur einem der vier ursprünglich tatsächlich bestehenden Geschäftsanteile die Einlage noch nicht voll erbracht, so wäre dieser innerhalb der neu entstandenen Anteile nicht mehr zu identifizieren, weil nur nachvollzogen werden kann, welcher der Geschäftsanteile über 2.000 € an welchen Erwerber veräußert wurde. Dies stellte zum einen einen Verstoß gegen den Grundsatz der Selbstständigkeit von Geschäftsanteilen gemäß § 15 Abs. 2 GmbHG dar, an dem der Gesetzgeber des MoMiG festgehalten hat. Deutlich problematischer wäre aber die Frage, an welchen der Neugesellschafter sich die GmbH wegen der noch aufzubringenden Einlage wenden kann, wenn ein Rückgriff gemäß § 16 Abs. 2 GmbHG auf den Veräußerer nicht erfolgversprechend ist. Diese Frage kann nur beantwortet werden, wenn festgestellt ist, in welchem der neu entstandenen Anteile sich der nicht voll eingezahlte fortgesetzt hat. Da dies nicht möglich ist, besteht zwar ein Anspruch der GmbH auf die Einlage, wer aber Schuldner dieses Anspruchs ist, kann nicht mehr geklärt werden. Auch eine Einordnung der beiden Neugesellschafter als Gesamtschuldner ist nicht möglich. Gemäß § 421 BGB müsste jeder der beiden Neugesellschafter verpflichtet sein, die ganze rückständige Einlage zu erbringen.[700] Dies lässt sich aber nicht begründen. Geht man davon aus, der nicht eingezahlte Geschäftsanteil setzte sich in einem der neu entstandenen Anteile fort, wäre damit auch entschieden, dass nur einer der Neugesellschafter Schuldner ist, unabhängig davon, welchem der beiden neuen Gesellschafter der nicht eingezahlte Anteil nunmehr zuzuordnen wäre. Jedenfalls lässt sich hieraus eine Schuldnerstellung nur eines der beiden neuen Gesellschafter ableiten und damit eine Gesamtschuld verneinen. Auch wenn eine quotale Aufteilung befürwortet würde, kann nicht auf die Gesamtschuld zurückgegriffen werden, da diese voraussetzt, dass beide Schuldner jeweils auf die ganze Leistung haften. Auch ein Rückgriff auf §§ 21 ff. GmbHG ist nicht möglich, da auch dort nicht geklärt werden kann, in welchem der neu entstandenen Anteile der nicht voll eingezahlte Anteil aufgegangen ist. Die Ausweitung des Gutglaubensschutzes auf die Stückelung der Geschäftsanteile hätte also zur Folge, dass eine Gefährdung der Kapitalaufbringung droht. Eine so weitreichende negative Folge für den Gläubigerschutz lässt sich aber nicht mit einem Vorteil für einen potentiellen Erwerber eines GmbH-Geschäftsanteils begründen.

Gleichgelagerte Schwierigkeiten ergeben sich, wenn im obigen Beispiel statt einer rückständigen Einlage eine dingliche Belastung nur eines der tatsächlich bestehenden Geschäftsanteile erfolgt ist. Lehnt man mit der überwiegenden

700 Vgl. MünchKommBGB/*Bydlinski* § 421 Rdnr. 5.

Meinung lastenfreien Erwerb bei § 16 Abs. 3 GmbHG ab[701], so stellte sich auch hier die Frage, an welchem der durch gutgläubigen Erwerb neu entstandenen Anteile die dingliche Belastung besteht. Auch hier sieht sich der Inhaber der dinglichen Belastung der gleichen Situation gegenüber wie die GmbH bei einem nicht voll eingezahlten Anteil im soeben angeführten Beispiel.

Schließlich besteht auch kein Bedürfnis, gutgläubigen Erwerb entsprechend der in der Gesellschafterliste eingetragenen Stückelung zuzulassen. Durch das MoMiG wurden die Voraussetzungen der Teilung und Zusammenlegung von Geschäftsanteilen deutlich liberalisiert. Entgegen der alten Rechtslage reicht hierfür gemäß § 46 Nr. 4 GmbHG ein schlichter Gesellschafterbeschluss aus. Mithin besteht jetzt die Möglichkeit für die Gesellschafter, eine in der Vergangenheit unzulässig durchgeführte Teilung oder Zusammenlegung durch Beschluss zu legalisieren. So kann bei Zweifeln über die Wirksamkeit einer Neustückelung in der Vergangenheit eine denkbare Fehlerquelle einer angestrebten Übertragung bereits im Vorfeld der Transaktion durch Beschluss der Gesellschafter vermieden werden. Im Verhältnis zu den Folgeschwierigkeiten der Ansicht von *Böttcher/Blasche* stellt diese Versammlungsbefugnis ein milderes Mittel dar, welches zu einem vergleichbaren Ergebnis führt.

Im Ergebnis zeigt sich damit, dass die Ansicht von *Böttcher/Blasche* nicht mit dem Wortlaut von § 16 Abs. 3 GmbHG vereinbar ist, da weder mit dem unrichtig gestückelten Anteil ein existierender Anteil, noch ein Nichtberechtigter gegeben ist. Zudem führt diese Auffassung zu einer Kompetenzverschiebung zu Lasten der Gesellschafterversammlung für die Neustückelung von Geschäftsanteilen und zu einer Verletzung des Gebots der Kapitalaufbringung, obwohl die Gesellschafter durch schlichten Beschluss nunmehr die Neustückelung von Geschäftsanteilen durchführen können. Daher bezieht sich die Reichweite des Gutglaubensschutzes nicht auf die Stückelung der in der Gesellschafterliste eingetragenen Geschäftsanteile, auch wenn diesen gegenüber ein äquivalenter tatsächlicher Geschäftsanteil besteht.

3. Guter Glaube an die freie Übertragbarkeit des Geschäftsanteils

Gemäß § 15 Abs. 5 GmbHG kann die Übertragung eines Geschäftsanteils von weiteren Voraussetzungen abhängig gemacht werden. Hiervon wird in der Regel bei der GmbH auch Gebrauch gemacht.[702] Die Bandbreite statutarischer Abtretungsvoraussetzungen ist sehr weit; in Betracht kommen beispielsweise die in § 15 Abs. 5 GmbHG genannte Genehmigung der Gesellschaft, die Zustimmung der Gesellschafterversammlung, der Geschäftsführung, eines Aufsichtsrates, einzelner Gesellschafter oder eines Dritten, die Nichtausübung bestimmter Vorkaufsrechte oder Erwerbsvorrechte zugunsten der Gesellschafter oder der Gesellschaft, die Übernahme bestimmter Verpflichtungen durch den Erwerber oder

701 Ausführlich zum lastenfreien Erwerb: 5. Kap. A. II. 8.

702 Heckschen/*Heidinger*, Die GmbH (2009), § 13 Rdnr. 138.

das Erfordernis bestimmter Eigenschaften des Erwerbers.[703] Die allgemeine Meinung lässt sogar einen gänzlichen Ausschluss der Abtretbarkeit zu.[704] Werden die satzungsmäßigen Erfordernisse bei einer Anteilsübertragung nicht erfüllt, so führt dies zu ihrer Unwirksamkeit[705], weswegen ein betroffener Geschäftsanteil nicht frei übertragen werden kann.

Nach einhelliger Ansicht wird der gute Glaube an die freie Übertragbarkeit von § 16 Abs. 3 GmbHG nicht geschützt, weil derartige Verfügungsbeschränkungen nicht in die Gesellschafterliste eintragungsfähig sind und daher bereits kein Anknüpfungspunkt für guten Glauben gegeben ist.[706]

Dem ist zuzustimmen. Dies lässt sich aber neben der fehlenden Eintragungsfähigkeit von Verfügungsbeschränkungen[707] auch auf zwei zusätzliche Argumente stützen. Bereits aus der grundsätzlichen Reichweite des Gutglaubensschutzes gemäß § 16 Abs. 3 GmbH, nämlich der Verfügungsmacht des eingetragenen Gesellschafters[708], lässt sich ableiten, dass hinsichtlich der Freiheit von Verfügungsbeschränkungen kein Schutz des guten Glaubens besteht. Die Ersetzungsfunktion des § 16 Abs. 3 GmbHG reicht nicht so weit, als dass auch die fehlende Verfügungsbefugnis überwunden werden kann. Auch eine Bewertung der widerstreitenden Interessen spricht gegen die Möglichkeit, statutarische Verfügungsbeschränkungen mit Hilfe des § 16 Abs. 3 GmbHG zu überwinden. Der Sinn von Vinkulierungen liegt im Interesse der Gesellschafter, sich vor Partnern zu schützen, die sie nicht ausgewählt haben, und eine Erweiterung des Gesellschafterkreises verhindern zu können.[709] Diesbezüglich lässt sich den Gesellschaftern ein berechtigtes Interesse nicht absprechen, da nur so deren bleibender Einfluss auf die Zusammensetzung des Mitgliederbestandes sichergestellt werden kann. Demgegenüber ist der Erwerber nicht schutzwürdig, da er selbst durch einen Blick in den zu den Registerakten zu nehmenden und damit gemäß § 9 HGB frei einsehbaren Gesellschaftsvertrag nachprüfen kann, ob Verfügungsbeschränkungen bestehen, und daher seine konkreten Erwerbsaussichten selbst beurteilen kann. Diesem trotzdem die Möglichkeit eines gutgläubigen Erwerbs einzuräumen, hieße den Gesellschaftern die Befugnis zu nehmen, ihre berechtigen Interessen effektiv zu wahren.

---

703 Vgl. *Hueck/Fastrich* in: Baumbach/Hueck, GmbHG (2010), § 15 Rdnr. 37 ff. mwN.

704 Siehe nur: Michalski/*Ebbing*, GmbHG, § 15 Rdnr. 138.

705 Statt aller: *Hueck/Fastrich* in: Baumbach/Hueck, GmbHG (2010), § 15 Rdnr. 37. Einen Sonderfall stellt eine als satzungsdurchbrechender Gesellschafterbeschluss einzuordnende Zustimmung aller Gesellschafter dar.

706 OLG München, Beschluss vom 08.09.2009, Az. 31 Wx 82/09, ZIP 2009, 1911, 1912; Lutter/Hommelhoff/*Bayer*, GmbHG, § 16 Rdnr. 62; *Mayer*, DNotZ 2008, 403, 418 jeweils mwN.

707 4. Kap. B. V. 4.

708 5. Kap. A. I.

709 *Goette*, Die GmbH § 5 Rdnr. 38.

4. Guter Glaube an die erbrachte Einlageleistung/rückständige Leistungen

Nicht von § 16 Abs. 3 GmbHG geschützt ist der gute Glaube an die vollständige Leistung der Einlage auf den Geschäftsanteil.[710] Bei einer noch offenen Einlage auf den Anteil kann der Erwerber der Gesellschaftsforderung gemäß § 19 Abs. 1 GmbHG nicht gutgläubigen Erwerb bezüglich der voll geleisteten Einlage entgegnen. Dies ergibt sich aus der grundsätzlichen Reichweite des § 16 Abs. 3 GmbHG, der nur den guten Glauben an die Verfügungsmacht schützt und damit nicht guten Glauben an die volle Einlageleistung. Zudem wäre wertungsgemäß ein Erwerber nicht schützenswert, da er auch dann, wenn er noch eine Einlage auf den Geschäftsanteil zu erbringen hat, sein Ziel, die Rechtsinhaberschaft zu erlangen, erreicht. Muss er noch eine Einlage leisten, obwohl ihm der Veräußerer die Leistung der vollen Einlage auf den Anteil vorgespiegelt hat, bestehen Gewährleistungsansprüche oder ein Anfechtungsrecht gemäß § 123 Abs. 1 BGB. Ebenso liegt der Sinn der Einlage in der Kapitalaufbringung und damit dem Schutz außenstehender Gläubiger. Könnte die Pflicht zur Erbringung der Einlageleistung gutgläubig hinwegerworben werden, so würde dies eine ungerechtfertigte Beeinträchtigung des Gläubigerschutzes bedeuten. Auch § 16 Abs. 2 GmbHG spricht für dieses Ergebnis, da für rückständige Einlageverpflichtungen neben dem Veräußerer auch der Erwerber haftet. Hierin zeigt das Gesetz die elementare Bedeutung der Kapitalaufbringung, welche nicht durch gutgläubigen Erwerb gefährdet werden darf. Schließlich fehlt auch in der Gesellschafterliste ein Bezugspunkt für den guten Glauben an die volle Leistung der Einlage, da Angaben zur Einlage dort nicht vermerkt sind. Im Ergebnis würde nur der gute Glaube des Erwerbers an das „Gerede" des Veräußerers geschützt.

Fraglich bleibt indes, ob sich dieser Gedanke auch auf andere rückständige Leistungen wie etwa Ansprüche aus Vorbelastungshaftung, Haftung für Nachschüsse und Nebenleistungen oder Haftungsverpflichtungen aus § 24 und § 31 Abs. 3 GmbHG übertragen lässt. Zwar sprechen auch hier die gerade genannten Argumente gegen einen gutgläubigen Hinwegerwerb dieser Ansprüche. Dennoch ließe sich hiergegen anführen, dass § 16 Abs. 2 GmbHG nur noch „rückständige Einlageverpflichtungen" nennt und nicht mehr, wie in der Vorgängervorschrift des § 16 Abs. 3 GmbHG a.F., „rückständige Leistungen" und nicht alle genannten Ansprüche unter das Tatbestandsmerkmal Einlageverpflichtungen subsumierbar sind. Insoweit könnte diese gesetzliche Einschränkung dazu führen, dass solche Ansprüche, die sich nicht als Einlageverpflichtungen einordnen lassen, gutgläubig hinwegerworben werden können. Gegen eine solche Argumentation sprechen aber die zur offenen Einlageverpflichtung genannten Aspekte und die Möglichkeit des Erwerbers, sich bei der GmbH über das Bestehen

710 Statt aller: *Gehrlein*, Konzern 2007, 771, 792.

weiterer Ansprüche auf den Geschäftsanteil zu informieren. Zudem ist nach den Gesetzesmaterialien keine inhaltliche Änderung mit der Neuformulierung des § 16 Abs. 2 GmbHG beabsichtigt, sondern es soll die bisherige Regelung des § 16 Abs. 3 GmbHG a.F. aufgegriffen werden.[711] Unter § 16 Abs. 3 a.F. wurden von der einhelligen Meinung oben genannte rückständige Leistungen sämtlich eingeordnet.[712]

5. Gutgläubiger Erwerb von Rechten

§ 16 Abs. 3 GmbHG ermöglicht nicht nur, einen Geschäftsanteil gutgläubig zu erwerben, sondern auch ein Recht an einem Geschäftsanteil. Weder § 16 Abs. 3 Satz 1 GmbHG noch die Gesetzesmaterialien, die beispielhaft nur das Pfandrecht erwähnen[713], lassen erkennen, welche Rechte an einem Anteil hiervon erfasst sind. Im Grundsatz lassen sich verschiedenste Rechte an einem Geschäftsanteil begründen. Neben dinglichen Rechten – wie einem Pfand- oder Nießbrauchsrecht – kommen auch schuldrechtliche Vereinbarungen – etwa eine Unterbeteiligung oder ein Vorkaufsrecht gemäß §§ 463 ff. BGB – und vom Stammrecht gedanklich trennbare Rechte – etwa der Gewinnanteil oder Vermögens- und Verwaltungsrechte aus der Mitgliedschaft – in Betracht. Auch aus der Eintragungsmöglichkeit bestimmter Rechte in der Gesellschafterliste lässt sich diesbezüglich nichts ableiten, da § 40 GmbHG eine hierfür erforderliche Regelung vermissen lässt.

a) Bisheriger Ansatz

Soweit die Literatur Stellung zu dieser Frage bezieht, wird danach differenziert, ob die in Rede stehenden Rechte auch gegenüber Dritten wirken.[714] Als Begründung wird auf die Parallele zu § 892 BGB verwiesen, nachdem nur im Grundbuch eingetragene Rechte, die daher gegen Dritte wirken, gutgläubig erworben werden könnten. Obwohl sich dieser Ansatz wegen der fehlenden Eintragbarkeit von Rechten in der Gesellschafterliste nicht auf den gutgläubigen Erwerb von Rechten an GmbH-Anteilen übertragen ließe, wird dennoch auf das Kriterium der Drittwirkung zurückgegriffen. Als Folge hieraus könnten trotz bleibender Unsicherheiten zumindest ein Pfandrecht und ein Nießbrauchsrecht gutgläubig erworben werden.

b) Stellungnahme

Der gerade angeführte Ansatz erweist sich als widersprüchlich. Auf der einen Seite wird das Kriterium der Drittwirkung aus § 892 BGB übernommen. Der Grund für dieses Kriterium und damit dessen Berechtigung im Rahmen des

---

711 Regierungsbegründung, BT-Drs. 16/6140, S. 38 linke Spalte.

712 Siehe nur: Ulmer/Habersack/Winter/*Winter/Löbbe* § 16 Rdnr. 32 ff.

713 Regierungsbegründung, BT-Drs. 16/6140, S. 38 rechte Spalte.

714 *Gottschalk*, DZWIR 2009, 45, 50; *Mayer*, DNotZ 2008, 403, 419; *Heckschen*, Praxis, Rdnr. 553; Heckschen/*Heidinger*, Die GmbH (2009), § 13 Rdnr. 126.

§ 892 BGB ergibt sich aber, wie diese Ansicht auch erkennt, in der Möglichkeit, diese Rechte auch im Grundbuch einzutragen. Da aber eine solche Möglichkeit auf dem Boden der herrschenden Meinung, der insoweit auch alle Autoren dieser Meinung folgen, für die Gesellschafterliste nicht besteht[715], bedeutet die Übernahme dieses Kriteriums zunächst nichts anderes, als eine Voraussetzung ohne jeden Bezug zum Anknüpfungspunkt des § 16 Abs. 3 GmbHG. Nur wenn man, wie hier[716], richtigerweise ein Nutzungspfand- und Nießbrauchsrecht für eintragbar hält, wäre dieser Argumentation bezogen auf diese Rechte zu folgen.

Eine Einschränkung auf bestimmte Rechte, wie sie von dieser Meinung für dingliche Rechte angenommen wird, lässt sich mit dem Wortlaut des § 16 Abs. 3 GmbHG in Ansehung des Begriffs „Recht" nicht vereinbaren. Dieser erfasst schlicht Rechte an einem Geschäftsanteil und trifft daher zur Qualität derselben keine inhaltliche Aussage. Dies lässt zunächst den Schluss darauf zu, dass gemäß § 16 Abs. 3 GmbHG jedes denkbare Recht an einem Anteil gutgläubig erworben werden kann, sei es schuldrechtlicher oder dinglicher Art. Eine solche Sichtweise stößt natürlich auf ein gewisses Unbehagen, da gutgläubiger Erwerb eines obligatorischen Rechts dem geltenden Recht bislang im Grundsatz unbekannt ist. Andere Gutglaubenstatbestände setzen stets als geschütztes Rechtsgeschäft eine Verfügung über ein Rechtsobjekt voraus. Würde man demgegenüber bei § 16 Abs. 3 GmbHG z.B. die Einräumung eines rein schuldrechtlichen Vorkaufsrechts genügen lassen, stellte § 16 Abs. 3 GmbHG eine Regelung ohne dogmatisches Vorbild dar. Dass dies vom Gesetzgeber nicht beabsichtigt ist, lässt sich aber daran erkennen, dass dieser eine Vorschrift schaffen wollte, die sich teilweise an § 892 BGB anlehnt.[717] Im Rahmen dieser Norm kann wegen § 893 BGB a.E. nach einhelliger Auffassung nur eine Verfügung ein geschütztes Rechtsgeschäft darstellen.[718] Insoweit sprechen die Gesetzesmaterialien zumindest indiziell dafür, nur einen solchen Rechtserwerb unter § 16 Abs. 3 GmbHG zu fassen, dem eine Verfügung zugrunde liegt.

Dass von § 16 Abs. 3 GmbHG nur Verfügungsgeschäfte erfasst werden, lässt sich aber auch dogmatisch begründen. Der Erwerberschutz eines Redlichkeitstatbestandes wird vom Inhalt und Umfang des zugrunde liegenden Rechtsscheins bestimmt und begrenzt.[719] Der Schutz des Erwerbers greift daher (nur) dort ein, wo ein Tatbestandmerkmal objektiv fehlt, aber vom Gesetz ersetzt werden kann. Dieses Tatbestandsmerkmal ist bei § 16 Abs. 3 GmbHG die Verfügungsmacht.[720] Ob diese vorliegt oder nicht, hat aber für ein Verpflichtungsgeschäft keine Bewandtnis, da dieses nur relativ wirkt. Ein Nichtrechtsinhaber

715 Siehe: 4. Kap. B. V. 2. a).
716 4. Kap. B. V. 2. c).
717 Regierungsbegründung, BT-Drs. 16/6140, S. 38 rechte Spalte.
718 Siehe nur: MünchKommBGB/*Kohler* § 892 Rdnr. 25.
719 Vgl. *Wiegand*, JuS 1975, 204, 205.
720 5. Kap. A. I.

kann immer über einen Gegenstand oder ein Recht einen verpflichtenden Vertrag abschließt. Ob dieser jemals erfüllt werden kann, ist hierfür ohne Bedeutung, wie §§ 311a Abs. 1, 275 Abs. 1 BGB zeigen[721], die dennoch die Wirksamkeit des schuldrechtlichen Vertrages anordnen. Für die schuldrechtliche Ebene kann § 16 Abs. 3 GmbHG also keiner Ersetzungsfunktion gerecht werden, da es nicht darauf ankommt, ob ein Schuldner Verfügungsmacht hat. Insoweit bedarf es hierfür bereits keines Rechtsscheins, der von der Eintragung in der Gesellschafterliste ausgeht.

Die Ersetzungsfunktion des § 16 Abs. 3 GmbHG kann damit erst dort relevant werden, wo es auf die Verfügungsmacht ankommt. Diese Relevanz existiert nur bei einem Verfügungsgeschäft, da erst dieses unmittelbar auf ein bestehendes Recht einwirkt. Nur bei der Frage, ob dieses wirksam ist, ist entscheidend, ob die Rechtsinhaberschaft besteht oder nicht. Diese Argumentation lässt sich auch anhand der Gesetzesmaterialien belegen. Nach diesen soll derjenige, der einen Geschäftsanteil oder ein Recht daran erwirbt darauf vertrauen dürfen, dass die in der Gesellschafterliste eingetragene Person auch wirklich Gesellschafter[722] und damit Inhaber des Geschäftsanteils ist. Hieraus ergibt sich, dass der Gesetzgeber auch nur den Schutzbereich des § 16 Abs. 3 GmbHG bei Verfügungsgeschäften als eröffnet sieht, da es, wie gesehen, bei verpflichtenden Vereinbarungen über den Geschäftsanteil oder ein Recht daran hierauf nicht ankommt.

Schließlich ermöglicht § 16 Abs. 3 GmbHG alternativ den gutgläubigen Erwerb von Geschäftsanteilen und Rechten daran, wobei der Tatbestand in beiden Alternativen derselbe ist. Würde bezogen auf Rechte bereits ein nur relativ wirkendes Recht gutgläubig erworben werden können, hieße dies, dass dem auch bezogen auf den Geschäftsanteil so wäre. Damit erfolgte dort der gutgläubige Erwerb über das schuldrechtliche Geschäft, ein Ergebnis, dass mit dem Trennungs- und Abstraktionsprinzip nicht mehr vereinbar wäre.

Mithin muss für den gutgläubigen Erwerb eines Rechtes an einem Geschäftsanteil dieses Recht unmittelbar auf einer Verfügung seitens des in der Gesellschafterliste eingetragenen nicht berechtigten Gesellschafters beruhen.

Dies führt dazu, dass innerhalb der eingangs erörterten Spannbreite denkbarer Rechte nunmehr der Fokus nur auf solche Rechte gerichtet werden kann, also das Nießbrauchs- und Pfandrecht und vom Stammrecht gedanklich trennbare Rechte des Gesellschafters, etwa der Gewinnanteil und Vermögens- und Verwaltungsrechte aus der Mitgliedschaft. Diese Rechte beruhen sämtlich auf einer Verfügung, da sie entweder eine Belastung des Geschäftsanteils darstellen oder durch Abtretungsvertrag vom Gesellschafter auf den Erwerber übertragen werden.

---

721 Vgl. nur Staudinger/*Löwisch/Caspers* (2009) § 275 Rdnr. 62.

722 Regierungsbegründung, BT-Drs. 16/6140, S. 38 rechte Spalte.

Dennoch sind weitere Einschränkungen zu unternehmen. Erforderlich ist, dass das zu übertragende Recht überhaupt übertragen werden kann. Das ist nach der Rechtsprechung und der überwiegenden Auffassung in der Literatur dort nicht möglich, wo das Abspaltungsverbot eingreift.[723] Dieses stellt die Einheitlichkeit der Mitgliedschaft sicher und findet seine innere Rechtfertigung insbesondere für die Mitverwaltungsrechte in deren Funktion als Steuerungs- und Legitimationsmedien im Verfassungsrecht des Verbandes.[724] Hieraus wird abgeleitet, dass Verwaltungs- und Vermögensrechte beruhend auf der Mitgliedschaft von dieser nicht abspaltbar sind.[725] Nicht erfasst hiervon ist indes der konkret entstandene Gewinnanspruch, bei dem es sich um ein Gläubigerrecht handelt, da er zwar aus dem Gesellschaftsverhältnis resultiert, sich aber durch wirksamen Feststellungsbeschluss verselbstständigt hat.[726] Eine gegen das Abspaltungsverbot verstoßende Rechtsübertragung ist unwirksam. Hierüber kann auch gutgläubiger Erwerb nicht hinweghelfen, da die Gesellschafterliste als Rechtsscheinträger diesbezüglich keine Angaben enthält und auch nicht enthalten kann, weil nur eine Aussage zur Rechtsinhaberschaft getroffen wird. Ferner kann die berechtigte Funktion des Abspaltungsverbotes, die auch das verbandsrechtliche Selbstbestimmungsrecht seitens der Mitglieder schützt[727], nicht durch gutgläubigen Erwerb unterlaufen werden, da dieses Recht dann in der Hand eines einzelnen Gesellschafters läge, der einem Nichtgesellschafter im Wege des gutgläubigen Erwerbs nicht abspaltbare Rechte verschaffen könnte. Unter diesen Voraussetzungen können damit unter dem Regime des § 16 Abs. 3 GmbHG gutgläubig nur ein Nießbrauchs- oder Pfandrecht und der festgestellte Anspruch auf den Gewinn als Gläubigerrecht erworben werden.

Fraglich bleibt aber der Gehalt dieser These im Bezug auf den festgestellten Gewinnanspruch. Der Wortlaut des § 16 Abs. 3 Satz 1 GmbHG erfordert ein Recht am Geschäftsanteil. Da aber der festgestellte Gewinnanspruch ein vom Anteil abspaltbares Gläubigerrecht darstellt, ist der Anspruch vom Geschäftsanteil unabhängig. Nach der Feststellung haben der Gewinnanspruch und der Geschäftsanteil kein notwendigerweise gemeinsames rechtliches Schicksal, wie es bei einer dinglichen Belastung der Fall ist. Der festgestellte Gewinnanspruch ist damit kein Recht an einem Anteil, sondern nur ein Recht aus einem Anteil. Eine Verfügung hierüber stellt mit anderen Worten keine Verfügung über den Geschäftsanteil dar, da dieser in seiner rechtlichen Struktur nicht geändert wird.

723 BGH, Urteil vom 25.02.1965, Az. II ZR 287/63, BGHZ 43, 261, 267 (für Verwaltungsrechte); Lutter/Hommelhoff/*Bayer*, GmbHG, § 14 Rdnr. 15 f.; *Hueck/Fastrich* in: Baumbach/Hueck, GmbHG (2010), § 14 Rdnr. 19 (jeweils für Verwaltungs- und Vermögensrechte).

724 *Schmidt*, Gesellschaftsrecht, § 19 III 4 a).

725 Statt aller: Roth/*Altmeppen*, GmbHG, § 15 Rdnr. 22.

726 *Wicke*, GmbHG, § 14 Rdnr. 6.

727 Vgl. *Flume*, Juristische Person, § 7 II 1, S. 201 f.

Daher kann dieser Anspruch nicht gemäß § 16 Abs. 3 GmbHG gutgläubig erworben werden.

Zusammenfassend ist damit den bisherigen Literaturstimmen im Ergebnis eingeschränkt zuzustimmen. Nicht nur zumindest, sondern ausschließlich ein Nießbrauchs- oder Pfandrecht können gemäß § 16 Abs. 3 GmbHG gutgläubig erworben werden. Nicht zugestimmt werden kann aber der Begründung dieser Ansicht, da sich das Ergebnis nicht aus dem widersprüchlichen Vergleich mit § 892 BGB ergibt, sondern aus einem Zusammenspiel des § 16 Abs. 3 GmbHG selbst und anerkannten GmbH-rechtlichen Grundsätze.

6. Gutgläubiger Zweiterwerb von Rechten

Besteht die Möglichkeit des gutgläubigen Ersterwerbs von Rechten, stellt sich hiermit einhergehend stets die Frage, ob auch der gutgläubige Zweiterwerb eines Rechts gemäß § 16 Abs. 3 GmbHG denkbar ist. Die zugrundeliegende Situation besteht darin, dass das zu übertragende Recht nicht wirksam entstanden ist, nunmehr aber vom vermeintlichen Ersterwerber auf einen gutgläubigen Dritten übertragen wird. Wäre nach § 16 Abs. 3 GmbHG gutgläubiger Zweiterwerb möglich, so entstünde in der Person des Dritten das zuvor nicht bestehende Recht.

Hierzu folgende Beispiele:

(1) Der in der Gesellschafterliste eingetragene Gesellschafter D bestellt für E ein Pfandrecht an seinem Geschäftsanteil. Die Bestellung ist unwirksam und das Pfandrecht kommt nicht zur Entstehung. Später tritt E die vom Pfandrecht gesicherte wirksame Forderung an F ab, der die Unwirksamkeit der Pfandrechtsbestellung nicht kennt.

(2) Der in der Gesellschafterliste eingetragene Gesellschafter G bestellt für H einen Nießbrauch an seinem Geschäftsanteil, welcher in der Liste eingetragen wird. Die Bestellung des Nießbrauchs ist unwirksam, das Nießbrauchsrecht kommt nicht zur Entstehung. Später überträgt H das Nießbrauchsrecht an den gutgläubigen I.

In beiden Konstellationen hätte der Letzterwerber nur unter der Voraussetzung ein Recht am Geschäftsanteil erworben, dass ein gutgläubiger Zweiterwerb möglich wäre.

Im Fall (1) erfolgt der Übergang des Pfandrechts grundsätzlich gemäß §§ 1273 Abs. 2, 1250 Abs. 1 BGB. Mit Abtretung der gesicherten Forderung geht das akzessorische Pfandrecht auf den Erwerber über. Fraglich ist aber, ob dies auch dann gilt, wenn das Pfandrecht nicht zur Entstehung gelangt ist, der Erwerber aber gutgläubig ist. Soweit sich Autoren mit dieser Konstellation beschäftigen, wird gegen die Möglichkeit des gutgläubigen Zweiterwerbs eines Pfandrechtes eingewendet, dass das Pfandrecht nicht in der Gesellschafterliste eintragungsfähig sei.[728] Dem kann aber nur teilweise gefolgt werden, da das Nutzungspfandrecht eine dingliche Belastung eines Geschäftsanteils darstellt, die in der Gesellschafterliste eingetragen werden kann.[729] Liegt ein reines Pfandrecht vor, so fehlt in der Tat ein Anknüpfungspunkt des guten Glaubens, weil keine Eintragung in der Liste gegeben ist, auf die der Erwerber eines nicht bestehenden Pfandrechts vertrauen könnte. Wäre hier gutgläubiger Erwerb möglich, würde guter Glaube an das „Gerede" des Zedenten geschützt. Trotz der Eintragungsfähigkeit eines Nutzungspfandrechts kann aber kein gutgläubiger Zweiterwerb dieser Belastung anerkannt werden.[730] Dies ergibt sich aus der Geltung des § 1250 Abs. 1 BGB für die Übertragung des Nutzungspfandrechts. Wegen dessen strengen Akzessorietät kann dieses Recht nur in der Weise übertragen werden, dass die zu sichernde Forderung abgetreten wird.[731] Das Pfandrecht selbst geht kraft Gesetzes über.[732] Da damit bezogen auf das Pfandrecht eine rechtsgeschäftliche Übertragung fehlt, kann es diesbezüglich keinen gutgläubigen Erwerb geben, wenn dieses nicht entstanden ist.[733] Auch ein Vergleich mit dem Hypothekenrecht, bei dem gutgläubiger Zweiterwerb trotz des gesetzlichen Übergangs der Hypothek gemäß § 1153 Abs. 1 BGB allgemein anerkannt ist[734], vermag dies nicht anders zu beurteilen. Es fehlt an der erforderlichen Vergleichbarkeit zwischen den beiden Fällen.[735] Im Rahmen der Übertragung einer Hypothek stellt die Grundbucheintragung des Zessionars bzw. die Briefübergabe einen konstitutiven Publizitätsakt dar. Demgegenüber ist die Eintragung eines Nutzungspfandrechts in der Gesellschafterliste für den Übergang des Rechts nicht konstitutiv. Zudem besteht die Besonderheit bei der Hypothek, dass gemäß § 1154 BGB die Abtretung der Forderung einer besonderen Form bedarf. Eine vergleichbare Regelung bezogen auf Nutzungspfandrechte bei einem GmbH-Anteil besteht aber nicht. Es könnte nur erwogen werden, bei Übertragung der Forderung gemäß § 1250 Abs. 1 BGB in analoger Anwendung auf § 15 Abs. 3 GmbHG zurückzugreifen. Hiermit verbunden wäre, dass ähnlich wie bei § 1154 BGB das Nutzungspfandrecht am Geschäftsanteil dem Forderungsübergang eine Formvorschrift aufzwingen würde. Abgesehen von einer nicht zu begründenden Analogie[736] würde ein solches Vorgehen nicht weiterhelfen, da nach wie vor die Eintragung des Nutzungspfandrechts in der Gesellschafterliste für dessen Wirk-

---

728 *Leeser*, Gutgläubiger Erwerb, S. 133.

729 Siehe hierzu: 4. Kap. B. V. 2. c).

730 So auch: *Reymann*, WM 2008, 2095, 2104, der von der Eintragbarkeit aller dinglichen Belastungen ausgeht.

731 MünchKommBGB/*Damrau* § 1250 Rdnr. 1.

732 BeckOK Bamberger/Roth/*Sosnitza*, BGB § 1250 Rdnr. 2.

733 So die h.M. zu § 1250 BGB; siehe hierzu: Staudinger/*Wiegand* (2009) § 1250 Rdnr. 4 mwN.

734 *Baur/Stürner*, Sachenrecht § 38 Rdnr. 22 ff.

735 So auch: *Reymann*, WM 2008, 2095, 2104.

736 Vgl. hierzu: *Leeser*, Gutgläubiger Erwerb, S. 132.

samkeit nur deklaratorischen Charakters ist. Schließlich würde dies auch bedeuten, dass sich ein Nutzungspfandrecht an einem Geschäftsanteil als Kreditmittel im Vergleich zur Ausgangslage wegen der notwendigen notariellen Beteiligung deutlich verteuerte und somit an Attraktivität einbüßte. Der gutgläubige Zweiterwerb eines Pfandrechts auch im Unterfall des Nutzungspfandrechts ist daher nicht gemäß § 16 Abs. 3 GmbHG möglich.

Im Fall (2) kommt es auf die Frage, ob der Nießbrauch von I im Wege des gutgläubigen Zweiterwerbs erworben werden konnte, nicht an. Dies liegt aber nicht in § 16 Abs. 3 GmbHG, sondern in den Besonderheiten des Nießbrauchsrechts begründet. Gemäß §§ 1068 Abs. 2, 1059 Satz 1 BGB ist der Nießbrauch unabdingbar ein nicht übertragbares Recht.[737] Diese Eigenschaft lässt sich auch durch § 16 Abs. 3 GmbHG nicht überspielen, da der Rechtsscheinträger nur verlautbart, dass ein Nießbrauch besteht und keine Angaben zur der Frage enthält, ob das Recht übertragbar ist. Insoweit muss es bei §§ 1068 Abs. 2, 1059 Satz 1 BGB bleiben.

Vom Grundsatz des § 1059 BGB statuiert § 1059a BGB eine enge Ausnahme. Ein Nießbrauch ist übertragbar, wenn er einer juristischen Person oder einer rechtsfähigen Personengesellschaft zusteht. Erwirbt im Wege der Gesamtrechtsnachfolge ein neuer Rechtsträger das Vermögen eben genannter Rechtssubjekte, so erstreckt sich der Vermögensübergang auch auf einen Nießbrauch gemäß § 1059a Abs. 1 Nr. 1 BGB. Da aber für gutgläubigen Erwerb eines Rechtes ein Rechtsgeschäft erforderlich ist, kommt in dieser Konstellation kein gutgläubiger Zweiterwerb eines Nießbrauchs am Geschäftsanteil in Betracht, weil die von § 1059a Abs. 1 Nr. 1 BGB erfassten Fälle solche der Universalsukzession sind und kein Rechtsgeschäft im Sinne des § 16 Abs. 3 GmbHG darstellen.[738]

Anders könnte dies aber in Fällen des § 1059a Abs. 1 Nr. 2 BGB zu beurteilen sein. Nach dieser Norm ist ein Nießbrauch übertragbar, wenn ein von einer juristischen Person betriebenes Unternehmen oder ein Teil hieran übertragen wird, sofern der Nießbrauch den Zwecken des Unternehmens oder des übertragenen Teils zu dienen geeignet ist. Da es sich beim Anteilsnießbrauch um einen solchen an Rechten handelt, erfolgt die Übertragung des Nießbrauchs gemäß §§ 413, 398 BGB.[739] Überträgt daher eine juristische Person im Zuge des § 1059a Abs. 1 Nr. 2 BGB einen Nießbrauch an einem Geschäftsanteil an einen Dritten und ist sie als Nießbrauchsberechtigte in der Gesellschafterliste eingetragen, so kann der Dritte, soweit die übrigen Voraussetzungen des § 16

737 Statt aller: MünchKommBGB/*Pohlmann* § 1059 Rdnr. 3.

738 Vgl. 5. Kap. B. II.

739 Vgl. Staudinger/*Frank* (2009) § 1059a Rdnr. 22; MünchKommBGB/*Pohlmann* § 1059a Rdnr. 13.

Abs. 3 GmbHG vorliegen, den Nießbrauch gutgläubig erwerben, auch wenn dieser nicht wirksam für die juristische Person entstanden ist.[740]

Fraglich bleibt, ob neben der Existenz des Geschäftsanteils selbst auch erforderlich ist, dass das Nießbrauchsrecht zumindest für eine andere Person als die eingetragene besteht.[741] Es liegt natürlich nahe, im Wege eines Erst-Recht-Schlusses die tatsächliche Existenz des Rechtes zu fordern, weil die Existenz des Anteils für dessen gutgläubigen Erwerb notwendig ist.[742] Dennoch ist die Situation nicht vergleichbar, da das Entstehen eines Nießbrauchs am Anteil in der Person des gutgläubigen Erwerbers keine gravierenden Auswirkungen auf die Verbandsstruktur hat, wie sie im Ergebnis zur Ablehnung des gutgläubigen Erwerbs nicht existierender Anteile geführt haben.[743] Insbesondere die Möglichkeit der „kalten Kapitalerhöhung" und des mittelbaren Kompetenzverstoßes zu Lasten der Gesellschafterversammlung[744] wären nicht zu befürchten. Ebenso lässt sich anders als dort hier klar entscheiden, in welcher Person der Rechtsverlust eintritt, nämlich in der des betroffenen Anteilsinhabers. Anders als bei gutgläubigem Erwerb nicht existenter Anteile ist ein Rechtsverlust unterschiedlicher Gesellschafter nicht möglich. Zudem tritt mit dem gutgläubigen Zweiterwerb des Nießbrauchs keine einschneidende Änderung der Verhältnisse für den betroffenen Gesellschafter ein. Dieser muss bislang von der Wirksamkeit des Nießbrauchs ausgegangen sein, da er ansonsten einen Widerspruch zur Gesellschafterliste eingereicht und so die Gutglaubenswirkung des § 16 Abs. 3 GmbHG zerstört hätte. Insoweit ist davon auszugehen, dass der Nießbrauch bisher auch tatsächlich durchgeführt wurde. Aus Sicht des Inhabers führt damit der gutgläubige Erwerb eines Nießbrauchs im Tatsächlichen nur zu einem Wechsel des Nießbrauchsberechtigten und er hat nach wie vor dieselben Rechtskompetenzen, wie er sie zuvor auch in Anspruch nahm. Ob der Nießbrauch tatsächlich besteht, ist für den gutgläubigen Zweiterwerb damit nicht entscheidend.

Im Ergebnis bleibt damit festzuhalten, dass gutgläubiger Zweiterwerb von Rechten am GmbH-Geschäftsanteil gemäß § 16 Abs. 3 GmbHG nur möglich ist, wenn ein Nießbrauch unter dem Regime des § 1059a Abs. 1 Nr. 2 GmbHG übertragen wird.

740 So auch im Ergebnis: *Reymann*, WM 2008, 2095, 2106; *Leeser*, Gutgläubiger Erwerb, S. 137, freilich unter der Bedingung, dass de lege ferenda ein Nießbrauch in der Gesellschafterliste eintragungsfähig ist.

741 Hiergegen: *Reymann*, WM 2008, 2095, 2105; hierfür wohl: *Leeser*, Gutgläubiger Erwerb, S. 137.

742 Siehe hierzu: 5. Kap. A. II. 1. c).

743 Siehe hierzu: 5. Kap. A. II. 1. c).

744 Siehe hierzu: 5. Kap. A. II. 1. e).

7. Das Problem der Folgeverfügungen

Einen weiteren Aspekt zur Frage der Reichweite des Gutglaubensschutzes gemäß § 16 Abs. 3 GmbHG hat *Reymann*[745] in die Diskussion eingebracht. Er beschäftigt sich mit der Frage, ob derjenige, der ursprünglich (gutgläubig) ein Recht am Geschäftsanteil des (Listen)Gesellschafters erworben hat, dieses später auch gegenüber dem zu diesem Zeitpunkt nichtberechtigten aber in der Gesellschafterliste eingetragenen Gesellschafter gutgläubig aufheben oder sonst dem Inhalte nach ändern kann.

Reymann spricht sich dafür aus, § 16 Abs. 3 GmbHG bei Folgeverfügungen analog anzuwenden. Hierbei geht er zunächst davon aus, dass der Wortlaut der Norm nur die Begründung eines Rechtes umfasst. Bei anderen Gutglaubenstatbeständen seien gemäß §§ 893 Alt. 2, 2367 Alt. 2 BGB Folgeverfügungen, wie die Aufhebung oder eine andere Inhaltsänderung eines Rechtes, explizit geregelt. Da eine vergleichbare Interessenslage auch im GmbH-Recht gegeben sei und eine planwidrige Gesetzeslücke bestehe, sei in genannten Fällen § 16 Abs. 3 GmbHG analog anwendbar. Dass eine Regelung für Folgeverfügungen beim Erwerb von beweglichen Sachen oder Pfand- und Nießbrauchsrechten hieran nicht existiere, lasse sich nicht gegen die Analogie vorbringen, da in diesen Fällen wegen der obligatorischen Übergabe der Sache bereits kein Rechtsscheinträger mehr existierte, Listengesellschafter aber auch bei Folgeverfügungen noch in der Gesellschafterliste eingetragen seien.

Die Aufhebung eines Nießbrauchs am Geschäftsanteil richtet sich nach §§ 1068 Abs. 2, 1072, 1064 BGB, die eines Pfandrechts nach §§ 1274 Abs. 2, 1255 Abs. 1 BGB. Erforderlich ist jeweils eine einseitige, empfangsbedürftige Erklärung durch den Inhaber des Pfand- oder Nießbrauchsrechts.[746] Adressaten dieser Erklärung können sowohl der Eigentümer bzw. Inhaber als auch der Rechtsbesteller sein. Aus der Möglichkeit, die Erklärung mit gleicher Wirkung gegenüber gerade Genannten abzugeben, lässt sich ableiten, dass eine dem Besteller gegenüber abgegebene Erklärung auch dann wirkt, wenn dem Rechtsinhaber bekannt ist, dass der Besteller nicht Eigentümer bzw. Inhaber des belasteten Rechtes ist.[747] Wäre dem nicht so, so dürfte nur eine Erklärung gegenüber dem Eigentümer möglich sein. Dieses Ergebnis lässt sich zudem mit § 1058 BGB erklären. Hiernach gilt der Besteller gegenüber dem Nießbraucher als Eigentümer, es sei denn, er weiß, dass der Besteller nicht Eigentümer ist. Hierbei handelt es sich um eine Schutzvorschrift für den Nießbraucher. Hat der Nießbraucher aber positive Kenntnis, dass der Besteller nicht Eigentümer ist, so

---

745 *Reymann*, WM 2008, 2095, 2098.

746 MünchKommBGB/*Pohlmann* § 1064 Rdnr. 2 und MünchKommBGB/*Damrau* § 1255 Rdnr. 1.

747 So auch die allgemeine Auffassung; siehe für § 1255 BGB: Staudinger/*Wiegand* (2009) § 1255 Rdnr. 3; für § 1064 BGB: MünchKommBGB/*Pohlmann* § 1064 Rdnr. 2; Staudinger/*Frank* (2009) § 1064 Rdnr. 3.

entfällt dieser Schutz. Dennoch kann er auch gegenüber dem Besteller gemäß § 1064 BGB die Aufhebung des Nießbrauchs wirksam erklären.[748] Aus diesem Zusammenspiel ergibt sich, dass selbst dann, wenn die Fiktion des § 1058 nicht greift, bei Aufhebung des Nießbrauchs positive Kenntnis nicht schaden kann, da eine § 1058 BGB entsprechende Einschränkung nicht gegeben ist. Insoweit fehlt bereits bei der Aufhebung von Pfand- und Nießbrauchsrechten die erforderliche Regelungslücke für eine analoge Anwendung des § 16 Abs. 3 GmbHG, da diese Rechte immer wirksam gegenüber dem Besteller oder Anteilsinhaber aufgegeben werden können. Dies ist auch praktisch sinnvoll, da nicht die zusätzlichen Voraussetzungen des § 16 Abs. 3 GmbHG geprüft werden müssen und somit die Wirksamkeit der Aufhebung eines Rechtes leichter beurteilt werden kann.

Auch bei Inhaltsänderungen von Rechten am Geschäftsanteil besteht keine Regelungslücke. Eine Inhaltsänderung liegt beispielsweise vor, wenn für einen Gutgläubigen ein Pfandrecht nur an einem Teil[749] eines Anteils, für den ein falscher Inhaber in der Liste ausgewiesen ist, bestellt wurde, dieser Teil später aber vergrößert oder verkleinert wurde. Handelt es sich um eine Erweiterung der Belastung, so stellt dies nichts anderes dar, als die Bestellung eines Rechts an einem weiteren Teil des Geschäftsanteils. Insoweit lässt sich hierfür direkt auf § 16 Abs. 3 GmbHG zurückgreifen, da dieser Fall nicht anders zu behandeln ist, als eine ursprüngliche Bestellung eines Rechtes am Geschäftsanteil. Liegen die übrigen Voraussetzungen des § 16 Abs. 3 GmbHG vor, so kann gutgläubig der Inhalt des bislang bestehenden Pfandrechts erweitert werden und dieses nunmehr auf einen größeren Teil des Geschäftsanteils bezogen werden. Auch der Fall, dass der Teil des Geschäftsanteils, an dem ein Pfandrecht besteht, verringert wird, lässt sich im Wege der Auslegung der getroffenen Erklärungen aufspalten in die Aufhebung der zunächst bestehenden Belastung und die Neubegründung eines Pfandrechtes an einem kleineren Teil des Geschäftsanteils. Da die Aufhebung wirksam auch gegenüber dem Nichtberechtigten vorgenommen und ein neues Recht gemäß § 16 Abs. 3 GmbHG gutgläubig erworben werden kann, ist es damit möglich, auch durch die Kombination von Aufhebung und Neubestellung eine Inhaltsänderung des Pfandrechts mit Hilfe des § 16 Abs. 3 GmbHG durchzuführen.

Eine analoge Anwendung des § 16 Abs. 3 GmbHG bei Inhaltsänderungen bestehender Belastungen am Geschäftsanteil ist somit abzulehnen, da sich das gleiche Ergebnis durch Aufspaltung der Bestellungsakte bzw. Betrachtung als Neubegründung ebenso erreichen lässt. Dieses Modell lässt sich auch auf andere Formen der Inhaltsänderung einer Belastung übertragen, da diese immer als eine weitere Belastung oder aber als Aufhebung und Neubegründung in verringertem Umfang begriffen werden können. Mithin zeigt sich, dass auch Folgeverfügun-

748 Staudinger/*Frank* (2009) § 1064 Rdnr. 3.

749 Dies ist entsprechend § 46 Nr. 4 GmbHG möglich; vgl. hierzu: *Wicke*, GmbHG, § 15 Rdnr. 28.

gen über Rechte am Anteil mit dem Listengesellschafter für den Rechteinhaber möglich sind. Da sich dies teilweise aus dem Gesetz selbst oder aber aus einer Analyse der jeweiligen Verfügungen in Kombination mit § 16 Abs. 3 GmbHG ergibt, bedarf es hierfür keiner analogen Anwendung des § 16 Abs. 3 GmbHG, wie sie teilweise vorgeschlagen wird.

8. Der gutgläubige lastenfreie Erwerb

Umstritten ist in der Literatur weiterhin, ob ein belasteter Geschäftsanteil gemäß § 16 Abs. 3 GmbHG gutgläubig lastenfrei erworben werden kann.

a) Die herrschende Meinung

Die weit überwiegende Meinung lehnt die Möglichkeit eines gutgläubig lastenfreien Erwerbs auf Grundlage des § 16 Abs. 3 GmbHG ab.[750] Ist ein Geschäftsanteil mit einem Pfandrecht oder Nießbrauch belastet, so kann nach dieser Ansicht zwar der Geschäftsanteil gutgläubig von einem Nichtberechtigten erworben werden, die Belastung bleibt aber bestehen und der gutgläubige Erwerber erhält nur einen belasteten Anteil. Begründet wird diese Auffassung damit, dass Belastungen an Geschäftsanteilen nicht in der Gesellschafterliste eingetragen würden und somit für das Bestehen oder Nichtbestehen dinglicher Belastungen kein Rechtsscheinträger existiere. Dennoch wird von Vertretern dieser Meinung zumindest die Eintragungsfähigkeit dinglicher Belastungen de lege ferenda gefordert, um gutgläubig lastenfreien Erwerb zu ermöglichen.[751]

b) Die Gegenmeinung

Die vereinzelt vertretene Gegenauffassung steht auf dem Standpunkt, dingliche Belastungen seien eintragungsfähig.[752] Konsequent wird hieraus geschlossen, bereits de lege lata sei gutgläubiger lastenfreier Erwerb analog § 16 Abs. 3 GmbHG i.V.m. §§ 892, 936 BGB möglich.

---

750 Lutter/Hommelhoff/*Bayer*, GmbHG, § 16 Rdnr. 60; Roth/*Altmeppen*, GmbHG, § 16 Rdnr. 55; *Wicke*, GmbHG, § 16 Rdnr. 16; Bunnemann/Zirngibl/*Berger*, § 7 Rdnr. 18; Ring/Grziwotz/*Westphal*, GmbH-Recht, § 16 Rdnr. 13; Rischbieter/Gröning/*Rischbieter*, Gründung und Leben, 5. Kap. Rdnr. 100; *Seibert*, MoMiG, S. 64; *Leeser*, Gutgläubiger Erwerb, S. 138; *Wegen*, FS Lüer, 321, 331 f.; *Reichert* in: Bayer/Koch, Das neue GmbH-Recht, 29, 43 f.; *Noack*, DB 2006, 1475, 1478; *Bohrer*, DStR 2007, 995, 1003; *Gehrlein*, Der Konzern 2007, 771, 791; *Grunewald*, Konzern 2007, 13, 15; *Vossius*, DB 2007, 2299, 2303; *Hamann*, NZG 2007, 492, 494; *Götze/Bressler*, NZG 2007, 894, 897; *Mayer*, DNotZ 2008, 403, 418; *Tebben*, RNotZ 2008, 441, 457; *Harbarth*, ZIP 2008, 57, 63 f.; *Klöckner*, NZG 2008, 841, 844; *Gottschalk*, DZWIR 2009, 45, 51; *Kort*, GmbHR 2009, 169, 174; *Zessel*, GmbHR 2009, 303; *Link*, RNotZ 2009, 193, 204.

751 *Harbarth*, ZIP 2008, 57, 64; Grunewald/Gehling/*Rodewig*, ZIP 2006, 685,691; *Leeser*, Gutgläubiger Erwerb, S. 140 ff.; *Reichert* in: Bayer/Koch, Das neue GmbH-Recht, 29, 44.

752 *Reymann*, WM 2008, 2095, 2101 ff.; Heckschen/*Heidinger*, Die GmbH (2009), § 13 Rdnr. 135.

c) Stellungnahme

Nicht gefolgt werden kann der herrschenden Meinung in ihrer Begründung, wonach gutgläubiger lastenfreier Erwerb nicht möglich ist, da Belastungen nicht in der Liste eintragungsfähig sind. Bereits oben wurde ausgeführt, dass diese Prämisse nur eingeschränkt gilt, da diese Rechte teilweise eintragungsfähig sind, namentlich das Nutzungspfandrecht und der Nießbrauch.[753] Sind diese aber eintragungsfähig, setzt die Gesellschafterliste den nötigen Rechtsschein. Wurde eine Eintragung nicht vorgenommen, ist die Ausgangssituation dieselbe wie beim gutgläubigen Erwerb eines Geschäftsanteils. Hieraus ergibt sich zudem, dass auch die Prämisse der Gegenauffassung nicht zutrifft, wonach alle dinglichen Belastungen eintragungsfähig sind. Als erstes Zwischenergebnis lässt sich damit festhalten, dass lastenfreier Erwerb, wenn ein Nießbrauchs- oder Nutzungspfandrecht in Rede steht, auf einen notwendigen Rechtsscheinträger zurückgreifen kann.

Dies reicht aber zur Rechtfertigung gutgläubig lastenfreien Erwerbs nicht aus, da die eingeschränkte Eintragungsfähigkeit dinglicher Belastungen hierfür nur eine Voraussetzung ist. Es kommt entscheidend darauf an, ob in dieser Konstellation § 16 Abs. 3 GmbHG direkt oder analog angewendet werden kann.

Eine direkte Anwendung lässt sich mit dem Wortlaut der Norm nicht vereinbaren, nach dem nur der Erwerb eines Geschäftsanteils oder eines Rechtes hieran möglich ist. Betrachtet man andere Regelungen des lastenfreien Erwerbs, wird klar, dass sich diese Möglichkeit entweder aus einem speziellen Gesetz (§ 936 BGB) oder der Reichweite des Gutglaubensschutzes selbst (Richtigkeits- und Vollständigkeitsvermutung des § 891 BGB) ergibt. Für den gutgläubigen Erwerb im GmbH-Recht besteht weder eine Sonderregelung, noch stellt die Gesellschafterliste eine dem Grundbuch vergleichbare Vermutung auf. Die Gesetzesmaterialien betonen daher zu Recht, dass ein vollständiger Gleichlauf zum guten Glauben an den Inhalt des Grundbuches nicht möglich ist.[754]

Dies führt dazu, dass nur unter einer analogen Anwendung des § 16 Abs. 3 GmbHG gutgläubig lastenfreier Erwerb denkbar ist. Der Sinn einer Analogie besteht darin, eine Gesetzeslücke zu schließen.[755] Dieser Sinn verfolgt für sich das Ziel, das auf dem Boden der Rechtsordnung wertungsmäßig angemessene Ergebnis zur Lösung eines Rechtsproblems zu erreichen, weil das gesetzlich vorgefundene Ergebnis dem nicht entspricht. *Zippelius*[756] spricht in diesem Zusammenhang davon, dass Gesetze dann als ergänzungsbedürftig erscheinen, wenn sie ihre Aufgabe, ein Rechtsproblem gerecht zu lösen, nicht erfüllen können. Vorliegend stellt sich die Frage, was unter einer stets abstrakt bleibenden

---

753 4. Kap. B. V. 2. c).

754 Regierungsbegründung, BT-Drs. 16/6140, S. 38 rechte Spalte.

755 Siehe nur: *Canaris*, FS Bydlinsky, 47, 82 f. mwN.

756 *Zippelius*, Juristische Methodenlehre, § 11 I. b).

Gerechtigkeit zu verstehen ist. Ohne dass hierauf näher eingegangen werden muß, beinhaltet diese das Gebot der Gleichbehandlung.[757] Eine Analogie kann also nur zum Zuge kommen, wenn deren Folge ein Ergebnis ist, das dem Gebot der Gleichbehandlung entspricht. Wird dieses Ziel nicht erreicht, führt eine analoge Anwendung zu keinem Gewinn, da sie die gewünschte Gleichbehandlung vergleichbarer Sachverhalte nicht sicherstellt. Es besteht dann zwar eine Gesetzeslücke; diese lässt sich aber nicht im Wege der Analogie schließen.

Für die vorliegende Frage ist damit zu untersuchen, ob die von *Reymann* voreschlagene Analogie dazu führt, dass der gutgläubige Erwerber eines belasteten GmbH-Anteils gleich behandelt wird wie der gutgläubige Erwerber einer belasteten Mobilie oder Immobilie. Nach Ansicht von *Reymann* wäre dies zu bejahen, da er sämtliche dingliche Belastungen für eintragungsfähig hält. Richtigerweise trifft diese Prämisse aber nur für ein Nutzungspfand- und Nießbrauchsrecht zu.[758] Da auch bei analoger Anwendung nicht auf einen verlautbarenden Rechtsscheinträger verzichtet werden kann, führt die Analogie nicht zu der erforderlichen Gleichbehandlung. Gutgläubig lastenfrei könnte nur dann erworben werden, wenn die Belastung ein Nutzungspfand- oder Nießbrauchsrecht ist. Ist der Anteil mit einem Pfandrecht belastet, setzte sich dieses am Anteil fort. Das Ziel einer Analogie, eine Gleichbehandlung vergleichbarer Sachverhalte, wird damit bereits nicht erreicht. Dieses Ergebnis ließe sich dann nicht aufrechterhalten, wenn ein sachlicher Grund dafür besteht, dass der gutgläubige Erwerber eines GmbH-Anteils, der mit einem Pfandrecht belastet ist, anders zu behandeln ist, als ein gutgläubiger Erwerber einer Mobilie oder Immobilie. Beide Erwerber befinden sich aber in einer vergleichbaren Lage hinsichtlich der Belastung. Jeweils ist ihr Recht der Gefahr ausgesetzt, dass der Rechteinhaber die Verwertung betreibt und sie somit ihr Eigentum verlieren, wenn sie das Pfandrecht nicht auslösen und auf einen Regress beim Veräußerer angewiesen sind. Dass bei der Frage der Eintragungsfähigkeit zwischen verschiedenen Belastungen unterschieden wurde, ändert an diesem Befund nichts. Hier geht es um die Frage der Vergleichbarkeit der Erwerber eines Rechtes, dort um die des Schutzes des Rechteinhabers.

Aber auch das Erfordernis der Planwidrigkeit der Regelungslücke ist nicht gegeben. Der Sinn dieser Voraussetzung liegt darin, ein „Lücke" von einem bloßen „rechtspolitischen Fehler" abzugrenzen.[759] Keine Lücke liegt vor, wenn es sich um ein „beredtes Schweigen" des Gesetzes handelt, der Gesetzgeber also keine Regelung für den nicht geregelten Sachverhalt schaffen wollte.[760] So liegt es aber für den gutgläubig lastenfreien Erwerb im GmbH-Recht, weswegen

757 So auch: *Larenz*, Methodenlehre, S. 374 f.; *Zippelius*, Juristische Methodenlehre, § 11 I. b).

758 Vgl. 4. Kap. B. V. 2. c).

759 *Canaris*, FS Bydlinsky, 47, 83 mwN.

760 Vgl. *Larenz*, Methodenlehre, 370 f.

nicht einer planwidrigen Gesetzeslücke das Wort geredet werden kann. Sowohl die Neuregelung des Gesetzes[761], als auch die Gesetzesmaterialien schweigen zu dieser Konstellation direkt. Dass es sich hierbei aber um ein „beredtes Schweigen“ handelt, ergibt sich aus folgender historischen Überlegung: Dem Gesetzgeber war bekannt, dass die Frage, ob auch gutgläubig lastenfreier Erwerb möglich sein sollte, bereits vor und auch nach Veröffentlichung des Referentenentwurfes in der Literatur diskutiert wurde.[762] Im Rahmen der Anhörung des Rechtsausschusses am 23.01.2008 zum MoMiG wurde hierauf seitens einiger Sachverständiger hingewiesen.[763] Zum Referentenentwurf wurde in der Literatur ausschließlich vertreten, dass ein gutgläubig lastenfreier Erwerb nicht möglich ist.[764] Da aber im weiteren Gesetzgebungsverfahren keine zusätzliche Äußerung zu diesem Fragenkreis gegeben wurde, kann nur darauf geschlossen werden, dass gutgläubiger lastenfreier Erwerb vom Gesetzgeber bewusst nicht geregelt wurde. Dies lässt sich zudem mit einer Formulierung in der Gesetzesbegründung unterstreichen. Dort heißt es, ein Erwerber könne darauf vertrauen, dass die in der Gesellschafterliste verzeichnete Person auch wirklich Gesellschafter ist.[765] Hieraus lässt sich schließen, dass nur die fehlende Inhaberschaft überwunden werden soll. Ob aber eine Belastung am Geschäftsanteil besteht oder nicht, hat mit der Frage der Inhaberschaft nichts zu tun. Schließlich spricht für ein „beredtes Schweigen“ des Gesetzgebers, dass nicht nur der einfache gutgläubige Erwerb eines Geschäftsanteils geregelt wurde, sondern auch gutgläubiger Erwerb eines Rechtes am Geschäftsanteil. Letztgenannter Punkt stellt bereits einen Sonderfall des gutgläubigen Erwerbs dar, der ohne spezielle Regelung nicht eingreifen kann. Da aber eine solche Spezialregelung für den lastenfreien Erwerb fehlt, lässt sich hieraus im Umkehrschluss ableiten, dass hierauf planvoll verzichtet wurde.

Im Ergebnis bleibt damit zu konstatieren, dass trotz der eingeschränkter Eintragungsfähigkeit bestimmter dinglicher Belastungen ein gutgläubig lastenfreier Erwerb de lege lata weder in direkter noch in analoger Anwendung von § 16 Abs. 3 GmbHG möglich ist.

d) Lastenfreier Erwerb de lege ferenda?

Ist gutgläubig lastenfreier Erwerb de lege lata nicht denkbar, bleibt die Frage, ob er nicht de lege ferenda zu fordern ist. Dies setzt zunächst ein tatsächliches Be-

761 So auch: *Reymann*, WM 2008, 2095, 2100.

762 So auch: *Link*, RNotZ 2009, 193, 204.

763 Siehe die Stellungnahmen von *Ries* S. 15, *Hoffmann-Becking* S. 5, BDI S. 10, sämtlich abrufbar unter: www.jura.uni.augsburg.de/fakultaet/lehrstuehle/moellers/materialien /materieliendatei/040_deutsche_Gesetzgebungsgeschichte/momig/index.html#entstehungsgeschichte (zuletzt abgerufen am 23.02.2010).

764 *Grunewald*, Konzern 2007, 13, 15; *Rau*, DStR 2006, 1892, 1898 f.; *Schockenhoff/Höder*, ZIP 2006, 1841, 1844; *Noack*, DB 2006, 1475, 1478.

765 Regierungsbegründung, BT-Drs. 16/6140, S. 38 rechte Spalte.

dürfnis voraus, wonach neben dem gutgläubigen Anteilserwerb auch gutgläubig lastenfreier Erwerb möglich ist. Wäre ein solches Bedürfnis zu bejahen, müsste untersucht werden, inwieweit die vorgefundene Gesetzeslage abzuändern ist.

aa) Das Bedürfnis für gutgläubig lastenfreien Erwerb nach der Literatur

Das Bedürfnis für gutgläubigen lastenfreien Erwerb wurde bereits mehrfach begründet.[766] Für den Erwerber sei es wenig nützlich, den Geschäftsanteil gutgläubig erwerben zu können, aber der Gefahr der Inanspruchnahme durch einen verbleibenden Rechtsinhaber ausgesetzt zu sein. In den wirtschaftlichen Folgen könne sich die Belastung ähnlich schwerwiegend für den Erwerber auswirken, wie wenn er den Anteil nicht erworben hätte. Ein Erwerber stehe vor der Entscheidung den Anteil auszulösen oder den Rechtsinhaber gewähren zu lassen. In beiden Fällen könne er sich zwar an seinen Veräußerer wenden, würde aber immer dessen Ausfallrisiko tragen, welches als besonders hoch angesehen wird, da dieser seine Verbindlichkeiten gegenüber dem Rechtsinhaber nicht erfüllen konnte. Ein gutgläubiger Erwerber könne demnach sogar schlechter stehen, als hätte er den Anteil gar nicht erworben. Es verbleibe dabei, dass ein Erwerber im Wege einer zeit- und kostenintensiven Due-Diligence-Prüfung die Lastenfreiheit des Anteils überprüfen müsse. Hier erreiche der Gesetzgeber aber sein Ziel nicht, dem schwerfälligen System des Anteilserwerbs zu begegnen.[767] Hingewiesen wird auch auf einen Wertungswiderspruch, der sich daraus ergebe, dass das Bestandsinteresse des Inhabers eines beschränkt dinglichen Rechts höher gewichtet werde als das Bestandsinteresse des tatsächlichen Inhabers des Anteils.[768] Auch aus Sicht eines Kreditgebers wird der lastenfreie Erwerb als vorteilhaft gesehen. Dieser erfordere die Eintragung dinglicher Rechte, womit die Geltendmachung von Rechten gegenüber der GmbH für den Gläubiger erleichtert würde.[769] Pfandrechte an Geschäftsanteilen wären als Kreditsicherungsmittel praktisch wertlos, da ohne gutgläubig lastenfreien Erwerb der Kreditgeber stets vor der Gefahr stünde, dass er nur ein nachrangiges Recht am bereits unerkannt belasteten Anteil erworben hat.[770] Auch lasse sich nicht begründen, warum der Erwerber einer Mobilie oder Immobilie im Vergleich zum Erwerber eines Geschäftsanteils gesetzlich besser geschützt werde.[771]

Die Minderansicht, die sich gegen eine Kodifizierung des gutgläubig lastenfreien Erwerbs wendet, argumentiert, dass dieser notwendig die Eintragung von Belastungen in der Gesellschafterliste voraussetze.[772] Dies sei aber nicht wün-

---

766 *Leeser*, Gutgläubiger Erwerb, S. 140 ff.; *Rau*, DStR 2006, 1892, 1899; *Harbarth*, ZIP 2008, 57, 63 f.; *Reymann*, WM 2008, 2095, 2100; *Klöckner*, NZG 2008, 841, 844.

767 So z.B.: *Harbarth*, ZIP 2008, 57, 64.

768 *Reymann*, WM 2008, 2095, 2100.

769 *Leeser*, Gutgläubiger Erwerb, S. 143.

770 *Leeser*, Gutgläubiger Erwerb, S. 143.

771 *Leeser*, Gutgläubiger Erwerb, S. 143.

772 Stellungnahme des DAV zum RefE MoMiG, NZG 2007, 211, 215.

schenswert, da damit Inhaber beschränkt dinglicher Rechte wirtschaftlich gezwungen würden, auf die Offenlegung ihrer Rechte zu bestehen. Somit würde die Möglichkeit einer stillen Verpfändung, wie sie in der Kreditwirtschaft zur Schonung des Kreditnehmers verbreitet erfolge, praktisch ausgeschlossen.

bb) Stellungnahme

Nicht überzeugend ist die These, wonach gutgläubiger Erwerb ohne gutgläubig lastenfreien Erwerb wenig nützlich sei. Diese Aussage könnte zunächst nur dann einen Richtigkeitsgehalt haben, wenn man vom pathologischen Fall ausgeht, in dem der Besteller und Veräußerer einen durch die Bestellung der Rechte gesicherten Rückzahlungsanspruch nicht befriedigen kann. Solange ihm dies möglich ist, besteht für einen Erwerber keine Gefahr. Aber auch im pathologischen Fall steht ein Erwerber nicht deshalb schlechter, weil nur einfacher gutgläubiger Erwerb möglich ist. Auch ohne § 16 Abs. 3 GmbHG sieht sich ein Erwerber dem Risiko ausgesetzt, dass am Anteil eine unbekannte Belastung besteht. Aus seiner Sicht macht es daher keinen Unterschied, ob er einen belasteten Anteil nur vom Berechtigten oder auch vom Nichtberechtigten erwerben kann. Hat er aber zumindest die Möglichkeit, den belasteten Anteil gutgläubig zu erwerben, so steht er wirtschaftlich betrachtet nicht schlechter, als ohne primären gutgläubigen Erwerb, da er hier die Inhaberstellung erwerben kann.

Wäre einfacher gutgläubiger Erwerb nicht möglich und hat ein (unerkannt unwirksamer) Erwerb eines belasteten Anteils stattgefunden, so steht der Erwerber im Sicherungsfall vor der Frage, ob er den Anteil verwerten lässt oder diesen selbst auslöst. In beiden Fällen wird er versuchen, den Veräußerer in Regress zu nehmen, regelmäßig mit geringen Erfolgsaussichten. Demgegenüber erscheint es als eher unwahrscheinlich, dass der Erwerber diese Situation zum Anlass nimmt, noch einmal der Frage nachzugehen, ob sein Veräußerer auch der tatsächlich Berechtigte war. Entscheidet er sich dafür, den Anteil auszulösen, besteht für ihn im weiteren Verlauf die Gefahr, sich dem Herausgabeverlangen des wahren Berechtigten gegenüber zu sehen, mit dem Ergebnis, dass er den Anteil ausgelöst hat, aber diesen wieder verliert. In der Zwischenzeit getätigte Investitionen können dann aus Sicht des Erwerbers schnell zu reinen Fehlinvestitionen werden. Für den Erwerber ohne die Möglichkeit des gutgläubigen Erwerbs besteht damit ein doppeltes Risiko: Einerseits das Ausfallrisiko seines Veräußerers, andererseits das Risiko, den Anteil später wieder herausgeben zu müssen. Stellt man dieser Situation die gegenüber, in der einfacher gutgläubiger Erwerb möglich ist, so wird schnell klar, dass sich der Erwerber hier nur dem Ausfallrisiko seines Veräußerers gegenüber sieht. Die Gefahr, trotz weitreichender Zahlungen den Anteil später doch noch zu verlieren, besteht nicht. Dies führt zur Erkenntnis, dass der reine gutgläubige Erwerb gerade nicht zur Folge hat, dass der Erwerber bei unerkannten Belastungen schlechter steht als ohne die Regelung des § 16 Abs. 3 GmbHG, da der Erwerber zumindest die Möglichkeit hat, den Geschäftsanteil dauerhaft zu behalten, er also im Sicherungsfalle sein Risiko und damit seine Handlungsoptionen besser und vor allem sicherer einschätzen kann.

Desweiteren verkennt die überwiegende Auffassung den genauen Aussagegehalt der Gesetzesbegründung, wenn sie hieraus das gesetzgeberische Ziel ableitet, dem schwerfälligen System der Due-Diligence-Prüfung in dessen ganzer Spannbreite zu begegnen. In der einschlägigen Begründungspassage[773] bekräftigen die Verfasser zwar, dass mit dem MoMiG diesem schwerfälligen System begegnet werden soll, beziehen diese Ausführungen aber nur darauf, dass ein Erwerber schwer feststellen könne, ob der Veräußerer Anteilsinhaber ist. Die Frage von Belastungen wird in den Materialien an keiner Stelle angesprochen. Vielmehr wurde bereits gezeigt, dass sich der Gesetzgeber planvoll gegen einen gutgläubig lastenfreien Erwerb entschieden hat.[774] Unter diesen Prämissen kann also nicht davon ausgegangen werden, dass der Gesetzgeber mit dem MoMiG das Ziel verfolgt hat, die Due-Diligence-Prüfung unter dem Gesichtspunkt von Belastungen zu vereinfachen, sondern nur im Bezug auf die Inhaberschaft des Anteils. Zudem kann dieses Argument nicht überzeugen, wenn es für eine Rechtsfortbildung ins Feld geführt werden soll, da sich ein Bedürfnis hierfür nicht aus dem Nichterreichen einer unterstellten gesetzgeberischen Zielsetzung ableiten lässt.

Zunächst zu teilen ist der Befund, dass der Inhaber eines beschränkt dinglichen Rechtes ohne gutgläubigen lastenfreien Erwerb besser gestellt ist als der wahre Inhaber des Geschäftsanteils, da der Erste seiner Rechte nicht durch gutgläubigen Erwerb verlustig geht. Dies stellt aber keinen Wertungswiderspruch dar, da sich dieses Ergebnis sachlich begründen lässt. Im Unterschied zum wahren Anteilsinhaber ist regelmäßig, insbesondere bei der Kreditindustrie, das Geschäftsmodell des Rechtsinhabers darauf angelegt und aufgebaut, für den Fall des Kreditausfalls eine zusätzliche Sicherheit zu besitzen. Dieser Aspekt stellt damit einen entscheidenden Eckpfeiler dieses Wirtschaftszweiges dar. Da ohne Kreditindustrie der Wirtschaft selbst ein entscheidender Funktionsfaktor entfiele, ist diese in diesem Aspekt schutzwürdiger als ein wahrer Inhaber.

Desweiteren lässt sich für das Bedürfnis des lastenfreien Erwerbs nicht in Feld führen, dass ohne diesen GmbH-Geschäftsanteile praktisch wertlose Sicherungsmittel seien. Aus Sicht der Kreditindustrie ist in diesem Bereich bereits eine Verbesserung dadurch eingetreten, dass nunmehr der gutgläubige Erwerb von Rechten möglich ist. Anders als vor der Einführung des § 16 Abs. 3 GmbHG kann ein Kreditgeber nunmehr auch ein Recht an einem Anteil erwerben, wenn der Besteller nicht der berechtigte Anteilsinhaber ist. Desweiteren ist es auch nicht zwingende Folge des lastenfreien Erwerbs, dass Kreditgeber GmbH-Geschäftsanteile als Sicherungsmittel leichter akzeptieren. Für einen

773 Regierungsbegründung, BT-Drs. 16/6140, S. 38 rechte Spalte.

774 5. Kap. A. II. 8. c).

Kreditgeber bedeutet es nämlich einen nicht zu unterschätzenden Aufwand, sich selbst vor einem drohenden Rechtsverlust zu schützen. Der Kreditgeber müsste nämlich selbst spätestens alle drei Jahre die Gesellschafterliste einsehen. Dies mag sich bei einem privaten Kreditgeber noch leicht bewerkstelligen lassen, indem dieser sich selbst über die Gesellschafterlister informiert oder sich auf Kosten des Gesellschafters von diesem informieren lässt. Demgegenüber bedeutet eine solche Informationsbeschaffung etwa für eine Großbank eine sehr aufwändige Belastung. Diese müsste ein System installieren, mit dem sie sicherstellen kann, dass sie über die Listenposition ihrer Gesellschafterschuldner informiert ist. Da aber die Unterhaltung eines solchen Systems zusätzliche Kosten bedeutet und nicht in jedem Einzelfall eine absolute Sicherheit bieten kann, dürfte ein größerer Kreditgeber geneigt sein, dingliche Sicherheiten im Zweifel nicht zu akzeptieren oder nur unter erhöhten Kosten für den Gesellschafter.

Auch dem Argument, wonach die Voraussetzung für gutgläubigen lastenfreien Erwerb, nämlich die Eintragung von dinglichen Rechten in der Gesellschafterliste, Vorteile für deren Inhaber nach sich zöge, kann nicht gefolgt werden. In der Sache ist dieses Argument durchaus zutreffend. Wie aber bereits gezeigt wurde[775], bedarf der Rechtsinhaber nur bei einem Nießbrauchs- oder Nutzungspfandrecht der Eintragung in der Gesellschafterliste. In diesen Fällen ist aber für deren Eintragungsfähigkeit der Umweg über eine Regelung des gutgläubig lastenfreien Erwerbs unnötig, da es sich hierbei bereits aufgrund des geltenden Rechts um eintragungsfähige Rechte handelt.[776]

Dass der Erwerber einer Mobilie oder Immobilie besser geschützt ist, lässt sich damit begründen, dass dort die Wahrscheinlichkeit eines gutgläubigen Erwerbs geringer ist als unter der Prämisse eines gutgläubigen lastenfreien Erwerbs im GmbH-Recht mit dem schwachen Rechtsscheinträger Gesellschafterliste. Im Rahmen des § 892 BGB ergibt sich dies aus der vorherigen gerichtlichen Prüfung einer Eintragung und dem Konsensprinzip. Bei §§ 932, 936 BGB stellt der Besitz als Rechtscheinträger sicher, dass sich dieser in der Hand des Rechtsinhabers befindet. Hiergegen lässt sich nicht einwenden, dass sich beim klassischen Fall der Sicherungsübereignung und des Abzahlungskaufes regelmäßig die Sache in der Hand des nur Anwartschaftsberechtigten befände, da § 161 Abs. 3 BGB beim gutgläubigen Erwerb von GmbH-Anteilen keine Anwendung findet[777] und damit bereits für diesen Sonderfall keine vergleichbare Konstellation bestehen kann.

Damit ist zunächst zu konstatieren, dass mit den bislang vorgetragenen Argumenten die Forderung nach der Einführung gutgläubig lastenfreien Erwerbs de lege ferenda nicht begründbar ist. Nur hiermit lässt sich aber eine Ablehnung dieser Forderung nicht begründen.

---

775 Siehe hierzu: 4. Kap. B. V. 2. c).

776 4. Kap. B. VI. 2. b) cc).

777 Siehe hierzu. 5. Kap. C. III. 3.

Gegen die Einführung des gutgläubig lastenfreien Erwerbs kann auf das Argument, den Kreditnehmer zu schonen, nicht zurückgegriffen werden. Es ist nämlich nicht ersichtlich, wieso dieser zu Lasten eines Anteilserwerbers besser gestellt werden soll, hat er doch regelmäßig für die Bestellung des Rechtes selbst einen Vorteil erlangt.

Der entscheidende Grund findet sich vielmehr im System des gutgläubigen Erwerbs auf Grundlage der Eintragungen in der Gesellschafterliste nach geltendem Recht. Wie bereits ausgeführt[778], kann sie keine hohe Richtigkeitsgewähr für sich in Anspruch nehmen. Würde man diesen Rechtsscheinträger zudem noch zur Grundlage eines gutgläubig lastenfreien Erwerbs ausbauen, so würde sich dieser Nachteil weiter zu Lasten einer Vielzahl von Betroffenen ausweiten. Die Kreditwirtschaft wäre dazu gezwungen, Gesellschafterlisten langfristig und kostenintensiv zu überprüfen. Die wirtschaftliche Vernunft streitet hier dafür, Geschäftsanteile gar nicht als Sicherungsmittel zu akzeptieren und sogleich auf andere Alternativen, etwa eine Bürgschaft oder einen Schuldbeitritt, auszuweichen. Dies zeigt, dass mit der Möglichkeit des gutgläubig lastenfreien Erwerbs im Ergebnis wenig gewonnen wäre, sondern die Tendenz bestünde, vermehrt das Vermögen bislang unbeteiligter, dem Gesellschafter nahestehender Personen als Sicherungsmittel für den Rückzahlungsanspruch gegen den Gesellschafter einzusetzen.

Zudem ist das Erwerberrisiko bei weiten nicht so hoch, wie von der Gegenmeinung geäußert. Diese verkennt nämlich, dass bereits im geltenden Recht dingliche Belastungen in Form eines Nutzungspfandrechts oder Nießbrauchs eintragungsfähige Belastungen darstellen.[779] Ob derartige Belastungen bestehen, kann ein potentieller Erwerber daher regelmäßig anhand der Gesellschafterliste erkennen. Dessen Schutzbedürftigkeit fällt damit deutlich geringer aus, als die Gegenmeinung annimmt. Gleiches gilt bei einem Kreditgeber, der im Wege der Online-Einsicht in die Gesellschafterliste feststellen kann, ob diese Rechte eingetragen sind oder nicht.

Aber auch unter der Prämisse, dass die Richtigkeitsgewähr der Gesellschafterliste durch die hier vorgeschlagene Neuregelung des § 40 GmbHG[780] erhöht wird, ist gutgläubiger lastenfreier Erwerb de lege ferenda abzulehnen. Denn auch unter dieser Voraussetzung könnte das nicht eintragbare Pfandrecht nicht gutgläubig hinwegerworben werden. Ein sachlicher Grund, dass nur gutgläubiger lastenfreier Erwerb bei einem Pfandrecht am Geschäftsanteil nicht möglich wäre, besteht aber nicht. Zwar wurde oben das Pfandrecht anders behandelt als das Nutzungs- und Nießbrauchsrecht.[781] Dort hatte diese Unterscheidung ihre Rechtfertigung darin, dass der Nutzungspfandrechts- und Nießbrauchsgläubiger

---

778 4. Kap. B. X. 2.

779 4. Kap. B. VI. 2. b) cc).

780 Siehe hierzu: 4. Kap. B. XI. 3.

781 Vgl. 4. Kap. B. V. 2. c).

des Schutzes des § 16 Abs. 1 GmbHG zwingend bedarf, wohingegen der Pfandrechtsgläubiger auf diesen Schutz verzichten kann, da ihm nur ein Verwertungsrecht am Anteil zusteht. Hier aber ist der Anknüpfungspunkt nicht der Rechteinhaber, sondern der Erwerber. Demnach ist zu fragen, ob derjenige, der einen Geschäftsanteil gutgläubig erwirbt weniger schützenswert ist, wenn er einen mit einem Pfandrecht statt eines Nutzungspfandrechts oder Nießbrauchs belasten Anteil gutgläubig erwirbt. Dies lässt sich aber nicht begründen. Zwar ließe sich vertreten, dass das Pfandrecht für dessen Inhaber weniger Rechte mit sich bringt als ein Nutzungspfandrecht oder ein Nießbrauch, da die Nutzungen weiterhin dem Anteilsinhaber gebühren. Dennoch bleibt auch hier die Gefahr, dass der Erwerber im Wege der Zwangsvollstreckung seinen Geschäftsanteil verliert. Natürlich kann er den Pfandgläubiger befriedigen und bei seinem Veräußerer Regress nehmen. Dies wird aber meist wenig werthaltig sein und ändert nichts am Verlust des Geschäftsanteils. Damit bestehen auch für den Erwerber eines mit einem Pfandrecht belasteten Anteils ausreichend Gefahren, die ihn ebenso schützenswert machen, wie den Erwerber eines mit einem Nutzungspfand- oder Nießbrauchsrecht belasteten Anteils bezogen auf gutgläubig lastenfreien Erwerb.

Im Ergebnis ist daher gutgläubiger lastenfreier Erwerb de lege ferenda nicht zu fordern.

9. Die Gesellschaft bürgerlichen Rechts und guter Glaube

Eine weitere diskussionswürdige Frage zur Reichweite des Gutglaubensschutzes bei § 16 Abs. 3 GmbHG ergibt sich im Zusammenhang mit der Gesellschaft des bürgerlichen Rechtes (GbR). Nach vorliegend vertretener Ansicht ist zwar die GbR selbst Gesellschafterin der GmbH, dennoch müssen auch ihre Gesellschafter in die Gesellschafterliste aufgenommen werden.[782] Hieran schließt sich die Frage an, ob wegen dieser zusätzlichen Eintragungen der Gesellschafter auch Schutz des guten Glaubens an die Vertretungsberechtigung oder die fortbestehende Existenz der GbR verbunden ist.

a) Die Existenz der Gesellschaft

Für § 892 BGB, das „Leitbild" des § 16 Abs. 3 GmbHG, wurde im älteren Schrifttum teilweise vertreten, dass sich die Vermutungswirkung auch auf die Rechtspersönlichkeit einer eingetragenen Personenvereinigung beziehe und damit der gute Glaube an deren Existenz geschützt werde.[783] Die heute herrschende Meinung verneint hingegen im Hinblick auf die Rechtspersönlichkeit einer eingetragenen Personenvereinigung den Gutglaubensschutz, da das Grundbuchamt nur beschränkt die Rechtspersönlichkeit überprüfe und diese nur eine aus

782 4. Kap. B. V. 1.
783 Siehe den Nachweis bei: Staudinger/*Gursky* (2008) § 891 Rdnr. 41.

den vorgelegten Unterlagen übernommene Behauptung darstelle.[784] Diese Argumentation lässt sich erst recht auf § 16 Abs. 3 GmbHG übertragen, da hier eine Prüfung, ob die Gesellschaft besteht, in noch geringerem Umfang der Geschäftsführung oder dem Notar möglich ist als dem Grundbuchamt. Zudem besteht für die GbR kein Register, auf welches tatsächlich zurückgegriffen werden kann. Bedenkt man schließlich, dass § 16 Abs. 3 GmbHG nur die fehlende Rechtsmacht eines eingetragenen Gesellschafters ersetzt[785], kann dessen Reichweite nicht die Existenz des Gesellschafters als solche umfassen, da auch die vermutete Rechtsmacht nicht dafür streitet, dass der eingetragene Gesellschafter tatsächlich rechtlich auch existent ist. Auch aus den Neuregelungen des ERVGBG[786] lässt sich dieses Ergebnis ableiten. Nur durch die entsprechende Anwendbarkeit der §§ 892 ff. BGB gemäß § 899a BGB und die zwingende Eintragung der Gesellschafter einer GbR im Grundbuch ergibt sich, dass sich der Schutz des § 892 BGB auch auf die Existenz der Gesellschaft bezieht.[787] Da aber für die Gesellschafterliste und § 16 Abs. 3 GmbHG vergleichbare Sonderregelungen nicht existieren, ist dort ein Gutglaubensschutz hinsichtlich der Existenz der GbR nicht möglich.

Existiert eine als Gesellschafterin eingetragen GbR nicht (mehr), so kann von dieser ein auch tatsächlich bestehender Geschäftsanteil nicht gutgläubig erworben werden, da der gute Glaube an die Existenz der GbR nicht von § 16 Abs. 3 GmbHG geschützt ist.

b) Vertretungsmacht

Parallel verhält es sich bei der Frage, ob sich der Schutz des § 16 Abs. 3 GmbHG auf die Vertretungsmacht der eingetragenen GbR-Gesellschafter bezieht. Für § 892 BGB verneint die herrschende Meinung diesbezüglichen Gutglaubensschutz, da die Eintragung der Gesellschafter nicht Inhalt des Grundbuches sei, sondern nur eine Angabe zu den persönliche Verhältnissen des

---

784 Erman/*Lorenz*, BGB, § 891 Rdnr. 13; *Schöne/Stöber* Grundbuchrecht Rdnr. 346; *Steffek*, ZIP 2009, 1445, 1453.

785 5. Kap. A. I.

786 Gesetz zur Einführung des Elektronischen Rechtsverkehrs und der elektronischen Akte im Grundbuchverfahren sowie zur Änderung weiterer grundbuch-, register-, und kostenrechtlicher Vorschriften vom 11.08.2009 (BGBl. I 2713). Hiernach sind im Grundbuch auch die Gesellschafter einer GbR einzutragen (§ 47 Abs. 2 GBO). Deren Eintragung erzeugt gemäß § 899a BGB n.F. die Vermutung, dass diese Personen Gesellschafter sind und ansonsten keine anderen Gesellschafter existieren. Zudem werden die §§ 892 bis 899 BGB für entsprechend anwendbar erklärt.

787 So der Rechtsauschuss in der Beschlussempfehlung zum ERVGBG (BT-Drs. 16/13437 S. 30 f.) und dem folgend: *Toussaint* in: jurisPK-BGB, § 899a Rdnr. 23; *Lautner*, DNotZ 2009, 650, 667; kritisch hierzu: *Steffek*, ZIP 2009, 1445, 1453 f.

Rechtsträgers.[788] Auch hierbei lässt sich auf die Leitbildfunktion des § 892 BGB für § 16 Abs. 3 GmbHG verweisen und somit eine Übertragung dieser Ansicht auf § 16 Abs. 3 GmbHG befürworten. Zudem spricht gegen eine Ersetzungsfunktion des § 16 Abs. 3 GmbHG im hiesigen Fall, dass dieser nur den guten Glauben an die fehlende Verfügungsmacht schützt und damit gerade nicht den an die Vertretungsmacht. Schließlich kann auch wieder das ERVGBG rekurriert werden, da erst durch dessen Neuregelungen Schutz des guten Glaubens an die Vertretungsmacht im Grundstücksrecht sichergestellt ist.[789] Mithin schützt § 16 Abs. 3 GmbHG nicht den guten Glauben an die Vertretungsmacht eines in der Gesellschafterliste eingetragenen Gesellschafters einer GbR.[790]

B. Der positive Tatbestand des § 16 Abs. 3 GmbHG

Die Rechtsfolge des § 16 Abs. 3 GmbHG, der Erwerb eines Geschäftsanteils oder eines Rechtes hieran, setzt als positive Tatbestandsmerkmale voraus, dass ein Geschäftsanteil oder ein Recht an einem Geschäftsanteil durch Rechtsgeschäft vom als Inhaber in der Gesellschafterliste eingetragenen Nichtberechtigten erworben wird. Diese Tatbestandsmerkmale sollen im Folgenden näher dargestellt werden.

I. Geschäftsanteil oder Recht am Geschäftsanteil

Gutgläubiger Erwerb gemäß § 16 Abs. 3 GmbHG setzt voraus, dass das einer Verfügung zugrunde liegende Rechtsobjekt entweder ein GmbH-Geschäftsanteil oder ein Recht hieran ist. Wie bereits gezeigt, ist hierfür erforderlich, dass der Geschäftsanteil tatsächlich existiert[791] und zudem so existiert, wie er in der Gesellschafterliste eingetragen ist.[792] Als Recht am Geschäftsanteil kommt nur ein Pfand- oder Nießbrauchsrecht in Betracht.[793]

II. Rechtsgeschäft

Ein Geschäftsanteil oder ein Recht am Anteil kann gemäß § 16 Abs. 3 GmbHG nur durch Rechtsgeschäft wirksam vom Nichtberechtigten erworben werden. Die Neuregelung übernimmt damit einen vom gutgläubigen Erwerb beweglicher

---

788 BGH, Beschluss vom 04.12.2008, Az. V ZB 74/08, NZG 2009, 137, 140; Für die Literatur zusammenfassend: *Reymann*, ZfIR 2009, 81, 84 mwN auch zur Gegenansicht.

789 Vgl. Rechtsauschuss in der Beschlussempfehlung (BT-Drs. 16/13437 S. 31); *Lautner*, DNotZ 2009, 650, 667.

790 So auch im Ergebnis: *Leeser*, Gutgläubiger Erwerb, S. 168.

791 5. Kap. A. II. 1. c).

792 5. Kap. A. II. 2. c).

793 5. Kap. A. II. 5. b).

Sachen[794] und Liegenschaftsrechten[795] und gutgläubigem Erwerb aufgrund Erbscheins[796] bekannten Grundsatz.[797]

Rechtsgeschäfte in diesem Sinne sind nur solche Geschäfte, die unmittelbar die Übertragung eines Geschäftsanteils oder die Bestellung eines Rechtes hieran zum Gegenstand haben, bei denen sich also der Parteiwille exakt auf die Verschaffung eines solchen Rechtes richtet.[798] Gutgläubiger Erwerb gemäß § 16 Abs. 3 GmbHG kraft Gesetzes ist somit nicht möglich. Hierzu zählen der Erwerb durch Erbfolge[799] und sonstige Fälle der Gesamtrechtsnachfolge wie beispielsweise der Eintritt einer ehelichen Gütergemeinschaft (§§ 1415, 1416 BGB).[800] Weiterhin nicht anwendbar ist § 16 Abs. 3 GmbHG in anderen Fällen der Universalsukzession, wie umwandlungsrechtlichen Vorgängen nach dem UmwG.[801] Auch bei der vorweggenommenen Erbfolge lässt sich wegen der Orientierung des § 16 Abs. 3 GmbHG an § 892 BGB[802], wo die herrschende Ansicht zu Recht Gutglaubenserwerb ablehnt[803], verneinen, dass § 16 Abs. 3 GmbHG den Erwerb vom Nichtberechtigten ermöglicht.

Im Rahmen der Zwangsvollstreckung in den Geschäftsanteil gemäß § 857 ZPO kann ein Pfändungspfandrecht nicht gutgläubig erworben werden, da die Pfändung durch Hoheitsakt geschieht.[804] Steht der Geschäftsanteil einem Dritten und nicht dem Pfändungsschuldner zu, geht die Pfändung ins Leere und bewirkt keine Verstrickung.[805] Die Verwertung eines Geschäftsanteils erfolgt gemäß §§ 857 Abs. 5, 844 ZPO entweder durch Veräußerung im Wege der Versteigerung oder des freihändigen Verkaufs.[806] Im erstgenannten Fall geht der Geschäftsanteil durch Zuschlag gemäß § 817 Abs. 1 ZPO auf den Erwerber über.[807] Da der Versteigerungsvorgang öffentlich-rechtlich zu qualifizieren ist[808], beruht der Rechtserwerb nicht auf einem Rechtsgeschäft.[809] Erfolgt die Verwer-

794 Statt aller: Palandt/*Bassenge*, § 932 Rdnr. 1.
795 Statt aller: Staudinger/*Gursky* (2008) § 892 Rdnr. 77.
796 Statt aller: HK-BGB/*Hoeren*, § 2366 Rdnr. 2.
797 Zweifelnd zur Bedeutung des Tatbestandsmerkmals Rechtsgeschäft allgemein beim gutgläubigen Erwerb: *Hager*, Verkehrsschutz, § 5 II. Hiergegen überzeugend: *Wilhelm*, Sachenrecht, FN 1626.
798 Vgl. Staudinger/*Gursky* (2008) § 892 Rdnr. 82.
799 *Leeser*, Gutgläubiger Erwerb, S. 45; *Heckschen*, Praxis, Rdnr. 554.
800 *Wicke*, GmbHG, § 16 Rdnr. 18.
801 *Greitemann/Bergjan*, FS Pöllath, 271, 283.
802 Regierungsbegründung, BT-Drs. 16/6140, S. 38 rechte Spalte.
803 Staudinger/*Gursky* (2008) § 892 Rdnr. 87 mwN.
804 *Leeser*, Gutgläubiger Erwerb, S. 161; *Mayer*, DNotZ 2008, 403, 420.
805 Vgl. *Schuschke* in: Schusckke/Walker, ZPO, § 829 Rdnr. 47.
806 Hachenburg/*Zutt*, GmBHG, Anh § 15 Rdnr. 83; *Hueck/Fastrich* in: Baumbach/Hueck, GmbHG (2010), § 15 Rdnr. 63.
807 Scholz/*Winter/Seibt*, GmbHG, § 15 Rdnr. 200.
808 MünchKommZPO/*Gruber* § 817 Rdnr. 4; Musielak/*Becker*, ZPO, § 814 Rdnr. 4.
809 Im Ergebnis so auch: *Vossius*, DB 2007, 2299, 2300.

tung durch freihändigen Verkauf, kommt gutgläubiger Erwerb nach § 16 Abs. 3 GmbHG in Betracht, wenn dieser durch eine Privatperson erfolgt, da sie privatrechtlich tätig wird[810] und damit ein Rechtsgeschäft gegeben ist. Wird hierbei der Gerichtsvollzieher tätig, handelt er hoheitlich[811], weswegen gutgläubiger Erwerb nicht denkbar ist.

Fraglich ist schließlich, ob das Rechtsgeschäft wirksam sein muss. Teilweise wird ohne Begründung davon ausgegangen, hierauf käme es nicht an.[812] Dem kann aber mit der Gegenansicht[813] nicht gefolgt werden. Dies ergibt sich aus der eingeschränkten Ersetzungsfunktion des § 16 Abs. 3 GmbHG, welcher nur die fehlende Verfügungsmacht des Veräußerers heilt. Andere Wirksamkeitsmängel, wie fehlende Geschäftsfähigkeit oder vorhandene Verfügungsbeschränkungen aufgrund einer Vinkulierung, bleiben bestehen und führen trotz grundsätzlichen Eingreifens von § 16 Abs. 3 GmbHG nicht zur Wirksamkeit der Verfügung.[814]

III. Verkehrsgeschäft

Im Rahmen des § 892 BGB ist anerkannt, dass gutgläubiger Erwerb nur möglich ist, wenn das zugrunde liegende Rechtsgeschäft ein Verkehrsgeschäft ist.[815] Ein solches wird mit Nuancen im Detail verneint, wenn der Erwerber zugleich rechtlich oder auch nur faktisch Verfügender ist.[816] In einer solchen Situation kann sich der Erwerber nicht auf gutgläubigen Erwerb berufen. Da sich diese Einschränkung nicht im Wortlaut des § 892 BGB widerspiegelt, wird in rechtsmethodischer Hinsicht von einer Rechtsfortbildung im Wege einer teleologischen Reduktion ausgegangen.[817]

Für § 16 Abs. 3 GmbHG wird durchgehend dafür plädiert, diese Einschränkung des § 892 BGB zu übertragen und gutgläubigen Erwerb gemäß § 16 Abs. 3 GmbHG nicht zuzulassen, wenn diesem kein Verkehrsgeschäft zugrunde liegt.[818] Dieser Einschränkung des gutgläubigen Erwerbs im GmbH-Recht ist zuzustimmen. Zum einen ist § 892 BGB Vorbild für § 16 Abs. 3 GmbHG, da

---

810 Musielak/*Becker*, ZPO, § 844 Rdnr. 5; vgl. für § 892: Staudinger/*Gursky* (2008) § 892 Rdnr. 92.

811 Musielak/*Becker*, ZPO, § 844 Rdnr. 5

812 *Vossius*, DB 2007, 2299, 2300; dem folgend: *Mayer*, DNotZ 2008, 403, 420; *Kort*, GmbHR 2009, 169, 174.

813 Roth/*Altmeppen*, GmbHG, § 16 Rdnr. 60; *Wicke*, GmbHG, § 16 Rdnr. 20; Lutter/Hommelhoff/*Bayer*, GmbHG, § 16 Rdnr. 64; Rischbieter/Gröning/*Rischbieter*, Gründung und Leben, 5. Kap. Rdnr. 105.

814 Vgl. HK-BGB/*Eckert*, § 892 Rdnr. 12; Palandt/*Bassenge*, § 892 Rdnr. 3.

815 Staudinger/*Gursky* (2008) § 892 Rdnr. 96 ff.; Erman/*Lorenz*, BGB, § 892 Rdnr. 18; *Baur/Stürner*, Sachenrecht § 23 Rdnr. 23; *Lutter*, AcP 164 (1964), 122, 159 ff.; *Wiegand*, JuS 1975, 205, 210 f.; ausführlich hierzu: *Wittkowski*, Die Lehre vom Verkehrsgeschäft, S. 45 ff.

816 Vgl. nur: MünchKommBGB/*Kohler* § 892 Rdnr. 33.

817 *Wittkowski*, Verkehrsgeschäft, S. 45 ff. insbesondere S. 50; *Wiegand*, JuS 1975, 205, 211.

818 Statt aller: Bunnemann/Zirngibl/*Berger*, § 7 Rdnr. 16.

sich die Neuregelung nach dem Gesetzgeberwillen teilweise hieran orientiert.[819] Ein einleuchtender Grund, die Dogmatik des Verkehrsgeschäfts auf § 16 Abs. 3 GmbHG nicht zu übertragen, besteht indes nicht. Anderseits lässt sich auch die der Einschränkung bei § 892 BGB zugrunde liegende Wertung auf § 16 Abs. 3 GmbHG überleiten. Diese besteht darin, dass nur dort Vertrauensschutz angebracht ist, wo einem Rechtsscheinträger auch abstrakt Vertrauen entgegengebracht wird.[820] Gerade aber in Fällen eines Nichtverkehrsgeschäftes fehlt dieses Vertrauen seitens des Erwerbers. Er ist also nicht Adressat des Vertrauensschutzes. Von dieser Prämisse ausgehend, kann es damit keinen Unterschied machen, ob sich der Erwerb auf ein Grundstücksrecht oder einen GmbH-Geschäftsanteil beziehen soll.

IV. Eintragung des Veräußerers in der Gesellschafterliste

Schließlich bestimmt § 16 Abs. 3 GmbHG als positive Voraussetzung, dass der Veräußerer als Inhaber des Geschäftsanteils in der zum Handelsregister aufgenommen Gesellschafterliste eingetragen ist.[821] Die Aufnahme einer Gesellschafterliste zum Handelsregister ist gegeben, wenn sie im online zugänglichen Registerordner des entsprechenden Registerblattes der GmbH abgespeichert ist.[822] Da die Gesellschafterliste als Rechtsscheinträger das entscheidende Element für den gutgläubigen Erwerb gemäß § 16 Abs. 3 GmbHG ist, ist fraglich, welche Anforderungen an die Liste zu stellen sind, um sie als hinreichenden Rechtsscheinträger einordnen zu können.

1. Die Angaben im Sinne des § 40 Abs. 1 GmbHG

Gemäß § 40 Abs. 1 GmbHG bzw. gemäß § 8 Abs. 1 Nr. 3 GmbHG vor einer Veränderung im Sinne des § 40 Abs. 1 GmbHG hat die Gesellschafterliste Namen, Vornamen, Geburtsdatum, Wohnort der Gesellschafter, den Nennbetrag der Geschäftsanteile und deren laufenden Nummern zu enthalten.[823] Sind diese Angaben in der Gesellschafterliste alle korrekt wiedergegeben, ist unter diesem Aspekt kein Grund ersichtlich, der Gesellschafterliste ihre Funktion als Rechtsscheinträger abzusprechen.

Fraglich ist aber, wie zu verfahren ist, wenn einzelne Bestandteile der Gesellschafterliste fehlen oder unrichtig eingetragen sind, z.B. das Geburtsdatum eines Gesellschafters fehlt oder aber bei einem Geschäftsanteil dessen laufende Nummer nicht in der Gesellschafterliste vermerkt ist. In solchen Fällen kann der

---

819 Regierungsbegründung, BT-Drs. 16/6140, S. 38 rechte Spalte.

820 *Wiegand*, JuS 1975, 205, 210.

821 Zum „Weg“ des Gesellschafters in die Gesellschafterliste siehe ausführlich: 4. Kap. B. VI.

822 Heckschen/*Heidinger*, Die GmbH (2009), § 13 Rdnr. 368. Allgemein hierzu: 4. Kap. B. II.

823 Vgl. 4. Kap. B. IV.

Gesellschafterliste ihre Eigenschaft als Rechtsscheinträger nur abgesprochen werden, wenn das Fehlen oder die Unrichtigkeit der erforderlichen Angaben dazu führt, dass entweder der Gesellschafter oder der Geschäftsanteil nicht mehr eindeutig identifizierbar ist[824], mithin der Rechtsscheinträger aus sich heraus keine Zuordnung des Rechtsobjekts an ein feststellbares Rechtssubjekt ermöglicht. Ob eine eindeutige Identifizierbarkeit gegeben ist, beurteilt sich nach dem Gesamtbild der Gesellschafterliste. Aus den übrigen Angaben muss sich ableiten lassen, wer Gesellschafter ist und welcher Anteil gehalten wird. Für die eingangs erwähnten Beispiele bedeutet dies, dass der Gesellschafter trotz Fehlens seines Geburtsdatums klar feststellbar ist, wenn sein Name und Wohnort in der Liste vermerkt sind und keine andere Person existiert, auf die diese Angaben zutreffen. Fehlt die Nummer eines Geschäftsanteils, ist anhand der übrigen nummerierten Anteile und deren Nennbeträge zu überprüfen, ob der nicht nummerierte Anteil hiervon unterscheidbar ist. Würde demgegenüber stets nur eine absolut korrekte Gesellschafterliste als Rechtsscheinträger akzeptiert werden, stellte dies einen reinen Formalismus dar, wenn sich durch „Auslegung" der Gesellschafterliste ein eindeutiges Ergebnis erzielen lässt.

2. Sonstige Erfordernisse

Neben diesen Mängeln bei den Angaben bleibt fraglich, ob sich auch formelle Mängel der Gesellschafterliste auf deren Eigenschaft, Rechtsträger sein zu können, auswirken. Als derartige Mängel lassen sich folgende Gestaltungen begreifen:

Fehlende Unterschriften der Geschäftsführung,

Unterschriften der Geschäftsführung in nicht vertretungsberechtigter Zahl,

Fehlen einer Notarbescheinigung gemäß § 40 Abs. 2 Satz 2 GmbHG,

Unzuständigkeit des Notars zur Listeneinreichung,

Unzuständigkeit der Geschäftsführung zur Listeneinreichung,

Einreichung einer Gesellschafterliste ohne Mitteilung und Nachweis (vgl. § 40 Abs. 1 Satz 2 GmbHG)

Betrachtet man zu dieser Fragestellung die bislang veröffentlichte Literatur, so werden die jeweiligen Einzelfälle in ihren Auswirkungen auf die Eigenschaft als Rechtsscheinträger teilweise unterschiedlich eingeordnet. Bislang fehlt aber ein durchgängiges Modell anhand dessen sich der jeweilige Einzelfall entscheiden lässt.

Ausgangspunkt der Suche nach einer Einteilung muss zunächst der gesetzliche Befund sein. Die Gesellschafterliste hat wegen § 16 GmbHG drei Wirkun-

---

824 So auch die einhellige Ansicht: *Mayer*, DNotZ 2008, 403, 418 f.; *Zessel*, GmbHR 2009, 303.

gen.[825] Gemäß § 16 Abs. 1 GmbHG folgt aus der Gesellschafterliste die Legitimationswirkung gegenüber der Gesellschaft. Diese Wirkung wird über § 16 Abs. 2 GmbHG zu einer Haftungswirkung ausgedehnt. Schließlich ist die Gesellschafterliste Rechtsscheingrundlage für den gutgläubigen Erwerb des § 16 Abs. 3 GmbHG. Stets kommt es darauf an, ob der von der Wirkung Betroffene als Inhaber des Geschäftsanteils in der zum Handelsregister aufgenommenen Gesellschafterliste eingetragen ist. Dies spricht dafür, wegen des Wortlauts von § 16 GmbHG an die Gesellschafterliste durchgängig die gleichen Anforderungen zu stellen. Für § 16 Abs. 1 GmbH und den hierauf aufbauenden § 16 Abs. 2 GmbHG fordert die einhellige Ansicht, dass die Gesellschafterliste von der zuständigen Geschäftsführung aufgrund einer zurechenbaren und nachgewiesenen Mitteilung (§ 40 Abs. 1 Satz 2 GmbHG) oder vom zuständigen Notar eingereicht wurde.[826]

Eine solche Betrachtungsweise verkennt aber einen zwischen § 16 Abs. 1, 2 GmbHG und § 16 Abs. 3 GmbHG bestehenden wichtigen Unterschied: Erstere Normen haben nur Wirkung zwischen GmbH und Gesellschafter, wohingegen § 16 Abs. 3 GmbHG seine entscheidende Rechtsfolge im Verhältnis zwischen dem eingetragenen Gesellschafter, dem wahren Berechtigten und dem Erwerber zeitigt. Anders als die beiden ersten Absätze stellt damit § 16 Abs. 3 GmbHG eine Regelung dar, die Rechtsfolgen auch für einen am Verbandsrecht der GmbH bisher Unbeteiligten hat, mithin Außenwirkung zukommt. Hieraus lässt sich folgern, dass bei der Frage, welche Anforderungen an die Gesellschafterliste zu stellen sind, eine unterschiedliche Akzentuierung bei den Wirkungen der Liste vonnöten ist. Dies ergibt sich daraus, dass die Gesellschaft und der Gesellschafter Interna der Gesellschaft besser kennen und beurteilen können als ein bislang unbeteiligter Dritter. Insoweit können andere Anforderungen an die Gesellschafterliste des § 16 Abs. 1 GmbHG und des § 16 Abs. 2 GmbHG und der des § 16 Abs. 3 GmbHG gestellt werden.[827] Nicht nur aus den unterschiedlichen Adressaten der jeweiligen Wirkung der Gesellschafterliste ergibt sich dieses Differenzierungserfordernis. Anders als § 16 Abs. 1, 2 GmbHG enthält § 16 Abs. 3 GmbHG explizit das Erfordernis der Zurechnung. Hiermit geht nicht einher, dass im Rahmen von § 16 Abs. 1, 2 GmbHG völlig auf eine Zurechnung des Listeninhalts verzichtet werden kann.[828] Dennoch zeigt sich, dass bei § 16 Abs. 3 GmbHG die Frage der Zurechenbarkeit, wenn auch als Ausschlussgrund, gesetzlich zum Tatbestand erhoben ist. Demgegenüber lässt sich die Zurechnung in anderen Tatbeständen des Gutglaubensschutzes oder Fiktionen wie § 16 Abs. 1 GmbHG nur aus Schutzerwägungen zugunsten des Betroffenen ablei-

825 Allgemein hierzu: 4. Kap. B. III.

826 Lutter/Hommelhoff/*Bayer*, GmbHG, § 16 Rdnr. 13; *Wicke*, GmbHG, § 16 Rdnr. 9 jeweils mwN.

827 Im Ergebnis ähnlich: Heckschen/*Heidinger*, Die GmbH (2009), § 13 Rdnr. 89.

828 Hierzu allgemein: *Reymann*, BB 2009, 506, 507 ff.

ten.[829] Dass auch der Gesetzgeber von einer Unterscheidung innerhalb des § 16 GmbHG ausgeht, zeigt sich anhand des Widerspruches. Nach den Materialien hat dieser nur Wirkung für § 16 Abs. 3 GmbHG, nicht hingegen für § 16 Abs. 1 GmbHG, an dessen Wirkung sich auch § 16 Abs. 2 GmbHG anschließt.[830] Schließlich lässt sich hierfür auch § 3 Abs. 3 EGGmbHG rekurrieren. Eine Übergangsvorschrift ist nur für § 16 Abs. 3 GmbHG geregelt, wohingegen die übrigen Normen des § 16 GmbHG ohne eine solche Vorschrift ab dem 01.11.2008 Geltung beanspruchen. Zunächst ist daher zu konstatieren, dass an die Gesellschafterliste innerhalb des § 16 GmbHG unterschiedliche Anforderungen zu stellen sind.

Dies eröffnet die Folgefrage, nach welchen Kriterien die Unterscheidung zu erfolgen hat. Hierbei ist wegen der unterschiedlichen Adressaten entscheidend auf die von den Wirkungen der Gesellschafterliste Betroffenen abzustellen. Anders als die Gesellschaft selbst und der Gesellschafter hat ein Dritter nicht dieselben Erkenntnisquellen und Erfahrung für die Frage, ob die Gesellschafterliste einen Mangel aufweist. Dieser hat ausschließlich die Möglichkeit, Einsicht in das Handelsregister zu nehmen und ist bezüglich weiterer Unterlagen oder Informationen auf die Mitwirkung des Veräußerers angewiesen. Demgegenüber kennen Gesellschafter und Gesellschaft bereits die Genese des Geschäftsanteils und haben durch die stete Beteiligung gegenüber einem Dritten damit einen Informationsvorsprung. Dies rechtfertigt es mithin, an die Gesellschafterliste im Sinne des § 16 Abs. 3 GmbHG insgesamt geringere Anforderungen zu stellen. Hierbei lässt sich auch auf das gesetzgeberische Ziel zurückgreifen, wonach der Erwerber darauf vertrauen darf, dass die in der Gesellschafterliste verzeichnete Person auch wirklich Gesellschafter ist und hiermit das Erwerberrisiko minimiert werden soll.[831] Würde aber stets jeder Mangel der Gesellschafterliste dazu führen, dass gutgläubiger Erwerb ausgeschlossen ist, müsste der Erwerber immer auch die Entstehung und Entwicklung der Gesellschafterliste überprüfen, um ihr Vertrauen entgegenbringen zu können. Ein weiteres gesetzgeberisches Ziel, das bisher schwerfällige und mit hohen Kosten verbundene System des Anteilskaufs weniger schwierig zu gestalten[832], würde mit diesem Nachprüfungserfordernis nicht erreicht.

Diese Ausgangslage rechtfertigt damit folgende Differenzierung: Liegt ein Mangel der Gesellschafterliste vor, den ein Erwerber ohne großen Aufwand anhand seiner vorhandenen Erkenntnisquellen feststellen kann, so kann die Gesellschafterliste keine Rechtsscheinträgerfunktion erfüllen. Ist aber ein Mangel gegeben, der für den Erwerber nicht erkennbar ist, hat dieser keine Auswirkungen

829 So auch: *Apfelbaum*, BB 2008, 2470.
830 Regierungsbegründung, BT-Drs. 16/6140, S. 39 linke Spalte.
831 Regierungsbegründung, BT-Drs. 16/6140, S. 38 rechte Spalte.
832 Regierungsbegründung, BT-Drs. 16/6140, S. 38 rechte Spalte.

auf die Eignung als Rechtsscheinträger. Bezogen auf die oben dargestellten denkbaren Mängel der Gesellschafterliste ergibt sich hieraus folgendes Bild:

Fehlen auf der Gesellschafterliste die gemäß § 40 Abs. 1 Satz 1 GmbHG erforderlichen Unterschriften der Geschäftsführung, so kann dies ein Erwerber leicht mit einem Blick in die zum Handelsregister eingereichte und aufgenommene Gesellschafterliste feststellen. Ebenso liegt es, wenn keine Unterschriften der Geschäftsführer in vertretungsberechtigter Zahl gegeben sind, da der Erwerber anhand des Handelsregisters nachprüfen kann, wie die Vertretungsberechtigung der Gesellschaft zur Zeit der Listeneinreichung geregelt war. Daher kann bei diesen Mängeln der Gesellschafterliste keine Rechtsscheinträgerfunktion zuerkannt werden.[833]

Wurde die Gesellschafterliste von einer unzuständigen Person, also im Falle des § 40 Abs. 1 GmbHG von einem Notar oder im Falle des § 40 Abs. 2 GmbHG von der Geschäftsführung eingereicht, so lässt sich der Zuständigkeitsverstoß nicht aus der Gesellschafterliste entnehmen[834], da der Grund der Veränderung nicht in der Gesellschafterliste vermerkt ist. Der Erwerber befindet sich damit nicht in der Lage, diesen Mangel mit Hilfe seiner Erkenntnisquellen erfassen zu können. Daher hat ein Kompetenzverstoß bei der Einreichung einer aktualisierten Liste nicht zur Folge, dass aufgrund der mangelhaften Liste kein gutgläubiger Erwerb stattfinden kann.[835]

Nicht anders zu beurteilen ist es, wenn bei der Listenerstellung das Mitteilungs- und Nachweisverfahren des § 40 Abs. 1 Satz 2 GmbHG nicht ordnungsgemäß erfüllt wurde. Hier hat der Erwerber keine Möglichkeit, aus der Liste heraus festzustellen, ob diese Erfordernisse eingehalten wurden. Ein Verstoß gegen § 40 Abs. 1 Satz 2 GmbHG verhindert daher nicht die Möglichkeit des gutgläubigen Erwerbes.

Differenzierter muss indes der letzte Fall betrachtet werden. Hat ein Notar die Gesellschafterliste eingereicht, muss er sie gemäß § 40 Abs. 2 Satz 2 GmbHG mit einer Notarbescheinigung versehen.[836] Hat es der Notar unterlassen, die Bescheinigung mit einzureichen, so kann deren Fehlen leicht festgestellt werden, da die Gesellschafterliste die Unterschrift des Notars trägt. Dies spricht dafür, bei Fehlen der Notarbescheinigung keinen gutgläubigen Erwerb wegen eines mangelhaften Rechtsscheinträgers zuzulassen. Dennoch ist zu bedenken, dass die Notarbescheinigung selbst nicht der Rechtsträger ist, sondern

833 So auch für die fehlende Unterschriften die allgemeine Meinung: vgl. *Heckschen*, Praxis, Rdnr. 548. Für die vertretungsberechtigte Zahl so auch die überwiegende Meinung: siehe nur: *Link*, RNotZ 2009, 193, 216 mwN. A.A. Heckschen/*Heidinger*, Die GmbH (2009), § 13 Rdnr. 93.

834 *Tebben*, RNotZ 2008, 441, 454.

835 So auch die allgemeine Meinung vgl. *Link*, RNotZ 2009, 193, 216 mwN.

836 Allgemein zur Notarbescheinigung: 4. Kap. B. IX. 1. b).

nur die Gesellschafterliste.[837] Wie bereits gezeigt[838], hat die Bescheinigung keine Auswirkungen auf die Richtigkeitsgewähr der Gesellschafterliste. Würde man aber wegen ihres Fehlens der hiervon zu trennenden Gesellschafterliste die Rechtsscheinträgerfunktion aberkennen, so stellte dies eine rein formale Betrachtung dar. Das Vorhandensein oder Fehlen des Zusatzdokuments Notarbescheinigung hat damit keine Auswirkungen auf die Möglichkeit des gutgläubigen Erwerbs aufgrund der Gesellschafterliste.[839]

Zusammenfassend ergibt sich damit, dass die Gesellschafterliste, auch wenn sie einen Mangel aufweist, nur dann ihrer Eigenschaft als Rechtsscheinträger verlustig geht, wenn der Mangel für einen Erwerber erkennbar ist. Eine Ausnahme von diesem Grundsatz ist bei einer fehlenden Notarbescheinigung zu machen, da diese selbst nicht der Rechtsscheinträger ist.

C. Die Ausschlussgründe

Den soeben dargestellten positiven Tatbestandsmerkmalen werden in § 16 Abs. 3 Sätze 2 und 3 GmbHG insgesamt drei Ausschlussgründe entgegengestellt. Demnach findet ein gutgläubiger Erwerb vom Nichtberechtigten nicht statt, wenn die Gesellschafterliste hinsichtlich des Geschäftsanteils weniger als drei Jahre unrichtig ist und die Unrichtigkeit dem Berechtigten nicht zuzurechnen ist (§ 16 Abs. 3 Satz 2 GmbHG), der Erwerber Kenntnis von der mangelnden Berechtigung des Nichtberechtigten hat oder diese ihm infolge grober Fahrlässigkeit unbekannt ist (§ 16 Abs. 3 Satz 3 Alt. 1 GmbHG) oder der Gesellschafterliste ein Widerspruch zugeordnet ist (§ 16 Abs. 3 Satz 3 Alt. 2 GmbHG).

I. Der Ausschluss gemäß § 16 Abs. 3 Satz 2 GmbHG

Der auf den ersten Blick kompliziert anmutende Ausschlussgrund des § 16 Abs. 3 Satz 2 GmbHG setzt sich aus zwei Elementen zusammen. Zunächst muss die Gesellschafterliste hinsichtlich des zu übertragenden Geschäftsanteils weniger als drei Jahre unrichtig sein. Kumulativ ist erforderlich, dass diese Unrichtigkeit dem wahren Berechtigen nicht zurechenbar ist. Hieraus lässt sich der Umkehrschluss ziehen, dass gutgläubiger Erwerb bereits vor Ablauf der Frist eintreten kann, wenn die Unrichtigkeit dem wahren Berechtigten zurechenbar ist. Diese Regelungsmuster stellt ein gesetzliches Novum dar, da das Merkmal der Zurechnung – anders als bei anderen Regelungen des Gutglaubensschutzes – im Tatbestand des § 16 Abs. 3 Satz 2 GmbHG ausdrücklich erwähnt ist.[840]

---

837 4. Kap. B. IX. 1. b).
838 4. Kap. B. IX. 3. c).
839 So auch: *Kort*, GmbHR 2009, 169, 172 mwN.
840 *Apfelbaum*, BB 2008, 2470.

1. Das dogmatische Konzept

Der Ausschlussgrund des § 16 Abs. 3 Satz 2 GmbHG genießt innerhalb der übrigen Ausschlussgründe eine Sonderstellung, da alleine er fristgebunden ist und damit nur zeitlich beschränkt Anwendung findet. Nur innerhalb der ersten drei Jahre kann sich der wahre Berechtigte mit dem Einwand der fehlenden Zurechenbarkeit gegen seinen Rechtsverlust durch gutgläubigen Erwerb zur Wehr setzen. Hier wird das gesetzgeberische Konzept zur Rechtfertigung des gutgläubigen Erwerbs deutlich. Innerhalb der ersten drei Jahre findet das Zurechnungsprinzip Anwendung. Ist die Frist aber zum Zeitpunkt des Erwerbs abgelaufen, so kommt es nach dem Gesetzeswortlaut auf eine Zurechnung der falschen Eintragung an den wahren Rechtsinhaber nicht mehr an. Damit findet ab dem Beginn dieser Phase ein Wechsel hin zum reinen Rechtsscheinprinzip statt. Der Gesetzgeber versucht mit diesem Mischsystem verschiedener Rechtsfertigungsmöglichkeiten die Schwächen der Gesellschafterliste als Rechtsscheinträger auszugleichen.[841] Innerhalb der ersten drei Jahre soll der wahre Anteilsinhaber stärker geschützt werden als nach deren Ablauf. Hiermit verbunden ist auf der anderen Seite, dass der Erwerber innerhalb der ersten drei Jahre stets damit rechnen muss, dass einem gutgläubigen Erwerb die fehlende Zurechnung entgegengehalten wird und damit der Erwerb nicht stattfinden kann.

2. Umsetzung verfassungsrechtlicher Vorgaben innerhalb der Frist

Im Rahmen der verfassungsrechtlichen Prüfung hat sich gezeigt, dass das Zurechnungsprinzip eine ausreichende Rechtfertigung für den Rechtsverlust des wahren Anteilsinhabers im Spannungsverhältnis zwischen Eigentümerinteresse und dem Allgemeinwohlinteresse bietet.[842] Da auf dieses Prinzip innerhalb der Frist des § 16 Abs. 3 Satz 2 GmbHG zurückgegriffen wird, werden die erforderlichen verfassungsrechtlichen Anforderungen an die Rechtfertigung des Rechtsverlustes erfüllt. Hieran ändert auch die Beweislastverteilung zu Lasten des wahren Berechtigten nichts[843], welche sich aus der Formulierung des Gesetzes „dies gilt nicht…“ ergibt, da ansonsten der Erwerber mit der Darlegung und dem Beweis einer regelmäßig für ihn nicht darzustellenden Tatsache belastet würde. Demgegenüber ist die fehlende Zurechenbarkeit für den wahren Berechtigten unschwer zu begründen, da sie stets in dessen Kenntnis- und Einflussbereich verortet ist.[844]

3. Unrichtigkeit der Gesellschafterliste

Das Tatbestandsmerkmal der Unrichtigkeit bezieht sich nicht auf die Gesellschafterliste als solche. Vielmehr geht es um die Frage, ob die Angaben hinsich-

841 Statt aller: *Wachter*, ZNotP 2008, 378, 395.
842 Vgl. 3. Kap. D. IV. 2. c) cc) (3).
843 Hierzu: *Wicke*, GmbHG, § 16 Rdnr. 21.
844 So auch im Ergebnis: *Preuß*, ZGR 2008, 676, 697.

tlich eines Geschäftsanteils unrichtig sind. Hierfür reicht es nicht aus, dass eine Unrichtigkeit bezüglich irgendeines Geschäftsanteils in der Gesellschafterliste vorliegt. Die Unrichtigkeit muss genau bei dem Geschäftsanteil bestehen, der Gegenstand der vorgenommen Verfügung ist oder an dem ein Recht bestellt werden soll.

Die Unrichtigkeit als solche setzt eine Divergenz von wahrer Rechtslage und durch die Eintragung in der Gesellschafterliste verlautbarter Rechtslage voraus. Sowohl aus dem Wortlaut der Norm – Inhaber des Geschäftsanteils –, als auch aus der Reichweite des Gutglaubensschutzes[845] ergibt sich, dass die falsche Angabe nur dann zu einer Unrichtigkeit im Sinne des § 16 Abs. 3 Satz 2 GmbHG führt, wenn in der Gesellschafterliste eine andere Person als der wahre Berechtigte am Geschäftsanteil als dessen Inhaber eingetragen ist. Andere denkbare Unrichtigkeiten wie die fehlende Existenz eines Geschäftsanteils[846] oder eine Eintragung in unrichtiger Stückelung[847] stellen damit keine Unrichtigkeit im Sinne des § 16 Abs. 3 GmbHG dar.

4. Die Frist gemäß § 16 Abs. 3 Satz 2 GmbHG

Zum Zeitpunkt des Erwerbs muss die Unrichtigkeit der Gesellschafterliste weniger als drei Jahre bestehen. Der Zeitpunkt des Erwerbs bestimmt sich nach der materiellen Rechtslage. Liegt dem Erwerb eine Anteilsabtretung zugrunde, ist der Erwerbszeitpunkt derjenige, zu dem der Anteilsübergang wirksam wird. Ebenso ist zu verfahren, wenn es um den gutgläubigen Erwerb eines Rechtes am Geschäftsanteil geht.

a) Der Fristbeginn

Die Frage, ob ein Erwerb innerhalb der Frist stattfindet, hängt entscheidend davon ab, wann die Frist zu laufen beginnt. Gesetzlicher Anknüpfungspunkt hierfür ist die Unrichtigkeit der Gesellschafterliste. Demensprechend muss zunächst festgestellt werden, dass eine unrichtige Eintragung in der Gesellschafterliste vorliegt, und hieran anschließend, ab welchem Zeitpunkt die Unrichtigkeit gegeben ist. Dennoch ist der Beginn der Frist nicht stets eindeutig feststellbar.[848]

aa) Ursprünglich unrichtige Gesellschafterliste

Wird eine ursprünglich unrichtige Gesellschafterliste zum Handelsregister eingereicht, so beginnt die Frist mit deren Aufnahme zum Handelsregister, d.h. mit dem Einstellen der Gesellschafterliste in den elektronischen Dokumentenabruf.[849]

---

845 Hierzu: 5. Kap. A. I.

846 Siehe hierzu: 5. Kap. B. II. 1. c).

847 Siehe hierzu: 5. Kap. B. II. 2. c).

848 *Heckschen*, Praxis, Rdnr. 559 mwN.

849 Regierungsbegründung, BT-Drs. 16/6140, S. 39 linke Spalte; Heckschen/*Heidinger*, Die GmbH (2009), § 13 Rdnr. 106; *Vossius*, DB 2007, 2299, 2301.

Dieser zunächst einfach erscheinende Grundsatz erweist sich aber in der Praxis als problembehaftet, da das Datum der Aufnahme der Gesellschafterliste in das Handelsregister online nicht ersichtlich ist. Wird ein elektronischer Dokumentenabruf (www.handelsregister.de) unternommen, lassen sich anhand der Daten nur das Datum der Listenerstellung, das Eingangsdatum bei Gericht und ein sogenannter Stichtag, der den Zeitpunkt des Wirksamwerdens der Veränderung angibt, feststellen. Der entscheidende Zeitpunkt der Listenaufnahme ist hingegen nicht aufgeführt. Dieser Befund ist sowohl für den wahren Inhaber als auch für den Erwerber äußerst misslich, da zwischen der Einreichung und der Aufnahme nach Stimmen aus der Praxis mehrere Wochen vergehen können.[850] Ersterer kann nicht exakt einschätzen, ab wann das reine Rechtsscheinprinzip zur Anwendung kommt. Letzterer kann nicht aufgrund der online zugänglichen Informationen einschätzen, bis zu welchem genauen Termin er mit der Verteidigung der fehlenden Zurechnung rechnen muss. Das Gericht selbst kann mit Hilfe der eigenen EDV den Zeitpunkt der Aufnahme feststellen.[851] Wendet sich der wahre Inhaber oder der potentielle Erwerber in dieser Situation an das Registergericht und will das Aufnahmedatum erfragen, hat er auf diese Information keinen Anspruch aus § 9 HGB. Das Aufnahmedatum selbst ist nur ersichtlich anhand der elektronischen Verfügung der Aufnahme durch das Gericht. Die Verfügung ist aber nicht zum Handelsregister eingereicht, wie es § 9 HGB bezüglich der eingereichten Dokumente verlangt, da sie aufgrund eigener Tätigkeit des Gerichts entstanden ist.[852] Dem am Aufnahmedatum Interessierten verbleibt damit nur die Möglichkeit, die Information über einen aufwändigen Auskunftsanspruch des Informationsfreiheitsgesetzes des jeweiligen Bundeslandes, beispielsweise § 1 AIG[853], zu erlangen. Da aber z.B. Bayern, Baden-Württemberg und Hessen bislang keine Informationsfreiheitsgesetze verabschiedet haben und nicht immer ein Anspruch gegen Gerichte besteht (z.B. Mecklenburg-Vorpommern), ist in diesen Bundesländern das Aufnahmedatum nicht durch weitere Ermittlungen festzustellen.

Diese praxisrelevante Schwierigkeit lässt sich indes dadurch lösen, dass auch das Datum der Listenaufnahme online abrufbar ist. Hierfür bedarf es einer Änderung der Handelsregisterverordnung (HRV). Da die Gesellschafterliste im

---

850 *Mayer*, ZIP 2009, 1037, 1039.

851 *Mayer*, ZIP 2009, 1037, 1039.

852 Vgl. Ebenroth/Boujong/Joost/Strohn/*Schaub*, HGB § 9 Rdnr. 5.

853 Akteneinsichts- und Informationsgesetz des Landes Brandenburg vom 10.03.1998, GVBl. I 1998, 46, zuletzt geändert durch Art. 2 des Gesetzes zur Änderung des Gesetzes über den Kommunalen Versorgungsverband Brandenburg, des Brandenburgischen Versorgungsrücklagengesetzes sowie zur Anpassung der Verweisungen an das Kommunalrechtsreformgesetz (KommRRefAnpG) vom 23.09.2008, GVBl. I 2008, 202.
Vergleichbare Gesetze existieren in: Berlin, Sachsen-Anhalt, Schleswig-Holstein, Nordrhein-Westfalen, Hamburg, Bremen, Mecklenburg-Vorpommern, Saarland und Thüringen.
Allgemein hierzu: *Orantek*, NJ 2008, 442 ff.

Registerordner (§ 9 HRV) des Registerblattes der Gesellschaft (§ 13 HRV) aufgenommen wird, muss eine Änderung des § 9 HRV erfolgen, in der bestimmt wird, dass auch das Aufnahmedatum online zugänglich ist.

Demgemäß wird folgender Vorschlag für § 9 HRV n.F.[854] gemacht:

(1) [1]Die zum Handelsregister eingereichten und nach § 9 Abs. 1 des Handelsgesetzbuches der unbeschränkten Einsichtnahme unterliegenden Dokumente werden für jedes Registerblatt (§ 13) in einen dafür bestimmten Registerordner aufgenommen. [2]Sie sind in der zeitlichen Folge ihres Eingangs und nach der Art des jeweiligen Dokuments abrufbar zu halten. *[3]Abrufbar zu halten ist auch das Datum der Aufnahme im Sinne des Satzes 1.* (...)

Bis zu einer Änderung der HRV bleibt den Beteiligten nichts anderes übrig, als zusätzliche Nachforschungen zum Zeitpunkt der Listenaufnahme zu unternehmen, solange im relevanten Bundesland ein Informationsanspruch aus einem Informationsfreiheitsgesetz besteht. Existiert ein solches Gesetz nicht, lässt sich das Aufnahmedatum nicht feststellen.

bb) Spätere Unrichtigkeit der Gesellschafterliste

Von der soeben dargestellten Konstellation der ursprünglich unrichtig eingereichten Gesellschafterliste ist der Fall zu unterscheiden, dass die Unrichtigkeit der Gesellschafterliste erst nach Aufnahme einer richtigen Liste zum Handelsregister eintritt. Hierzu kommt es, wenn Veränderungen der Inhaberschaft nicht durch eine aktualisierte Gesellschafterliste verlautbart werden und die bisher richtige Liste nicht durch eine neue ersetzt wird.

Beispiel: A veräußert seinen Geschäftsanteil an B, der auch in einer aktualisierten Gesellschafterliste aufgenommen wird. Ein Jahr später tritt B den Geschäftsanteil an C ab, ohne dass der Inhaberwechsel in der Gesellschafterliste dokumentiert wird.

In diesem, von den Gesetzesmaterialien wohl übersehenen, weil nicht angesprochenen Fall, kann nicht auf den Zeitpunkt der Aufnahme einer unrichtigen Liste abgestellt werden, da eine solche zu keinem Zeitpunkt eingereicht wurde. Materielle und verlautbarte Rechtslage divergieren erst ab Wirksamkeit der Abtretung B an C. Damit kann nur auf diesen Zeitpunkt bezüglich der Unrichtigkeit der Gesellschafterliste abgestellt werden.[855]

Hierbei wird auch deutlich, dass sich ein Erwerber nicht darauf verlassen kann, gutgläubig ohne Einwand der fehlenden Zurechnung erwerben zu können, wenn sein Vertragspartner seit mehr als drei Jahren in der Gesellschafterliste eingetragen ist. Das Risiko, dass die Gesellschafterliste erst kurze Zeit vor dem Ablauf der Frist unrichtig wird, trifft damit den Erwerber.

854 Änderungen kursiv.

855 Allgemeine Ansicht siehe nur: *Link*, RNotZ 2009, 193, 217; *Kort*, GmbHR 2009, 169, 175 jeweils mwN.

Dieses Ergebnis wird teilweise als nicht sachgerecht kritisiert und dafür plädiert, das Tatbestandsmerkmal der Unrichtigkeit in § 16 Abs. 3 Satz 2 GmbHG zu streichen und nur an die Eintragung des Veräußerers anzuknüpfen.[856] Hiermit werde verhindert, dass ein Erwerber überprüfen müsse, ob eine nicht dokumentierte Veränderung der Inhaberschaft innerhalb der Frist stattgefunden hat.

Nach dem Inhalt des Referentenentwurfes war dieser Einwand überzeugend. Der Referentenentwurf stellte noch darauf ab, dass „die den Geschäftsanteil betreffende Eintragung im Zeitpunkt des Erwerbs seit mindestens drei Jahren unrichtig in der Gesellschafterliste enthalten (ist) (...)“. In der Tat wäre hier der gutgläubige Erwerber niemals vor einer unerkannten Verfügung über den Anteil innerhalb der Karenzfrist geschützt gewesen und hätte sich für diese Phase absichern müssen. In diesem Punkt hat aber der Regierungsentwurf eine entscheidende Verbesserung eingeführt, indem das Merkmal der Zurechenbarkeit in den Gesetzestext aufgenommen wurde. Dadurch wird der gutgläubige Anteilserwerber entscheidend sicherer gestellt. Erscheint nunmehr eine während der Karenzzeit erfolgte Verfügungen nicht in der Gesellschafterliste, findet sich der Erwerber nicht mehr stets in der Situation, dass er den Anteil nicht gutgläubig erwerben kann, sondern nur dann, wenn die fehlende Eintragung dem Zwischenerwerber als wahrem Inhaber nicht zurechenbar ist. Der Interessensausgleich erfolgt damit nicht starr, sondern innerhalb des wertenden Tatbestandmerkmals der Zurechnung, welches auch aus verfassungsrechtlicher Sicht geboten ist.

Zudem würde mit der Streichung des Merkmals der Unrichtigkeit eine nicht zu rechtfertigende Rechtsbeschneidung beim wahren Inhaber eintreten. Dies verdeutlicht folgendes Beispiel:

A, Gesellschafter seit 2000, veräußert seinen Geschäftsanteil wirksam am 01.02.2010 an B, der ab dem 04.02.2010 als neuer Gesellschafter in der aufgenommenen Gesellschafterliste ausgewiesen wird. Am 03.02.2010 veräußert A, der zu diesem Zeitpunkt noch als Gesellschafter in der Liste eingetragen ist, an den gutgläubigen C.

Würde hier nur darauf abgestellt, dass A seit mindestens drei Jahren in der Gesellschafterliste eingetragen ist, kann gutgläubiger Erwerb des C stattfinden. Kommt es hingegen auf eine dreijährige unzurechenbare Unrichtigkeit der Gesellschafterliste an, kann C den Anteil nicht gutgläubig erwerben, da die Unrichtigkeit weniger als drei Jahre besteht und dem B nicht zurechenbar ist, weil ein Fall der systemimmanenten Unrichtigkeit vorliegt.[857] Das Merkmal der Unrichtigkeit entfaltet damit Schutz für den Ersterwerber B. Würde nur an die Eintragung des A angeknüpft, hätte B keine wirkliche Möglichkeit, gutgläubigen Er-

---

856 *Müller*, GmbHR 2006, 953, 956 f.; *Schockenhoff/Höder*, ZIP 2006, 1841, 1842 f.; Stellungnahme des DAV zum RefE MoMiG, NZG 2007, 211, 214 jeweils zum Referentenentwurf; *Klöckner*, NZG 2008, 841, 843 zur Gesetzesfassung.

857 Siehe zur Systemimmanenten Unrichtigkeit: 5. Kap. C. I. 5. e) cc) (1).

werb des C durch seine Eintragung in der Gesellschafterliste zu verhindern. *Grunewald* [858] spricht hierbei anschaulich davon, dass der Ersterwerber keine faire Chance hätte, seine erst seit kurzem bestehende Rechtsstellung abzusichern.

Weiter stellt sich die Frage, auf welchen Zeitpunkt der Fristbeginn zu verlegen ist, wenn das dingliche Verfügungsgeschäft nachträglich durch Anfechtung vernichtet wird, etwa bei Fehleridentität[859] im Falle arglistiger Täuschung, da auch hier zunächst keine unrichtige Liste eingereicht wurde und bis zur Erklärung der Anfechtung die Liste die tatsächliche Rechtslage wiedergibt.[860] Hierbei könnte einerseits auf den Zugang der Anfechtungserklärung abgestellt werden oder eine rückwirkende Unrichtigkeit der Gesellschafterliste auf den Zeitpunkt des Abschlusses des Verfügungsgeschäftes angenommen werden. Materiellrechtlich wirkt die Anfechtung gemäß § 142 Abs. 1 BGB zurück. Hieraus folgt, dass die Divergenz zwischen verlautbarter und tatsächlicher Rechtslage bereits von Anfang an existiert und auch somit die formelle Unrichtigkeit rückwirkend eingetreten ist.[861] Dies entspricht auch der Rechtslage im Grundbuchrecht, wo ebenfalls von einer rückwirkenden Unrichtigkeit des Grundbuchs ausgegangen wird.[862] *Vossius* [863] vertritt hierbei, dass eine unrichtige Gesellschafterliste ab dem Zeitpunkt der Einreichung der Gesellschafterliste zum Registergericht gegeben sei, wenn später eine rückwirkende Anfechtung des Verfügungsgeschäftes vorgenommen wird. Richtigerweise kann die Unrichtigkeit der Gesellschafterliste aber erst ab dem Zeitpunkt der Aufnahme im Handelsregister angenommen werden, da zuvor noch deren Vorgängerliste im Handelsregister ist, welche die Rechtslage so abbildet, wie sie rückwirkend durch die Anfechtung besteht. Da die Gesellschafterliste Wirkungen erst ab der Aufnahme zeitigt, muss auf diesen Zeitpunkt abgestellt werde. Hiermit wird auch die Fiktion des § 142 Abs. 1 BGB optimal nachgebildet, da diejenige Gesellschafterliste, welche auf einer angefochtenen Verfügung beruht, wie eine ursprünglich falsche Gesellschafterliste behandelt wird, deren Unrichtigkeit erst ab der Aufnahme zum Handelsregister gegeben ist. Bei einer Anfechtung des Verfügungsgeschäftes beginnt die Frist des § 16 Abs. 3 Satz 2 GmbHG damit mit der Aufnahme der später durch Rückwirkung unrichtig werdenden Gesellschafterliste zum Handelsregister.

---

858 *Grunewald*, Konzern 2007, 13, 14.

859 Siehe hierzu: Staudinger/*Roth* (2003) § 142 Rdnr. 21 f.; *Medicus*, Allgemeiner Teil des BGB, Rdnr. 231 ff.

860 Bislang nur angesprochen bei *Vossius*, DB 2007, 2299, 2301 f.

861 So auch: *Vossius*, DB 2007, 2299, 2302.

862 MünchKommBGB/*Busche* § 142 Rdnr. 15.

863 *Vossius*, DB 2007, 2299, 2302.

cc) Mehrfache Unrichtigkeit der Gesellschafterliste

Schließlich ist auch dann auf den Zeitpunkt der ersten Unrichtigkeit abzustellen, wenn eine mehrfache Unrichtigkeit der Gesellschafterliste gegeben ist[864], unabhängig davon, ob eine ursprünglich falsche Liste eingereicht wurde oder eine spätere Unrichtigkeit der Liste vorliegt.

Beispiel[865]: A veräußert im Jahre 2010 seinen Geschäftsanteil an B, der ihn im Jahr 2012 an C weiterveräußert. Beide werden jeweils in der Gesellschafterliste eingetragen. Die Übertragungen sind unwirksam wegen einer nicht beachteten Vinkulierungsklausel. Im Jahre 2014 veräußert C den Anteil an den gutgläubigen D, nachdem die Vinkulierungsklausel zwischenzeitlich abgeschafft wurde.

Eine Divergenz zwischen materieller und verlautbarter Rechtslage besteht vom Zeitpunkt an, zu dem die B als Gesellschafter ausweisende Gesellschafterliste 2010 im Handelsregister aufgenommen wurde. Die Verfügung von B auf C führt nicht zu einem Richtigwerden der Gesellschafterliste, da auch bei unterstellter Gutgläubigkeit des C § 16 Abs. 3 GmbHG nicht anwendbar ist, weil dieser keinen gutgläubigen Erwerb bei Verfügungsbeschränkungen ermöglicht.[866] C verfügt daher an D als Nichtberechtigter. Um gutgläubigen Erwerb des D annehmen zu können, kommt es nunmehr darauf an, ob eine durchgehende Unrichtigkeit gegeben ist oder zwei Unrichtigkeiten, die dann aber jeweils nur für zwei Jahre bestanden. Die Regierungsbegründung spricht sich dafür aus, eine durchgehende Unrichtigkeit anzunehmen, da es entscheidend sei, dass derjenige oder diejenigen, die im Laufe der letzten drei Jahre als Inhaber in der Gesellschafterliste eingetragen waren, durchgehend nicht die wahren Berechtigten waren. Sämtliche im Handelsregister aufgenommene Gesellschafterlisten würden insoweit als eine fortgeschriebene Liste behandelt.[867] Die Literatur folgt diesem Ansatz.[868]

Eine solche einheitliche Betrachtung ist auch angezeigt. Hierfür streitet bereits der Wortlaut des § 16 Abs. 3 GmbHG. Während es in Satz 1 darauf ankommt, dass der Veräußerer in der Gesellschafterliste eingetragen ist, verlangt Satz 2 nur, dass die Gesellschafterliste unrichtig ist, ohne hierbei auf die Person des Veräußerers abzustellen. Die Unrichtigkeit ist damit nicht personengebunden, sondern von der Person des Nichtberechtigten unabhängig. Die Annahme getrennter Unrichtigkeiten über jeweils zwei Jahre wegen unterschiedlicher eingetragener Inhaber würde diese Differenzierung negieren. Auch wertungsmäßig kann nur diese Sichtweise überzeugen, da der Rechtsverlierende auch bei einheitlicher Betrachtung der Unrichtigkeit für drei Jahre durch Widerspruch gutg-

864 Statt aller: Heckschen/*Heidinger*, Die GmbH (2009), § 13 Rdnr. 109 mwN.

865 Nach: *Götze/Bressler*, NZG 2007, 894, 897.

866 Vgl. 5. Kap. A. II. 3.

867 Regierungsbegründung, BT-Drs. 16/6140, S. 39 linke Spalte.

868 Statt aller: *Heckschen*, Praxis, Rdnr. 562 ff.

läubigen Erwerb verhindern kann. Auf der anderen Seite würde indes eine getrennte Betrachtung die Möglichkeit gutgläubigen Erwerbs minimieren, da dieser nur stattfinden könnte, wenn durchgehend ein falscher Inhaber für drei Jahre in der Gesellschafterliste aufgenommen ist. Warum aber ein gutgläubiger Erwerber bei mehrfacher Unrichtigkeit schlechter stehen soll, obwohl der wahre Berechtigte seinen Schutz über § 16 Abs. 3 Satz 2 GmbHG voll erfährt, lässt sich nicht begründen.

Die Rechtsnachfolge, unabhängig von deren Grund, in eine unrichtige Listenposition, die kein Richtigwerden der Gesellschafterliste zur Folge hat, führt damit nicht dazu, dass eine neue Frist gemäß § 16 Abs. 3 Satz 2 GmbHG beginnt. Vielmehr wird die Zeit einer vorher bestehenden Unrichtigkeit mit der ihr nachfolgenden als eine durchgehende Unrichtigkeit einheitlich betrachtet.

b) Fristberechnung

Die Fristberechnung des § 16 Abs. 3 Satz 2 GmbHG richtet sich nach §§ 187 Abs. 1, 188 Abs. 2 BGB, da die Aufnahme einer aktualisierten Gesellschafterliste zum Handelsregister ein Ereignis darstellt und nicht der Beginn des Aufnahmetages der maßgebliche Zeitpunkt ist (§ 187 Abs. 2 BGB). Erfolgt die Listenaufnahme am 01.02.2010, so beginnt die Frist am 02.02.2010 um 0.00 Uhr zu laufen. Das Ende der Frist bestimmt sich nach § 188 Abs. 2 BGB und endet damit im Beispiel am 01.02.2013 um 24.00 Uhr. Einem Erwerb nach diesem Zeitpunkt kann somit der Ausschlussgrund des § 16 Abs. 3 Satz 2 GmbHG nicht mehr entgegengehalten werden. Wird eine ursprünglich richtige Liste nachträglich unrichtig, ist das maßgebende Ereignis der Umstand, der zur Unrichtigkeit der Liste führt. Tritt der in der Gesellschafterliste eingetragene A seinen Geschäftsanteil wirksam an B am 01.02.2010 ab, ohne dass die Veränderung in der Gesellschafterliste verlautbart wird, ist Fristbeginn am 02.02.2010 um 0.00 Uhr.

5. Keine Zurechnung der Unrichtigkeit innerhalb dreier Jahre

Liegt eine Verfügung innerhalb der Frist des § 16 Abs. 3 Satz 2 GmbHG vor, ist für den gutgläubigen Erwerb weiterhin erforderlich, dass die Unrichtigkeit der Gesellschafterliste dem wahren Berechtigten zurechenbar ist. Entscheidend kommt es damit für den Ausschlussgrund des § 16 Abs. 3 Satz 2 GmbHG darauf an, unter welchen Umständen eine unrichtige Listeneintragung dem wahren Berechtigten zurechenbar ist. Der gutgläubige Erwerb von GmbH-Geschäftsanteilen oder Rechten hieran folgt damit in den ersten drei Jahren ab erstmaliger Divergenz der wahren und der durch eine unrichtige Gesellschafterliste verlautbarten Rechtslage dem Zurechnungsprinzip. Dieses Prinzip findet auch Anwendung im Rahmen der Vertrauenshaftung[869], des gutgläubigen Erwerbs von Mobilien[870] aber auch im Schadensrecht[871]. Zurückgehend auf *Cana-*

---

869 Grundlegend: *Canaris*, Vertrauenshaftung, §§ 37 f.

870 Zusammenfassend: *Hager*, Verkehrsschutz § 9 I.

ris[872] wird der tiefere Geltungsgrund und damit dessen rechtsethische Grundlage im Prinzip der Selbstverantwortung des Einzelnen erblickt, wonach dieser entweder für sein Verhalten oder seinen Geschäftskreis verantwortlich ist. Die Zurechnung sorgt damit über eine rein logische Beziehung zwischen Unrichtigkeit der Gesellschafterliste und Person des wahren Berechtigten hinaus für eine sachliche Verbindung, nämlich eine wertende, beurteilende In-Beziehung-Setzung.[873] Bei der Zurechenbarkeit geht es somit um die Frage, unter welchen Voraussetzungen der Betroffene mit negativen Folgen im eigenen Rechtskreis belastet wird.

a) Gesetzgeberische Vorgaben

Gesetzliche Vorgaben zur Auslegung des Begriffs der Zurechnung existieren nicht. Abgesehen davon, dass die Zurechnung ein Tatbestandsmerkmal des Ausschlussgrundes gemäß § 16 Abs. 3 Satz 2 GmbHG ist, lässt sich aus dem Gesetz selbst zu dessen Ausgestaltung nichts entnehmen.[874]

b) Die Gesetzesmaterialien

Wirklich greifbare Vorgaben zur Auslegung des Begriffs der Zurechnung ergeben sich auch nicht aus den Gesetzesmaterialien zum MoMiG. Die Begründung beschränkt sich darauf, festzustellen, dem wahren Rechtsinhaber, der sich nach dem Erwerb seines Geschäftsanteils nicht darum gekümmert habe, dass die Gesellschafterliste geändert werde und seine Rechtsstellung richtig wiedergebe, sei die Unrichtigkeit der Gesellschafterliste ohne Wartefrist zuzurechnen. Damit liege eine zurechenbare Unrichtigkeit beispielsweise vor, wenn zunächst der Scheinerbe des früheren Gesellschafters in der Gesellschafterliste eingetragen werde und es der wahre Erbe unterlasse, die Geschäftsführer zur Einreichung einer korrigierten Liste zu veranlassen. Andererseits sei keine Zurechenbarkeit gegeben, wenn der Geschäftsführer ohne Wissen des Gesellschafters eine falsche Liste einreiche, in der seine Rechtsstellung nicht mehr vollständig aufgeführt ist.[875]

c) Die überwiegende Literatur

Die überwiegende Literatur beschäftigt sich mit dem Begriff der Zurechnung nicht vertieft. Zurückgehend auf *Götze/Bressler*[876] findet sich großteils der Terminus, dass eine Zurechnung dann zu bejahen sei, wenn der Berechtigte die Unrichtigkeit (mit-)veranlasst oder sonst (mit-) zu verantworten habe. Schuldhaftes Handeln sei nicht erforderlich, denn es gehe nicht um Vorwerfbarkeit, sondern

871 Vgl. Erman/*Ebert*, BGB, Vor § 249 Rdnr. 28 ff.

872 *Canaris*, Vertrauenshaftung, § 37 I.

873 Vgl. *Wiebe*, Willenserklärung, S. 141.

874 So auch: *Rousseau*, GmbHR 2009, R 49.

875 Regierungsbegründung, BT-Drs. 16/6140, S. 39 linke Spalte.

876 *Götze/Bressler*, NZG 2007, 894, 897 f.

um die Abgrenzung von Risikosphären.[877] Unter dieser Prämisse wird eine Zurechnung jedenfalls dann bejaht, wenn der wahre Berechtigte an der vermeintlichen Veränderung mitgewirkt hat. Als Beispiel hierfür wird auf eine Anteilsabtretung zurückgegriffen.[878] Auf der anderen Seite seien dem Berechtigten registerrechtliche Verzögerungen oder eine verzögerte Einreichung durch die Geschäftsführung oder den Notar nicht zuzurechnen.[879]

d) Intensivere Stellungnahmen

Demgegenüber äußern sich *Bohrer*[880] und *Apfelbaum*[881] zum Tatbestandsmerkmal der Zurechnung ausführlicher.

aa) Die Ansicht von Bohrer

Bohrer geht davon aus, dass eine Verbindung zwischen dem wahren Rechtsinhaber und der hinterlegten Gesellschafterliste institutionell nicht gesichert ist. Hieraus zieht er die Konsequenz, dass der Zurechnungsgrund nur in der Beteiligung an dem Verband der (GmbH)Gesellschafter, also der Teilnahme an dem durch das GmbHG verfassten Sonderverkehr, liege. Um nicht die Grenzen der Vertrauensentsprechung zu verlassen, gelte dies sowohl diesseits als auch jenseits der Drei-Jahres-Frist. Dies zugrunde gelegt, könne § 16 Abs. 3 Satz 2 GmbHG nur bedeuten, dass während der Frist ein zusätzlicher, über die bloße Teilnahme am Sonderverkehr hinausgehender Zurechnungsgrund in Form besonderer Umstände bestehen müsse, welcher einen Rechtsverlust innerhalb der Frist rechtfertige. Ohne näher auf diesen besonderen Zurechnungsgrund einzugehen und hierfür Kriterien aufzustellen, nennt *Bohrer* lediglich als Beispiel, dass der Veräußerer eine Bestätigung über die Wirksamkeit einer erfolgten Abtretung abgibt.

bb) Die Ansicht von Apfelbaum

Apfelbaum legt das Merkmal der Zurechenbarkeit mangels näherer tatbestandlicher Konkretisierung anhand der allgemeinen Kriterien der Lehre zur Zurechenbarkeit eines Rechtsscheins aus. Hieraus folgert er, dass eine Zurechenbarkeit ausgeschlossen ist, wenn in der Person des wahren Rechtsinhabers ein allgemeiner Zurechnungsausschlussgrund gegeben ist. Hierbei greift er auf die Lehre von

877 *Wicke*, GmbHG, § 16 Rdnr. 22; Bunnemann/Zirngibl/*Berger*, § 7 Rdnr. 53; Rischbieter/Gröning/*Rischbieter*, Gründung und Leben, 5. Kap. Rdnr. 123; *Leeser*, Gutgläubiger Erwerb, S. 79; Heckschen/*Heidinger*, Die GmbH (2009), § 13 Rdnr. 112; *Gehrlein*, Das neue GmbH-Recht, Teil 1 Rdnr. 96; *Mayer*, DNotZ 2008, 403, 421; *Wachter*, ZNotP 2008, 378, 395; *Gottschalk*, DZWIR 2009, 45, 50; *Zessel*, GmbHR 2009, 303, 304; *Kort*, GmbHR 2009, 169, 175.

878 So z.B. Heckschen/*Heidinger*, Die GmbH (2009), § 13 Rdnr. 112.

879 So z.B. *Mayer*, DNotZ 2008, 403, 421 mwN.

880 *Bohrer*, DStR 2007, 995, 999 ff.

881 *Apfelbaum*, BB 2008, 2470, 2470 ff.

Canaris[882] zurück und sieht vis absoluta, fehlende oder beschränkte Geschäftsfähigkeit, Fälschung und Vertretung ohne Vertretungsmacht als allgemeine Zurechnungsausschlussgründe an. Im Übrigen greift *Apfelbaum* bei der Auslegung der Zurechenbarkeit auf das Risikoprinzip zurück und will damit im jeweiligen Einzelfall zu einer angemessenen Lösung der widerstreitenden Interessen gelangen. Innerhalb dieses Rahmens teilt er die denkbaren Möglichkeiten, die zu einer unrichtigen Gesellschafterliste führen, in Fallgruppen ein. Eine erste Fallgruppe stelle die fehlende Information an den zur Listeneinreichung Berufenen über relevante Veränderungen dar. Sei hierbei eine schuldhafte Obliegenheitsverletzung des wahren Inhabers gegeben, sei eine Zurechenbarkeit anzunehmen. Eine weitere Fallgruppe erkennt *Apfelbaum* in einer Verletzung der Einreichungspflicht seitens des Notars oder der Geschäftsführung. Hieraus resultierende Fehler könnten dem wahren Berechtigten nicht zugerechnet werden. Schließlich seien bei Mängeln, die aus dem der Veränderung zugrunde liegenden rechtlichen oder tatsächlichen Akt hervorgingen, die Wertungen des jeweiligen Unwirksamkeitsgrundes unter Berücksichtigung des Risikoprinzips maßgebend.

e) Eigene Stellungnahme

Die folgende Stellungnahme wird zeigen, dass die überwiegende Ansicht und die intensiveren Stellungnahmen in der Sache zu gleichen Ergebnissen führen und Unterschiede nur auf terminologischer Ebene bestehen. Diese Ergebnisse werden auch im Einzelfall den Aufgaben der Zurechnung[883] als wichtigem Merkmal innerhalb des § 16 Abs. 3 GmbHG gerecht.

aa) Gegenüberstellung der Literaturansichten

Stellt man zunächst die Literaturansichten einander gegenüber, so scheinen diese unterschiedlichen Modellen zu folgen. Während die intensiveren Stellungnahmen auf das Risikoprinzip als Zurechnungsprinzip zurückgreifen, scheint die überwiegende Ansicht dem Veranlassungsgedanken zu folgen. Dies unterstellt, läge in der Tat eine differenzierte Betrachtung bei der Auslegung der Zurechenbarkeit zugrunde. Während das Veranlassungsprinzip maßgeblich darauf abstellt, ob das Verhalten des Berechtigten eine notwendige Bedingung ist, die im weiteren Verlauf zur Schaffung des Scheintatbestandes führt[884], bemüht sich das Risikoprinzip um eine sachgerechte Verteilung der Risiken und fragt, welcher Sphäre bzw. welchem Rechtskreis ein Mangel wertungsgemäß zuzurechnen ist.[885] Das Veranlassungsprinzip ist im Vergleich zum Risikoprinzip ein deutlich gröberes Kriterium für die Zurechnung, da es primär auf eine Kausalitätsbe-

---

882 *Canaris*, Vertrauenshaftung, § 37 I 1.

883 Hierzu allgemein: 3. Kap. D. IV. 2. c) cc).

884 *Apfelbaum*, BB 2008, 2470, 2471.

885 *Canaris*, Vertrauenshaftung, § 38 III; *Apfelbaum*, BB 2008, 2470, 2471.

trachtung abstellt, wohingegen das Risikoprinzip auf Einzelfallwertungen zurückgreift und damit feinere Differenzierungen eröffnet.

Bei genauerem Blick wird indes schnell deutlich, dass die überwiegende Ansicht nur begrifflich („Mitveranlassung“) dem Veranlassungsprinzip nahe steht. Dies wird bereits erkennbar, wenn etwa *Leeser*[886] in Anschluss an *Vossius*[887] explizit darauf verweist, dass nicht stets nur auf die Kausalität abgestellt werden könne, sondern die Zurechnung zudem ein wertendes Element enthielte. Dass es sich hierbei nicht nur um ein reines Lippenbekenntnis, sondern um eine greifbare Unterschiede ergebende Modifikation handelt, zeigt sich vor allem darin, dass die Anhänger dieser Ansicht registerrechtliche Verzögerungen dem wahren Anteilsinhaber nicht zurechnen wollen.[888] Würde hier die überwiegende Meinung eine reine Kausalitätsbetrachtung vornehmen, so müsste sie die Zurechenbarkeit bejahen, da der Erwerber an dem Tatbestand mitgewirkt hat, der die Veränderung ausgelöst hat. Eine Veränderung ohne Beteiligung des Erwerbers wäre schlicht nicht vorstellbar. Schließlich wird aber die Hinwendung der überwiegenden Ansicht zum Risikoprinzip darin deutlich, dass sie nicht nur auf eine Mitveranlassung, sondern auch auf eine Mitverantwortlichkeit abstellt. Die Mitverantwortlichkeit kann aber niemals wertungsfrei begründet werden, sondern bedarf jeweils einer näheren Untersuchung, welche Aspekte die Zurechnung angemessen erscheinen lassen oder aber nicht.

Zusammenfassend zeigt sich damit, dass die Unterschiede der beiden Ansichten im Ergebnis nur in der Herangehensweise an die Frage der Zurechnung liegen. Während die überwiegende Ansicht primär eine Kausalitätsbetrachtung vornimmt und diese im Einzelfall mit zusätzlichen Wertungsgesichtspunkten anreichert, arbeiten die intensiveren Betrachtungen von Beginn an mit Wertungen und begreifen den Aspekt der Kausalität als nur eine neben anderen Wertungen.

bb) Das zugrunde liegende Zurechnungsprinzip

Hat sich damit gezeigt, dass im Ergebnis beide Ansichten auf Wertungen bei der Frage der Zurechnung zurückgreifen und daher in der Sache jeweils das Risikoprinzip zur Anwendung kommt, bleibt die Frage, ob dieses Prinzip im Rahmen des § 16 Abs. 3 Satz 2 GmbHG die verfassungsrechtlich determinierte Interessensabwägung im Einzelfall sicherstellen kann.

Neben den soeben dargestellten Zurechnungsprinzipien wäre es grundsätzlich denkbar, auf das Verschuldensprinzip im Rahmen der Zurechnung zurückzugreifen. Nach diesem ist es maßgeblich, ob dem Betroffenen ein schuldhaftes,

---

886 *Leeser*, Gutgläubiger Erwerb, S. 81.

887 *Vossius*, DB 2007, 2299, 2302.

888 So explizit: Heckschen/*Heidinger*, Die GmbH (2009), § 13 Rdnr. 112; *Mayer*, DNotZ 2008, 403, 421; im Übrigen nehmen Vertreter der h.M. hierzu keine Stellung, wobei aber fast durchgängig auf *Meyer* Bezug genommen wird.

also vorsätzliches oder fahrlässiges, Verhalten vorwerfbar ist.[889] Neben den generellen Einwendungen gegen dieses Zurechnungsprinzip, wonach dieses stark zurechnungseinschränkend wirke, da es stets nur auf eine einzelfallorientierte Vorwerfbarkeit gegenüber dem Berechtigten ausgerichtet sein könne und sich dieser individualisierende Charakter schwerlich mit dem Aspekt des objektiven Verkehrsschutzes vereinbaren ließe[890], kann aber auch die Norm des § 16 Abs. 3 GmbHG selbst gegen die Anwendung des Verschuldensprinzips angeführt werden.[891] Im Rahmen des § 16 Abs. 3 GmbHG stellt die Frage des Verschuldens ein Tatbestandsmerkmal für die erforderliche Gutgläubigkeit des Erwerbers dar. Da aber gesetzlich nur ein Verschuldensaspekt in dessen Person Berücksichtigung finden darf, lässt sich hieraus ableiten, dass ein solcher im Rahmen der Zurechnung des Rechtsscheintatbestandes an den wahren Inhaber nicht ausschließlich herangezogen werden kann. Hätte der Gesetzgeber dieses Ergebnis gewollt, so hätte die Möglichkeit bestanden, das Verschuldenserfordernis auch in § 16 Abs. 3 Satz 2 GmbHG zu integrieren.

Damit bleiben als Zurechnungsprinzipien nur das Veranlassungs- und das Risikoprinzip. Für eine Entscheidung innerhalb dieser Alternativen könnten zunächst die Gesetzesmaterialien mit deren Beispielen fruchtbar gemacht werden. Im ersten Beispielsfall lehnen die Gesetzesmaterialien eine Zurechenbarkeit ab, wenn ein Geschäftsführer ohne Wissen des Gesellschafters eine aktualisierte Liste einreicht, die die Rechtsposition des Gesellschafters nicht mehr richtig wiedergibt.[892] Nach Maßgabe des Veranlassungsprinzips folgt die fehlende Zurechnung hier daraus, dass der Gesellschafter keinerlei kausale Bedingung geschaffen hat, die zur Aufnahme der unrichtigen Gesellschafterliste zum Handelsregister führt. Auch mit dem Risikoprinzip muss die Zurechenbarkeit abgelehnt werden. Wegen der fehlenden Einflussnahmemöglichkeit des Gesellschafters auf das Handeln des Geschäftsführers im Zusammenhang mit der Listenführung[893] rührt die falsche Gesellschafterliste nicht aus dem beherrschbaren Gefahrenkreis des Gesellschafters her. Im zweiten Beispielsfall geht die Begründung von einer Zurechenbarkeit aus, wenn es der wahre Erbe unterlässt, auf eine korrigierte Gesellschafterliste hinzuwirken, nachdem zunächst der Scheinerbe in der Gesellschafterliste aufgenommen worden ist.[894] Eine Zurechnung lässt sich hier alleine mit dem Gedanken der Kausalität nicht begründen, da das „vorwerfbare" Handeln des wahren Berechtigten in einem schlichten Unterlassen be-

---

889 *Apfelbaum*, BB 2008, 2470, 2471.

890 Siehe hierzu weiterführend: *Canaris*, Vertrauenshaftung, § 38 II, aber auch die auf § 932 BGB bezogene Darstellung von *Hübner*, Der Rechtsverlust im Mobiliarsachenrecht, S. 98 ff.

891 Vgl. hierzu auch: *Apfelbaum*, BB 2008, 2470, 2471.

892 Regierungsbegründung, BT-Drs. 16/6140, S. 39 linke Spalte.

893 Vgl. 4. Kap. B. VIII. 2. c).

894 Regierungsbegründung, BT-Drs. 16/6140, S. 39 linke Spalte.

gründet liegt. Dieses Unterlassen setzt aber keine Bedingung in dem Sinne, dass es zu einer unrichtigen Gesellschafterliste führt, da die Unrichtigkeit der Gesellschafterliste nur auf Mitteilung und Nachweis der Erbenstellung seitens des Scheinerben und der sich hieran anschließenden Listeneinreichung rückführbar ist.[895] Soll in diesem Fall eine Zurechnung bejaht werden, so kann nur als Ausgangspunkt danach gefragt werden, ob sich Aspekte finden lassen, die aus dem beherrschbaren Gefahrenkreis des wahren Berechtigten stammen und eine unrichtige Liste zur Folge haben. Hierbei käme es dann z.B. darauf an, ob und wann der wahre Berechtigte Kenntnis von seiner Erbenstellung und damit auch die Möglichkeit hatte, bereits die Einreichung einer neuen Liste zu verhindern oder die Gesellschafterliste nachträglich korrigieren zu lassen. Die Folgerung der Regierungsbegründung lässt sich damit nur dann begründen, wenn nicht auf reine Kausalität abgestellt wird, sondern das Risikoprinzip als Zurechnungsmaßstab rekurriert wird.[896]

Mag man dieses Argument nur als Indiz für das Risikoprinzip heranziehen, so lässt sich aber das entscheidende Argument für das Risikoprinzip im Wesen der Zurechnung bei § 16 Abs. 3 Satz 2 GmbHG selbst ausmachen. Da es sich hierbei um ein verfassungsrechtlich determiniertes Merkmal handelt, welches die wegen Art. 14 GG erforderliche Abwägung widerstreitender Interessen im Einzelfall sicherstellen muss, kann nur auf das Risikoprinzip zurückgegriffen werden. Nur dieses kann den Ansprüchen einer Abwägungsentscheidung genügen, da es per definitionem ein auf Wertungen basierendes Prinzip darstellt, welches nach Einflusssphären fragt. Ein bloßes Abstellen auf reine Kausalität kann diesen Anforderungen aus Art. 14 GG nicht gerecht werden, da es notwendig weniger den Einzelfall als das generelle Handeln des wahren Berechtigten im Auge hat. Hiergegen lässt sich auch nicht vorbringen, dass das gesetzgeberische Ziel, die Senkung der Transaktionskosten, mit dem grundsätzlich weiteren und erwerberfreundlicheren Veranlassungsprinzip besser erreicht würde, da der Erwerber mit geringerer Wahrscheinlichkeit dem Ausschlussgrund der Zurechnung gegenüberstünde. Zunächst wird dieses Ziel bereits durch die Möglichkeit des gutgläubigen Erwerbs als solchem im Sinne einer potentiellen Kostensenkung erreicht. Letztlich muss dieser Einwand aber scheitern, da er innerhalb seiner Begründung bereits das Wohl des Erwerbers im Auge hat und damit schon hierdurch einen ersten Abwägungsaspekt in sich aufnimmt. Eine aber bereits von Beginn an tendenziell beschränkte Abwägung würde einem aus Art. 14 GG

---

895 Allgemein zur Unzulänglichkeit des Veranlassungsprinzips bei Unterlassen: *Canaris*, Vertrauenshaftung, § 38 I 2.

896 Die zusätzlich erforderlichen weiteren Umstände, wie die Kenntnis der Erbenstellung, zeigen, dass das Beispiel in den Materialien unglücklich gewählt ist, da nur anhand der dort mitgeteilten Angaben eine Zurechenbarkeit schwerlich abstrakt möglich ist. Siehe hierzu auch: Heckschen/*Heidinger*, Die GmbH (2009), § 13 Rdnr. 112.

folgendem offenen Abwägungserfordernis nicht gerecht und bewertete gesetzgeberische Ziele höher als ein verfassungsrechtliches Gebot.

Damit ergibt sich, dass mit den intensiveren Meinungen und dem eigentlichen Kern der überwiegenden Ansicht bei der Zurechnung im Sinne des § 16 Abs. 3 Satz 2 GmbHG auf das Risikoprinzip zurückzugreifen ist.

cc) Die Folgerungen im Einzelfall

Ist damit geklärt, dass die Zurechnung einer unrichtigen Gesellschafterliste an den wahren Berechtigten mit Hilfe des Risikoprinzips zu beurteilen ist, muss, um greifbare Ergebnisse gewinnen zu können, untersucht werden, wie es zu einer unrichtigen Gesellschafterliste kommen kann. Jeweils in einem zweiten Schritt ist dann herauszuarbeiten, ob der Mangel der Sphäre bzw. dem Rechtskreis des wahren Berechtigten zurechenbar ist. Für den ersten Schritt kann teilweise auf die Vorarbeiten von *Apfelbaum*[897] zurückgegriffen werden, der die Entstehung einer unrichtigen Gesellschafterliste bereits näher beleuchtet hat.

(1) Systemimmanente Unrichtigkeit der Gesellschafterliste

Eine unrichtige Gesellschafterliste besteht bereits teilweise aus systemimmanenten Gründen. Da die Aufnahme einer aktualisierten Gesellschafterliste nicht Wirksamkeitsvoraussetzung für den Erwerb des Geschäftsanteils ist[898], sowohl der Notar als auch die Geschäftsführung zunächst die Wirksamkeit eines Gesellschafterwechsels überprüfen müssen[899] und nach der Einreichung der aktualisierten Gesellschafterliste diese erst vom Registergericht zum Handelsregister aufgenommen werden muss, liegt stets auch bei einem sofort wirksamen Erwerb zwischen der Wirksamkeit der Veränderung und der Listenaufnahme eine zeitliche Divergenz, die eine zeitlich befristete Unrichtigkeit der Gesellschafterliste zur Folge hat. Die Zeit zwischen Einreichung der Gesellschafterliste zum Handelsregister und Aufnahme der Gesellschafterliste liegt nach notariellen Äußerungen aus der Praxis zwischen wenigen Tagen und mehreren Wochen.[900]

Im Falle einer systemimmanenten Unrichtigkeit kann eine Zurechnung derselben an den neuen, wahren Berechtigten nicht stattfinden. Das Risiko, das zur Unrichtigkeit der Gesellschafterliste führt, hat seinen Ursprung in den gesetzlichen Regelungen und dem hierauf aufbauenden Verfahrensgang. Auf deren Ausgestaltung und Existenz hat der Berechtigte keinen Einfluss. Zwar ließe sich daran denken, dass der Erwerb aufschiebend bedingt auf den Zeitpunkt der Listenaufnahme ausgestaltet wird und der neue Gesellschafter daher die Möglichkeit hätte, selbst diesen Unterfall der Unrichtigkeit zu vermeiden. Dies setzte

897 *Apfelbaum*, BB 2008, 2470, 2473.

898 Regierungsbegründung, BT-Drs. 16/6140, S. 37 rechte Spalte.

899 Zur Prüfungspflicht des Notars: 4. Kap. B. IX. 3.; zu den Prüfungspflichten der Geschäftsführung: 4. Kap. B. VIII. 2. b).

900 *Mayer*, ZIP 2009, 1037, 1039.

aber voraus, dass zum einen der Veräußerer diesem Vorgehen zustimmen muss und würde zum anderen einen zusätzlichen Unsicherheitsfaktor im Anteilsverkehr darstellen, da der Zeitpunkt der Listenaufnahme nicht sicher vorhersehbar ist und somit der Inhaberwechsel zeitlich nicht planbar ist. Derartige Nachteile können aber dem Erwerber nicht zugemutet werden, nur um ihm ein gesetzlich angelegtes Risiko auferlegen zu können. Insoweit besteht im Falle der systemimmanenten Unrichtigkeit der Gesellschafterliste keine Verbindung zu dessen Rechtskreis.

(2) Fehler des Notars oder der Geschäftsführung

Denkbar ist die Konstellation, dass entweder der Notar oder die zur Einreichung der Gesellschafterliste berufene Geschäftsführung bei der Listenerstellung einen Fehler begeht und deswegen in der hierauf zurückzuführenden Gesellschafterliste die Rechtsposition nicht so verlautbart wird, wie sie der tatsächlichen Rechtslage entspricht. Als Beispiel ließe sich der Fall anführen, dass der Notar eine „aktualisierte" Gesellschafterliste zum Handelsregister einreicht, in der nicht der Erwerber B, sondern wegen eines Versehens weiterhin der Veräußerer A als Gesellschafter aufgeführt ist. Ebenso käme als Beispiel in Betracht, dass der Geschäftsführer eine neue Gesellschafterliste einreicht, hierbei zwei Gesellschafter verwechselt und daher diesen der Geschäftsanteil des jeweils anderen in der neuen Gesellschafterliste zugeordnet ist. Schließlich könnte ein hier relevanter Fehler darin begründet sein, dass von den zuständigen Personen schlicht vergessen wird, eine neue Liste einzureichen, mithin noch die veraltete Rechtslage verlautbart wird.

Zunächst könnte hierbei daran gedacht werden, dass ein Handeln Dritter, wie das des Notars oder der Geschäftsführung, per se dem wahren Berechtigten nicht zurechenbar ist. Diesen Gedanken konsequent zu Ende zu führen, würde aber bedeuten, dass gutgläubiger Erwerb gemäß § 16 Abs. 3 GmbHG niemals innerhalb der Frist des § 16 Abs. 3 Satz 2 GmbHG stattfinden könnte. Dies ergibt sich, weil die Führung der Gesellschafterliste stets Aufgabe des Notars oder der Geschäftsführung gemäß § 40 GmbHG ist.[901] Dass dies nicht das Ziel des Gesetzes sein kann, liegt auf der Hand, da das Gesetz gutgläubigen Erwerb auch innerhalb der Frist unter besonderen Voraussetzungen ermöglicht.

Gleichwohl wird für diese Fallgruppe die Zurechnung an den wahren Berechtigten allgemein abgelehnt[902], da sich kein Kriterium finden lasse, welches es ermögliche, dieses Fehlerrisiko dem Berechtigten zuzurechnen. Dem ist auch zu folgen, da sich aus Sicht des wahren Berechtigten keine Möglichkeit ergibt, den durch die Einreichung einer falschen Liste gesetzten Rechtsschein, der seinen Ursprung in einem fremden Rechtskreis hat, zu vermeiden. Zudem ist zu berücksichtigen, dass dieses Fehlerrisiko letztlich darauf zurückzuführen ist,

---

901 Vgl. 4. Kap. B. VII.

902 *Link*, RNotZ 2009, 193, 217 mwN.

dass notwendig ein Notar oder die Geschäftsführung handelt. Hat aber der Berechtigte alles unternommen[903], was erforderlich ist, damit diese ihrer Aufgabe gerecht werden können, so kann vom wahren Berechtigten nicht mehr erwartet werden. Die Angewiesenheit auf zusätzliche Personen entspringt ja schließlich aus der gesetzlichen Regelung. Würde dies anders beurteilt, so wäre das Rechtsbeharrungsinteresse im Rahmen der Abwägung mit dem Allgemeinwohlinteresse stets damit belastet, dass der wahre Berechtigte auf das Handeln Dritter angewiesen ist. Mit anderen Worten würde bereits im Rahmen einer Abwägung die gesetzliche Struktur zu Lasten einer Seite rekurriert werden. Diese Erwägungen haben nicht nur Gültigkeit bei einem fahrlässigen Handeln der zur Einreichung Berufenen, sondern erst recht bei vorsätzlichem Handeln, da insoweit noch geringere Einwirkungsmöglichkeiten des Berechtigten bestehen.

Ist damit in dieser Fallgruppe die Zurechenbarkeit abzulehnen, so ließe sich in einem zweiten Schritt erwägen, ob es nicht im weiteren Verlauf des Bestehens der unrichtigen Gesellschafterliste zu einer Zurechnung an den Berechtigten kommen kann, wenn er über eine gewisse Zeit nicht auf die Korrektur der Gesellschafterliste hinwirkt oder einen Widerspruch zum Handelsregister einreicht. Eine solche Betrachtungsweise lässt sich aber nicht mit dem gesetzlichen Konzept des § 16 Abs. 3 GmbHG vereinbaren. Dieses gibt dem Berechtigten bei einer unrichtigen Gesellschafterliste drei Jahre lang Zeit, für eine Korrektur zu sorgen oder einen Widerspruch einzureichen und schützt ihn währenddessen durch das Merkmal der Zurechenbarkeit. Würde man eine durch Zeitablauf zurechenbar werdende Unrichtigkeit innerhalb der Frist annehmen, so würde dieses Konzept unterlaufen. Ebenso wäre hiermit ein hohes Maß an Rechtsunsicherheit verbunden, da eine Frist, ab der die Unrichtigkeit der Liste dem Berechtigten zurechenbar wird, nicht eindeutig bestimmbar wäre und nur von Fall zu Fall vor Gericht geklärt werden könnte, ohne dass sich hierfür gesetzliche Vorgaben finden lassen. Eine einmal verneinte Zurechenbarkeit kann damit nicht durch Zeitablauf zu einer zu bejahenden Zurechenbarkeit innerhalb der Karenzfrist des § 16 Abs. 3 Satz 2 GmbHG werden.

(3) Fehlende oder falsche Mitwirkungshandlung seitens des Berechtigten

Die zur Listeneinreichung Berufenen sind überwiegend auf eine Mitwirkungshandlung seitens der Gesellschafter angewiesen, um ihre Pflichten erfüllen zu können. Dies ergibt sich für die Geschäftsführung aus dem Mitteilungs- und Nachweiserfordernis des § 40 Abs. 1 Satz 2 GmbHG.[904] Liegt der Veränderung z.B. ein erbrechtlicher Erwerb zugrunde, so muss er der Geschäftsführung mitgeteilt und nachgewiesen werden. Zwar hat ein Notar gemäß § 40 Abs. 2 Satz 1 GmbHG eine aktualisierte Gesellschafterliste nach Wirksamwerden der

903 Zum gegenteiligen Fall: 5. Kap. C. I. 5. e) cc) (3).
904 Siehe hierzu: 4. Kap. B. VIII. 2. a) und b).

Veränderung an das Registergericht zu übersenden[905], dennoch ist er bei aufschiebend bedingten Verfügungen auf die Mitwirkung der Beteiligten angewiesen, die ihm die Tatsachen mitzuteilen haben, aus denen sich das Wirksamwerden der Veränderung ergibt.[906]

Erfolgt in derartigen Konstellationen keine oder eine unzutreffende Information an die zur Listeneinreichung berufenen Personen, so liegt ab der Wirksamkeit der Veränderung, also beispielsweise dem Eintritt des Erbfalls oder dem Eintritt der aufschiebenden Bedingung, eine unrichtige Gesellschafterliste vor, da die im Tatsächlichen stattgefundene Veränderung nicht von der Gesellschafterliste verlautbart wird. Der Grund für die Unrichtigkeit der Gesellschafterliste liegt in einem Unterlassen, nämlich der nicht weitergereichten erforderlichen Information an Dritte. Fällt hierbei das Informationserfordernis in die Sphäre des Berechtigten, etwa als Erben oder als Erwerber bei einer aufschiebend bedingten Verfügung, so scheint das Ergebnis auf der Hand zu liegen. Wegen des Unterlassens ist das aus der falschen Liste folgende Risiko dem Berechtigten zuzurechnen. Eine derart pauschale Sichtweise würde aber verkennen, dass durchaus Situationen denkbar sind, in denen das Unterlassen der Information dem Berechtigten nicht vorwerfbar ist, da es nicht aus seiner Einflusssphäre heraus resultiert. So liegt es, wenn der Erbe von seiner Erbenstellung keine Kenntnis hat und auch nicht haben kann, da ein ihn als Erben einsetzendes Testament zunächst nicht entdeckt wird. Ähnlich stellt es sich dar, wenn später unerkannt eine auflösende Bedingung eintritt, die zum automatischen Rückfall des Geschäftsanteils an den ursprünglichen Berechtigten führt. Für die Erfassung dieser Fälle wird in der Literatur darauf zurückgegriffen, dass es sich beim Mitteilungserfordernis um eine Obliegenheit des Berechtigten handele und ein Rechtsnachteil, hier der Verlust des Anteils, erst dann eintreten könne, wenn die Verletzung schuldhaft erfolgt sei[907], womit im Erbenbeispiel eine Zurechnung zu verneinen wäre. Ob dieser Begründungsansatz letztlich überzeugend ist, kann aber dahinstehen, da sich das gleiche Ergebnis bereits aus verfassungsrechtlichen Gesichtspunkten ergibt. Wird nämlich, wie hier, die Zurechnung als einfachgesetzlicher Ausfluss des in Art. 14 GG fußenden Abwägungsgebotes eingeordnet, so besteht eine ausreichende Schutzbedürftigkeit des Berechtigten, wenn dieser ohne eigene Möglichkeit der Gegensteuerung sein Eigentum verlieren kann, die die Interessen des Allgemeinwohls als weniger gewichtig erscheinen lässt. Gerade aber in den soeben angeführten Fällen hat der Berechtigte gar nicht die Möglichkeit, durch einen Widerspruch oder das Hinwirken auf die Einreichung einer korrigierten Liste den falschen Rechtsschein der Gesellschafterliste zu beseitigen. Dies ergibt sich aus seiner hierfür erforderlichen aber in concreto fehlenden Kenntnis davon, dass er der materielle Inhaber eines Ge-

---

905 Vgl. 4. Kap. B. IX. 3.

906 Siehe hierzu: 4. Kap. B. IX. 3. b).

907 *Apfelbaum*, BB 2008, 2470, 2475.

schäftsanteils ist. Eine andere Ansicht würde den Berechtigten hier schutzlos stellen, was sich mit einer angemessenen Interessensabwägung nicht vereinbaren lässt. Die Schutzbedürftigkeit ist aber nur dann gegeben, wenn sie nicht auf vorsätzliche oder fahrlässige Unkenntnis der eigenen Rechtsposition zurückzuführen ist, da ansonsten der Erwerberschutz in Händen des Berechtigten läge und dieser damit die Möglichkeit des gutgläubigen Erwerbs verhindern könnte, ohne dass dies für einen potentiellen Erwerber erkennbar oder nachvollziehbar wäre. Desweitern hat der Berechtigte bei Kenntnis die Möglichkeit, eine Korrektur der Gesellschafterliste anzustrengen oder einen Widerspruch zur Gesellschafterliste einzureichen. In hiesiger Fallgruppe findet sich damit die gesuchte Wertung in der Frage der Kenntnis oder des Kennenmüssens des wahren Berechtigten.

Im Ergebnis ist damit eine Zurechenbarkeit gegeben, wenn der Berechtigte es unterlässt, an die zur Listeneinreichung Berufenen die notwendigen Informationen weiterzureichen. Dies gilt aber nicht, wenn der Berechtigte unverschuldet keine Kenntnis von seiner Rechtsstellung als Gesellschafter hat.

(4) Mängel im der Listenänderung zugrunde liegenden Akt

Als letzte Fallgruppe, die zu einer unrichtigen Gesellschafterliste führen kann, lassen sich Mängel in dem einer neuen Gesellschafterliste vorausgehenden rechtlichen oder tatsächlichen Akt ausmachen.[908] Hierbei ist eine weite Spannbreite an Unwirksamkeitsgründen der Verfügung vorstellbar, welche aber zunächst zur Einreichung einer neuen Gesellschafterliste führen. Darunter fallen etwa die fehlende Beurkundung einer Abtretung gemäß § 15 Abs. 3 GmbHG oder eine ex tunc wirkende Anfechtung gemäß § 123 BGB.[909]

Da als Zurechnungsprinzip dem Risikoprinzip zu folgen ist, muss die Frage der Zurechenbarkeit in solchen Fällen anhand der dem Mangel zugrunde stehenden Wertungen beurteilt werden.[910] Denn hinter jeder Unwirksamkeitsnorm ist bereits eine gesetzliche Entscheidung und Risikoverteilung auffindbar, die dann aber auch Bedeutung für die hier zu entscheidende Frage erlangen muss.

Wird dieser Gedanke auf die soeben genannten Unwirksamkeitsgründe angewendet, so führt dies zu folgen Ergebnissen: Ficht der Veräußerer A die Anteilsabtretung wegen Täuschung durch den Erwerber B an, so existiert wegen § 142 Abs. 1 BGB ab Aufnahme der Gesellschafterliste, die den Erwerber B als Inhaber ausweist, eine unrichtige Gesellschafterliste.[911] Die Unrichtigkeit ist dem wahren Berechtigten A aber nicht zurechenbar[912], da der der Unrichtigkeit

908 Vgl. hierzu: *Apfelbaum*, BB 2008, 2470, 2476.
909 Zur Anfechtung bereits: 5. Kap. C. I. 4. bb).
910 So auch: *Apfelbaum*, BB 2008, 2470, 2476.
911 5. Kap. C. I. 4. bb).
912 So auch: *Vossius*, DB 2007, 2299, 2302; *Leeser*, Gutgläubiger Erwerb, S. 81; *Apfelbaum*, BB 2008, 2470, 2476.

zugrunde liegende Aspekt in der arglistigen Täuschung durch B zu erblicken ist. Hier muss die gesetzliche Wertung, dass der Getäuschte die Wirkungen des Rechtsgeschäfts mit Wirkung ex tunc beseitigen kann, auch auf die Gesellschafterliste durchschlagen, da sich ansonsten der Schutz des Getäuschten nicht durchgängig verfolgen ließe. Nur so kann A davor geschützt werden, wenn B den Anteil innerhalb dreier Jahre an den gutgläubigen C weiterveräußert. Dass im zunächst ähnlich liegenden Fall des § 935 BGB die allgemeine Ansicht[913] ein Abhandenkommen der Sache verneint, wenn der Veräußerer einer arglistigen Täuschung unterliegt, ändert am für § 16 Abs. 3 GmbHG gefundenen Ergebnis nichts. Dort geht es nämlich um den tatsächlichen Willen des Veräußerers, den unmittelbaren Besitz an der Sache aufzugeben, der durch eine „Anfechtung" nicht beseitigt werden kann[914], für die Übergabe der Sache als Publizitätstatbestand aber stets erforderlich ist. Ein vergleichbarer Publizitätsakt durch die an der Abtretung beteiligten Parteien existiert vorliegend aber nicht. Die Eintragungen in der Gesellschafterlise resultieren aus dem Handeln der Geschäftsführung oder des Notars nicht hingegen unmittelbar aus dem des Veräußerers wie bei der Übergabe der Sache. Die auf den rechtsgeschäftlichen Willen des Veräußerers einwirkende Täuschung bei der Abtretung sorgt damit unmittelbar zur Entstehung des Rechtsscheins und bedarf nicht des zusätzlichen Umweges über die Übergabe der Sache. Im Falle einer Unwirksamkeit wegen Formmangels, weil beispielsweise Notarkosten gespart werden sollten, ist demgegenüber die Zurechnung an den wahren Berechtigten zu bejahen, da dieser die Unwirksamkeit der Verfügung selbst entscheidend herbeiführt.[915] Durch das eigenverantwortliche Verlassen der Rechtsordnung begibt sich der Veräußerer selbst seines Schutzes durch die Zurechnung. Zudem liegt ein Berufen des Veräußerers auf fehlende Zurechnung in einem widersprüchlichen Verhältnis zu seinem eigenen Handeln.[916] Betrachtet man schließlich die Fälle, in denen der Veräußerer einem Irrtum gemäß §§ 119 f. BGB bei der Abtretung erliegt, so lässt sich auch hier eine Zurechnung bejahen. Anders als bei § 123 BGB entspringt der Mangel alleine aus seinem eigenen Rechtskreis, ohne dass ein Dritter auf den Irrtum hingewirkt haben muss. Zudem ist zu berücksichtigen, dass dem Gesetz in § 122 Abs. 1 BGB die Grundwertung zu entnehmen ist, wonach dem Anfechtungsberechtigten negative Konsequenzen aus der Anfechtung entstehen können, er also die Folgen seines Willensmangels nicht ohne die Gefahr von Einbußen in eigenen Rechtsgütern beseitigen kann.[917]

913 Statt aller: MünchKommBGB/*Oechsler* § 935 Rdnr. 7 mwN.

914 Vgl. *Wieling*, Sachenrecht, § 10 V 3. a); *Westermann*, Sachenrecht § 49 I 3.

915 So auch: *Leeser*, Gutgläubiger Erwerb, S. 81; *Apfelbaum*, BB 2008, 2470, 2476.

916 A.A. *Vossius*, DB 2007, 2299, 2302 unter Berufung auf das dem Zurechnungsbegriff innewohnenden Wertungselements. Welche Wertung dies aber sein soll, wird nicht aufgedeckt.

917 Zu diesem Gedanken bei § 935 BGB: *Hübner*, Der Rechtsverlust im Mobiliarsachenrecht, S. 112; *Hager*, Verkehrsschutz § 9 II 2. b).

dd) Allgemeiner Zurechnungsausschluss

In der bisherigen Betrachtung sind die Gründe, die zu einer unrichtigen Gesellschafterliste führen, aber nicht nur im System des GmbH-Rechts fußen, bisher unbeachtet geblieben. Angesprochen sind hiermit Fälle, in denen aus grundsätzlichen Erwägungen heraus die Zurechenbarkeit des Rechtsscheins an den wahren Berechtigten problematisch erscheint. Greift man diesbezüglich auf die allgemeine Zurechnungslehre zurück, so anerkennt diese eine Reihe von allgemeinen Zurechnungsausschlussgründen. Hierunter fallen vis absoluta, Vertretung ohne Vertretungsmacht oder die Fälschung.[918] Als tragende Erwägung wird hierbei darauf zurückgegriffen, dass dem Prinzip der Zurechnung stets die Selbstverantwortung des Einzelnen zugrunde liegen muss. Lässt sich aber der Scheintatbestand auf eine Fälschung, vis absoluta oder Vertretung ohne Vertretungsmacht zurückführen, hat die Schaffung des Rechtsscheintatbestandes ihren Ursprung nicht in der Selbstverantwortung des letztlich Betroffenen, also des wahren Berechtigten. Dieser wird vielmehr von den gefährlichen Wirkungen des Scheintatbestandes berührt, ohne aus eigenem Antrieb für dessen Entstehung gesorgt zu haben. Ähnlich liegt es dann, wenn der schließlich Betroffene nicht zurechnungsfähig ist. Dies ist der Fall, wenn er nicht geschäftsfähig ist. Insoweit fehlt bei dieser Gruppe bereits die Einsichts- und Willensfähigkeit, für sich selbst verantwortlich rechtlich relevant tätig werden zu können.[919]

Ruft man sich in Erinnerung, dass sich die Zurechenbarkeit im Rahmen des Art. 14 GG als ein tragender Begründungsansatz innerhalb der Abwägung der widerstreitenden Interessen herausgestellt hat[920], da sie eine Rückbeziehung des Scheintatbestandes zum wahren Berechtigten erst ermöglicht, wird deutlich, dass ohne Rückbeziehung die Abwägung zugunsten des wahren Berechtigten ausfallen muss, da bereits der Weg zur Anwendung des Zurechnungsprinzips nicht eröffnet ist. Eine solche Rückbeziehung war in den bisherigen Fällen stets auffindbar, führte aber dennoch nicht in jedem Fall zu einer Zurechnung, da Wertungsgesichtspunkte sich hiergegen einwenden ließen. Legt man aber die allgemeinen Zurechnungsausschlussgründe als Maßstab an, ist eine Verbindung zwischen unrichtiger Gesellschafterliste und Verhalten bzw. Geschäftskreis des Betroffenen nicht existent. Hierin zeigt sich, dass dann eine Zurechnung bereits aus denjenigen Gründen, die einen allgemeinen Zurechnungsausschlussgrund darstellen, ausscheiden muss. Ist dies der Fall, kann die Abwägung im Rahmen des Art. 14 GG nicht zu Lasten des wahren Berechtigten ausfallen, indem auf das Zurechnungsprinzip zurückgegriffen wird.

---

918 Grundlegend hierzu: *Canaris*, Vertrauenshaftung, § 37 I 1.

919 Vgl. hierzu: *Canaris*, Vertrauenshaftung, § 38 I 1; *Bydlinski*, System und Prinzipien des Privatrechts, S. 139 ff.

920 3. Kap. D. IV. 2. c) cc) (2).

Das Zurechnungsprinzip als Rechtfertigungsmöglichkeit für den gutgläubigen Erwerb von GmbH-Geschäftsanteilen kann somit in folgenden Fällen nicht herangezogen werden, da die Zurechnung am Eingreifen allgemeiner Zurechnungsausschlussgründen scheitert:

Durch körperlich wirkende unwiderstehliche Gewalt bewegt A den Anteilsinhaber B, der Geschäftsführung mitzuteilen und nachzuweisen, dass ein Gesellschafterwechsel von B auf A stattgefunden hat. Die Geschäftsführung reicht die „aktualisierte“ Gesellschafterliste zum Handelsregister ein (vis absoluta als Zurechnungsausschlussgrund).

Mit vorgetäuschter Vertretungsmacht tritt A den Geschäftsanteil des B an C ab. Der mitwirkende Notar reicht die „aktualisierte“ Gesellschafterliste zum Handelsregister ein (Vertretung ohne Vertretungsmacht als Zurechnungsausschlussgrund).

Der geschäftsunfähige A tritt seinen Geschäftsanteil an B ab. Der die fehlende Geschäftsfähigkeit des A nicht erkennende Notar reicht eine „aktualisierte“ Gesellschafterliste zum Handelsregister ein (fehlende Geschäftsfähigkeit als Zurechnungsausschlussgrund).

A fälscht die Unterschrift des Geschäftsführers[921] und reicht eine „aktualisierte“ Gesellschafterliste zum Handelsregister ein, in der nicht mehr der wahre Berechtigte B, sondern A als Gesellschafter aufgeführt ist (Fälschung als Zurechnungsausschlussgrund).

ee) Zusammenfassung

Die Zurechenbarkeit des Rechtsscheins einer unrichtigen Gesellschafterliste an den wahren Berechtigten gemäß § 16 Abs. 3 Satz 2 GmbHG ist beim Eingreifen allgemeiner Zurechnungsausschlussgründe nicht gegeben. Liegen solche nicht vor, so ist die Frage nach der Zurechnung anhand des Risikoprinzips zu beantworten. Dieses ermöglicht eine angemessene Abgrenzung zurechenbarer und nicht zurechenbarer Unrichtigkeiten im Einzelfall, da stets tragend auf Wertungsgesichtspunkte zurückgegriffen werden kann. Unter diesen Voraussetzungen kann die Zurechnung bejaht werden, wenn der wahre Berechtigte die Möglichkeit hat, gegen den falschen Rechtsschein vorzugehen. Diese Möglichkeit besteht aber nur, wenn der wahre Berechtigte seine Rechtsposition kennt oder kennen muss. Resultiert eine unrichtige Eintragung in der Gesellschafterliste aus einem Mangel des einer Veränderung zugrunde liegenden Aktes, so ist die zum Mangel führende Wertung auf die Auslegung der Zurechnung zu übertragen.

II. Das subjektive Element

Einen weiteren Ausschlussgrund für den gutgläubigen Erwerb von GmbH-Geschäftsanteilen oder Rechten daran enthält § 16 Abs. 3 Satz 3 GmbHG. Gutgläubiger Erwerb im GmbH-Recht findet nicht statt, wenn der Erwerber die man-

---

921 Allgemein hierzu: 4. Kap. B. II.

gelnde Berechtigung des Veräußerers kennt oder ihm diese in Folge grober Fahrlässigkeit unbekannt ist. Die Neuregelung verlässt im Rahmen der subjektiven Anforderungen an den Erwerber ihr grundsätzliches gesetzliches Vorbild § 892 BGB und reiht sich auf dieser Ebene als Parallelreglung zu § 932 BGB ein. Noch im Referentenentwurf genügte als Ausschlussgrund nur die positive Kenntnis von der Nichtberechtigung des Veräußerers.

Die Beweislast für das Eingreifen des Ausschlussgrundes trägt der wahre Berechtigte[922] bzw. derjenige, der gutgläubigen Erwerb bestreitet.[923] Dies lässt sich aus der negativen Gesetzesformulierung ableiten, wonach „ein gutgläubiger Erwerb ferner nicht möglich ist,...“. Beweislasttechnisch folgt § 16 Abs. 3 Satz 3 GmbHG damit dem Muster des gutgläubigen Fahrniserwerbs.[924]

1. Positive Kenntnis

Positive Kenntnis von der fehlenden Rechtsmacht des Verfügenden zur Übertragung des Geschäftsanteils oder eines Rechtes hieran liegt vor, wenn der Erwerber Kenntnis von der wahren Rechtslage hat. Weiß der Erwerber, dass nicht der in der Gesellschafterliste eingetragene A Inhaber des Anteils ist, sondern B, findet gutgläubiger Erwerb nicht statt. Ein Erwerb in tatsächlicher positiver Kenntnis der fehlenden Berechtigung dürfte indes wenig relevant sein, wofür die ökonomische Vernunft eines potentiellen Erwerbers spricht.

Die Frage, ob positive Kenntnis des Erwerbers vorliegt, stellt sich vielmehr in Konstellationen, in denen der Erwerber Kenntnis solcher Umstände hat, die in rechtlicher Hinsicht zu einer unrichtigen Gesellschafterliste führen, dennoch aber annimmt, eine unrichtige Gesellschafterliste sei nicht gegeben. So liegt es z.B., wenn der Erwerber weiß, dass ein unwirksamer Vorerwerb seines Vertragspartners stattgefunden hat, aber wegen der Eintragung in der Gesellschafterliste an eine Heilung dieses Mangels glaubt. Hier liegt eine falsche Bewertung der Rechtslage durch den Erwerber vor. Zur Einordnung derartiger Irrtümer lässt sich wegen der vollen Parallelität zwischen § 16 Abs. 3 Satz 3 GmbHG und § 892 BGB bezüglich der positiven Kenntnis auf die Auslegung letztgenannter Norm zurückgreifen. Für § 892 BGB gehen sowohl Rechtsprechung[925] als auch Literatur[926] davon aus, dass auch derjenige Schutz genieße, der infolge Rechtsirrtums die ausgewiesene Rechtslage für zutreffend hält. Mithin wird dort ein Rechtsirrtum als beachtlich eingeordnet. Überträgt man dies auf § 16 Abs. 3 GmbHG, kann im gerade genannten Beispiel gutgläubiger Erwerb unter dem Aspekt der positiven Kenntnis stattfinden. Für die Übertragung der zu

---

922 *Herrmann*, DZWIR 2009, 265, 268.

923 Vgl. Palandt/*Bassenge*, § 932 Rdnr. 15.

924 Vgl. BGH, Urteil vom 05.10.1981, Az. VIII ZR 235/80, NJW 1982, 38, 39.

925 BGH, Urteil vom 25.10.1961, Az. V ZR 174/59, BGH LM § 892 Nr. 5; BGH, Urteil vom 12.12.1969, Az. V ZR 1/69, WM 1970, 476.

926 Statt aller: Staudinger/*Gursky* (2008) § 892 Rdnr. 146 mwN.

§ 892 BGB vertretenen Ansicht lässt sich weiterhin ins Feld führen, dass bei § 16 Abs. 3 GmbHG grob fahrlässige Unkenntnis ein zusätzlicher Ausschlussgrund ist, mithin die Frage eines Rechtsirrtums dort unter weiteren Gesichtspunkten zum Tragen kommt und nicht nur innerhalb der positiven Kenntnis relevant sein muss.

2. Grob fahrlässige Unkenntnis

Nicht möglich ist gutgläubiger Erwerb, wenn dem Erwerber die mangelnde Berechtigung des Veräußerers infolge grober Fahrlässigkeit unbekannt ist. Im Rahmen des § 932 Abs. 2 BGB bejaht die Rechtsprechung grobe Fahrlässigkeit, wenn die erforderliche Sorgfalt nach den gesamten Umständen des Einzelfalls in ungewöhnlich großem Maß verletzt und unbeachtet gelassen wurde, was im gegeben Fall jedem hätte einleuchten müssen.[927] Ersichtlich stellt die Rechtsprechung damit bei der Frage, was das gebotene Maß der Sorgfalt ist, auf die Umstände des Einzelfalls ab und hat so die Möglichkeit, eine flexible Lösung zu finden. Eine allgemeine Nachforschungspflicht lässt sich hieraus freilich nicht ableiten.[928] Nur bei Hinzutreten weiterer besonderer verdächtiger Umstände bejaht die Rechtsprechung das Bestehen einer Erkundigungspflicht, deren Unterlassen die Bösgläubigkeit des Erwerbers begründet.[929]

Diese Herangehensweise lässt sich auch für § 16 Abs. 3 GmbHG rekurrieren[930], da insoweit auf ein bereits ausdifferenziertes System zurückgegriffen werden kann, welches sowohl die Interessen des wahren Berechtigten als auch die des Erwerbers im Auge hat. Dies führt zu dem Ergebnis, dass Gutgläubigkeit auf der Erwerberseite gegeben ist, solange sich für diesen keine Aspekte ergeben, die ihn dazu drängen müssten, weitere Nachforschungen zur Frage der Rechtsinhaberschaft zu unternehmen.[931] Derartige Aspekte können sich zunächst aus der Gesellschafterliste selbst ergeben, wenn diese bereits inhaltlich widersprüchlich ist, etwa weil die Summe der Nennbeträge der Geschäftsanteile das Stammkapital nicht erreicht oder der zu veräußernde Geschäftsanteil mehreren Gesellschaftern zugeordnet ist. Entsprechend denjenigen verdächtigen Umständen, die bei § 932 BGB zu Nachforschungspflichten führen, ist der Erwerber bei unterlassenen Nachforschungen auch dann bösgläubig, wenn bereits die Gesamtumstände des Geschäfts bei einem durchschnittlichen Erwerber ein hohes Maß an Skepsis hervorrufen würden, die dieser nicht unausgeräumt ließe. Derartige Umstände sind beispielsweise ein extrem unter dem Wert liegender Veräu-

---

927 Zuletzt BGH, Urteil vom 09.02.2005, Az. VIII ZR 82/03, NJW 2005, 1365, 1366.

928 Vgl. BGH, Urteil vom 05.02.1975, Az. VIII ZR 151/73, NJW 1975, 735, 736.

929 So z.B. BGH, Urteil vom 05.02.1975, Az. VIII ZR 151/73, NJW 1975, 735, 736 f.; eine Zusammenstellung dieser Umstände (z.B. Veräußerungssituation, Vermögenslage usw.) findet sich bei MünchKommBGB/*Oechsler* § 932 Rdnr. 48 ff.

930 So allgemein auch: *Mayer*, DNotZ 2008, 403, 421.

931 Ähnlich auch: *Götze/Bressler*, NZG 2007, 894, 898.

ßerungspreis oder Ungereimtheiten und Widersprüche innerhalb einer vorgelegten Anteilshistorie.

Von großem Interesse für die Praxis, vor allem bei größeren Transaktionen, ist indes eine Konstellation, die sich eine gedankliche Ebene vor den Nachforschungspflichten abspielt. Fraglich ist nämlich, ob bereits der Verzicht auf eine Due-Diligence-Prüfung bezogen auf den betroffenen Geschäftsanteil zum Fahrlässigkeitsvorwurf führen kann. Die bislang veröffentlichte Literatur verneint diese Frage.[932] Zur Begründung wird entscheidend darauf abgestellt, dass ein gesetzgeberisches Ziel des MoMiG darin liegt, den Erwerber von einer zeit- und kostenintensiven Due-Diligence-Prüfung zu entlasten.[933] Ebenso liege beim Erwerb eines GmbH-Geschäftsanteils keine verkehrstypische Gefahrensituation vor, die es rechtfertige, eine Typizität dahingehend anzunehmen, dass sich hieraus stets das Erfordernis einer weiteren Nachforschung in Form einer Due-Diligence-Prüfung ergebe.[934] Schließlich stelle die Gesellschafterliste wegen der Prüfungspflichten des Notars oder der Geschäftsführung in Kombination mit dem sich hieraus ergebenden Haftungsrisiko einen verlässlicheren Rechtsscheinträger dar, als der Besitz.[935]

Würde der Verzicht auf eine Überprüfung der Anteilshistorie stets als grob fahrlässig eingestuft und damit einen Ausschlussgrund für den gutgläubigen Erwerb darstellen, so wäre der Mehrwert des § 16 Abs. 3 GmbHG äußerst gering. Ein Erwerber müsste sich im Ergebnis genau so verhalten, wie wenn es diese Möglichkeit nicht gäbe, wollte er unter Umständen den Geschäftsanteil oder ein Recht daran zumindest über die Möglichkeit des gutgläubigen Erwerbs erlangen wollen. Die hiermit einhergehende Pflicht zur Durchführung einer Due-Diligence-Prüfung würde sich dann in der Tat in krassen Widerspruch zur Zielsetzung des MoMiG setzen, das gerade bezweckt, den Anteilserwerb kostengünstiger zu gestalten und das bisher aufwendige System der konkreten Prüfung zu erleichtern.[936]

Schwierigkeiten ergäben sich indes auch daraus, dass nicht eindeutig abzugrenzen wäre, wo die Grenze zwischen Transaktionen liegt, die eine Pflicht zu einer Due-Diligence-Prüfung nach sich ziehen und solchen, bei denen noch hierauf verzichtet werden kann. Ein wirkliches Abgrenzungskriterium hierfür lässt sich nicht finden, da ein potentieller Kaufpreis oder ein Unternehmenswert keine Rückschlüsse darauf zulässt, ob die Gefahr, dass der Veräußerer nicht der wahre

---

932 *Müller*, GmbHR 2006, 953, 956 f.; *Götze/Bressler*, NZG 2007, 894, 898; *Klöckner*, NZG 2008, 841, 845 f.; *Mayer*, DNotZ 2008, 403, 422; *Greitemann/Bergjan*, FS Pöllath, 271, 285; Heckschen/*Heidinger*, Die GmbH (2009), § 13 Rdnr. 116; *Leeser*, Gutgläubiger Erwerb, S. 100 f.

933 So z.B. *Greitemann/Bergjan*, FS Pöllath, 271, 285.

934 So z.B. *Götze/Bressler*, NZG 2007, 894, 898.

935 So z.B. *Klöckner*, NZG 2008, 841, 846.

936 Vgl. Regierungsbegründung, BT-Drs. 16/6140, S. 38 rechte Spalte.

Anteilsinhaber ist, ausreichend groß ist. Hierin zeigt sich, dass die diskutierte Frage keine ist, die sich abstrakt beantworten lässt, sondern nur im Rahmen des konkreten Falles. Auf dieser Ebene lässt sich bei gerichtlicher Prüfung vor allem damit argumentieren, ob wegen der Umstände des Einzelfalls Verdachtsmomente gegeben waren, denen sich der Erwerber nicht verschließen konnte.[937] Erst bei deren Vorliegen kann sich dann grobe Fahrlässigkeit ergeben.

Schließlich darf auch nicht verkannt werden, dass vor dem Hintergrund der Interessensabwägung im Rahmen des Art. 14 GG das Erwerberinteresse als wichtiger Gesichtspunkt des Allgemeininteresses nicht über Gebühr eingeschränkt werden darf. Wird aber der Verzicht auf eine Due-Diligence-Prüfung per se als grob fahrlässig eingeordnet, so blieben die jeweiligen Umstände des Einzelfalls von Beginn an unberücksichtigt. Dies würde aber dem Erfordernis einer Abwägungsentscheidung, die nicht nur die Belange des wahren Berechtigten zu berücksichtigen hat, nicht gerecht.

Mithin geht die allgemeine Ansicht zu Recht davon aus, dass der Verzicht auf eine Due-Diligence-Prüfung nicht als solcher zur groben Fahrlässigkeit des Erwerbers führt. Nur unter der Bedingung, dass Verdachtsmomente bestehen, folgt hieraus eine Nachforschungspflicht des Erwerbers. Erst deren Unterlassen hat zur Folge, dass der Erwerber als grob fahrlässig im Sinne des § 16 Abs. 3 Satz 3 GmbHG anzusehen ist.

3. Der Zeitpunkt der Gutgläubigkeit

Ein weiterer wichtiger Aspekt im Rahmen der Gutgläubigkeit ist die Frage, zu welchem Zeitpunkt diese vorzuliegen hat. Diese Frage wird virulent, wenn beispielsweise die Bösgläubigkeit des Erwerbers bei einer mehraktigen Übertragung erst im Laufe des Übertragungsvorgangs entsteht.

Hierzu zunächst folgende Beispiele:

(1) Am 01.02.2011 tritt der in der Gesellschafterliste eingetragene nichtberechtigte A formgerecht seinen Geschäftsanteil an B ab. Die Abtretung erfolgt aufschiebend bedingt bis zur Kaufpreiszahlung, die für den 09.02.2011 vereinbart wird. Am 07.02.2011 erfährt B glaubhaft von einem Notar, dass nicht A, sondern C der wahre Inhaber des Anteils ist. Dennoch zahlt B am 09.02.2011 den Kaufpreis.

(2) Am 01.02.2011 tritt der in der Gesellschafterliste eingetragene nichtberechtigte A formgerecht seinen Geschäftsanteil an B ab. Da die Wirksamkeit der Abtretung von einer Genehmigung durch die Geschäftsführung abhängt (§ 15 Abs. 5 GmbHG), stellt B am 02.02.2011 den Antrag auf Erteilung der Genehmigung bei der Geschäftsführung. Am 03.02.2011 erfährt B von einem Notar

937 So auch: *Götze/Bressler*, NZG 2007, 894, 898.

glaubhaft, dass nicht A, sondern C der wahre Inhaber des Geschäftsanteils ist. Die Genehmigung der Geschäftsführung wird am 04.02.2011 erteilt.

Wird der Blick zunächst auf den einfachen Grundfall einer sofort vollwirksamen Abtretung ohne Bedingungen oder erforderliche Genehmigungen gerichtet, lässt sich eine Antwort auf die Frage, bis zu welchen Zeitpunkt Gutgläubigkeit gegeben sein muss, nicht aus dem Gesetzeswortlaut ableiten. Nur für den Ausnahmetatbestand des § 16 Abs. 3 Satz 2 GmbHG enthält die Norm eine Regelung und stellt hier auf den Zeitpunkt des Erwerbs ab. Eine ausdrückliche Regelung für § 16 Abs. 3 Satz 3 GmbHG existiert nicht. Mit der allgemeinen Meinung[938] lässt sich aber der Grundsatz aufstellen, dass die Gutgläubigkeit des Erwerbers bis zum Zeitpunkt der Vornahme des letzten Erwerbsaktes vorliegen muss. So wird ein Anwendungsgleichlauf zu §§ 892, 932 BGB hergestellt, wo einheitlich ebenfalls auf diesen Zeitpunkt abgestellt wird.[939]

Uneinheitlich zeigen sich die Meinungen für Fall 1. Teilweise wird hier Gutgläubigkeit bis zum Zeitpunkt der Kaufpreiszahlung gefordert, da der Bedingungszeitpunkt in den Händen der Parteien liege.[940] Andere stellen auf den Zeitpunkt der Einigung ab.[941] Richtigerweise ist im Fall 1 der entscheidende Zeitpunkt derjenige der Einigung. Hierfür spricht zunächst, dass ebenso für § 932 BGB und § 892 BGB, an dem sich die Neuregelung orientiert[942], bei Bedingungen entschieden wird.[943] Zudem liegt die Erfüllung des Erwerbstatbestandes ab dem Zeitpunkt der Einigung vor, auch wenn diese bedingt erklärt wurde. Der letzte Erwerbsakt ist nicht der Bedingungseintritt, sondern die Einigung.[944] Ebenso darf nicht übersehen werden, dass der Erwerber ab dem Zeitpunkt der Einigung bereits ein Anwartschaftsrecht am Geschäftsanteil erhält. Hat er ein solches erworben und war er zu diesem Zeitpunkt gutgläubig, ist nicht ersichtlich, wieso später eintretende Bösgläubigkeit relevant sein sollte. Das Argument der Gegenansicht, wonach der Bedingungseintritt in den Händen der Parteien liege, kann diese Ausgangslage nicht überdecken. Ansatzpunkt dieses Arguments ist die Regelung des § 892 Abs. 2 BGB. Hieraus leitet die Gegenmeinung

---

938 Lutter/Hommelhoff/*Bayer*, GmbHG, § 16 Rdnr. 68; *Link*, RNotZ 2009, 193, 218 jeweils mwN.

939 Statt aller: *Toussaint* in: jurisPK-BGB, § 892 Rdnr. 39; *Beckmann* in: jurisPK-BGB, § 932 Rdnr. 21.

940 Zuerst: *Götze/Bressler*, NZG 2007, 894, 899; dem folgend: Lutter/Hommelhoff/*Bayer*, GmbHG, § 16 Rdnr. 69; *Mayer*, DNotZ 2008, 403, 421 f.; *Heckschen*, Praxis, Rdnr. 569.

941 Roth/*Altmeppen*, GmbHG, § 16 Rdnr. 66; *Grigoleit/Rieger*, GmbH-Recht, Rdnr. 163; *Greitemann/Bergjan*, FS Pöllath, 271, 285.

942 Regierungsbegründung, BT-Drs. 16/6140, S. 38 rechte Spalte.

943 Zu § 932 BGB: BGH, Urteil vom 21.05.1953, Az. IV ZR 192/52, BGHZ 10, 69, 72 ff.; Staudinger/*Wiegand* (2004) § 932 Rdnr. 92 f.; Erman/*Michalski*, BGB, § 932 Rdnr. 13; *Wiegand*, JuS 1974, 201, 207. Zu § 892 BGB: Staudinger/*Gursky* (2008) § 892 Rdnr. 212; Erman/*Lorenz*, BGB, § 892 Rdnr. 36; Palandt/*Bassenge*, § 892 Rdnr. 25.

944 Vgl. Staudinger/*Gursky* (2008) § 892 Rdnr. 212; *Wiegand*, JuS 1974, 201, 207.

ab, dass Gutgläubigkeit solange vorliegen müsse, bis die Parteien keinen Einfluss mehr auf die Wirksamkeit des Rechtsgeschäftes hätten. Mag diese Wertung für das Liegenschaftsrecht auch zutreffen, lässt sich aber bereits der Regelungsinhalt nicht auf § 16 Abs. 3 GmbHG übertragen. § 892 Abs. 2 BGB will den Erwerber vor zeitlichen Zufälligkeiten des Eintragungsverfahrens schützen.[945] Die Schutzwürdigkeit folgt aus der konstitutiven Wirkung der Eintragung (§ 873 BGB). Ein vergleichbarer Mechanismus existiert aber für eine Verfügung über einen Geschäftsanteil nicht, die Eintragung in der Gesellschafterliste ist hier keine Wirksamkeitsvoraussetzung.[946] Schließlich führt die Gegenansicht auch zu einer Entwertung des Gutglaubensschutzes.[947] In der Praxis erfolgt eine Anteilsabtretung häufig unter der aufschiebenden Bedingung der Kaufpreiszahlung. Käme es hier regelmäßig auf den Bedingungseintritt an, so bestünde ein höheres Risiko, dass gutgläubiger Erwerb ausgeschlossen ist. Diese Auslegung benachteiligt auch die Interessen des wahren Berechtigten nicht unangemessen, da sein Schutz exakt dem entspricht, wie im Falle eines sofort wirksamen Anteilserwerbs. Ein Bedürfnis für einen weitergehenden Schutz, der von der Zufälligkeit abhängt, ob der Anteil aufschiebend bedingt veräußert wird, besteht indes nicht.

Im Ergebnis kann B im Fall 1 den Geschäftsanteil gutgläubig erwerben.

Für Fall 2 wird davon ausgegangen, dass es für die Frage der Gutgläubigkeit des Erwerbers auf den Zeitpunkt der Antragsstellung für die Genehmigung ankomme, unabhängig ob es sich um eine private oder öffentlich-rechtliche Genehmigung handelt.[948] Auch hier sei auf die Wertung des § 892 Abs. 2 BGB zurückzugreifen und der Erwerber solle so vor den Zufälligkeiten eines Genehmigungsverfahrens geschützt werden, auf dessen Dauer und Ablauf er keinen Einfluss habe.

Ebenso wie im Rahmen einer Bedingung überzeugt der Verweis auf § 892 Abs. 2 BGB nicht, da es sich hierbei um eine nicht übertragbare Sonderregelung handelt. Insoweit fehlt bereits ein dogmatischer Ansatzpunkt für diese Ansicht. Doch auch bei einer Übertragung der Wertung des § 892 Abs. 2 BGB auf § 16 Abs. 3 GmbHG lässt sich diese Folgerung nicht begründen. Für § 892 BGB leitet die herrschende Meinung nämlich aus § 892 Abs. 2 BGB gerade nicht ab, dass die Gutgläubigkeit nur bis zum Zeitpunkt der Antragsstellung gegeben sein müsse, sondern fordert Gutgläubigkeit bis zu Erteilung der Genehmigung.[949] Selbst wenn eine Genehmigung gemäß § 184 Abs. 1 BGB materiell Rückwir-

945 RG , Urteil vom 20.09.1933, Az. V 106/33, RGZ 141, 379, 383; MünchKommBGB/*Kohler* § 892 Rdnr. 53.

946 Regierungsbegründung, BT-Drs. 16/6140, S. 37 rechte Spalte.

947 Siehe hierzu auch: Roth/*Altmeppen*, GmbHG, § 16 Rdnr. 66.

948 Zuerst: *Götze/Bressler*, NZG 2007, 894, 898 f.; Heckschen/*Heidinger*, Die GmbH (2009), § 13 Rdnr. 115 mwN.

949 Staudinger/*Gursky* (2008) § 892 Rdnr. 211 mwN.

kung habe, gelte dies hier nicht, da § 184 Abs. 1 BGB nur die Genehmigung des materiell Berechtigten meine und eine solche hier nicht vorliege.[950] Dass der entscheidende Zeitpunkt für die Gutgläubigkeit auch bei § 16 Abs. 3 GmbHG die Erteilung der Genehmigung ist, ergibt sich aus folgender Überlegung: Solange der Erwerber nicht abschließend davon ausgeht, dass er den Geschäftsanteil erhält, weil die Genehmigung eines Dritten oder einer Behörde noch aussteht, wird er regelmäßig davon absehen, Dispositionen im Hinblick auf den Erwerb des Geschäftsanteils zu unternehmen. Der Erwerber verhält sich also anders als im Fall der aufschiebenden Bedingung der Kaufpreiszahlung, in dem er sich seines Erwerbs sicher sein kann, da dieser ausschließlich von seinem eigenen Verhalten abhängt und nicht von der Entscheidung eines Dritten, auf die er keinen Einfluss hat. Trifft der Erwerber aber keine Aufwendungen im Vertrauen auf den Erhalt des Geschäftsanteils, so bedarf er keines Schutzes über § 16 Abs. 3 GmbHG, der auch dazu dient, dass sich getätigte Investitionen nachträglich nicht als vergebens erweisen. Eine zeitliche Vorverlegung des Erwerberschutzes hat damit keine tragfähige Rechtfertigung.

Im Fall 2 kann daher B, entgegen der herrschenden Meinung, den Geschäftsanteil nicht gutgläubig erwerben, weil er bei Erteilung der Genehmigung nicht mehr gutgläubig ist.

III. Der Widerspruch

Der Gesetzgeber des MoMiG hat sich in Anlehnung an den redlichen Erwerb im Immobilienrecht schließlich auch dafür entschieden, gutgläubigen Erwerb nach § 16 Abs. 3 GmbHG dann nicht eintreten zu lassen, wenn der Gesellschafterliste ein Widerspruch gemäß § 16 Abs. 3 Satz 3 GmbHG zugeordnet ist. Der Widerspruch ist der Gesellschafterliste zugeordnet, wenn er wie diese für jedermann online einsehbar ist, nachdem er gemäß § 9 Abs. 1 Satz 3 HRV mit der Gesellschafterliste verbunden worden ist.[951] Nach der gesetzgeberischen Intention stellt der Widerspruch einen Kerngedanken des Schutzes für den wahren Berechtigten dar, weil in den Materialien formuliert wird, dass der Widerspruch die Gutglaubenswirkung des Absatz 3 zerstöre und der wahre Berechtigte drei Jahre lang Zeit habe, die Eintragung eines Widerspruches in der online einsehbaren Gesellschafterliste zu veranlassen.[952]

1. Die Wirkung des Widerspruchs

Für die Frage nach der Wirkung des Widerspruchs muss zwischen verschiedenen Ebenen unterschieden werden.

---

950 Grundlegend: *Lutter*, AcP 164 (1964), 122, 168 ff.; Palandt/*Bassenge*, § 892 Rdnr. 25.
951 Vgl. *Wicke*, GmbHG, § 16 Rdnr. 24.
952 Regierungsbegründung, BT-Drs. 16/6140, S. 39 linke Spalte.

Ist der Gesellschafterliste ein Widerspruch zugeordnet, also wie diese online einsehbar[953], gehen die Gesetzesverfasser davon aus, dies habe keine Auswirkungen auf die relative Gesellschafterstellung gemäß § 16 Abs. 1 GmbHG im Verhältnis des eingetragenen Gesellschafters zur Gesellschaft.[954] Dieser Sichtweise ist zuzustimmen, wie sich aus der Gesetzessystematik und dem Sinn des Widerspruchs ableiten lässt. Der Widerspruch als Institut ist nur innerhalb des § 16 Abs. 3 GmbHG als Ausschlussgrund für gutgläubigen Erwerb kodifiziert. Demgegenüber verlangt § 16 Abs. 1 GmbHG ausschließlich, dass ein Gesellschafter als Inhaber in der zum Handelsregister aufgenommen Gesellschafterliste eingetragen ist. Da dieses Erfordernis auch beim gutgläubigen Erwerb vorliegen muss, zeigt sich, dass der Widerspruch nur im Rahmen des Anwendungsbereichs des § 16 Abs. 3 GmbHG eine Wirkung entfalten kann. Der Sinn des Widerspruchs besteht darin, „rechtszerstörend" zu wirken.[955] Diese Wirkung lässt sich aber nur sinnvoll für den gutgläubigen Erwerb annehmen, da eine zerstörende Wirkung bezogen auf die relative Gesellschafterstellung zur Folge hätte, dass im Verhältnis zwischen Gesellschaft und eingetragenem Gesellschafter Unklarheiten entstehen würden, die durch die Legitimationswirkung[956] der Gesellschafterliste beseitigt werden sollen. Daher bleibt als einziger Wirkungsort des Widerspruchs der gutgläubige Erwerb gemäß § 16 Abs. 3 GmbHG, was voraussetzt, dass eine Verfügung eines Nichtberechtigten gegeben ist. Hieraus lässt sich auch ableiten, dass ein Widerspruch von vorneherein auswirkungslos bleiben muss, wenn der wahre Berechtigte als Inhaber in der Gesellschafterliste eingetragen ist und eine Verfügung vornimmt. In dieser Konstellation kommt es auf § 16 Abs. 3 GmbHG schließlich nicht an.

Ist damit der systematische Anwendungsbereich der Widerspruchswirkung abgegrenzt, so ist weiterhin fraglich, ob ein Widerspruch gegen nur eine bestimmte Eintragung wirkt oder sich gegen jegliche Eintragungen in der Gesellschafterliste richtet. Diese Frage wird virulent, wenn ein Widerspruch gegen den in der Gesellschafterliste unrichtig eingetragenen A der Liste zugeordnet ist, aber die Wirksamkeit einer Verfügung des ebenfalls unrichtig eingetragenen B an den gutgläubigen C zu beurteilen ist, für die alle übrigen Voraussetzungen des § 16 Abs. 3 GmbHG erfüllt sind. Hier ist gutgläubiger Erwerb des C zu bejahen und nur eine beschränkte Wirkung des Widerspruchs bezogen auf die Eintragung des A anzunehmen. Dieses Ergebnis lässt sich zunächst nicht aus dem Wortlaut des § 16 Abs. 3 Satz 3 Var. 3 GmbHG ableiten, da hiernach dann kein gutgläubiger Erwerb möglich ist, wenn der Liste ein Widerspruch zugeordnet ist. Mit dieser Formulierung ließe es sich bruchlos vereinbaren, dass im Bei-

---

953 *Wachter*, ZNotP 2008, 378, 396. Zu der missverständlichen Begrifflichkeit diesbezüglich im Referentenentwurf siehe: *Leeser*, Gutgläubiger Erwerb, S. 105.

954 Regierungsbegründung, BT-Drs. 16/6140, S. 39 linke Spalte.

955 Regierungsbegründung, BT-Drs. 16/6140, S. 39 linke Spalte.

956 Siehe hierzu: 4. Kap. B. III. 1.

spielsfall kein gutgläubiger Erwerb stattfinden kann, weil ein Widerspruch der Liste zugeordnet ist. Demgegenüber spricht der Wortlaut von § 9 Abs. 1 Satz 3 HRV für das gegenteilige Ergebnis, da dieser explizit eine Verbindung zwischen einem Widerspruch und einer bestimmten Eintragung schafft, weil erforderlich ist, dass „ein Widerspruch gegen eine Eintragung in der Gesellschafterliste der Gesellschafterliste zuzuordnen" ist. Mögen sich hiergegen noch normhierarchische Aspekte ins Feld führen lassen, so kann letztendlich nur der Formulierung der HRV gefolgt werden. Gemäß § 16 Abs. 3 Satz 4 GmbHG erfolgt die Zuordnung des Widerspruchs nur aufgrund einer einstweiligen Verfügung oder einer Bewilligung des mutmaßlich unrichtig Eingetragenen. In beiden Fällen ist also der Widerspruch von Anfang an auf eine bestimmte Eintragung einer bestimmten in der Liste aufgenommenen Person beschränkt, da nur diese bewilligen kann und gerichtlich nur überprüft wird, ob gegen deren Eintragung ein Anspruch auf Berichtigung oder Korrektur besteht. Eine Verbindung zwischen den übrigen Eintragungen der Gesellschafterliste und einem Widerspruch ist damit nicht gegeben, weswegen der Widerspruch nur gegen eine einzelne Eintragung wirken kann, nicht aber gegen die Gesellschafterliste im Ganzen, wie es der Wortlaut von § 16 Abs. 3 Satz 3 Var. 3 GmbHG zunächst nahe legt.

Ist damit ein Widerspruch gegen die Eintragung des A als Inhaber eines Geschäftsanteils der Gesellschafterliste zugeordnet, so sorgt der Widerspruch nur dafür, dass einem Dritten weder die Inhaberschaft am Geschäftsanteil noch ein Recht hieran im Wege des gutgläubigen Erwerbs durch A verschafft werden kann. Der Widerspruch beseitigt damit den von der Gesellschafterliste ausgehenden Rechtsschein im Bezug auf eine bestimmte Eintragung als entscheidende Grundlage für den gutgläubigen Erwerb gemäß § 16 Abs. 3 GmbHG. Außerhalb des § 16 Abs. 3 GmbHG und für weitere Eintragungen in der Gesellschafterliste bleibt der Widerspruch hingegen folgenlos.

Eine weitere Frage im Zusammenhang mit der Wirkung des Widerspruchs stellt sich dahingehend, ob ein solcher gutgläubigen Erwerb ausschließt, wenn zwar der eingetragene Listengesellschafter Nichtberechtigter ist, der Widerspruch aber auf Betreiben eines Prätendenten erfolgt, dem selbst keine Berechtigung am Geschäftsanteil zusteht.

Der Wortlaut des § 16 Abs. 3 Satz 3 Var. 3 GmbHG streitet dafür, in diesem Fall gutgläubigen Erwerb zu verneinen, da zur Erfüllung des Ausschlussgrundes nur die Zuordnung eines Widerspruchs ausreicht, ohne dass nähere Bestimmungen zur Person des Widersprechenden oder Gründe für den Widerspruch verlangt werden. Da auch in der Gesellschafterliste diejenigen Gründe, die zur Zuordnung des Widerspruchs führen, nicht genannt zu werden brauchen, weil eine solches Erfordernis weder im GmbHG noch in der HRV aufgestellt wird, ergibt sich auch aus dem Gesamtzusammenhang der einschlägigen Regelungen, dass alleine die Existenz eines Widerspruchs als Ausschlussgrund ausreichend ist. Für die Möglichkeit, gutgläubigen Erwerb zu bejahen, spricht hingegen, dass für den gutgläubigen Immobiliarerwerb die allgemeine Auffassung nur den Widerspruch eines Berechtigten als Ausschlussgrund bei § 892 BGB anerkennt.[957] Da sich § 16 Abs. 3 GmbHG an § 892 BGB teilweise anlehnt und sich die Regelungen zum Widerspruch an § 899 Abs. 2 BGB orientieren[958], lässt sich zumindest indiziell ein gesetzgeberischer Willen dahingehend annehmen, diese allgemeine Auffassung auch auf § 16 Abs. 3 GmbHG zu übertragen.

Ausschlaggebend kann für die Behandlung dieser Frage nur der Sinn des Widerspruchs selbst sein. Dieser dient dem Schutz des wahren Berechtigten und gibt ihm die Möglichkeit, schnell und effektiv gutgläubigen Erwerb zu verhindern, da dem Widerspruch eine rechtszerstörende Wirkung beikommt. Die Kehrseite dieses Instruments ist, dass der eingetragene Gesellschafter einem Dritten nicht mehr im Wege des gutgläubigen Erwerbs Rechte am Geschäftsanteil oder diesen selbst verschaffen kann. Handelt diesbezüglich der wahre Berechtigte, ist dieses Ergebnis überzeugend, da andere Möglichkeiten, gutgläubigen Erwerb zu verhindern, bei weitem nicht so schnell oder aussichtsreich zur Verfügung stehen. Beim Widerspruch eines Dritten fragt sich aber, warum dieser im Ergebnis dem wahren Berechtigten zu Gute kommen soll, obwohl dieser nicht selbst tätig geworden ist. Dessen Schutz ist nach der gesetzlichen Grundentscheidung seine eigene Angelegenheit. Kommt er dem nicht nach, ist es entsprechend der gesetzgeberischen Wertung mithin konsequent, ihm das Berufen auf das Tätigwerden eines unbeteiligten Dritten zu versagen. Zudem hätte eine andere Ansicht zur Folge, dass ein Dritter – etwa aus Schädigungsabsicht gegen den Nichtberechtigten, ohne aber den wahren Berechtigten unterstützen zu wollen – die Möglichkeit hätte, gutgläubigen Erwerb zu verhindern, da es nicht ausgeschlossen erscheint, im Wege des einstweiligen Rechtsschutzes die Eintragung auch eines unbegründeten Widerspruches zu erreichen. Handelt der Dritte hier zum Schutze des wahren Berechtigten, kann er diesen über die unrichtige Liste aufklären, sodass dieser selbst die Zuordnung eines Widerspruches betreiben kann. Schließlich ist auch zu bedenken, dass ein einmal eingetragener Widerspruch auch eines Unberechtigten in der faktischen Wirkung – ohne dass dem eine rechtliche Wirkung zukommen muss – nicht zu unterschätzen ist. Ein potentieller Erwerber wird auch dann, wenn ihm der eingetragene Nichtberechtigte versichert und nachweist, dass ein unberechtigter Widerspruch vorliegt, unter wirtschaftlichen Aspekten größte Vorsicht walten lassen und einen dokumentierten Nachweis verlangen, aus dem sich die Berechtigung des Eingetragenen ergibt, was im Einzelfall den Anteilserwerb entgegen der gesetzgeberischen Intention wieder zu einem schwerfälligen System mit hohen Transaktionskosten machen kann. Gelingt ein solcher Nachweis nicht, was regelmäßig dann der Fall sein wird, wenn der Eingetragene nicht der Berechtigte ist, so besteht auch die

---

957 Staudinger/*Gursky* (2008) § 899 Rdnr. 4; MünchKommBGB/*Kohler* § 899 Rdnr. 26; Soergel/*Stürner* § 899 Rdnr. 9.

958 Regierungsbegründung, BT-Drs. 16/6140, S. 38 rechte Spalte und S. 39 linke Spalte.

Gefahr für den wahren Berechtigten nicht, seinen Anteil durch gutgläubigen Erwerb zu verlieren, ohne dass er selbst hierfür tätig werden musste. Sollte ein solcher Nachweis dennoch gelingen, so trifft den wahren Berechtigten dasjenige Risiko, welches sich aus seiner Stellung als eigener Rechtsbewahrer ergibt und ihm von § 16 Abs. 3 GmbHG aufgebürdet wird. Da die Möglichkeit für einen Widerspruch auch noch nach Ablauf der drei Jahre gemäß § 16 Abs. 3 Satz 2 GmbHG besteht, ergeben sich für die Rechtfertigung dieser Risikoverteilung auch keine verfassungsrechtlichen Bedenken, da ein Widerspruch sowohl unter Geltung des Zurechnungsprinzips als auch des reinen Rechtsscheinprinzips dem wahren Berechtigten zur Verfügung steht.

Mithin schließt ein der Gesellschafterliste zugeordneter Widerspruch gutgläubigen Erwerb nur dann aus, wenn er auf Veranlassung eines zum Widerspruch Berechtigten der Gesellschafterliste zugeordnet worden ist.

2. Der bewilligte Widerspruch

Nach § 16 Abs. 3 Satz 4 Alt. 2 GmbHG erfolgt die Zuordnung eines Widerspruchs zur Gesellschafterliste aufgrund einer Bewilligung desjenigen, gegen dessen Berechtigung sich der Widerspruch richtet. Da sich die Wirkung des Widerspruchs auf eine einzelne Eintragung bezieht[959], ist damit die Bewilligung des mutmaßlich unrichtig eingetragenen Gesellschafters nötig.

Liegt die Bewilligung vor, so kann der Widerspruchsberechtigte[960] unter Bezugnahme auf diese Bewilligung selbst die entsprechende Eingabe zum Handelsregister vornehmen. Die ausschließlichen Zuständigkeiten des § 40 GmbHG für die Geschäftsführung oder einen mitwirkenden Notar gelten hier nicht, da § 40 GmbHG nur bei Einreichung einer aktualisierten Gesellschafterliste anwendbar ist.

Die Bewilligung selbst ist mangels formeller Anforderungen des § 16 Abs. 3 Satz 4 GmbHG formlos möglich.[961] Ausreichend ist damit auch eine nur mündliche Erklärung gegenüber dem Widerspruchsberechtigten.

Fraglich bleibt aber, wie weit die Bindungswirkung der Bewilligung für den Erklärenden reicht. Diese Frage tritt auf, wenn dieser die Bewilligung erklärt, aber noch vor Zuordnung des Widerspruchs der Erklärung die Wirksamkeit nehmen will. Für § 899 BGB wendet die herrschende Meinung hierbei § 875 Abs. 2 BGB analog an mit der Folge, dass bei formlosen Erklärungen keine Bindungswirkung vor Eintragung des Widerspruchs im Grundbuch eintritt.[962] Dieser Ansatz lässt sich indes nicht auf § 16 Abs. 3 Satz 4 GmbHG übertragen, da hier – anders als bei § 899 BGB – keine Trennung zwischen der materiellrechtlichen Bewilligung und der verfahrensrechtlichen Bewilligung des

959 5. Kap. C. III. 1.

960 Hierzu: 5. Kap. C. III. 4.

961 Zur Parallele bei § 899 BGB: Staudinger/*Gursky* (2008) § 899 Rdnr. 51.

962 MünchKommBGB/*Kohler* § 899 Rdnr. 12 mwN.

§ 19 GBO besteht. Bedenkt man hingegen, dass sich § 16 Abs. 3 Satz 4 GmbHG an § 899 Abs. 2 BGB anlehnt[963] und gleichzeitig aber kein Konsensprinzip wie im Grundbuch den Regelungen zur Gesellschafterliste zugrunde liegt, lässt sich wie im Rahmen des § 899 Abs. 2 BGB die Bewilligung nur als rein materielle Erklärung[964] einordnen. Der Rückgriff auf eine verfahrensmäßige Einordnung ist versperrt, da die Zuordnung eines Widerspruchs bereits dann erfolgt, wenn eine Eingabe unter Bezugnahme auf die Bewilligung erfolgt. Dies hat zur Folge, dass die Bewilligung mit Zugang beim Widersprechenden bindend wird. Will sich der Bewilligende nach diesem Zeitpunkt von seiner Erklärung lösen, so bleiben ihm hierfür nur die Anfechtung oder andere materiell-rechtliche Tatbestände wie bei jedem Rechtsgeschäft. Steht ihm ein solcher nicht zur Seite, muss er sich gegen die Zuordnung des Widerspruches im gerichtlichen Verfahren durch Unterlassungsklage oder Klage auf Zustimmung zur Löschung des Widerspruches zur Wehr setzen, um eine unterbleibende Zuordnung oder Löschung desselben zu erreichen. Diese Konsequenz ist auch nicht unbillig, denn der Erklärende bleibt, solange keine Zuordnung aufgrund einer einstweiligen Verfügung vorliegt, stets derjenige, von dessen Willen und Handeln die Publizierung des Widerspruchs abhängt.

3. Die Eignung des bewilligten Widerspruchs als Gestaltungsinstrument beim gestreckten Erwerb

Stimmen in der Literatur[965] und das LG Köln[966] sehen in der Zuordnung eines Widerspruchs aufgrund einer Bewilligung ein Instrument der Vertragsgestaltung, um den bedingten Erwerber eines Geschäftsanteils in der Phase zwischen Vertragsschluss und Bedingungseintritt, etwa der Kaufpreiszahlung oder der Beendigung eines Treuhandverhältnisses, vor Zwischenverfügungen des noch in der Gesellschafterliste eingetragenen wahren Inhabers zu schützen. Die Zuordnung eines Widerspruchs aufgrund der Bewilligung des Eingetragenen verhindere in der Zwischenphase, dass ein Dritter vom noch in der Gesellschafterliste Eingetragenen den Geschäftsanteil trotz des bestehenden Anwartschaftsrechts am Geschäftsanteil erwerben könne. Um in einer solchen Phase Erwerberschutz mit Hilfe des Widerspruches schaffen zu können, ist zunächst Voraussetzung, dass der Erwerber dieses Schutzes bedarf. Wäre dem nicht so, ist ein Erwerber auf den Widerspruch als Gestaltungsmittel nicht angewiesen.

963 Regierungsbegründung, BT-Drs. 16/6140, S. 39 rechte Spalte.

964 Vgl. Staudinger/*Gursky* (2008) § 899 Rdnr. 50.

965 *Vossius*, DB 2007, 2299, 2301; *Wachter*, ZNotP 2008, 378, 396 f.; *Klöckner*, NZG 2008, 841, 842; *Greitemann/Bergjan*, FS Pöllath, 271, 287; vorsichtig wohl bejahend: Heckschen/*Heidinger*, Die GmbH (2009), § 13 Rdnr. 141.

966 LG Köln, Beschluss vom 16.06.2009, Az. 88 T 13/09, LG Köln, ZIP 2009, 1915, 1915 f.

a) Die Anwendbarkeit des § 161 Abs. 3 BGB

Die neu eingeführte Möglichkeit des gutgläubigen Erwerbs im GmbH-Recht könnte sich für einen Erwerber bei einer gestreckten Transaktion als Damokles-Schwert erweisen. Unter dem Regime des alten GmbHG war der bedingte Erwerber vor Zwischenverfügungen des Veräußerers ausreichend geschützt. Der Schutz wurde durch § 161 Abs. 1 BGB sichergestellt, da eine weitere Verfügung zwischen Vertragsschluss mit dem Ersterwerber und Bedingungseintritt bei Bedingungseintritt absolut unwirksam wurde und der Zwischenerwerber damit den Geschäftsanteil zugunsten des Ersterwerbers wieder verlor.[967] Der bedingte Erwerber konnte sich also immer sicher sein, Inhaber des Geschäftsanteils zu werden, wenn es zum Bedingungseintritt kam. Da aber § 161 Abs. 3 BGB zugunsten des Zweiterwerbers die Vorschriften des gutgläubigen Erwerbs für entsprechend anwendbar erklärt, könnte sich diese Situation wegen § 16 Abs. 3 GmbHG grundlegend geändert haben und ein Zweiterwerber einen Geschäftsanteils gemäß § 161 Abs. 3 BGB i.V.m. § 16 Abs. 3 GmbHG gutgläubig erwerben können.

Dieser vordergründige Befund trifft indes nicht zu, da auch unter Geltung des MoMiG § 161 Abs. 3 BGB i.V.m. § 16 Abs. 3 GmbHG keine Anwendung findet.[968] Die Möglichkeit des gutgläubigen Erwerbs über bedingten Erwerb hinweg ließe sich nur unter der Prämisse annehmen, dass die Gesellschafterliste einen Rechtsschein setzt, wonach hinsichtlich des in Rede stehenden Geschäftsanteils keine Verfügungsbeschränkung vorliegt. Dies ergibt sich aus der Einordnung des § 161 BGB als Verfügungsbeschränkung[969] einerseits und der allgemeinen Voraussetzung des gutgläubigen Erwerbs, der einen vertrauensauslösenden Rechtsscheinträger benötigt, andererseits. Da aber die Gesellschafterliste des § 40 GmbHG dies nicht leisten kann – Verfügungsbeschränkungen sind nicht eintragungsfähig[970] –, setzt die Gesellschafterliste nicht den Rechtsschein,

---

967 BFH, Urteil vom 10.03.1988, Az. IV R 226/85, BeckRS 1988 22008456; *Mayer*, ZIP 2009, 1037, 1049; *Reymann*, WM 2008, 2095, 2097.

968 So im Ergebnis auch: *Preuß*, ZGR 2008, 676, 691 f.; *Weigl*, MittBayNot 2009, 116, 117 f.; *ders.*, NZG 2009, 1173, 1175 f.; *Mayer*, ZIP 2009, 1037, 1050; *Zessel*, GmbHR 2009, 303, 305; Schütze/Weipert/*v. Hoyenberg*, Muster IV 3, 4, Anm. 57; wohl auch: OLG München, Beschluss vom 08.09.2009, Az. 31 WX 82/09, ZIP 2009, 1911, 1912. Für die Anwendung von § 161 Abs. 3 BGB: *Vossius*, DB 2007, 2299, 2301; *Wachter*, ZNotP 2008, 378, 396 f.; *Klöckner*, NZG 2008, 841, 842, jeweils ohne Begründung; *Schreinert/Berresheim*, DStR 2009, 1265, 1267 f.; *Kamlah*, GmbHR 2009, 841, 843; *Reymann*, WM 2008, 2095, 2097 aber explizit offenlassend *ders.*, GmbHR 2009, 343, 349; einschränkend bei Bedingungseintritt nach drei Jahren: *Oppermann*, ZIP 2009, 651, 652 ff.

969 MünchKommBGB/*H.P. Westermann* § 161 Rdnr. 7; Erman/*Armbrüster*, BGB, § 161 Rdnr. 5.

970 4. Kap. B. V. 4.

dass keine Verfügungsbeschränkungen bestehen.[971] Hiergegen wird zwar eingewendet, dass dies keine Besonderheit im Rahmen des § 16 Abs. 3 GmbHG sei, da auch beim Rechtsscheinträger Besitz eine Verfügungsbeschränkung nicht erkennbar sei, dennoch aber § 161 Abs. 3 BGB Anwendung finde.[972] Dieses Argument verkennt aber, dass der Besitz bereits aus tatsächlichen Gegebenheiten eine andere Art eines Rechtsscheinträgers als die Gesellschafterliste darstellt. Ersterer ist ein natürlicher, die Gesellschafterliste aber ein künstlicher Rechtsscheinträger.[973] Für den Besitz ist es schlicht nicht möglich, diesen so abzuändern, dass sich hieraus eine Verfügungsbeschränkung ableiten lässt. Insoweit fehlt es bereits auf tatsächlicher Ebene an einer Vergleichbarkeit der Sachverhalte. Dieser Aspekt lässt sich aber auch gesetzestechnisch untermauern. Stellt das geltende Recht auf einen künstlichen Rechtsscheinträger ab, so enthält es jeweils eine Regelung zur Frage der Verfügungsbeschränkungen, nämlich § 892 Abs. 1 Satz 2, 2363 f. BGB. Hieraus lässt sich die Grundwertung entnehmen, dass ein Rechtsschein hinsichtlich Verfügungsbeschränkungen nur dann gesetzt wird, wenn eine spezielle Regelung existiert, was bei § 40 GmbHG nicht der Fall ist.

Daher ist beim gutgläubigen GmbH-Anteilserwerb § 161 Abs. 3 GmbHG nicht anwendbar. Eine Zwischenverfügung ist wie nach alter Rechtslage unwirksam, wenn der Bedingungseintritt stattfindet.

b) Die erforderliche Unrichtigkeit der Liste

Die Widerspruchslösung setzt zudem voraus, dass der Liste ein Widerspruch zugeordnet werden kann, obwohl diese nicht unrichtig ist, da vor Bedingungseintritt der Veräußerer der wahre Berechtigte am Geschäftsanteil ist, die Gesellschafterliste also richtig ist. In dieser Phase lässt sich nur davon sprechen, dass die Gesellschafterliste in ihrer Aussagekraft beschränkt ist.[974]

Diese Möglichkeit wird von den Anhängern der Widerspruchslösung durchgehend ohne wirkliche Erörterung angenommen. *Kamlah*[975] argumentiert hingegen mit der Schutzbedürftigkeit des bedingten Erwerbers, der ansonsten einen wirksamen Zwischenerwerb nicht verhindern könne. Dieser Aspekt wäre aber nur folgerichtig, wenn § 161 Abs. 3 BGB bei einer Verfügung über einen GmbH-Geschäftsanteil anwendbar wäre, wovon *Kamlah* zwar ausgeht, was aber, wie gerade gesehen[976], nicht zutrifft.

Die Möglichkeit eines Widerspruches auch bei einer zutreffenden Liste würde zudem die gesetzgeberisch gewollte Parallelität zu §§ 892, 899 BGB ver-

---

971 *Preuß*, ZGR 2008, 676, 691 f.; *Weigl*, MittBayNot 2009, 116, 117 f.; *Mayer*, ZIP 2009, 1037, 1050; *Zessel*, GmbHR 2009, 303, 305.

972 *Schreinert/Berresheim*, DStR 2009, 1265, 1267.

973 Zu dieser Unterscheidung allgemein: 3. Kap. D. IV. 2. c) bb) (1).

974 So: *Mayer*, ZIP 2009, 1037, 1050.

975 *Kamlah*, GmbHR 2009, 841, 843 f.

976 5. Kap. C. III. 3. a).

kennen. Für den Widerspruch im Grundbuchrecht gemäß § 899 BGB ist erforderlich, dass dem Widersprechenden gegen den Eingetragenen ein Berichtigungsanspruch gemäß § 894 BGB zusteht[977], das Grundbuch also unrichtig ist. Obwohl diese Voraussetzung in § 16 Abs. 3 Satz 4 GmbHG nicht genannt wird[978], ist kein Aspekt ersichtlich, hier auf einen Berichtigungsanspruch des Widersprechenden zu verzichten. Ein entsprechender Anspruch muss vielmehr gegeben sein, da nach der Gesetzesbegründung der Widerspruch aufgrund einer einstweiligen Verfügung voraussetzt, dass der Widersprechende einen Anspruch auf Einreichung einer korrigierten Liste glaubhaft machen kann.[979] Da der Widerspruch aufgrund einer Bewilligung die gleichen Rechtsfolgen nach sich zieht wie derjenige aufgrund einer einstweiligen Verfügung, ist nicht einzusehen, warum diesbezüglich unterschiedliche Wirksamkeitsvoraussetzungen bestehen sollten. Hierfür streitet letztlich auch der Wortlaut des § 16 Abs. 3 Satz 4 GmbHG, der beide Arten des Widerspruchs alternativ nennt, ohne einen Anhaltspunkt für eine Differenzierungsmöglichkeit erkennen zu lassen.

Mithin setzt ein Widerspruch, sowohl aufgrund einer Bewilligung als auch aufgrund einer einstweiligen Verfügung, voraus, dass eine unrichtige Gesellschafterliste zum Handelsregister aufgenommen worden ist.

c) Zusammenfassung

Für die Widerspruchslösung besteht damit kein Bedürfnis, da diese von einer unzutreffenden Prämisse ausgeht, nämlich der Anwendbarkeit von § 161 Abs. 3 BGB. Doch auch wenn man diesen Aspekt außer Acht lässt, verkennt diese Ansicht, dass ein Widerspruch eine unrichtige Gesellschafterliste voraussetzt.

4. Widerspruch aufgrund einer einstweiligen Verfügung

Die für einen bewilligten Widerspruch erforderliche Mitwirkung seitens des eingetragenen Gesellschafters wird naturgemäß nicht regelmäßig erreichbar sein. Um dennoch in diesen Fällen gutgläubigen Erwerb verhindern zu können, sieht § 16 Abs. 3 Satz 4 Alt. 1 GmbHG vor, dass der Gesellschafterliste ein Widerspruch aufgrund einer einstweiligen Verfügung zugeordnet wird. In dieser Konstellation lässt sich weitgehend auf die Grundsätze des Widerspruchs aufgrund einer einstweiligen Verfügung im Grundbuchrecht zurückgreifen, da sich diesbezüglich keine Besonderheiten aus dem GmbH-Recht ergeben. Einzig die Frage der Widerspruchsberechtigung ist noch nicht abschließend geklärt.

Für den grundbuchrechtlichen Widerspruch bestimmt das Gesetz, dass eine Widerspruchsberechtigung und damit eine Aktivlegitimation nur demjenigen

977 Statt aller: Staudinger/*Gursky* (2008) § 899 Rdnr. 26.

978 Hierin erblickt *Hamann*, NZG 2007, 492, 494 ein Redaktionsversehen, was aber bei unterstellter Richtigkeit zu keinem anderen Ergebnis führen würde.

979 Regierungsbegründung, BT-Drs. 16/6140, S. 39 rechte Spalte.

zukommt, dem ein Berichtigungsanspruch gemäß § 894 BGB zusteht.[980] Eine vergleichbare Regelung existiert für das GmbH-Recht nicht. Die Gesetzesmaterialien nennen im Zusammenhang mit dem Widerspruch nur den wahren Inhaber als denjenigen, der die Zuordnung eines Widerspruches veranlassen kann.[981] Weiterhin geht die Begründung davon aus, dass im Rahmen des gerichtlichen Verfahrens ein Anspruch auf Einreichung einer korrigierten Liste glaubhaft zu machen ist.[982] Würde dem unmittelbar gefolgt, käme die Widerspruchsbefugnis nur dem wahren Berechtigten zu, der in der Gesellschafterliste nicht eingetragen ist. Bezogen auf die Person des wahren Berechtigten ist dem voll zuzustimmen, da der Sinn des Widerspruchs, gutgläubigen Erwerb zu verhindern, nur dann effektiv erreicht werden kann, wenn der wahre Berechtigte die Widerspruchsbefugnis hat.[983]

Fraglich bleibt indes, ob nicht auch für andere Beteiligte eine Widerspruchsbefugnis anzuerkennen ist.

In Betracht kommen zunächst die Mitgesellschafter. Sicherlich lässt sich bei dieser Gruppe ein hohes Interesse, auf die Zusammensetzung des Mitgliederkreises einen gewissen Einfluss zu haben, nicht von der Hand weisen.[984] Der Widerspruch würde sich in diesem Zusammenhang als geeignetes Mittel darstellen, mittelbar die Fluktuation darauf zu beschränken, dass der unrichtige Gesellschafter in der GmbH verbleibt und der wahre Berechtigte aufgrund seiner eigenen Initiative dem Gesellschafterkreis beitritt. Bereits die Darlegung der Interessen lässt aber im Ergebnis eine nicht ausreichende Schutzwürdigkeit der Mitgesellschafter durchscheinen. Diese hätten und haben die Möglichkeit, mit Hilfe einer satzungsmäßigen Vinkulierungsklausel ihr Interesse selbst zu befriedigen.[985] Haben sie hiervon abgesehen, ist es nicht einzusehen, ihnen dennoch ein Widerspruchsrecht einzuräumen, da sie mittelbar durch die unterlassene Aufnahme einer Vinkulierungsklausel gezeigt haben, dass ihr Interesse an der Zusammensetzung des Mitgliederbestandes nicht besonders gesteigert ist. Zudem steht ihnen auch dann noch, wenn sie Kenntnis von einer unrichtigen Gesellschafterliste haben, die Befugnis zu, ab diesem Zeitpunkt eine Vinkulierungsklausel aufzunehmen, die nicht durch § 16 Abs. 3 GmbHG überwunden werden kann.[986] Hiergegen ließe sich auch nicht einwenden, dass es sich bei einem solchen Vorgehen um eine Einzelfallmaßnahme zu Lasten des unrichtig in der Liste aufgenommenen Gesellschafters handele und daher ein Verstoß gegen das

980 Staudinger/*Gursky* (2008) § 899 Rdnr. 26; Palandt/*Bassenge*, § 899 Rdnr. 2.
981 Regierungsbegründung, BT-Drs. 16/6140, S. 39 linke Spalte.
982 Regierungsbegründung, BT-Drs. 16/6140, S. 39 rechte Spalte.
983 So im Ergebnis auch die allgemeine Meinung. Statt aller: *Wicke*, GmbHG, § 16 Rdnr. 25.
984 Vgl. *Leeser*, Gutgläubiger Erwerb, S. 107, der im Ergebnis ein Widerspruchsrecht aber ablehnt.
985 So auch: *Harbarth*, ZIP 2008, 57, 61.
986 Vgl. 5. Kap. A. II. 3.

Treuegebot unter den Gesellschaftern vorliege.[987] Der in der Gesellschafterliste aufgenommene Mitgesellschafter ist ja gerade nicht Mitglied der GmbH und wird durch die Aufnahme in die Gesellschafterliste wegen der Legitimationswirkung des § 16 Abs. 1 GmbHG nur so behandelt. Ohne auf exakte Grenzen der Treuepflicht unter diesem Aspekt eingehen zu müssen, spricht vielmehr die tatsächliche Inhaberschaft des nicht Eingetragenen dafür, dass die Treuepflicht ihm gegenüber bei einem unmittelbaren Konflikt von Handlungsalternativen, die sowohl ihn als auch den nur Eingetragenen treffen, den Ausschlag dafür geben muss, dass in diesem Punkt keine Treuepflicht gegenüber dem unrichtigen Gesellschafter besteht.

Weiterhin wird in der Literatur diskutiert, ob auch die Geschäftsführung ein Widerspruchsrecht hat. Dies wird überwiegend angenommen.[988] Dieses Recht ergebe sich trotz einer eigenen Korrekturkompetenz der Geschäftsführung, weil Fälle denkbar seien, in denen die Beteiligungsverhältnisse objektiv zweifelhaft seien, und der Geschäftsführung ein Instrument zur Haftungsvermeidung (§ 40 Abs. 3 GmbHG) zuzugestehen sei.[989] Wird aber, wie hier[990], eine Korrekturkompetenz der Geschäftsführung gänzlich abgelehnt, trifft das Argument der Haftungsvermeidung erst recht zu, da die Geschäftsführung ansonsten einen einmal gemachten Fehler in keiner Weise selbst korrigieren kann. Berücksichtigt man zudem, dass häufig bei der Geschäftsführung juristische Vorbildung fehlt, erscheint eine andere Sichtweise als unangemessen. Gegen ein Widerspruchsrecht der Geschäftsführung ließe sich andererseits einwenden, dass diese schlicht den wahren Berechtigten von einer unrichtigen Gesellschafterliste informieren und auffordern könnte, das Berichtigungsverfahren durch Mitteilung und Nachweis einzuleiten. Sieht der wahre Berechtigte hiervon ab, so hätte er zwar im weiteren Verlauf im Falle eines gutgläubigen Erwerbs Schadenersatzansprüche gegen die Geschäftsführung aus § 40 Abs. 3 GmbHG, müsste sich aber ein hohes Mitverschulden gemäß § 254 BGB zurechnen lassen. Aus Sicht der Geschäftsführung stellt dies aber nur eine Haftungsminimierung dar und erweist sich nicht als Instrument einer absoluten Haftungsvermeidung, da auch bei großem Mitverschulden der Aspekt, dass die Unrichtigkeit der Gesellschafterliste auf ihr Handeln zurückzuführen ist, nicht unbeachtet bleiben kann. Auch aus ökonomischer Sicht erweist sich die Möglichkeit des Widerspruchs dem Sekundärrechtsschutz als überlegen, da erster schnell und effektiv bereits gutgläubigen

---

987 Allgemein zum Treuegebot auch unter den Gesellschaftern siehe: *Hueck/Fastrich* in: Baumbach/Hueck, GmbHG (2010), § 13 Rdnr. 20 ff.

988 *Mayer*, DNotZ 2008, 403, 422; *Harbarth*, ZIP 2008, 57, 61; *Wachter*, GmbHR Sonderheft Oktober 2008, 51, 60; Heckschen/*Heidinger*, Die GmbH (2009), § 13 Rdnr. 119; *Leeser*, Gutgläubiger Erwerb, S. 106 f.; anders hingegen ohne Begründung: Stellungnahme des DAV zum RegE MoMiG, NZG 2007, 735, 739.

989 Heckschen/*Heidinger*, Die GmbH (2009), § 13 Rdnr. 119.

990 4. Kap. B. VIII. 2. c) dd).

Erwerb verhindert und nicht die Auseinandersetzung in einen unter Umständen langen Prozess verlagert, der Ressourcen der Geschäftsführung bindet, die dann nicht mehr für die GmbH zur Verfügung stehen. Schließlich fördert der Widerspruch als publiziertes Instrument zumindest mittelbar die vom Gesetzgeber gewünschte Transparenz der Beteiligungsverhältnisse[991], als dass hierdurch – anders als beim Sekundärrechtsschutz – für Außenstehende erkennbar ist, dass diese unklar und umstritten sind. Hierdurch kann im Einzelfall dem Rechtsverkehr schon stark geholfen sein.

Zusammenfassend besteht damit eine Widerspruchsbefugnis und hiermit einhergehend eine Aktivlegitimation im Prozess für den wahren Berechtigten und die Geschäftsführung.

5. Die Löschung eines zugeordneten Widerspruchs

Ist der Gesellschafterliste ein Widerspruch zugeordnet, so enthält das Gesetz weder eine Regelung zur Dauer der Zuordnung noch zu dessen Löschung. Will der eingetragene Gesellschafter einen der Gesellschafterliste zugeordneten Widerspruch beseitigen, so ist er auf die Mitwirkung des Widersprechenden angewiesen und bedarf dessen Bewilligung zur Löschung.[992] Fraglich bleibt aber, auf welche rechtliche Grundlage der zu Recht Eingetragene zurückgreifen kann. Im Grundbuchrecht sieht die allgemeine Auffassung die diesbezügliche Anspruchsgrundlage in § 894 BGB analog, da eine nur faktische und keine rechtliche Beeinträchtigung des Rechtsinhabers gegeben sei.[993] Diese Analogie – es würde sich genau genommen um eine doppelte Analogie handeln – lässt sich auf die Gesellschafterliste nicht überleiten, da bereits die Regelung des § 894 BGB nicht vom Gesetzgeber in das GmbH-Recht übertragen wurde. Eine analoge Anwendung des § 894 BGB ist aber auch nicht nötig, da auf § 1004 Abs. 1 BGB zurückgegriffen werden kann. Durch die Zuordnung des Widerspruchs ist der wahre Berechtigte zwar nicht beeinträchtigt, seine eigentumsrechtliche Stellung ungehindert auszuüben und Verfügungen über den Geschäftsanteil vorzunehmen. Dennoch führt der Widerspruch zu einer faktischen Belastung, da dieser auf potentielle Erwerber eine abschreckende Wirkung hat.[994]

Einer Bewilligung des Widersprechenden bedarf es nicht, wenn der Widerspruch afgrund einer einstweiligen Verfügung der Gesellschafterliste zugeordnet und die einstweilige Verfügung durch eine vollstreckbare Entscheidung aufgehoben worden ist. Für dieses Ergebnis ist eine entsprechende Anwendung des

991 Regierungsbegründung, BT-Drs. 16/6140, S. 37 rechte Spalte.

992 Statt aller: *Heckschen*, Praxis, Rdnr. 574; *Wachter*, GmbHR Sonderheft Oktober 2008, 51, 61.

993 RG, Urteil vom 26.02.1940, Az. V 147/39, RGZ 163, 62, 62; BGH, Urteil vom 31.10.1968, Az. V ZR 117/67, NJW 1969, 93, 93; MünchKommBGB/*Kohler* § 899 Rdnr. 29.

994 Vgl. zum gleichen Gedanken bei der analogen Anwendung des § 894 BGB im Grundbuchrecht: *Westermann*, Sachenrecht § 72 III.

§ 25 GBO[995] nicht möglich, da dieser einen Spezialfall zum Unrichtigkeitsnachweis des § 22 GBO darstellt[996], der seinerseits ein Ausnahmefall zum Bewilligungsprinzip des Grundbuches ist[997], welches vom MoMiG-Gesetzgeber nicht übernommen wurde. Da aber die aufhebende vollstreckbare Entscheidung die Ersetzungswirkung der Bewilligung des Widerspruchs der ursprünglichen einstweiligen Verfügung entfallen lässt, kann der wahre Berechtigte durch Vorlage dieser vorläufig vollstreckbaren Entscheidung den Widerspruch im Handelsregister löschen lassen.

D. Die Umsetzung der verfassungsrechtlichen Vorgaben durch § 16 Abs. 3 GmbHG

Wurde nunmehr die Neuregelung zum gutgläubigen Erwerb von GmbH-Geschäftsanteilen und Rechten hieran aus zivilrechtlicher Sicht untersucht, verbleibt die Frage, ob § 16 Abs. 3 GmbHG auch durchgängig mit der Eigentumsgarantie des Art. 14 GG vereinbar und damit aus Sicht der Verfassung nicht zu beanstanden ist. Diese Untersuchung wird im Folgenden unternommen.

I. Die verfassungsrechtlichen Vorgaben

Im Rahmen der Prüfung verfassungsrechtlicher Vorgaben für § 16 Abs. 3 GmbHG hat sich gezeigt, dass sich aus Art. 14 GG greifbare Anforderungen an die Regelung des gutgläubigen Erwerbs im GmbH-Recht ableiten lassen. Da sich gutgläubiger Erwerb stets im Spannungsverhältnis zwischen dem Rechtsbeharrungsinteresse des wahren Berechtigten und den durch § 16 Abs. 3 GmbHG geschützten Allgemeinwohlbelangen[998] befindet, hat die Regelung an diesem Punkt einen angemessenen Interessensausgleich sicherzustellen. Um den Ausgleich erreichen zu können, muss § 16 Abs. 3 GmbHG entweder auf das reine Rechtsscheinprinzip oder auf das Zurechnungsprinzip zurückgreifen. Wird dies durch § 16 Abs. 3 GmbHG nicht geleistet, so lässt sich der Rechtsverlust des ursprünglichen Anteilsinhabers vor dem Hintergrund der Eigentumsgarantie des Art. 14 GG nicht rechtfertigen. Da § 16 Abs. 3 GmbHG innerhalb der Karenzfrist des § 16 Abs. 3 Satz 2 GmbHG zunächst dem Zurechnungsprinzip folgt, nach Ablauf der Frist aber dem reinen Rechtsscheinprinzip, ist jeweils genauer zu betrachten, ob damit auch im Einzelfall die verfassungsrechtlichen Vorgaben erfüllt sind.

II. Das Zurechnungsprinzip als Vorgabe

Innerhalb der ersten drei Jahre ab Aufnahme einer unrichtigen Gesellschafterliste zum Handelsregister kann ein Rechtsverlust durch gutgläubigen Erwerb nur

995 So aber: *Leeser*, Gutgläubiger Erwerb, S. 109 f.
996 BeckOK Hügel/*Holzer*, GBO § 25 Rdnr. 3.
997 BeckOK Hügel/*Holzer*, GBO § 22 Rdnr. 4.
998 Allgemein zu diesen Belangen: 3. Kap. D. IV. 2. b).

eintreten, wenn dem wahren Berechtigten die Unrichtigkeit der Liste gemäß § 16 Abs. 3 Satz 2 GmbHG zurechenbar ist. Wird hierbei das gesetzlich nicht näher definierte Merkmal der Zurechnung mit Hilfe des Risikoprinzips ausgelegt[999], so kann in geeigneter Art und Weise der verfassungsrechtlich determinierte Interessensausgleich gleichsam fein gesteuert werden. Letztendlich ist damit der Anknüpfungspunkt für die Frage, ob gutgläubiger Erwerb im Einzelfall stattfinden kann oder nicht, davon abhängig, ob sich die Unrichtigkeit des Rechtsscheinträgers Gesellschafterliste auf den von deren negativen Wirkungen betroffenen wahren Berechtigten rückbeziehen lässt. Die Neuregelung wird mit dieser Konstruktion den verfassungsrechtlichen Vorgaben also gerecht. Demgemäß ergeben sich aus verfassungsrechtlicher Sicht keine Bedenken gegen § 16 Abs. 3 GmbHG innerhalb der Karenzfrist.[1000]

III. Das reine Rechtsscheinprinzip als Vorgabe

Nach Ablauf der Karenzfrist findet innerhalb des § 16 Abs. 3 GmbHG ein Strukturwechsel statt. Für die Frage, ob gutgläubiger Erwerb eintreten kann, ist nicht mehr erforderlich, dass die Unrichtigkeit der Gesellschafterliste dem wahren Berechtigten zurechenbar ist. Nur noch fehlende Gutgläubigkeit des Erwerbers oder ein der Gesellschafterliste zugeordneter Widerspruch können als Ausschlussgründe vom wahren Berechtigten gegen den gutgläubigen Erwerb vorgebracht werden. Damit findet nicht mehr das Zurechnungsprinzip Anwendung. Vielmehr greift § 16 Abs. 3 GmbHG in dieser Phase auf das reine Rechtsscheinprinzip zurück.

Dieser Weg ist im Hinblick auf Art. 14 GG grundsätzlich gangbar und möglich.[1001] Dass dieser Weg aber auch den verfassungsrechtlich vorgezeichneten Abwägungsvorgang einfachgesetzlich ausreichend umzusetzen geeignet ist, erfordert, dass die Voraussetzungen des reinen Rechtsscheinprinzips eingehalten sind. Die entscheidende Voraussetzung des reinen Rechtsscheinprinzips ist aber ein Rechtsscheinträger, der mit einer dem Grundbuch vergleichbaren hohen Richtigkeitsgewähr ausgestattet ist. Wie sich aber im Rahmen der zivilrechtlichen Prüfung gezeigt hat, wird die Gesellschafterliste in ihrer aktuellen Ausgestaltung diesem Erfordernis nicht gerecht.[1002]

Die §§ 16 Abs. 3, 40 GmbHG greifen demnach zwar auf eine denkbare Möglichkeit zur Rechtfertigung des Rechtsverlustes zurück, schaffen aber auf der anderen Seite selbst nicht die hierfür notwendigen Voraussetzung. Legt man diese Ausgangsposition zunächst zugrunde, so scheint gutgläubiger Erwerb gemäß § 16 Abs. 3 GmbHG nach Ablauf der Karenzfrist nicht den aus Art. 14 GG ableitbaren Anforderungen zu entsprechen und damit verfassungswidrig zu sein.

---

999 Hierzu: 5. Kap. C. I. 5. e) bb).

1000 So auch: *Preuß*, ZGR 2008, 676, 697 f.; *Apfelbaum*, BB 2008, 2470, 2475.

1001 Vgl. 3. Kap. D. IV. 2. c) bb) (3).

1002 Siehe: 4. Kap. B. X. 2.

IV. Die Mittelbare Einhaltung der Vorgaben durch das Modell der „typisierten Zurechnung“[1003]

Nach dem bisherigen Befund der Untersuchungen bleibt nach wie vor fraglich, ob gutgläubiger Erwerb von GmbH-Geschäftsanteilen oder Rechten hieran nach Ablauf der Karenzfrist den verfassungsrechtlich determinierten Interessensausgleich zwischen dem Rechtsbeharrungsinteresse und den durch die Neuregelung geschützten Allgemeinwohlbelangen leistet. In dieser Phase kann als rechtfertigendes Moment nicht auf ein Zurechnungserfordernis zurückgegriffen werden, da das Gesetz in dieser Phase auf die Zurechnung verzichtet. Aber auch das andere denkbare Rechtfertigungsmodell, nämlich das reine Rechtsscheinprinzip, kann wegen der mangelnden Sicherstellung der eigenen Voraussetzungen nicht zur Rechtfertigung des Rechtsverlustes innerhalb der Abwägung herangezogen werden.

1. Das Modell der „typisierten Zurechnung“

Dennoch bietet die Neuregelung einen weiteren Ansatzpunkt, den notwendigen Interessensausgleich sicherzustellen. § 16 Abs. 3 GmbHG greift nämlich nicht trennscharf auf entweder das Zurechnungsprinzip oder das reine Rechtsscheinprinzip zurück, sondern wendet ein bislang unbekanntes Mischsystem beider Institute an. Der Gesetzgeber ist sich durchaus bewusst, dass die Gesellschafterliste als Rechtsscheinträger nicht im gleichen Maße die eigene Richtigkeit gewähren kann wie das Grundbuch.[1004] Demgemäß greift § 16 Abs. 3 GmbHG auch nicht unmodifziert auf das reine Rechtsscheinprinzip zurück, sondern baut auf einer zusätzlichen Voraussetzung auf. Das reine Rechtsscheinprinzip kommt, abweichend vom redlichen Erwerb im Liegenschaftsrecht, nicht sofort zum Tragen, sondern erst nach Ablauf der dreijährigen Karenzfrist. Insoweit besteht für den wahren Berechtigten eine zusätzliche, zeitlich befristete Schutzflanke, während der er die Möglichkeit hat, der Gesellschafterliste einen Widerspruch zuordnen zu lassen oder seinen Berichtigungsanspruch durchzusetzen. Erst nachdem ihm diese Möglichkeit für drei Jahre zur Seite gestanden hat, greift das schärfere Rechtsscheinprinzip.

Mit dieser gesetzlichen Modifikation des reinen Rechtsscheinprinzips bringt das Gesetz eine neue, zusätzliche Möglichkeit der Rechtfertigung gutgläubigen Erwerbs zum Ausdruck. Anders als bislang bekannt, setzt der gutgläubige Erwerb nach Ablauf der Karenzfrist im Rahmen des § 16 Abs. 3 GmbHG nicht voraus, dass ein Rechtsscheinträger mit hoher Richtigkeitsgewähr besteht oder die falsche Verlautbarung des Rechtsscheinträgers dem wahren Berechtigten zurechenbar ist. Die gesetzliche Wertung geht vielmehr von folgender Struktur aus: Der wahre Berechtigte hat stets die Möglichkeit, ohne nennenswerten Auf-

1003 Formulierungsvorschlag des Verfassers.

1004 Vgl. Regierungsbegründung, BT-Drs. 16/6140, S. 38 rechte Spalte.

wand online Einblick in die Gesellschafterliste zu nehmen.[1005] Gleichzeitig stehen ihm in Form des Widerspruchs oder seines Anspruchs auf Einreichung einer richtigen Liste Maßnahmen zur Seite, sich gegen den drohenden Rechtsverlust zur Wehr zu setzen.[1006] Unterlässt der wahre Gesellschafter für mindestens drei Jahre aber diese Schritte, ist er nach der gesetzgeberischen Wertung nicht mehr schutzwürdig im Verhältnis zu einem gutgläubigen Erwerber. Das gesetzliche Grundmodell geht mit anderen Worten nicht den Weg, nach Ablauf der Karenzfrist dem reinen Rechtsscheinprinzip streng zu folgen, sondern arbeitet mit dem Modell einer „typisierten Zurechnung". Wegen den Einflussnahmemöglichkeiten über drei Jahre hinweg geht das Gesetz davon aus, dass ein Unterlassen dieser Möglichkeiten rechtsethisch genauso zu behandeln ist, wie eine primäre Zurechnung der unrichtigen Gesellschafterliste.[1007]

2. Folgerungen aus dem Modell der „typisierten Zurechnung"

Das Modell der „typisierten Zurechnung" bringt damit eine völlig neue Struktur des gutgläubigen Erwerbs zum Ausdruck. Nicht mehr wegen der hohen Richtigkeitsgewähr des Rechtsscheinträgers oder einer primären Zurechnung seiner Unrichtigkeit hält das Gesetz den Rechtsverlust des wahren Berechtigten für zumutbar, sondern weil dieser selbst ein Einschreiten gegen die Verlautbarungen des Rechtsscheinträgers als sein eigener Rechtsbewahrer unterlassen hat.

Der Anknüpfungspunkt für den Rechtsverlust findet sich damit in folgender Wertung des Gesetzgebers wieder: Ist jemand Inhaber eines GmbH-Geschäftsanteils, wird er bestrebt sein, auch in der Gesellschafterliste aufgenommen zu sein, da er ansonsten wegen der Legitimationswirkung des § 16 Abs. 1 GmbHG gegenüber der Gesellschaft keine Rechte wahrnehmen kann. Unterlässt er es aber, für seine eigene Aufnahme in die Gesellschafterliste zu sorgen, solange ihm bereits die ursprüngliche Unrichtigkeit nicht zurechenbar ist, dokumentiert der wahre Inhaber damit ein nur mangelndes Interesse am Schicksal des Geschäftsanteils. Der wahre Berechtigte verzichtet damit mittelbar darauf, im Rahmen der Interessensabwägung innerhalb des Art. 14 GG als besonders schutzwürdig zu erscheinen. Auf der anderen Seite kann ein gutgläubiger Erwerber davon ausgehen, der wahre Berechtigte verhielte sich wirtschaftlich vernünftig und stelle seine Aufnahme in die Gesellschafterliste sicher bzw. sorge dafür, dass Dritte erkennen können, etwa durch einen Widerspruch, dass die Gesellschafterliste unrichtig ist. Wird der wahre Berechtigte dieser Erwartung allerdings nicht gerecht, so spricht nichts dagegen, hieraus für diesen Nachteile zu ziehen und den gutgläubigen Erwerber als schutzwürdiger einzuordnen.

1005 Vgl. Regierungsbegründung, BT-Drs. 16/6140, S. 39 linke Spalte.
1006 Vgl. Regierungsbegründung, BT-Drs. 16/6140, S. 39 linke Spalte.
1007 Roth/*Altmeppen*, GmbHG, § 16 Rdnr. 63 spricht in diesem Zusammenhang von einer abgemilderten Form des Veranlassungsprinzips.

Beide haben schließlich mit der online einsehbaren Gesellschafterliste dieselbe Erkenntnisquelle.

3. Das verfassungsdeterminierte Abwägungsgebot und das Modell der „typisierten Zurechnung“

Ebenso wie beim Zurechnungsprinzip und dem reinen Rechtsscheinprinzip muss mit dem Modell der „typisierten Zurechnung“ ein angemessener Ausgleich innerhalb der verfassungsrechtlich determinierten Abwägung der widerstreitenden Interessen sichergestellt sein. Daher kommt es entscheidend darauf an, ob die dem Gesetz zugrunde liegende Wertung, wonach ein Gesellschafter, der für wenigstens drei Jahre nichts gegen eine unrichtige Gesellschafterliste unternimmt, so behandelt werden kann, wie ein Gesellschafter, dem die Unrichtigkeit der Gesellschafterliste primär zurechenbar ist. Andererseits muss sich aber zudem die These bewahrheiten, dass es dem wahren Gesellschafter stets zumutbar ist, die Gesellschafterliste auf deren Richtigkeit hin zu überprüfen, da ansonsten die Basisvoraussetzung, nämlich die Gleichbehandlung, keine Grundlage hat.

a) Die Geltungskraft der gesetzlichen Wertung der Gleichbehandlung

Bezüglich der grundsätzlichen Wertung der Gleichbehandlung kann dem gesetzlichen Modell zugestimmt werden. Die primäre Zurechnung der Listenunrichtigkeit sorgt dafür, den wahren Berechtigten im Verhältnis zum Erwerber als dergestalt schutzunwürdig einordnen zu können, dass ihm das Risiko eines Rechtsverlustes aufgebürdet werden kann, da eine Rückbeziehung der falschen Listenaussage auf dessen eigene Selbstverantwortung möglich ist. Hier hatte es der wahre Berechtigte selbst in der Hand, die Publizierung einer unrichtigen Gesellschafterliste bereits zu verhindern. Ist aber ohne eine primäre Zurechnung der Fall eingetreten, dass eine unrichtige Gesellschafterliste für Dritte, insbesondere einen Erwerber, für wenigstens drei Jahre in Erscheinung tritt, ist eine ebensolche Rückbeziehung auf den Rechtskreis und die Selbstverantwortung des wahren Berechtigten möglich, da davon auszugehen ist, dass der wahre Berechtigte gegen eine falsche Gesellschafterliste vorgeht und auf deren Korrektur hinwirkt. Denn nur so kann er gemäß § 16 Abs. 1 GmbHG Rechte gegenüber der GmbH geltend machen. Hat er diesen Schritt innerhalb dreier Jahre nicht unternommen, so lässt sich dies nur darauf zurückführen, dass der wahre Berechtigte kein Interesse am Geschäftsanteil und den hiermit verbundenen Einflussnahmemöglichkeit auf die GmbH hat oder aber aus anderweitigen Gründen[1008] auf seine Aufnahme in die Gesellschafterliste planvoll verzichtet hat. In letztgenannten Fall würde indes bereits das Merkmal der Zurechnung im Sinne des § 16 Abs. 3 Satz 2 GmbHG eingreifen.[1009] Hat der wahre Gesellschafter damit – auch nach außen dokumentiert – kein Interesse an seinem Geschäftsanteil,

1008 Siehe zu diesen Gründen: 4. Kap. B. X. 1.
1009 Vgl. 5. Kap. C. I. e) cc) (3).

so würde es ein nicht hinnehmbares Verhalten darstellen, wenn er sich trotz dieses Fehlens für wenigstens drei Jahre dem Erwerber gegenüber auf die unrichtige Eintragung in der Gesellschafterliste berufen könnte. Dem Erwerber steht als einzige Erkenntnisquelle die Gesellschafterliste zur Verfügung, aus der sich aber auf das fehlende Interesse des wahren Berechtigten schließen lässt, ist eine Eintragung seit wenigstens drei Jahren unwidersprochen geblieben.

Dies führt dazu, dass im Rahmen der verfassungsdeterminierten Interessensabwägung zu Lasten des Berechtigten dessen publiziertes, fehlendes Interesse eingestellt werden kann. Auf der anderen Seite spricht zugunsten eines gutgläubigen Erwerbers, dass dieser in seiner berechtigten Erwartung nicht enttäuscht wird, wonach derjenige, welcher zu Unrecht nicht in der einsehbaren Gesellschafterliste aufgenommen ist, hiergegen vorgehen wird.

Diese Grundsituation berücksichtigt damit zwar nicht das tatsächliche Interesse des wahren Gesellschafters, aber ein solches, welches sowohl für diesen, als auch für jeden Dritten durch die Verlautbarungen der Gesellschafterliste erkennbar ist. Das Gesetz zeichnet damit diejenigen Interessen nach, die sich typischerweise anhand der objektiven Umstände für jedermann feststellen lassen.

Im Ergebnis lässt sich hiermit die gesetzliche Wertung, wonach ein Gesellschafter, der drei Jahre lang nichts gegen eine unrichtige Gesellschafterliste unternimmt, so behandelt werden kann, wie ein Gesellschafter, dem die Unrichtigkeit der Gesellschafterliste zurechenbar ist, begründen. Ein nicht unternommenes Vorgehen für drei Jahre gegen eine unrichtige Gesellschafterliste sorgt damit für die notwendige Verbindung zwischen Rechtsscheinträger und Selbstverantwortung des wahren Berechtigten. Innerhalb der Abwägung der widerstreitenden Interessen im Rahmen des Art. 14 GG besteht damit wegen der Verbindung zwischen Selbstverantwortung des wahren Berechtigten und der unrichtigen Gesellschafterliste ein Belang, der eine Entscheidung zu Lasten des wahren Berechtigten begründet.

b) Die Geltungskraft der Kontrollobliegenheit

Nur die Tatsache, dass der wahre Berechtigte nach Ablauf der Karenzfrist ebenso behandelt werden kann, als sei ihm die Unrichtigkeit der Gesellschafterliste primär zurechenbar, reicht aber noch nicht aus, das gesetzliche Modell der „typisierten Zurechnung" als insgesamt angemessen einordnen zu können. Der zutreffende Gleichstellungsgedanke hat schließlich zur Voraussetzung, dass es dem wahren Berechtigten stets zumutbar ist, die Gesellschafterliste auf deren Richtigkeit hin zu überprüfen. Würde sich aber zeigen, dass eine solche Zumutbarkeit nicht immer gegeben ist, so würde dem grundsätzlich zutreffenden Gleichstellungsgedanken der Boden entzogen und die verfassungsdeterminierte Abwägung zu Lasten des wahren Berechtigten wäre pauschal nicht begründbar, wie es dem gesetzlichen Regelungsmodell zugrunde liegt. Daher muss im Folgenden untersucht werden, ob es jedem GmbH-Gesellschafter zumutbar ist, spätestens alle drei Jahre die Gesellschafterliste auf deren Richtigkeit hin zu kontrollieren. Zu dieser Frage werden drei unterschiedliche Ansichten vertreten.

aa) Die überwiegende Ansicht

Der überwiegende Teil der Literaturstimmen folgt der gesetzgeberischen Wertung und anerkennt die neu eingeführte Kontrollobliegenheit jedes GmbH-Gesellschafters als zumutbares Institut.[1010] Diese Ansicht geht davon aus, dass die Möglichkeiten für die Erfüllung der Obliegenheit ausreichend ausgestaltet seien. Verwiesen wird auf den Widerspruch gemäß § 16 Abs. 3 Satz 4 GmbH[1011] und die wegen § 9 Abs. 1 HGB leichte Überprüfung der Gesellschafterliste.[1012] Ebenso sei in der Mehrzahl der Fälle wegen der Beteiligung des Notars eine ausreichende Richtigkeitsgewähr gegeben, die die Wahrscheinlichkeit der Unrichtigkeit der Gesellschaftsliste verringere.[1013]

bb) Die Meinung von Bohrer und Wicke

Auch *Bohrer* [1014] und ihm folgend *Wicke*[1015] halten den Rechtsverlust als potentielle Folge der Obliegenheitsverletzung für gerechtfertigt. Im Unterschied zur gerade aufgeführten Meinung haben sie weniger die Einflussmöglichkeiten des wahren Berechtigten im Auge. Vielmehr ergibt sich für sie die Rechtfertigung des Rechtsverlustes aus der Beteiligung des Gesellschafters am Verband der GmbH als Teilnahme an einem durch das GmbHG verfassten Sonderverkehr. Aus dieser Teilnahme ergäben sich nunmehr erhöhte Prüfungspflichten. Eine solche Anknüpfung sei auch kein Einzelfall, wie der Blick auf den kaufmännischen Sonderverkehr zeige. Auch hier verlange das Gesetz die Beachtung erhöhter Sorgfaltsanforderungen.

cc) Die zweifelnde Ansicht

Andere Stimmen in der Literatur sehen hingegen die Möglichkeit, nach Ablauf der Karenzfrist ohne primäre Zurechnung an den Gesellschafter einen GmbH-Anteil gutgläubig erwerben zu können, äußerst kritisch.[1016] Diese Ansicht stellt

---

1010 *Mayer*, DNotZ 2008, 403, 421; *Heckschen*, DStR 2007, 1442, 1450; *Wegen*, FS Lüer, 321, 325; *Apfelbaum*, BB 2008, 2470, 2476; *Götze/Bressler*, NZG 2007, 894, 897; noch zum Referentenentwurf: Scholz/*Winter/Seibt*, GmbHG, § 16 Rdnr. 52.

1011 So z.B.: *Apfelbaum*, BB 2008, 2470, 2476.

1012 So z.B. *Heckschen*, DStR 2007, 1442, 1450, der sich aus diesem Grund für eine nur einjährige Karenzpflicht ausspricht.

1013 So z.B.: *Apfelbaum*, BB 2008, 2470, 2476.

1014 *Bohrer*, DStR 2007, 995, 999.

1015 *Wicke*, GmbHG, § 16 Rdnr. 28.

1016 *Harbarth*, ZIP 2008, 57, 60, 61 f.; *Bednarz* BB 2008, 1854, 1856: äußerst bedenklich; *Goette*, Stellungnahme vom 15.01.2008 für die öffentliche Anhörung im Rechtsausschuss am 23.01.2008, S. 3, abrufbar unter: www.jura.uni.augsburg.de/fakultaet/lehrstuehle/moellers/materialien/materieliendateien/040_deutsche_Gesetzgebungsgeschichte/momig/index.html#entstehungsgeschichte (zuletzt abgedarauf ab, dass die Gesellschafterliste kein tauglicher Rechtsscheinträger sei, da insbesondere im Falle des § 40 Abs. 1 GmbHG die Richtigkeit der Liste nicht gewährt sei. Gleichzeitig führe die gesetzliche Konstruktion dazu, dass der Rechtsverlust des wahren Berechtigten ohne dessen aktive Mitwirkung eintreten könne, da die Aktualisierung der Gesellschafterliste Aufgabe der Geschäftsführung oder des Notars sei. Schließlich sei es gerade im Hinblick auf den allgemeinen gutgläubigen Erwerb, der immer ein aktives Tun seitens des wahren Berechtigten verlange, nicht gerechtfertigt, das reine Unterlassen der Kontrolle der Gesellschafterliste über drei Jahre hinweg als Anknüpfungspunkt für den eintretenden Rechtsverlust zu statuieren.

dd) Stellungnahme

Im Folgenden wird sich zeigen, dass keine der soeben aufgezeigten Ansichten zu einer befriedigenden Lösung führt.

(1) Ablehnung der überwiegenden Ansicht

Die überwiegende Ansicht erweist sich im Ergebnis als nicht überzeugend. Ihr ist zwar zuzugeben, dass die Möglichkeit der Online-Einsicht in das Handelsregister einen leichten Weg darstellt, der Kontrollobliegenheit nachzukommen. Bereits äußerst zweifelhaft ist aber das Argument, wonach durch die häufige Zuständigkeit des Notars eine ausreichende Richtigkeitsgewähr der Gesellschafterliste erreicht wird. Bereits oben wurde gezeigt, dass diese These nicht zutreffend ist[1017], sondern sogar gefordert werden muss, eine ausschließliche notarielle Zuständigkeit einzuführen, um dieser Schwierigkeit zu begegnen. Selbst eine ausschließliche notarielle Zuständigkeit sorgt nicht für eine durchgehende, absolute Richtigkeitsgewähr, was aber unter dem Gesichtspunkt einer zusätzlichen primären Zurechnung der unrichtigen Liste an den wahren Berechtigten hinnehmbar wäre.[1018]

Schlicht ohne Auseinandersetzung bleibt bei dieser Ansicht indes, ob die vom Gesetz vorgenommene Einführung der Kontrollobliegenheit selbst begründbar ist. Dies ist aber die entscheidende Vorbedingung für den zutreffenden Gleichstellungsgedanken, da bislang nur feststeht, dass die Wertung der Gleichstellung richtig ist und eine zumutbare Kontrollobliegenheit hierfür als Türöffner fungiert, der die Wertung erst ermöglicht.

Der Verweis darauf, dass es für den GmbH-Gesellschafter relativ leicht sei, den Listeninhalt zu kontrollieren, kann für sich nicht rechtfertigen, dass überhaupt eine zumutbare Kontrollobliegenheit besteht. Nicht deren Erfüllbarkeit

---

rufen am 23.02.2010): im Ansatz bedenklich; *Preuß*, ZGR 2008, 676, 697, 701: es fehle an der sachlichen Rechtfertigung; noch zu § 16 RefE: *Ziemons*, BB-Spezial 7 2006, 9, 12: sehr fraglich.

1017 4. Kap. B. X. 2.

1018 Vgl. 4. Kap. B. XI. 3.

kann das rechtfertigende Element sein, sondern nur ein Aspekt oder ein Gedanke, der es erlaubt, die Kontrollobliegenheit selbst zu begründen und als zumutbar einzuordnen. Insoweit kann also nicht von Folgen und Konsequenzen auf die sachliche Richtigkeit des Instituts einer zumutbaren Kontrollobliegenheit an sich geschlossen werden. Nur weil etwas leicht zu bewerkstelligen ist, heißt dies noch nicht, dass es richtig und überzeugend ist, von den Betroffenen zu verlangen bzw. diese sogar mittelbar zu zwingen, so zu handeln.

Ebenso wenig kann dieser Grundfehler damit kaschiert werden, dass in den meisten Fällen der Notar für die Listeneinreichung zuständig sei. Ob diese Aussage in ihrer Pauschalität zutreffend ist, mag dahinstehen, denn auch die Zuständigkeit des Notars leidet darunter, dass es sich nicht um eine ausschließliche handelt und die Geschäftsführung auf die notarielle Gesellschafterliste immer Einfluss nehmen kann.[1019]

Im Ergebnis gelingt es dieser Ansicht nicht, zum Kernproblem, nämlich der Frage, ob die Kontrollobliegenheit zumutbar ist, durchzudringen. Sie argumentiert nur mit Folgen und zweifelhaften Voraussetzungen. Die überwiegende Auffassung akzeptiert damit nur den Willen des Gesetzgebers, ohne zu berücksichtigen, dass die typisierte Zurechnung und deren entscheidende Voraussetzung, nämlich die zumutbare Kontrollobliegenheit, selbst vor dem Hintergrund des Art. 14 GG und der aus diesem entspringenden notwendigen Abwägung der widerstreitenden Interessen begründungsbedürftig ist. Die Zumutbarkeit der Kontrollobliegenheit lässt sich damit auf dem Boden der herrschenden Meinung nicht begründen.

(2) Ablehnung der anderen Ansichten

Den soeben erhobenen Einwänden sehen sich die übrigen Ansichten nicht gegenüber. Dies führt aber nicht dazu, dass einer von diesen unmittelbar gefolgt werden kann.

(α) Die Gleichstellung von aktivem Tun und Unterlassen

Der Hauptausgangspunkt derjenigen Autoren, die einer Rechtfertigung des gutgläubigen Erwerbs nach Ablauf der Karenzpflicht kritisch gegenüber stehen, ist die These, wonach gutgläubiger Erwerb im deutschen Zivilrecht stets nur dann möglich und damit auch mittelbar zu rechtfertigen sei, wenn ein autonomes eigenes Handeln des Berechtigten vorliege.[1020]

Zunächst scheint es in der Tat ein Charakteristikum des gutgläubigen Erwerbs im deutschen Zivilrecht zu sein, dass ein aktives Tun des wahren Berechtigten erforderlich ist. Beim gutgläubigen Mobiliarwerb zeigt § 935 BGB, dass der Eigentümer die Sache einem anderen durch Besitzüberlassung anvertraut

1019 Vgl. 4. Kap. B. X. 2. f).

1020 So vor allem: *Bednarz* BB 2008, 1854, 1856; *Harbarth*, ZIP 2008, 57, 61.

haben muss.[1021] Auch im Grundbuchrecht setzt die Eintragung eines Nichtberechtigten eine vorherige Bewilligung des tatsächlich Berechtigten gemäß §§ 19, 39 GBO voraus. Art. 16 Abs. 2 WG lässt gutgläubigen Erwerb dann nicht zu, wenn der Wechsel dem Berechtigten abhanden gekommen, also ohne wirksamen Begebungsvertrag in fremde Hände gelangt ist.[1022] Jeweils ist ein willentliches aktives Tun konstitutives Merkmal, ohne welches gutgläubiger Erwerb nicht möglich ist.

Dass eine aktive Rolle des wahren Berechtigten eine wesensnotwendige und systembildende Voraussetzung gutgläubigen Erwerbs ist und damit bereits einer wertungsmäßigen Gleichstellung von Tun und Unterlassen der Weg versperrt wäre, trifft aber trotz dieses Erfordernisses in den weit überwiegenden Fällen nicht durchgängig zu. Dies zeigt der Blick auf den gutgläubigen Erwerb vom Scheinerben. Gemäß § 2366 BGB kann ein Gutgläubiger wirksam vom nichtberechtigten Scheinerben erwerben, wenn dieser durch einen Erbschein hierzu legitimiert ist. Die Wirkung von § 2366 BGB besteht darin, den Erwerber so zu stellen, als ob er vom wirklichen Erben erwerben würde.[1023] Die Verfügungswirkungen sind daher dieselben, wie wenn der Erblasser oder der wahre Erbe gehandelt hätte. Folge dieser Gleichstellung des Scheinerben mit den gerade Genannten ist, dass bei beweglichen Sachen §§ 935, 857 BGB nicht eingreifen, ein Abhandenkommen beim wahren Erben also nicht gegeben ist.[1024] Für den gutgläubigen Erwerb vom Scheinerben kommt es damit auf ein aktives Tun des wahren Erben als tatsächlich Berechtigten nicht an. Der alleinige Beitrag des wahren Erben zum gutgläubigen Erwerb besteht lediglich darin, nicht gegen den Erbschein vorgegangen zu sein und somit in einem Unterlassen. Er hat stets die Möglichkeit, gemäß § 2361 BGB die Einziehung oder Kraftloserklärung anzuregen oder nach § 2362 Abs. 1 BGB die Herausgabe des Erbscheins an das Nachlassgericht zu verlangen. Dieser Befund zeigt, dass es kein Novum darstellt, an ein reines Unterlassen im Interesse des Verkehrsschutzes für einen wahren Berechtigten nachteilige Rechtsfolgen zu knüpfen.[1025]

Gleichzeitig lässt sich hieraus aber nicht mehr ableiten, als dass die geltende Rechtslage eine solche Wertung zulässt. Ein Schluss darauf, dass dies auch bei § 16 Abs. 3 GmbHG möglich ist, lässt sich hiermit nicht begründen. Dies ergibt sich aus dem qualitativen Unterschied der zu vergleichenden Rechtsscheinträger. Die Eintragungen in der Gesellschafterliste sind, wie bereits gezeigt[1026], relativ schwache Rechtsscheinträger, da eine ausreichend hohe Richtigkeitsgewähr nicht sichergestellt ist. Anders ist dies beim Erbschein. Dieser unterfällt hinsich-

1021 Staudinger/*Wiegand* (2004) § 935 Rdnr. 1; *Peters*, Der Entzug des Eigentums, § 7 I 2.
1022 BGH, Urteil vom 08.10.1991, Az. XI ZR 238/90, NJW 1992, 316, 317.
1023 MünchKommBGB/*Mayer* § 2366 Rdnr. 2; *Wiegand*, JuS 1975, 283, 285.
1024 Soergel/*Zimmermann* § 2366 Rdnr. 12; *Lange/Kuchinke*, Erbrecht § 39 VII 3. d).
1025 Anders aber: *Bednarz* BB 2008, 1854, 1856; *Harbarth*, ZIP 2008, 57, 61.
1026 Vgl. 4. Kap. B. X. 2.

tlich des Bestehens und der weiteren Existenz einer außerordentlich strengen Prüfung.[1027] Der Erbscheinserteilung geht ein Verfahren der freiwilligen Gerichtsbarkeit voraus. § 2359 BGB stellt sicher, dass eine Erteilung nur erfolgt, wenn das Nachlassgericht die erforderlichen Tatsachen für festgestellt erachtet. Die Ermittlungspflicht kann selbst durch Anerkennung des Erbrechts durch die Beteiligten nicht beseitigt werden.[1028] Auch nach der Erteilung hat das Nachlassgericht nicht nur auf Antrag, sondern auch von Amts wegen gemäß § 2361 Abs. 1 BGB die Richtigkeit des Erbscheins zu überprüfen. Das strenge Erteilungsverfahren gleicht also ein fehlendes aktives Tun des wahren Berechtigten gleichsam aus.

Hieraus lässt sich der Befund entnehmen, dass nur im Grundsatz ein aktives Tun des wahren Berechtigten für gutgläubigen Erwerb nötig ist. In Sonderfällen wie beim Erbschein kann auf diesen Aspekt verzichtet werden. Erforderlich ist hierfür aber, dass ein sachlicher Grund für eine Ausnahme von diesem Grundsatz existiert. Beim Erbschein findet sich dieser im strengen Erteilungsverfahren und der nachträglichen gerichtlichen Kontrolle. Da eine vergleichbare institutionelle Absicherung bei der Gesellschafterliste des MoMiG nicht existiert, kann für § 16 Abs. 3 GmbHG auf diesen sachlichen Grund nicht zurückgegriffen werden.

Alleine mit der Erwägung, dass stets ein aktives Handeln des wahren Berechtigten erforderlich sei, lässt sich damit nicht begründen, dass die neu eingeführte Kontrollobliegenheit nicht zumutbar ist. Vielmehr lässt sich aus der Auseinandersetzung mit dieser Ansicht ableiten, dass die Zumutbarkeit der Kontrollobliegenheit dann zu bejahen ist, wenn ähnlich wie beim gutgläubigen Erwerb aufgrund eines Erbscheins ein sachlicher Grund für die Gleichstellung von Tun und Unterlassen auch bei § 16 Abs. 3 GmbHG besteht.

(β) Sachlicher Grund aus dem Sonderverkehr

Steht damit fest, dass eine wertungsmäßige Gleichstellung von aktivem Tun und reinem Unterlassen beim gutgläubigen Erwerb unter Rekurs auf einen sachlichen Grund möglich ist, bleibt fraglich, ob auch beim gutgläubigen Erwerb von GmbH-Anteilen oder Rechten hieran ein sachlicher Grund für eine solche Gleichstellung besteht.

Das strenge gerichtliche Verfahren bei Entstehen des Rechtsscheinträgers, wie beim Erbschein, kommt hierfür jedenfalls nicht in Betracht. Es fehlt bei der Erstellung der Gesellschafterliste schlicht an einem vergleichbaren Verfahren.

1027 Allgemein zum Erbscheinserteilungsverfahren: MünchKommBGB/*Mayer* § 2353 Rdnr. 45 ff.

1028 Vgl. BayObLG, Beschluss vom 05.06.1992, Az. 1Z BR 21/92, NJW-RR 1992, 1225, 1225.

Bedeutung könnte in diesem Zusammenhang der Beteiligungsgedanke von *Bohrer*[1029] gewinnen. *Bohrer* erblickt in der Beteiligung des Gesellschafters am Verband der GmbH eine Teilnahme an einem Sonderverkehr, aus dem sich gesteigerte Sorgfaltspflichten und damit auch Obliegenheiten ergeben können. Überträgt man diesen Ansatz auf die Frage, ob ein sachlicher Grund für die Gleichstellung von Tun und Unterlassen auch bei § 16 Abs. 3 GmbHG besteht, ließe sich ein solcher hier wegen der Sorgfaltspflichten bejahen. Die gesteigerten Sorgfaltspflichten würden die Gleichstellung rechtfertigen und damit die Zumutbarkeit der Kontrollobliegenheit für jeden GmbH-Gesellschafter begründen.

Voraussetzung für die Richtigkeit dieser These ist, dass ein Sonderverkehr zu gesteigerten Sorgfaltspflichten der Teilnehmer führt und sich ein GmbH-Gesellschafter, wie von *Bohrer* vertreten, als Teilnehmer eines solchen einordnen lässt.

(αα) Ein Sonderverkehr als Ausgangspunkt gesteigerter Sorgfaltspflichten

Ein Sonderverkehr oder Sonderprivatrecht existiert, wenn ein rechtlicher Verkehr nur zwischen bestimmten Rechtssubjekten besteht und nicht für jedermann eröffnet ist.[1030] Ein Beispiel hierfür stellt das Handelsrecht dar.[1031] Die Anwendbarkeit handelsrechtlicher Normen setzt voraus, dass ein potentiell Normunterworfener Kaufmann im Sinne der §§ 1 ff. HGB ist.[1032] Dies folgt aus dem vom HGB verfolgten subjektiven System.[1033] Mit dem Überschreiten dieser „Hürde" finden die handelsrechtlichen Normen volle Anwendung. Kennzeichnend für diese ist, dass sie neben einer Ausdehnung rechtlicher Möglichkeiten vor allem auch Verschärfungen zu Lasten eines Kaufmanns hervorbringen. So erweitert das Handelsrecht den Spielraum der Privatautonomie, wie beispielsweise §§ 348, 350 HGB zeigen.[1034] Auf der anderen Seite geht hiermit aber ein gesteigertes Bedürfnis nach Verkehrs- und Vertrauensschutz einher.[1035] Beispiel sind u.a. §§ 56, 366 HGB. Schließlich statuiert das Handelsrecht eine Reihe besonderer Sorgfaltspflichten.[1036] Klassisches Beispiel hierfür ist die Rügeobliegenheit des § 377 HGB. Die ratio legis liegt hierbei zum einen im Interesse des Handelsverkehrs an einer raschen und endgültigen Abwicklung von Rechtsgeschäf-

---

1029 *Bohrer*, DStR 2007, 995, 999.

1030 Vgl. *Medicus*, Allgemeiner Teil des BGB, Rdnr. 13 und *Canaris*, AcP 200 (2000), 273, 361.

1031 Siehe hierzu allgemein: *Preis*, ZHR 158 (1994), 567, 569 ff., der das Handelsrecht als ältestes Sonderprivatrecht ansieht.

1032 Vgl. *Hopt* in: Baumbach/Hopt HGB Einl. Vor § 1 Rdnr. 1; *Wolter*, Jura 1988, 169, 172.

1033 MünchKommHGB/*Schmidt* Vor § 1 Rdnr. 16; *ders.*, Handelsrecht § 1 I 1 b).

1034 *Canaris*, Handelsrecht, § 1 Rdnr. 17 und § 24.

1035 Siehe nur: *Schmidt*, Handelsrecht, § 1 IV 3.

1036 *Canaris*, Handelsrecht, § 1 Rdnr. 19; *Bydlinski*, System und Prinzipien des Privatrechts, S. 445.

ten, zum anderen im Schutz der Belange des Verkäufers, der notwendige Feststellungen und Dispositionen treffen können soll.[1037]

Doch auch dieser ratio legis und damit einer allgemeinen Begründung gesteigerter Sorgfaltspflichten aus der Beteiligung am Handelsverkehr liegt eine noch tiefer gehende Wertung zugrunde. Wird im Rechtsverkehr an sich von jedermann erwartet, dass er sich die Folgen seiner Handlungen in vielfältiger Weise nach Maßgabe bestimmter Kriterien zurechnen lassen muss, so führt derselbe abstrakte Maßstab praktisch zu schärferen Anforderungen, soweit er auf Menschen mit auf einem bestimmten Sachgebiet qualifizierten Kenntnissen und Erfahrungen angewendet wird.[1038] Gerade durch das subjektive System des Handelsrechtes ist weitgehend sichergestellt, dass nur solche Personen die Kaufmannseigenschaft besitzen, die auch über die hierbei erforderlichen Fähigkeiten verfügen. Auf der anderen Seite spielt aber auch die Risikoverteilung eine wichtige Rolle für die Wertung. Wer aus seiner (kaufmännischen) Tätigkeit Vorteile ziehen kann und will, muss auch die hiermit typischerweise verbundenen Risiken selbst tragen.[1039] Verwirklichen sich derartige Risiken, sollen diese nur in der Person eintreten, die die Gefahrenquelle im Interesse des eigenen Vorteils erst eröffnet hat.

Die letztgenannten Wertungsgesichtspunkte führen also dazu, dass aus dem Handelsverkehr wegen dessen Qualität als Sonderverkehr gesteigerte Sorgfaltspflichten erwachsen können. Gleichzeitig lässt sich diese Wertung aber auch auf andere Situationen übertragen, bei denen spezielle Fähigkeiten verlangt werden und zum eigenen Vorteil Gefahrenquellen eröffnet werden. Zusammenfassend ergibt sich damit, dass ein Sonderverkehr einen Ausgangspunkt für gesteigerte Sorgfaltspflichten darstellen kann.

(ββ) Der durch das GmbH-Recht vermittelte Sonderverkehr

Die soeben gefundene Erkenntnis, wonach aus einem Sonderverkehr gesteigerte Sorgfaltspflichten entstehen können, kann indes nur ein erster Schritt für die hier zu diskutierende Frage nach der Zumutbarkeit der Kontrollobliegenheit für den GmbH-Gesellschafter sein. Neben einer spezifisch GmbH-rechtlichen Begründung von gesteigerten Sorgfaltspflichten kommt es entscheidend darauf an, ob in einem GmbH-Gesellschafter ein Teilnehmer an einem Sonderverkehr – vermittelt über das GmbH-Recht – zu erblicken ist.

Bereits oben[1040] wurde ein Sonderverkehr dergestalt charakterisiert, dass ein solcher nur bestimmten Rechtssubjekten eröffnet ist. Dieses Kriterium ist für das GmbH-Recht durchaus gegeben, denn Voraussetzung für die Anwendbarkeit

---

1037 BGH, Urteil vom 13.05.1987, Az. VIII 137/86, BGHZ 101, 49, 53.

1038 *Bydlinski*, System und Prinzipien des Privatrechts, S. 446.

1039 Vgl. *Bydlinski*, System und Prinzipien des Privatrechts, S. 446.

1040 5. Kap. D. IV. 3. b) dd) (1) (β) (αα).

desselben bezogen auf die Verbandsmitglieder, auf die es in diesem Rahmen alleine ankommt, ist die Eigenschaft als Gesellschafter einer GmbH.

Dennoch besteht für die Annahme eines Sonderverkehrs eine weitere, erst bei einer genaueren Abgrenzung relevant werdende Voraussetzung. *Bydlinski*[1041] bezeichnet diese als normative Spezifität. Gemeint ist hiermit, dass eine bestimmte Normengruppe, um als eigenständig angesehen werden zu können, weil sie wegen ihres Bezugs auf einen gut abgrenzbaren Realitätsausschnitt gerichtet ist, weitgehend von einem eigenen Prinzip getragen werden muss.[1042] Erst diese Besonderheit kann einen umgrenzten Rechtsbereich zu einem eigenständigen Sonderverkehr oder Sonderprivatrecht erheben und eine Distanz zum übrigen Recht begründen. Betrachtet man hierzu näher klassische Sonderrechte, so zeigt sich, dass jedes ein tragendes inneres Prinzip oder zumindest ausreichende Charakteristika enthält. Das Handelsrecht ist auf die Spezifika der Erweiterung der Privatautonomie, einem gesteigerten Verkehrs- und Vertrauensschutz, der Statuierung besonderer Sorgfaltspflichten und -obliegenheiten, dem Bedürfnis nach Schnelligkeit und Rechtssicherheit und dem Bestreben nach Reibungslosigkeit der Geschäftsabwicklung zurückführbar.[1043] Das Arbeitsrecht ist vom Grundprinzip des Schutzes des Arbeitnehmers und dem Streben nach sozialer Gerechtigkeit getragen.[1044] Das Gesellschaftsrecht hat schließlich die Aufgabe, das Recht der privaten Zweckverbände zu regeln.[1045] Es muss also einen Ausgleich verschiedener Interessen schaffen, die sich aus der Beteiligung mehrerer[1046] an einer Organisation zur Erreichung eines gemeinsamen Zwecks ergeben. Zudem muss Gesellschaftsrecht den sich hieraus für Dritte entstehenden Gefahren sinnvoll begegnen.[1047]

Ein solches einheitliches systembildendes Merkmal findet sich aber für das GmbH-Recht nicht. Dort geht es nicht um ein besonderes, über das allgemeine Gesellschaftsrecht hinausreichendes Grundprinzip. Vielmehr ist eine GmbH nichts anderes als ein Teil der eigenen Kategorie Gesellschaftsrecht. Die Unterschiede zu anderen Gesellschaften ergeben sich schlicht aus dem Sachzwang, den die GmbH als Kapitalgesellschaft selbst eröffnet. Namentlich ist dies die Ausprägung des Gläubiger- und Minderheitenschutzes. Diese Besonderheiten erweisen sich aber nicht als eine normative Spezifität. Sie sind bei der GmbH in besonderem Maße ausgeprägt, finden sich aber auch bei anderen Gesellschaften,

---

1041 *Bydlinski*, System und Prinzipien des Privatrechts, S. 23 ff.

1042 Vgl. *Bydlinski*, System und Prinzipien des Privatrechts, S. 23.

1043 Vgl. *Canaris*, Handelsrecht, § 1 Rdnr. 14 ff; *Raisch*, Unternehmensrecht I, III. 5.

1044 Vgl. Zöllner, NJW 1990, 1, 5 ; MünchKommBGB/*Müller-Glöge* § 611 Rdnr. 165.

1045 Vgl. nur: *Wiedemann*, Gesellschaftsrecht I, § 1 II. 1. a).

1046 Die Einmann-Gesellschaft stellt hierzu nur einen Sonderfall dar. Auswirkungen auf die Systembildung des Gesellschaftsrechts selbst lassen sich hieraus nicht ableiten. Vielmehr muss umgekehrt gefragt werden, ob die Einmann-Gesellschaft selbst für sich einer eigenständigen Systembildung bedarf.

1047 Vgl. *Wiedemann*, Gesellschaftsrecht I, § 1 V 1 b).

insbesondere bei der AG. Dies zeigt, dass ein eigener Sonderverkehr vermittelt über das GmbHG nicht besteht. Das GmbH-Recht ist selbst nur Teil des Sonderrechts Gesellschaftsrecht.

Aus dem Gesellschaftsrecht selbst als Sonderrecht lassen sich aber die vorliegend erforderlichen Sorgfaltsobliegenheiten und -pflichten nicht ableiten, da ein zu breites Spektrum an Gesellschaftern existiert und damit ein ausreichend starker systembildender Charakter innerhalb dieser Gruppe nicht besteht. So reicht dieses von der Kleinstbeteiligung an einer Groß-AG bis hin zum geschäftsführenden Alleingesellschafter einer GmbH, vom einflussreichen OHG Mehrheitsgesellschafter bis hin zum Kapitalanlage-Kommanditisten. Allen Typen von Gesellschaftern lassen sich sicher vergleichbare Sorgfaltsobliegenheiten im Interesse der Mitgesellschafter oder der Gläubiger auferlegen, nicht aber die gleichen Sorgfaltsobliegenheiten im Interesse des Anteilshandels und damit bezogen auf die eigene Rechtsstellung im Verband, nur weil sie jeweils Gesellschafter einer Personenvereinigung sind. Diese Konsequenz aus der Beteiligung an einem Verband ließe sich mit Gerechtigkeitserwägungen nicht mehr vereinbaren.

Es ist damit festzuhalten, dass sich pauschal aus der Beteiligung an einer GmbH keine gesteigerten Prüfungspflichten ableiten lassen. Nichts anderes ergibt sich unter Rekurs auf das Gesellschaftsrecht als Sonderrecht. Damit lässt sich die Zumutbarkeit der Kontrollobliegenheit weder autonom aus dem Beteiligungsgedanken von *Bohrer* ableiten, noch kann dieser Gedanke die Gleichstellung von Tun und Unterlassen beim gutgläubigen Erwerb im GmbH-Recht begründen. Der Gesetzgeber führt also in § 16 Abs. 3 GmbHG eine Kontrollobliegenheit für Gesellschafter einer GmbH ein, die diesen nicht stets zumutbar ist, was aber vom Gesetz und dem Modell der „typisierten Zurechnung" vorausgesetzt wird. Ohne eine begründete Zumutbarkeit der Kontrollobliegenheit lässt sich an dieser vor dem Hintergrund einer verfassungsdeterminierten Abwägung aber nicht festhalten. Die „typisierte Zurechnung" ist mit anderen Worten also ein Belang, der im Grundsatz geeignet ist, einen Aspekt zu kreieren, der eine Abwägung zu Lasten des wahren Berechtigten rechtfertigen kann. Die im Modell der „typisierten Zurechnung" vorausgesetzte stete Zumutbarkeit der Kontrollobliegenheit ist aber nicht zu begründen.

4. Ergebnis

Die bisherige Beleuchtung der Frage, ob die durch das MoMiG neu eingeführte Prüfungsobliegenheit dem Gesellschafter einer GmbH stets zumutbar ist, hat gezeigt, dass dies nur möglich ist, wenn sich hierfür ein sachlicher Grund finden lässt. Nur die Erwägungen, dass die Prüfungsobliegenheit leicht durchzuführen ist und eine Relativierung des Grundproblems der geringen Richtigkeitsgewähr der Gesellschafterliste durch Verweis auf die häufige Zuständigkeit des Notars gemäß § 40 Abs. 2 GmbHG, können die Zumutbarkeit der Obliegenheit nicht begründen. Dennoch lässt sich abstrakt ein sachlicher Grund nicht finden, der in jedem Fall zur Zumutbarkeit führt. Das einzige Merkmal, welches jeder GmbH-Gesellschafter aufweist, ist dessen Beteiligung am Verband der GmbH. Dieser Aspekt kann aber für sich genommen keinen sachlichen Grund hervorbringen, da ein durch das GmbHG vermittelter Sonderverkehr, auch wenn ein solcher an sich gesteigerte Pflichten mit sich zu bringen geeignet ist, nicht existiert. Dies hat zur Folge, dass die Zumutbarkeit der Prüfungsobliegenheit aus generellen Erwägungen, wie vom Gesetz vorausgesetzt, nicht gegeben ist und abstrakt keine Zumutbarkeit der Obliegenheit angenommen werden kann.

Insoweit ergibt sich, dass das Modell der „typisierten Zurechnung" wegen der fehlenden generellen Zumutbarkeit der Kontrollobliegenheit nicht geeignet ist, eine angemessene Abwägung der widerstreitenden Interessen im Rahmen des Art. 14 GG sicherzustellen, die ein Abwägungsergebnis zu Lasten des wahren Berechtigten rechtfertigen kann.

V. Folgerungen für § 16 Abs. 3 GmbHG

Fraglich bleiben die konkreten Auswirkungen der soeben gemachten Untersuchungen auf die hier behandelte Frage der Vereinbarkeit des § 16 Abs. 3 GmbHG mit der Verfassung.

1. Die Ausgangsposition

Vergegenwärtigt man sich zunächst das Ergebnis der bisherigen Ausführungen zu dieser Frage, so zeigt sich ein gespaltenes Bild: Innerhalb der ersten drei Jahre seit erstmaliger Publizierung einer unrichtigen Gesellschafterliste ist der gutgläubige Erwerb im GmbH-Recht aus verfassungsrechtlicher Sicht nicht zu beanstanden. Der Grund hierfür liegt darin, dass in dieser abgrenzbaren Phase wegen § 16 Abs. 3 Satz 2 GmbHG auf das Zurechnungsprinzip zurückgegriffen wird.[1048] Findet der Erwerb nach Ablauf der Karenzfrist statt, so hat sich kein Belang finden lassen, der in der wegen Art. 14 GG nötigen Abwägung zwischen Rechtsbeharrungsinteresse und von § 16 Abs. 3 GmbHG geschützter Allgemeinwohlbelange ein Abwägungsergebnis zu Lasten des wahren Inhabers zu rechtfertigen vermag. Die denkbaren Rechtfertigungsmöglichkeiten haben sich als hierfür ungeeignet erwiesen. Das Zurechnungsprinzip findet nur innerhalb der ersten drei Jahre Anwendung. Das reine Rechtsscheinprinzip kann nicht eingreifen, weil die Gesellschafterliste kein Rechtsscheinträger mit einer hohen Richtigkeitsgewähr ist. Das Modell der „typisierenden Zurechnung" geht zwar richtigerweise vom Gleichstellungsgedanken aus[1049], die hierfür erforderliche stete Zumutbarkeit der vorausgesetzten Kontrollobliegenheit lässt sich aber nicht begründen. Kann aber das Abwägungsergebnis zu Lasten des wahren Berechtigten nach Ablauf der Karenzfrist nicht begründet werden, so folgt hieraus, dass

1048 Allgemein: 3. Kap. D. IV. 2. c) cc) (3).
1049 Vgl. 5. Kap. D. IV. 3. a).

der gesetzliche Verzicht auf eine Zurechnung, wie es § 16 Abs. 3 GmbHG nach drei Jahren unternimmt, mit der Verfassung nicht zu vereinbaren ist. Die von § 16 Abs. 3 GmbHG eröffnete Möglichkeit, einen Geschäftsanteil oder ein Recht hieran nach Ablauf der Karenzfrist nur auf Grundlage der Eintragungen in der Gesellschafterliste bei fehlender Bösgläubigkeit und nicht zugeordnetem Widerspruch vom Nichtberechtigten zu erwerben, ist damit ein verfassungswidriges Institut, weil es einen nicht zu rechtfertigenden Eingriff in das unter dem Schutze des Art. 14 GG stehende Anteilseigentum darstellt.

2. Korrekturmöglichkeiten mit teilweiser Aufrechterhaltung des gesetzgeberischen Ziels

Fraglich bleibt indes, ob es bei dieser Ausgangsposition verbleiben muss oder ein Weg besteht, die teilweise[1050] Nichtigkeit von § 16 Abs. 3 GmbHG zu vermeiden. In Betracht kommt hierfür eine verfassungskonforme Auslegung der Norm einerseits oder eine verfassungskonforme Rechtsfortbildung andererseits. Mit Hilfe dieser Institute könnte sich das gesetzgeberische Ziel, wegen § 16 Abs. 3 Satz 2 GmbHG pauschal auf eine primäre Zurechnung nach Ablauf der Karenzfrist zu verzichten, unter Umständen zumindest zum Teil aufrecht erhalten lassen.

a) Ansatzpunkt für Korrekturmöglichkeiten

Bevor sich der Frage nach konkreten Korrekturmöglichkeiten zugewendet werden kann, muss zunächst untersucht werden, ob sich für diese ein Ansatzpunkt finden lässt. Beide eingangs erwähnten Korrekturmöglichkeiten setzen schließlich voraus, dass es Fälle gibt, in denen die zu prüfende Norm oder der Normteil noch verfassungskonform ist und insoweit einschränkend ausgelegt werden oder so fortgebildet werden kann, dass sie nur in diesen Fällen Anwendung findet.

Wie bereits gezeigt[1051], geht das Institut des gutgläubigen Erwerbs im GmbH-Recht von der nicht zutreffenden These aus, dass es jedem Gesellschafter stets zumutbar sei, spätestens alle drei Jahre die Gesellschafterliste auf ihre Richtigkeit hin zu überprüfen. Ein pauschaler Schluss von der Eigenschaft als Gesellschafter auf die Zumutbarkeit ist aber nicht möglich. Andererseits könnte sich aber ein Ansatzpunkt für Korrekturmöglichkeiten ergeben, wenn nicht die abstrakte Gesellschaftereigenschaft als Ausgangspunkt gewählt, sondern die Frage der Zumutbarkeit anhand des Einzelfalls bestimmt wird. Eine solche Herangehensweise sieht sich naturgemäß dem allgemeinen Einwand ausgesetzt, eine große Rechtsunsicherheit zu schaffen, da eine Einzelfallentscheidung schwer vorhersehbar ist und von vielen Umständen abhängt. Dieser Schwierigkeit lässt sich indes begegnen, wenn sich eine Gruppe oder mehrere Gruppen von Gesellschaftern finden lassen, bei denen mit Hilfe eines einfachen Krite-

1050 Zu diesem Aspekt siehe genauer: 5. Kap. D. V. 3.
1051 5. Kap. D. IV. 3. b).

riums feststellbar ist, ob die Zumutbarkeit zu bejahen ist. Nur hierbei kann es aber nicht verbleiben. Weiterhin erforderlich ist, dass dieses Kriterium für einen potentiell gutgläubigen Erwerber auch erkennbar ist. Denn der verfassungsrechtliche Schutz des wahren Eigentümers darf nicht zur Folge haben, den möglicherweise gutgläubigen Erwerber über Gebühr zu belasten. Dessen Interesse, auch die Option eines gutgläubigen Erwerbs in seinem Geschäftsverhalten einzuplanen, muss hinreichend berücksichtigt sein.

aa) Das Kriterium der Kenntnis bezüglich der Prüfungsobliegenheit in Verbindung mit dem Beginn der Mitgliedschaft

Ein Kriterium, bei dessen Vorliegen beim wahren Berechtigten stets die Zumutbarkeit bejaht werden kann, könnte gegeben sein, wenn er Kenntnis bzw. eine ausreichende Möglichkeit der Kenntnisnahme von seiner Prüfungsobliegenheit hat und sich damit eines nunmehr drohenden Rechtsverlustes bewusst sein kann. Liegt eine solche Kenntnis des wahren Berechtigten vor, besteht jedenfalls eine Verbindung zwischen einem Rechtsverlust nach drei Jahren und der Selbstverantwortung des Berechtigten. Der Rechtsverlust trifft den Berechtigten nicht ohne Grund, da er wusste, wie er diesen vermeiden kann, nämlich durch Zuordnung eines Widerspruchs oder Durchsetzung seines Berichtigungsanspruches.

Fraglich bleibt aber, ob sich das Kriterium der Kenntnis leicht feststellen lässt. Wird diese Frage pauschal gestellt, so muss die Antwort eine verneinende sein, denn eine individuelle Kenntnis eines Einzelnen kann nur bedingt leicht festgestellt werden. Dennoch lässt sich eine Gesellschaftergruppe herausarbeiten, bei der es anhand eines einfachen Blicks in die Gesellschafterliste möglich ist, ihr Wissen um die Kontrollobliegenheit zu erkennen. Diese Gruppe bilden die Gesellschafter, die entweder einen Geschäftsanteil nach dem 01.11.2008 rechtsgeschäftlich erworben haben oder Mitglieder einer GmbH sind, die nach dem 01.11.2008 gegründet wurde.

Die notwendige Kenntnis des Gesellschafters ab diesem Zeitpunkt liegt regelmäßig vor, weil eine notarielle Belehrung über die Prüfungsobliegenheit gegeben ist. In der Literatur wird fast einhellig die Ansicht vertreten, dass der mitwirkende Notar im Rahmen seiner notariellen Auskunfts- und Belehrungspflichten gemäß § 17 Abs. 1 BeurkG bei einer Beurkundung die an einer Anteilsübertragung Beteiligten darauf hinzuweisen hat, welche Rechtsfolgen mit einem Unterlassen der Listenkontrolle verbunden sind.[1052] Daher besteht in diesen Fällen die Kenntnis oder zumindest die ausreichende Möglichkeit zu Kenntnisnahme des wahren Berechtigten von seiner Kontrollobliegenheit, da nicht davon ausgegangen werden kann, dass sich ein mitwirkender Notar nicht an der absolut herrschende Literaturmeinung bei seinem Tätigwerden orientieren wird und eine eigene Haftung gemäß § 19 BNotO riskiert. Ähnlich stellt sich die Si-

1052 *Mayer/Weiler* in: Beck´sches Notar-Handbuch, D I. Rdnr. 158; *Götze/Bressler*, NZG 2007, 894, 896; *Bohrer*, DStR 2007, 995, 999; a.A. nur: *Link*, RNotZ 2009, 193, 217.

tuation bei der Gründung einer GmbH nach dem 01.11.2008 dar. Sowohl die klassische Gründung als auch eine Gründung im vereinfachten Verfahren gemäß § 2 Abs. 1a GmbHG bedarf der Einhaltung der notariellen Form.[1053] Insoweit ist auch hier sichergestellt, dass der mitwirkende Notar seiner Belehrungspflicht gemäß § 17 BeurkG nachzukommen hat. Auch in diesem Rahmen hat der Notar auf die Obliegenheit zur Listenkontrolle und dem Risiko ihrer Verletzung hinzuweisen.[1054]

Diese Kenntnis lässt sich auch von einem Erwerber leicht feststellen, weil anhand der zum Handelsregister eingereichten Gesellschafterliste nachvollziehbar ist, wann ein Geschäftsanteil übertragen worden ist. Dass diese aufgrund eines Rechtsgeschäfts über einen Geschäftsanteil eingereicht wurde, lässt sich aus der Unterschrift eines Notares ableiten. Auch der Zeitpunkt der GmbH-Gründung lässt sich mit Hilfe des gemäß § 9 Abs. 1 HGB frei einsehbaren Registerbestandes erkennen, da der Tag des Gesellschaftsvertragsabschlusses gemäß § 10 Abs. 1 GmbHG im Handelsregister einzutragen ist. Ein potentieller Erwerber kann damit aufgrund online einsehbarer Informationen nachvollziehen, dass ein nicht eingetragener tatsächlicher Inhaber seine Kontrollobliegenheit kennt, weil dieser die Gesellschafterstellung erst nach dem 01.11.2008 erworben hat.

Die Zumutbarkeit der Kontrollobliegenheit ist damit regelmäßig gegeben und für einen Erwerber leicht feststellbar, wenn der wahre Inhaber nach dem 01.11.2008 einen Geschäftsanteil erworben hat.

bb) Das Kriterium der Kenntnis der Prüfungsobliegenheit in Verbindung mit zusätzlichen persönlichen Eigenschaften des wahren Inhabers

Eine stets vorhandene Kenntnis könnte aber auch in anderen Fällen angenommen werden. Oben wurde dargelegt, dass es dem geltenden Recht nicht fremd ist, Teilnehmern am Handelsverkehr wegen ihrer Eigenschaft als Kaufleute erhöhte Sorgfaltspflichten und Obliegenheiten aufzuerlegen. Es ließe sich damit zunächst der Standunkt einnehmen, dann eine Kenntnis oder zumindest ein Kennenmüssen zu bejahen, wenn der wahre Berechtigte Kaufmann ist. Einen Schritt weiter unternommen, könnte man diesen Gedanken auch dann anwenden, wenn der wahre Berechtigte eine kaufmannsähnliche Person ist.[1055]

Ohne sich mit dieser These eingehender auseinandersetzen zu müssen, kann dem nicht gefolgt werden. Zwar ließe sich die Eigenschaft zumindest als Kaufmann leicht feststellen. Schwieriger würde es indes bei der kaufmannsähnlichen Person. Entscheidend spricht aber gegen diese Überlegung, dass der potentiell gutgläubige Erwerber nicht einfach erkennen kann, ob der wahre Inhaber Kauf-

---

1053 Zur Beurkundungsbedürftigkeit im vereinfachten Verfahren wegen § 2 Abs. 1 a Satz 5 GmbHG siehe BeckOK Ziemons/Jaeger/*Jaeger*, GmbHG § 2 Rdnr. 73.

1054 *Bohrer*, DStR 2007, 995, 999.

1055 Zum umstrittenen Begriff der kaufmannähnlichen Person: *Canaris*, Handelsrecht, § 21.

mann oder eine kaufmannsähnliche Person ist. Weil der wahre Inhaber zwangsläufig nicht in der Gesellschafterliste eingetragen ist, lässt sich diese Eigenschaft nicht feststellen. Anders als bei der Kenntnis in Anknüpfung an den Erwerb der Gesellschafterstellung nach dem 01.11.2008, lässt sich diese Eigenschaft auch nicht an zusätzlichen Verlautbarungen des Handelsregisters oder der Gesellschafterliste festmachen. Dieser Unterschied rechtfertigt es damit, hier anders zu entscheiden als soeben.

Im Ergebnis handelt es sich bei der Kaufmannseigenschaft des wahren Berechtigten nicht um eine Eigenschaft, die leicht festzustellen ist, auch wenn sich wohl von dieser Eigenschaft auf eine Kenntnis oder ein Kennenmüssen der Kontrollobliegenheit schließen ließe.

cc) Kenntnis wegen Satzungsbestimmung

Ein weiterer Fall, in dem eine stets gegebene Kenntnis des wahren Inhabers besteht, könnte dann angenommen werden, wenn die Satzung der Gesellschaft festlegt, dass die Gesellschafter regelmäßig seitens der Geschäftsführung eine Abschrift der Gesellschafterliste erhalten, wie es einhellig im kautelarjuristischen Schrifttum geraten wird.[1056] Hier ließen sich die Gesellschafter so behandeln, als hätten sie Kenntnis von der Kontrollobliegenheit, da regelmäßig davon auszugehen ist, dass das Mitglied die übermittelte Gesellschafterliste auch prüfen wird. Kann dies damit unterstellt werden, ist aber kein Grund ersichtlich, warum dann auf die fehlende Kenntnis der Kontrollobliegenheit abgestellt werden könnte, wenn der Gesellschafter durch die Satzungsregelung so gestellt wird, als hätte er seine eigene Kontrollobliegenheit erfüllt. Ob eine solche Satzungsregelung besteht, könnte ein potentieller Erwerber ohne großen Aufwand feststellen, da auch die GmbH-Satzung im Handelsregister frei einsehbar ist.

Diese Argumentation verkennt aber, dass der wahre Berechtigte trotz der Satzungsregelung eine Abschrift der Gesellschafterliste gerade nicht erhält. Die Geschäftsführung wird sich hierbei an der Gesellschafterliste selbst orientieren, was sie wegen der Legitimationswirkung des § 16 Abs. 1 GmbHG darf und sogar muss, und dem nicht in der Liste eingetragenen Gesellschafter keine Abschrift der Liste zukommen lassen. Insoweit kann also nicht unterstellt werden, aufgrund der Satzungsklausel habe der wahre Berechtigte Kenntnis der Unrichtigkeit der Liste oder mittelbar Kenntnis seiner Kontrollobliegenheit.

dd) Zusammenfassung

Als Kriterium, welches die Zumutbarkeit vom Einzelfall aus gedacht stets begründen kann, hat sich die Kenntnis des wahren Inhabers von seiner Kontrollobliegenheit gezeigt. Weil dieses Kriterium aber auch für einen potentiellen Erwerber leicht feststellbar sein muss, kann von einer regelmäßigen Zumutbarkeit

---

1056 Siehe nur: *Heckschen*, Praxis, Rdnr. 565; *Wachter*, GmbHR Sonderheft Oktober 2008, 51, 60; *ders.*, ZNotP 2008, 378, 395.

nur dann ausgegangen werden, wenn der wahre Inhaber die Mitgliedschaft erst nach dem 01.11.2008 durch Rechtsgeschäft erworben hat oder die GmbH nach diesem Zeitpunkt gegründet worden ist. In dieser Fallgruppe kann somit von einer immer zu bejahenden Zumutbarkeit der Listenkontrolle für den wahren Berechtigten ausgegangen werden. Diese Fallgruppe stellt also den Anknüpfungspunkt für Korrekturmöglichkeiten dar, um Nichtigkeitsfolgen für § 16 Abs. 3 GmbHG zu vermeiden.

b) Die verfassungskonforme Auslegung als Korrekturmöglichkeit

Mit Hilfe der verfassungskonformen Auslegung könnte erreicht werden, dass § 16 Abs. 3 GmbHG für den Fall des Erwerbs nach Ablauf der Karenzfrist einschränkend so auszulegen ist, dass gutgläubiger Erwerb aufgrund einer unrichtigen Gesellschafterliste, fehlender Bösgläubigkeit und fehlendem Widerspruch nur dann möglich ist, wenn der wahre Berechtigte der soeben herausgearbeiteten Gesellschaftergruppe unterfällt. Nur in dieser Fallgruppe ist die leicht festzustellende und erkennbare stete Zumutbarkeit der Kontrollobliegenheit begründbar. Daher besteht auch nur in dieser Fallgruppe innerhalb der Abwägung stets ein Belang, der das Abwägungsergebnis zu Lasten des wahren Berechtigten rechtfertigt.

Einer derartigen verfassungskonformen Auslegung ist indes der Weg versperrt. Nach der ständigen Rechtsprechung des Bundesverfassungsgerichts und der allgemeinen Meinung in der Literatur setzt eine verfassungskonforme Auslegung voraus, dass der Wortlaut einer Norm eine Auslegung zulässt und das Ergebnis der Auslegung nicht dem erkennbaren Willen des Gesetzgebers widerspricht.[1057]

Die Einschränkung, wonach es für den gutgläubigen Erwerb im GmbH-Recht nur bei einer bestimmten Gruppe von Gesellschaftern nicht auf eine Zurechnung nach Ablauf der Karenzfrist ankommt, lässt sich mit dem Wortlaut des § 16 Abs. 3 GmbHG nicht in Einklang bringen. Gemäß § 16 Abs. 3 Satz 2 GmbHG kommt es dann nicht mehr auf eine Zurechnung an den wahren Berechtigten an, wenn die Gesellschafterliste nicht weniger als drei Jahre unrichtig ist. Der einzige Ansatzpunkt findet sich im Tatbestandsmerkmal des Berechtigten, da hiermit der wahre Inhaber angesprochen ist. Innerhalb dieses Tatbestandmerkmals nur bestimmte Gesellschafter zu erfassen, andere aber nicht, lässt sich im Wege der Auslegung nicht begründen. Zudem führte eine Modifikation dieses Tatbestandmerkmals nur dazu, dass es bei einer Gruppe von Gesellschaftern gar nicht auf eine Zurechnung ankommt unabhängig von der Frist,

1057 Z.B. BVerfG Plenum, Beschluss vom 11.06.1980, Az. 1 PBvU 1/79, BverfGE 54, 277, 299 f.; BVerfG, Beschluss vom 22.10.1985, Az. 1 BvL 44/83, BVerfGE 71, 81, 105; BVerfG, Urteil vom 30.03.2004, Az. 2 BvR 1520, 1521/01, BVerfGE 110, 226, 267; *Schlaich/Korioth*, Das Bundesverfassungsgericht, Rdnr. 449 ff.; *Stern* in: Stern, Staatsrecht I, § 4 III 8; *Pawlowski*, Methodenlehre für Juristen, Rdnr. 432 ff.; *Rieger*, NVwZ 2003, 17, 17 ff.

da die Voraussetzungen des Ausschlussgrundes kumulativ vorliegen müssen. Es ließe sich schließlich erwägen, im Rahmen des § 16 Abs. 3 Satz 3 Var. 2 GmbHG einen Auslegungsversuch zu unternehmen. So könnte daran gedacht werden, dann grobe Fahrlässigkeit des Erwerbers anzunehmen, wenn es sich bei dem wahren Inhaber nicht um einen solchen handelt, der sich in die relevante Gruppe einordnen lässt. Ein Erwerber wäre damit bösgläubig, wenn die betroffene GmbH vor dem 01.11.2008 gegründet und der betroffene Anteil seitdem nicht rechtsgeschäftlich übertragen worden ist. Aber auch dieser Weg ist nicht gangbar, weil für den Erwerber gerade nicht erkennbar ist, dass der Inhaber nicht in die entscheidende Gruppe fällt.[1058] Zudem bezieht sich der Fahrlässigkeitsvorwurf auf die fehlende Berechtigung des in der Liste Eingetragenen und steht nicht im Zusammenhang mit der Person des wahren Berechtigten, auf die es vorliegend ankommt.

Schließlich würde eine einschränkende Auslegung dem erkennbaren Willen des Gesetzgebers widersprechen. Dies lässt sich bereits aus dem Modell der „typisierten Zurechnung" ableiten, wonach der Gesetzgeber davon ausgeht, dass alleine aufgrund der Gesellschaftereigenschaft eine Kontrollobliegenheit zumutbar ist. Die Gesetzesverfasser setzen damit nicht an einer bestimmten Gesellschaftergruppe an, sondern an jedem Gesellschafter. Auch anhand der Gesetzesmaterialien, die keinen Anhaltspunkt dafür geben, dass zwischen verschiedenen Gesellschaftern unterschieden werden soll, zeigt sich das gleiche Ergebnis.

Trotz eines bestehenden Ansatzpunktes für eine verfassungskonforme Auslegung kann eine solche nicht unternommen werden. Die verfassungskonforme Auslegung stellt damit keine Korrekturmöglichkeit dar.

c) Verfassungskonforme Rechtsfortbildung als Korrekturmöglichkeit

Eine andere Korrekturmöglichkeit könnte sich durch eine verfassungskonforme Rechtsfortbildung ergeben. Im Unterschied zu einer verfassungskonformen Auslegung lässt sich mit diesem Institut ein Gesetz nicht nur auslegen, sondern auch teleologisch reduzieren.[1059] Wendet man dies auf § 16 Abs. 3 GmbHG an, so ließe sich auf dieser Grundlage die Norm dahingehend reduzieren, dass gutgläubiger Erwerb nach Ablauf der Karenzfrist aufgrund der Gesellschafterliste ohne eine primäre Zurechnung nur dann möglich ist, wenn der wahre Inhaber Mitglied der oben herausgearbeiteten Gruppe[1060] ist. Es liegt auf der Hand, dass dieser Weg zum nämlichen Ergebnis führte wie eine mögliche verfassungskonforme Auslegung. Im Unterschied zur verfassungskonformen Auslegung ist die verfassungskonforme Rechtsfortbildung aber nicht durch die Wortlautgrenze der

---

1058 Siehe genauer: 5. Kap. D. V. 2. a).

1059 *Larenz*, Methodenlehre, S. 340 f.

1060 5. Kap. D. V. 2. a) aa).

relevanten Norm limitiert und hat damit einen deutlich weiter reichenden Anwendungsbereich.[1061]

Ob eine Norminterpretation über die Wortlautgrenze aus verfassungsrechtlichen Erwägungen heraus möglich ist, wird uneinheitlich beantwortet. Die bejahende Ansicht[1062] argumentiert, dass auf diese Weise einer Norm noch Geltung zumindest für bestimmte Fälle gegeben werden könne, wenn nicht die Regelung aller erfassten Fälle mit dem Grundgesetz vereinbar ist. Übertragen auf den vorliegenden Fall könnte also der Verzicht auf das Zurechnungserfordernis zumindest dann aufrecht erhalten werden, wenn der wahre Inhaber Mitglied der oben herausgearbeiteten Gruppe ist.[1063] Dies ist aber mit der herrschenden Gegenauffassung[1064] abzulehnen. Zu Recht wird darauf verwiesen, dass ein solches Vorgehen die Grenzen zwischen Normanwendung und Normsetzung verwische.[1065] Eine verfassungsorientierte Rechtsfortbildung über den Wortlaut hinaus führt schließlich per definitionem zu einer eigenen Rechtsetzung durch den Rechtsanwender. Ganz entscheidend spricht aber gegen ein solches Vorgehen die Gefahr der mangelnden Disziplinierung des Gesetzgebers.[1066] Für den Gesetzgeber ergibt sich aus der verfassungskonformen Rechtsfortbildung die Möglichkeit, Gesetze zu schaffen, die nicht strikt und durchgehend verfassungsgemäß sind. Tritt aber innerhalb eines solchen Gesetzes die partielle Verfassungswidrigkeit zu Tage, so kann diese im Wege der verfassungsorientierten Rechtsfortbildung gegen den eigenen Wortlaut korrigiert werden. Dem Gesetzgeber stünde damit eine Tür offen, seine Bindung an die verfassungsmäßige Ordnung gemäß Art. 20 Abs. 3 GG zu verlassen.

Wollte man dieser Argumentation nicht folgen, so ergibt sich die Ablehnung der verfassungskonformen Rechtsfortbildung jedenfalls aus folgender Überlegung: Eine solche wird einheitlich dann abgelehnt, wenn sie das gesetzgeberische Ziel in einem wesentlichen Punkt verfälscht oder verfehlt.[1067] Wie aber bereits gezeigt, ist das gesetzliche Modell der „typisierten Zurechnung" darauf angelegt, von der Eigenschaft als Gesellschafter stets darauf zu schließen, dass hiermit die Zumutbarkeit der Prüfungsobliegenheit verbunden ist.[1068] Dies stellt damit den wesentlichen Aspekt des gutgläubigen Erwerbs im GmbH-Recht nach Ablauf der Karenzfrist dar. Eine verfassungsorientierte Rechtsfortbildung würde

---

1061 *Vosskuhle*, AöR 125 (2000), 177, 197.

1062 *Larenz*, Methodenlehre, S. 340 f.; *Roth*, NVwZ 1998, 563, 566 mwN.

1063 5. Kap. D. V. 2. a) aa).

1064 *Schlaich/Korioth*, Das Bundesverfassungsgericht, Rdnr. 449 ff.; Vgl. *Vosskuhle*, AöR 125(2000), 177, 197 f.; *Rieger*, NVwZ 2003, 17, 17 ff.

1065 *Schlaich/Korioth*, Das Bundesverfassungsgericht, Rdnr. 449 ff.; Vgl. *Vosskuhle*, AöR 125(2000), 177, 197 f..

1066 *Vosskuhle*, AöR 125(2000), 177, 189 f.

1067 Statt aller: *Schlaich/Korioth*, Das Bundesverfassungsgericht, Rdnr. 450 mit umfangreichen Nachweisen aus der Judikatur des BVerfG.

1068 5. Kap. D. V. 2. b).

aber lediglich leisten können, dass dieses Ergebnis, freilich vom Einzelfall her ausgehend, nur bei einer bestimmten Gesellschaftergruppe erreicht wird. Die dem Gesetz zugrunde liegende Typisierung lässt sich damit auch durch eine verfassungsorientierte Rechtsfortbildung nicht aufrecht erhalten.

d) Ergebnis

Es lässt sich damit zwar ein Ansatzpunkt finden, das gesetzgeberische Ziel zumindest teilweise zu erhalten. Die Mittel, um dies auch methodisch umzusetzen und damit die Nichtigkeit zu umgehen, stehen aber nicht zur Verfügung. Dies bedingt, dass es bei dem oben gefundenen Ergebnis bleiben muss und die von § 16 Abs. 3 GmbHG eröffnete Möglichkeit, einen Geschäftsanteil oder ein Recht daran nach Ablauf der Karenzfrist nur auf Grundlage der Eintragungen in der Gesellschafterliste, bei fehlender Bösgläubigkeit und nicht zugeordnetem Widerspruch vom Nichtberechtigten zu erwerben, ein verfassungswidriges Institut darstellt.

3. Die Reichweite der Nichtigkeit

Steht nunmehr fest, dass Teilbereiche innerhalb des gutgläubigen Erwerbs im GmbH-Recht verfassungswidrig und damit nichtig sind, stellt sich die Frage nach den Auswirkungen auf das Institut als solches. Hierbei sind im Grundsatz zwei Möglichkeiten denkbar. Einerseits könnte die Nichtigkeit eines Teilbereichs, nämlich gutgläubiger Erwerb nach Ablauf von drei Jahren ohne primäre Zurechnung, dazu führen, dass § 16 Abs. 3 GmbHG nur soweit gegen Art. 14 GG verstößt, als dass auf die primäre Zurechnung verzichtet wird. Auf der anderen Seite könnte aber auch das Institut des Gutglaubensschutzes im GmbH-Recht im Ganzen nichtig sein.

Für die Entscheidung dieser Frage kommt es zunächst darauf an, ob § 16 Abs. 3 GmbHG in einen verfassungswidrigen und einen verfassungsgemäßen Teil aufspaltbar ist.[1069] Die Aufspaltbarkeit einer Norm liegt jedenfalls dann vor, wenn die übrigen, nicht verfassungswidrigen Bestimmungen eine selbständige Bedeutung haben[1070] und die Norm mehrere gleichgeordnete Alternativen enthält, die dieselbe Rechtsfolge anordnen, von denen wenigstens eine mit der Verfassung vereinbar ist.[1071]

§ 16 Abs. 3 GmbHG erfüllt diese Vorgaben. Gutgläubiger Erwerb ist einerseits dann möglich, wenn dem wahren Berechtigten die Unrichtigkeit der Gesellschafterliste primär zurechenbar ist. Gemäß § 16 Abs. 3 Satz 2 GmbHG kommt es auf die primäre Zurechenbarkeit nicht mehr an, wenn seit der erstmaligen Publizierung einer unrichtigen Gesellschafterliste drei Jahre vergangen

---

1069 Vgl. *Schlaich/Korioth*, Das Bundesverfassungsgericht, Rdnr. 384.

1070 BVerfG, Beschluss vom 04.12.1979, Az. 2 BvR 64/78 und 460/79, BVerfGE 53, 1, 23 f.

1071 Siehe nur: *Ulsamer* in: Maunz/Schmidt-Bleibtreu/Klein/Bethge, BVerfGG, § 80 Rdnr. 128.

sind. Das Gesetz kennt damit zwei unterscheidbare Tatbestände, die jeweils als Rechtsfolge gutgläubigen Erwerb bestimmen. Nur die auf § 16 Abs. 3 Satz 2 GmbHG rückführbare Alternative ist mit der Verfassung nicht vereinbar. Darf aber wegen der Verfassungswidrigkeit auf die zweite Alternative nicht zurückgegriffen werden, bedeutet dies, dass der Gesetzespassus „... die Liste zum Zeitpunkt des Erwerbs hinsichtlich des Geschäftsanteils weniger als drei Jahre unrichtig und...“ in § 16 Abs. 3 Satz 2 GmbHG nicht angewendet werden kann. Vom bisherigen Tatbestand des § 16 Abs. 3 GmbHG verbleibt damit eine Regelung, die gutgläubigen Erwerb von GmbH-Geschäftsanteilen und Rechten hieran als Rechtsfolge anordnet, wenn der Nichtberechtigte in der Gesellschafterliste eingetragen ist. Gutgläubiger Erwerb ist ausgeschlossen, wenn die Unrichtigkeit der Liste dem wahren Berechtigten nicht zurechenbar ist, der Gesellschafterliste ein Widerspruch zugeordnet ist oder der Erwerber nicht gutgläubig ist. Damit verbleibt es auch bei partieller Verfassungswidrigkeit bei einer sinnhaften Regelung, auch wenn die Wahrscheinlichkeit, dass der Tatbestand erfüllt ist damit geringer ist, als nach der Gesetzesformulierung des MoMiG.

Für die Teilnichtigkeit eines Gesetzes ist aber dort kein Raum, wo eine nur reduzierte Geltung den Willen des Gesetzgebers verfälschen würde.[1072] Anders als soeben[1073] ist diese Grenze hier nicht überschritten. Im vorherigen Fall dieser Einschränkung ging es um den gesetzgeberischen Willen, wonach immer von der Eigenschaft als GmbH-Gesellschafter auf die Zumutbarkeit der Kontrollobliegenheit geschlossen werden sollte. Dieses Modell der „typisierten Zurechnung“ ließ sich aber selbst teilweise nicht methodisch begründbar aufrechterhalten. Weder mit Hilfe einer verfassungskonformen Auslegung noch mit Hilfe einer verfassungskonformen Rechtsfortbildung lässt sich erreichen, dass gutgläubiger Erwerb nur dann ohne primäre Zurechnung nach Fristablauf möglich ist, wenn der wahre Berechtigte regelmäßig Kenntnis von der Prüfungsobliegenheit hat.[1074] Hier geht es um die deutlich weiterreichende Frage, ob gutgläubiger Erwerb im GmbH-Recht als Institut und nicht in seiner konkreten gesetzlichen Ausgestaltung zumindest teilweise bewahrt werden kann oder aber die ganze Rechtsfigur vor der Verfassung keinen Bestand hat und damit nicht anzuwenden ist, was die Konsequenz wäre, würde man die Spaltbarkeit ablehnen.

Das vom Gesetzgeber hauptsächlich durch § 16 Abs. 3 GmbHG verfolgte Ziel besteht darin, dem bisher bestehenden schwerfälligen System der Anteilsübertragung zu begegnen und Transaktionskosten zu senken.[1075] Dieses Ziel wird zwar bei nur eingeschränkter Anwendbarkeit des § 16 Abs. 3 GmbHG in geringerem Maße erreicht. Dennoch kann ein Erwerber auch bei immer erfor-

1072 *Ulsamer* in: Maunz/Schmidt-Bleibtreu/Klein/Bethge, BVerfGG, § 80 Rdnr. 128 mit umfangreichen Nachweis aus der Judikatur des BVerfG.

1073 Vgl. 5. Kap. D. V. 2. b) und c).

1074 Siehe 5. Kap. D. V. 2. b) und c).

1075 Regierungsbegründung, BT-Drs. 16/6140, S. 38 rechte Spalte und S. 26 linke Spalte.

derlicher Zurechenbarkeit darauf vertrauen, den Geschäftsanteil zumindest dann gutgläubig erwerben zu können, wenn der wahre Inhaber nach dem 01.11.2008 Gesellschafter im Wege einer rechtsgeschäftlichen Übertragung des Anteils wurde oder aber die GmbH nach dem 01.11.2008 gegründet wurde, da in diesen Fällen stets von einer Zurechenbarkeit ausgegangen werden kann.[1076] Der gesetzgeberische Wille, gutgläubigen Erwerb im GmbH-Recht zu regeln, wird damit im Ergebnis nur in seiner Umsetzung eingegrenzt, nicht aber verfälscht, weil er weiterhin eingeschränkte Geltung beanspruchen kann.

Im Ergebnis ist damit § 16 Abs. 3 GmbHG teilweise verfassungswidrig und nichtig. Die Nichtigkeit besteht aber nur soweit, wie nach Ablauf der Karenzfrist auf eine primäre Zurechnung der unrichtigen Gesellschafterliste an den wahren Berechtigten verzichtet wird. Soweit § 16 Abs. 3 GmbHG die Zurechenbarkeit verlangt, was sich durchgängig dadurch erreichen lässt, dass die erste Voraussetzung des Ausschlussgrundes gemäß § 16 Abs. 3 Satz 2 GmbHG nicht angewendet wird, erfüllt die Norm die verfassungsrechtlichen Vorgaben.

4. Vorschläge für eine verfassungskonforme Ausgestaltung des gutgläubigen Erwerbs im GmbH-Recht

Aus gesetzgeberischer Sicht besteht damit Handlungsbedarf. Mit der nur eingeschränkten Anwendbarkeit des § 16 Abs. 3 GmbHG muss die Neuregelung aus verfassungsrechtlichen Erwägungen hinter dem vom Gesetzgeber ursprünglich Gewollten zurückbleiben. Fraglich bleibt aber, ob der Gesetzgeber durch eine neue Ausgestaltung des gutgläubigen Erwerbs die teilweise Verfassungswidrigkeit vermeiden und gleichzeitig einen vergleichbaren Anwendungsbereich erreichen kann, wie zunächst beabsichtigt.

a) Modifikation des § 16 Abs. 3 Satz 2 GmbHG

Die teilweise Nichtigkeit des § 16 Abs. 3 GmbHG lässt sich vermeiden, indem die erste Voraussetzung des Ausschlussgrundes gemäß § 16 Abs. 3 Satz 2 GmbHG, nämlich die Fristgebundenheit der Zurechnung, gestrichen wird. So würde das soeben gefundene Ergebnis gesetzlich nachvollzogen.

Hiermit verbunden wäre es aber, dass die mangelnde Zurechenbarkeit auch weiterhin ein genereller Ausschlusstatbestand für gutgläubigen Erwerb ist und dieser nicht in einer solchen Breite von Fällen möglich wäre, wie es dem Gesetzgeber ursprünglich vorschwebte. Ein solches Vorgehen bringt damit keinen Gewinn im Vergleich zur teilweisen Nichtigkeit des Gesetzes bezogen auf den Anwendungsbereich.

b) Zusätzlicher Ausschlussgrund der fehlenden Zumutbarkeit

Denkbar wäre es, § 16 Abs. 3 GmbHG um einen zusätzlichen Ausschlussgrund zu erweitern. Nach diesem Ausschlussgrund könnte gutgläubiger Erwerb dann

1076 Siehe hierzu: 5. Kap. D. V. 2. a) aa)

nicht eintreten, wenn es dem Gesellschafter nicht zumutbar war, seiner in § 16 Abs. 3 Satz 2 GmbHG fußenden Kontrollobliegenheit nachzukommen. Hiermit könnte die gesetzlich gewollte Kontrollobliegenheit aufrecht erhalten werden und wäre nicht dem verfassungsrechtlichen Einwand ausgesetzt, wonach nicht von der Eigenschaft als GmbH-Gesellschafter stets auf die Zumutbarkeit der Obliegenheit geschlossen werden kann, da jeweils der konkrete Einzelfall zu beurteilen wäre.

Eine solche Novellierung hätte aber zur Folge, dass ein Erwerber nur sehr schwer abschätzen könnte, ob er den Geschäftsanteil zumindest gutgläubig erwerben kann. Ihn träfe immer das Risiko, dass der wahre Berechtigte den Geschäftsanteil herausverlangen kann, indem er darlegen und gegebenenfalls beweisen kann, dass ihm die Erfüllung der Listenkontrolle unzumutbar war. Nur dann, wenn die Gesellschaftereigenschaft nach dem 01.11.2008 begründet oder die GmbH selbst nach dem 01.11.2008 gegründet wurde, läge eine Zurechenbarkeit feststellbar vor. Im Ergebnis würde sich damit kein weiterer Anwendungsbereich der Norm als nach geltendem, teilweise verfassungswidrigem Recht ergeben.

c) Ausschließliche notarielle Zuständigkeit zur Führung der Gesellschafterliste

Will man den Anwendungsbereich der Norm ebenso weit erhalten, wie ursprünglich vom Gesetzgeber beabsichtigt, und dem Regelungsmodell der „typisierten Zurechnung" die Treue halten, kommt nur eine Möglichkeit wirklich in Betracht. Es muss eine ausschließliche notarielle Kompetenz zur Führung der Gesellschafterliste eingeführt werden, wie es bereits aus anderen Gründen hier vorgeschlagen wurde.[1077]

Damit wird zwar keine absolute Richtigkeitsgewähr der Gesellschafterliste erreicht. Bereits oben wurde aber gezeigt[1078], dass es unter dem Blickwinkel des gutgläubigen Erwerbs nicht hierauf ankommt, weil das Verhalten des wahren Berechtigten, welches eine unrichtige Gesellschafterliste auch bei einer ausschließlichen notariellen Zuständigkeit zur Folge hat, immer gleichzeitig zu einer primären Zurechenbarkeit führt. Hat aber die Gesellschafterliste damit eine hohe Richtigkeitsgewähr, so kann sie die Rolle eines sachlichen Grundes[1079] bei der Legitimation der Gleichstellung von aktivem Tun und Unterlassen beim gutgläubigen Erwerb, vergleichbar mit dem Erbschein, übernehmen. Ist dieser Schritt vollzogen, so findet sich durchgängig, insbesondere auch nach Ablauf der Karenzfrist des § 16 Abs. 3 Satz 2 GmbHG, ein Belang, der innerhalb der verfassungsdeterminierten Abwägung zwischen dem Rechtsbeharrungsinteresse und der durch § 16 Abs. 3 GmbHG geschützten Allgemeinwohlbelange eine Abwägung zu Lasten des wahren Berechtigten rechtfertigt.

1077 4. Kap. B. XI. 3.

1078 4. Kap. B. XI. 3. und 5. Kap. C. I. 5. e) cc) (3).

1079 Siehe hierzu: 5. Kap. D. IV. 3. b) dd) (2) (α).

Da der wahre Berechtigte wegen der steten Beteiligung des Notars zudem regelmäßig von seiner Kontrollobliegenheit Kenntnis bzw. zumindest die Möglichkeit zur Kenntnisnahme hat und hiermit deren stete Zumutbarkeit verbunden ist, muss die Frist zur Erfüllung dieser Obliegenheit nicht so lange bemessen sein, wie in § 16 Abs. 3 Satz 2 GmbHG für das geltende Recht. Da nach Stimmen aus der Praxis[1080] die Zeit bis zur Aufnahme einer aktualisierten Gesellschafterliste bis zu mehreren Wochen in Anspruch nehmen kann, erscheint als Frist eine solche von einem Jahr ab Aufnahme einer unrichtigen Gesellschafterliste als angemessen.[1081]

Hiermit verbunden ist zudem auch eine Steigerung des Erwerberschutzes, da ein potentieller Erwerber bereits dann die Möglichkeit des gutgläubigen Erwerbs hilfsweise in seinem Geschäftsverhalten berücksichtigen kann, wenn der Veräußerer seit mindestens einem Jahr als Gesellschafter in der Gesellschafterliste eingetragen ist. Die Rechtssicherheit beim Anteilserwerb wird damit deutlich gestärkt.

Im Ergebnis wird hierdurch erreicht, dass die Richtigkeit der Gesellschafterliste erhöht wird und dem wahren Berechtigten die Kontrollobliegenheit stets zumutbar ist. Dadurch besteht ein ausreichender, gleichsam doppelter sachlicher Grund für die Legitimation einer Gleichstellung von aktivem Tun und Unterlassen beim gutgläubigen Erwerb im GmbH-Recht.

Dementsprechend wäre § 16 Abs. 3 GmbHG wie folgt zu fassen:[1082]

(3) [1]Der Erwerber kann einen Geschäftsanteil oder ein Recht daran durch Rechtsgeschäft wirksam vom Nichtberechtigten erwerben, wenn der Veräußerer als Inhaber des Geschäftsanteils in der im Handelsregister aufgenommenen Gesellschafterliste eingetragen ist. [2]Dies gilt nicht, wenn die Liste zum Zeitpunkt des Erwerbs hinsichtlich des Geschäftsanteils weniger als *ein Jahr* unrichtig ist und die Unrichtigkeit dem Berechtigten nicht zurechenbar ist. (…)

5. Ergebnis

Soweit § 16 Abs. 3 GmbHG gutgläubigen Erwerb ohne primäre Zurechnung der Unrichtigkeit der Gesellschafterliste ermöglicht, ist die Norm verfassungswidrig. Um die hiermit verbundene Folge eines nur eingeschränkten Anwendungsbereichs zu vermeiden und den ursprünglich angestrebten Anwendungsbereich beizubehalten, muss der gutgläubige Erwerb im GmbH-Recht neu ausgestaltet werden. Erreichbar ist dieses Ziel nur, indem eine ausschließliche notarielle Zuständigkeit zur Führung der Gesellschafterliste eingeführt wird. Wird dieser Schritt unternommen, so kann auch die Frist im Sinne des § 16 Abs. 3 Satz 2

1080 *Mayer*, ZIP 2009, 1037, 1039.

1081 So bereits: *Haas/Oechsler*, NZG 2007, 806, 812; *Heckschen*, DStR 2007, 1442, 1450 jeweils wegen der Möglichkeit zur Online-Einsicht.

1082 Änderungen kursiv.

GmbHG auf ein Jahr verkürzt werden, da der wahre Berechtigte durch die stete notarielle Mitwirkung Kenntnis bzw. eine ausreichende Kenntnisnahmemöglichkeit von seiner Kontrollobliegenheit hat und diese ihm damit zumutbar ist.

VI. Gesamtergebnis zu den verfassungsrechtlichen Vorgaben

Nur soweit gutgläubiger Erwerb im GmbH-Recht möglich ist, wenn dem wahren Berechtigten die Unrichtigkeit der Gesellschafterliste nicht zuzurechnen ist, sind die Anforderungen aus der Verfassung gewahrt. Kommt es aber auf eine primäre Zurechnung nicht mehr an und geht das Gesetz von einer „typisierten Zurechnung" aus, wie es nach Ablauf der Karenzfrist geschieht, so ist die Neuregelung nicht mit Art. 14 GG vereinbar und damit teilweise nichtig. Die partielle Nichtigkeit lässt sich aber gesetzgeberisch korrigieren, indem eine ausschließliche notarielle Zuständigkeit zur Führung der Gesellschafterliste im Rahmen einer Novellierung des GmbHG eingeführt wird.

6. Kapitel: Zusammenstellung der Ergebnisse

Nachfolgend sind die wichtigsten Ergebnisse der Arbeit thesenartig aufgeführt, wobei eine Unterteilung nach der Gesellschafterliste gemäß § 40 GmbHG und dem gutgläubigen Erwerb gemäß § 16 Abs. 3 GmbHG vorgenommen wird. Abschließend werden die unterbreiteten Gesetzgebungsvorschläge zusammengestellt.

A. Thesen zur Gesellschafterliste

Das Nutzungspfandrecht und das Nießbrauchsrecht sind Belastungen des GmbH-Geschäftsanteils, die in der Gesellschafterliste eintragbar sind.[1083] Weil diese Rechte eintragungsfähig und eintragungspflichtig sind, muss ein Notar eine aktualisierte Gesellschafterliste zum Handelsregister einreichen, wenn er die Bestellung eines Nutzungspfand- oder Nießbrauchsrechtes beurkundet.[1084]

Hat die Geschäftsführung die Wirksamkeit einer Veränderung gemäß § 40 Abs. 1 GmbHG zu überprüfen, so muss sie nur eine Prüfung dahingehend durchführen, ob sie aus ihrer Sicht vertretbar zu dem Ergebnis kommt, dass die Veränderung wirksam geworden ist oder nicht.[1085]

In ihrer gegenwärtigen Ausgestaltung ist die Gesellschafterliste ein schwacher Rechtscheinträger. Wird aber die Kompetenz der Geschäftsführung zur Führung der Gesellschafterliste abgeschafft und stattdessen eine ausschließliche notarielle Zuständigkeit eingeführt, ist die Richtigkeitsgewähr der Gesellschafterliste ausreichend sichergestellt.[1086]

B. Thesen zum gutgläubigen Erwerb

§ 16 Abs. 3 GmbHG schützt den guten Glauben an die Rechtsinhaberschaft und damit die Verfügungsmacht des Veräußerers.[1087]

§ 16 Abs. 3 GmbHG schützt nicht den guten Glauben an die Existenz des Geschäftsanteils.[1088]

Die Möglichkeit, einen nicht existenten Geschäftsanteil gutgläubig zu erwerben, sollte nicht in § 16 Abs. 3 GmbHG nachträglich eingeführt werden.[1089]

Gutgläubiger Erwerb entsprechend der in der Gesellschafterliste eingetragenen Stückelung eines Geschäftsanteils ist nicht möglich.[1090]

1083 4. Kap. B. V. 2. c).
1084 4. Kap. B. VI. 2. b) cc).
1085 4. Kap. B. VIII. 2. b).
1086 4. Kap. B. XI. 3.
1087 5. Kap. A. I.
1088 5. Kap. A. II. 1. c).
1089 5. Kap. A. II. 1. e).

Ein gutgläubiger lastenfreier Erwerb ist weder gemäß § 16 Abs. 3 GmbHG noch im Wege einer analogen Anwendung des § 16 Abs. 3 GmbHG möglich.[1091]

Die Möglichkeit, einen Geschäftsanteil gutgläubig lastenfrei zu erwerben, sollte nicht nachträglich eingeführt werden.[1092]

Das Tatbestandsmerkmal der Zurechnung gemäß § 16 Abs. 3 Satz 2 GmbHG ist anhand des Risikoprinzips auszulegen.[1093]

Erfolgt die Anteilsabtretung aufschiebend bedingt, kommt es auf die Gutgläubigkeit des Erwerbers im Zeitpunkt der Einigung an.[1094]

Hängt die Wirksamkeit des Anteilsübergangs von einer privat- oder öffentlichrechtlichen Genehmigung ab, kommt es auf die Gutgläubigkeit des Erwerbers im Zeitpunkt der Erteilung der Genehmigung an.[1095]

Die zum Teil in der Literatur vorgeschlagene Widerspruchslösung, die durch Zuordnung eines Widerspruchs gutgläubigen Zwischenerwerb gemäß § 161 Abs. 3 i.V.m. § 16 Abs. 3 GmbHG verhindern soll, ist abzulehnen.[1096]

Soweit gutgläubiger Erwerb nur auf Grundlage der Eintragungen in der Gesellschafterliste, fehlender Bösgläubigkeit und fehlendem, zugeordnetem Widerspruch erfolgen kann, ist § 16 Abs. 3 GmbHG verfassungswidrig und damit nichtig. Gutgläubiger Erwerb gemäß § 16 Abs. 3 GmbHG ohne primäre Zurechnung der Unrichtigkeit der Gesellschafterliste an den wahren Berechtigten ist damit nicht möglich.[1097]

C. Gesetzesvorschläge

§ 16 Abs. 3 GmbHG[1098]

(3) [1]Der Erwerber kann einen Geschäftsanteil oder ein Recht daran durch Rechtsgeschäft wirksam vom Nichtberechtigten erwerben, wenn der Veräußerer als Inhaber des Geschäftsanteils in der im Handelsregister aufgenommenen Gesellschafterliste eingetragen ist. [2]Dies gilt nicht, wenn die Liste zum Zeitpunkt des Erwerbs hinsichtlich des Geschäftsanteils weniger als *ein Jahr* unrichtig ist und die Unrichtigkeit dem Berechtigten nicht zurechenbar ist. (…)

1090 5. Kap. A. II. 2. c).
1091 5. Kap. A. II. 8. c).
1092 5. Kap. A. II. 8. d).
1093 5. Kap. C. I. 5. e) bb).
1094 5. Kap. C. II. 3.
1095 5. Kap. C. II. 3.
1096 5. Kap. C. III. c).
1097 5. Kap. D. V. 5.
1098 5. Kap. D. V. 4. c), Änderungen kursiv.

§ 40 GmbHG[1099]

Liste der Gesellschafter

[1]Ein Notar oder eine Notarin hat unverzüglich nach Wirksamwerden jeder Veränderung in den Personen der Gesellschafter oder des Umfangs ihrer Beteiligung ohne Rücksicht auf etwaige später eintretende Unwirksamkeitsgründe eine in amtlicher Eigenschaft unterschriebene Liste der Gesellschafter zum Handelsregister einzureichen und eine Abschrift der geänderten Liste an die Gesellschaft zu übermitteln. [2]Aus der Liste müssen Name, Vorname, Geburtsdatum und Wohnort der Gesellschafter sowie die Nennbeträge und die laufenden Nummern der von einem jeden derselben übernommenen Geschäftsanteile zu entnehmen sein. [3]Die Liste muss mit der Bescheinigung versehen sein, dass die geänderten Eintragungen den Veränderungen entsprechen, an denen der Notar oder die Notarin mitgewirkt hat oder die dem Notar oder der Notarin mittgeteilt und nachgewiesen worden sind, und dass die übrigen Eintragungen mit dem Inhalt der zuletzt im Handelsregister aufgenommen Liste übereinstimmen.

§ 9 Abs. 1 HRV[1100]

(1) [1]Die zum Handelsregister eingereichten und nach § 9 Abs. 1 des Handelsgesetzbuches der unbeschränkten Einsichtnahme unterliegenden Dokumente werden für jedes Registerblatt (§ 13) in einen dafür bestimmten Registerordner aufgenommen. [2]Sie sind in der zeitlichen Folge ihres Eingangs und nach der Art des jeweiligen Dokuments abrufbar zu halten. [3] *Abrufbar zu halten ist auch das Datum der Aufnahme im Sinne des Satzes 1.* (…)

1099 4. Kap. B. XI. 3. und 5. Kap. D. V. 4. d).

1100 5. Kap. C. I. 4. a) aa); Änderungen kursiv.

Anhang: § 40 GmbHG i.d.F. vor dem 01.11.2008 und §§ 16 Abs. 3, 40 GmbHG i.d.F. des Referentenentwurfes vom 29.05.2006

Anhang I (§ 40 GmbHG a.F.)

§ 40 GmbHG in der Fassung des Art. 9 Nr. 5 des Gesetzes zur Neuregelung des Kaufmanns- und Firmenrechts und zur Änderung anderer handels- und gesellschaftsrechtlicher Vorschriften (Handelsrechtsreformgesetz – HRefG) vom 22.06.1998, BGBl 1998 I S. 1474 ff., gültig ab 01.01.1999 bis 31.10.2008:

(1) [1]Die Geschäftsführer haben nach jeder Veränderung in den Personen der Gesellschafter oder des Umfangs ihrer Beteiligung unverzüglich eine von ihnen unterschriebene Liste der Gesellschafter, aus der Name, Vorname, Geburtsdatum und Wohnort der letzteren sowie ihre Stammeinlage zu entnehmen sind, zum Handelsregister einzureichen. [2]Hat ein Notar einen Vertrag über die Abtretung eines Geschäftsanteils nach § 15 Abs. 3 beurkundet, so hat er diese Abtretung unverzüglich dem Registergericht anzuzeigen.

(2) Geschäftsführer, welche die ihnen nach Absatz 1 obliegenden Pflichten verletzen, haften den Gläubigern der Gesellschaft für den daraus entstandenen Schaden als Gesamtschuldner.

Anhang II (16 Abs. 3 GmbHG i.d.F. des Referentenentwurfes vom 29.05.2006)[1101]

(3) [1]Zugunsten desjenigen, der einen Geschäftsanteil oder ein Recht daran durch Rechtsgeschäft erwirbt, gilt der Inhalt der Gesellschafterliste insoweit als richtig, als die den Geschäftsanteil betreffende Eintragung im Zeitpunkt des Erwerbs seit mindestens drei Jahren unrichtig in der Gesellschafterliste enthalten und kein Widerspruch zum Handelsregister eingereicht worden ist. [2]Dies gilt nicht, wenn dem Erwerber die Unrichtigkeit bekannt ist.

1101 Abrufbar unter: www.jura.uni.augsburg.de/fakultaet/lehrstuehle/moellers/materialien/materieliendateien/040_deutsche_Gesetzgebungsgeschichte/momig/index.html#entstehungsgeschichte (zuletzt abgerufen am 23.02.2010).

Anhang III (§ 40 GmbHG i.d.F. des Referentenentwurfes vom 29.05.2006)[1102]

(1) [1]Die Geschäftsführer haben nach jeder Veränderung in den Personen der Gesellschafter oder des Umfangs ihrer Beteiligung unverzüglich eine von ihnen unterschriebene Liste der Gesellschafter, aus der Name, Vorname, Geburtsdatum und Wohnort der letzteren sowie ihre Stammeinlage zu entnehmen sind, zum Handelsregister einzureichen. [2] Hat ein Notar an den Veränderungen nach Satz 1 mitgewirkt, so hat er unverzüglich nach deren Wirksamkeit die Liste in Vertretung der Geschäftsführer zum Handelsregister einzureichen. [3] Ist die Liste durch den Notar einzureichen, so muss sie mit seiner Bescheinigung versehen sein, dass er an der Veränderung mitgewirkt und die geänderte Liste den Geschäftsführern übermittelt hat, die übrigen Eintragungen mit dem Inhalt der bisherigen Liste übereinstimmen und aus dem ihm vorliegenden Unterlagen nichts ersichtlich ist, was die Richtigkeit der Liste in Frage stellt.

(2) Geschäftsführer, welche die ihnen nach Absatz 1 obliegenden Pflichten verletzen, haften dem Veräußerer, dem Erwerber und den Gläubigern der Gesellschaft für den daraus entstandenen Schaden als Gesamtschuldner.

1102 Abrufbar unter: www.jura.uni.augsburg.de/fakultaet/lehrstuehle/moellers/materialien/materieliendateien/040_deutsche_Gesetzgebungsgeschichte/momig/index.html#entstehungsgeschichte (zuletzt abgerufen am 23.02.2010).

Literaturliste

Albertz, Joachim: Die Verbriefung des GmbH-Geschäftsanteils in Deutschland und anderen EU-Staaten, Aachen 1996. (Zit.: *Albertz*, Die Verbriefung)

Apfelbaum, Sebastian: Das Merkmal der Zurechenbarkeit beim gutgläubigen Erwerb von GmbH-Anteilen, BB 2008, 2470-2477.

Bamberger, Georg/Roth, Herbert: Beck'scher Online-Kommentar BGB, Edition: 16, Stand: 01.10.2010, München 2010. (Zit.: BeckOK Bamberger/Roth/*Bearbeiter*, BGB)

Bauer, Marianne: Zur Publizitätswirkung des Besitzes bei Übereignung von Fahrnis. In: *Habscheid, Walter/Gaul, Hans, Friedhelm/Mikat, Paul*: Festschrift für Friedrich Wilhelm Bosch zum 65. Geburtstag, Bielefeld 1976. S. 1-25. (Zit.: *Bauer*, FS Bosch)

Baumbach, Adolf/Hopt, Klaus J.: Handelsgesetzbuch mit GmbH & Co., Handelsklauseln, Bank- und Börsenrecht, Transportrecht (ohne Seerecht), 34. Aufl., München 2010. (Zit.: *Bearbeiter* in: Baumbach/Hopt)

Baumbach, Adolf/Hueck, Alfred: GmbH-Gesetz, Gesetz betreffend die Gesellschaften mit beschränkter Haftung, 18. Aufl., München 2006. (Zit.: *Bearbeiter* in: Baumbach/Hueck, GmbHG (2006))

Baumbach, Adolf/Hueck, Alfred: GmbH-Gesetz, Gesetz betreffend die Gesellschaften mit beschränkter Haftung, 19. Aufl., München 2010. (Zit.: *Bearbeiter* in: Baumbach/Hueck, GmbHG (2010))

Baur, Jürgen F./ Stürner, Rolf: Sachenrecht, 18. Auflage, München 2009.

Bednarz, Liane: Die Gesellschafterliste als Rechtsscheinträger für einen gutgläubigen Erwerb von GmbH-Geschäftsanteilen, BB 2008, 1854-1862.

Beisel, Wilhelm/Klumpp, Hans-Herrmann: Der Unternehmenskauf, 6. Aufl., München 2009. (Zit.: *Beisel/Klumpp*: Unternehmenskauf)

Berger, Florian/Kleissl, Katharina: Neue Unsicherheiten bei der Auslandsbeurkundung von GmbH-Geschäftsanteilen, DB 2008, 2235-2240.

Berninger, Axel: Gesellschafterliste und Übergangsproblematik der Einreichungsverantwortlichkeit bei nachträglicher Berichtigung, GmbHR 2009, 679-684.

Beuthin, Volker: Der genossenschaftliche Geschäftsanteil. Begriffliches Unding oder Schlüssel zur Öffnung der Rechtsform?, AG 2002, 266-278.

Billmeier, Eva: Die Düsseldorfer Sperrungsverfügung. Ein Beispiel für verfassungs- und gefahrenabwehrrechtliche Probleme der Inhaltsregulierung in der Informationsgesellschaft, Berlin 2007. (Zit.: *Billmeier*, Sperrungsverfügung)

Bohrer, Michael: Fehlerquellen und gutgläubiger Erwerb im Geschäftsanteilsverkehr – Das Vertrauensschutzkonzept im Regierungsentwurf des MoMiG, DStR 2007, 995-1003.

Böhringer, Walter: Das neue GmbH-Recht in der Notarpraxis, BWNotZ 2008, 104-113.

Böttcher, Roland: Beeinträchtigungen der Verfügungsbefugnis, RPfleger 1983, 49-56.

Böttcher, Lars/Blasche, Sebastian: Gutgläubiger Erwerb von Geschäftsanteilen entsprechend der in der Gesellschafterliste eingetragenen Stückelung, NZG 2007, 565-569.

Brambring, Günter/Jerschke, Hans-Ulrich: Beck'sches Notar-Handbuch, 5. Aufl., München 2009. (Zit.: *Bearbeiter* in Beck'sches Notarhandbuch)

Breuninger, Gottfried: Die BGB-Gesellschaft als Rechtssubjekt im Wirtschaftsverkehr, Köln 1991. (Zit: *Breuninger*, BGB-Gesellschaft)

v. Brünneck, Alexander: Die Eigentumsgarantie des Grundgesetzes, Baden-Baden 1984.

Bumiller, Ursula/Harders, Dirk: FamFG, Freiwillige Gerichtsbarkeit. Gesetz über das Verfahren in Familiensachen und den Angelegenheiten der freiwilligen Gerichtsbarkeit (FamFG), 9. Aufl., München 2009.

Bunnemann, Jan/Zirngibl, Nikolas: Auswirkungen des MoMiG auf bestehende GmbHs, München 2008. (Zit.: Bunnemann/Zirngibl/*Bearbeiter*)

Bydlinski, Franz: Die Suche nach der Mitte als Daueraufgabe der Privatrechtswissenschaft, AcP 204 (2004), 309-395.

Bydlinski, Franz: System und Prinzipien des Privatrechts, Wien 1996.

Canaris, Claus-Wilhelm: Die Bedeutung der iustitia distributiva im deutschen Vertragsrecht, München 1997.

Canaris, Claus-Wilhelm: Die Richtlinienkonforme Auslegung und Rechtsfortbildung im System der juristischen Methodenlehre. In: *Rummel, Peter/Koziol, Helmut*: Im Dienste der Gerechtigkeit, Festschrift für Franz Bydlinski, Wien 2002. S. 47-103. (Zit.: *Canaris*, FS Bydlinski)

Canaris, Claus-Wilhelm: Die Vertrauenshaftung im deutschen Privatrecht, München 1971. (Zit.: *Canaris*, Vertrauenshaftung)

Canaris, Claus-Wilhelm: Grundrechte und Privatrecht, Berlin 1999.

Canaris, Claus-Wilhelm: Handelsrecht, 24. Aufl., München 2006.

Canaris, Claus-Wilhelm: Wandlungen des Schuldvertragsrechts – Tendenzen zu seiner „Materialisierung", AcP 200 (2000), 273-364.

Dreier, Horst: Grundgesetz Kommentar, Band I Präambel, Artikel 1-18, 2. Aufl., Tübingen 2004. (Zit.: *Bearbeiter* in: H. Dreier, Grundgesetz)

Ebenroth, Carsten, Thomas/Boujong, Karlheinz/Joost, Detlev/Strohn, Lutz: Handelsgesetzbuch, Band 1 §§ 1-342e, 2. Aufl., München 2008. (Zit.: Ebenroth/Boujong/Joost/Strohn/*Bearbeiter*)

Ehlers, Dirk: Eigentumsschutz, Sozialbindung und Enteignung bei der Nutzung von Grund und Boden, VVDStRL 51 (1992), 211-251.

Eidenmüller, Horst: Die GmbH im Wettbewerb der Rechtsformen, ZGR 2007, 168-211.

Eisenhardt, Ulrich: Zum Weisungsrecht der Gesellschafter in der nicht mitbestimmten GmbH. In: *Freiherr v. Gamm, Otto, Friedrich/Raisch, Pe-*

ter/Tiedemann, Klaus: Strafrecht, Unternehmensrecht, Anwaltsrecht. Festschrift für Gerd Pfeiffer zum Abschied aus dem Amt des Präsidenten des Bundesgerichtshofes, Köln 1988. S. 839-857. (Zit.: *Eisenhardt*, FS Pfeiffer)

Epping, Volker/Hillgruber, Christian: Beck'scher Online-Kommentar Grundgesetz, Edition: 5, Stand: 01.11.2009, München 2009. (Zit.: BeckOK Epping/Hillgruber/*Bearbeiter*, GG)

Erman, Walter: Handkommentar zum Bürgerlichen Gesetzbuch, 12. Aufl., Köln 2008. (Zit.: Erman/*Bearbeiter*)

Ernst, Wolfgang: Ist der gutgläubige Mobiliarerwerb eine Rechtsscheinwirkung? In: *Lange, Hermann/Nörr, Knut, Wolfgang/Westermann, Harm, Peter*: Festschrift für Joachim Gernhuber zum 70. Geburtstag, Tübingen 1993. S. 95-120. (Zit.: *Ernst*, FS Gernhuber)

Fischer, Michael: Die Haftung des Unternehmensverkäufers nach neuem Schuldrecht, DStR 2004, 276-282.

Flesner, Patrick: Die GmbH-Reform (MoMiG) aus Sicht der Akquisitions- und Restrukturierungspraxis, NZG 2006, 641-648.

Flume, Werner: Allgemeiner Teil des Bürgerlichen Rechts, Erster Band, Erster Teil: Die Personengesellschaft, Berlin 1977. (Zit.: *Flume*, Personengesellschaft)

Flume, Werner, Allgemeiner Teil des Bürgerlichen Rechts, Erster Band, Zweiter Teil: Die juristische Person, Berlin 1983. (Zit.: *Flume*, Juristische Person)

Gehrlein, Markus: Das neue GmbH-Recht, Köln 2009.

Gehrlein, Markus: Der aktuelle Stand des neuen GmbH-Rechts, Der Konzern 2007, 771-796.

Goette, Wulf: Die GmbH, Darstellung an Hand der Rechtsprechung des BGH, 2. Aufl., München 2002.

Goette, Wulf: Einführung in das neue GmbH-Recht, München 2008. (Zit.: *Goette*, Einführung)

Gottschalk, Eckart: Neue Regelungen für die Gesellschafterliste und die Geschäftsanteile sowie der gutgläubige Erwerb von Geschäftsanteilen nach dem MoMiG, DZWIR 2009, 45-52.

Götze, Cornelius/Bressler, Stefan: Praxisfragen der Gesellschafterliste und des gutgläubigen Erwerbs von Geschäftsanteilen nach dem MoMiG, NZG 2007, 894-899.

Gran, Andreas: Abläufe bei Mergers & Acquisitions, NJW 2008, 1409-1415.

Grau, Walter: Lücken im Schutz des gutgläubigen Rechtsverkehrs bei unwirksamer Übertragung von G.m.b.H.-Anteilen. In: Festschrift zum 75. Geburtstag des Geheimen Justizrats Dr. Hermann Oberneck, Halle 1929. S. 173-205. (Zit.: *Grau*, FS Oberneck)

Greitemann, Georg/Bergjan, Ralf: Die Auswirkungen des MoMiG auf die M&A-Praxis. In: *Birk, Dieter*: Transaktionen Vermögen Pro Bono. Festschrift zum zehnjährigen Bestehen von P+P Pöllath + Partners. München 2008. S. 271-293. (Zit.. *Greitemann/Bergjan*, FS Pöllath)

Grigoleit, Hans, Christoph/Rieder, Markus: GmbH-Recht nach dem MoMiG. Analyse – Strategie – Gestaltung, München 2009. (Zit.: *Grigoleit/Rieder*, GmbH-Recht)

Großkommentar Aktiengesetz:
29. Lieferung, §§ 58 Abs. 5, 67, 68, 148, 149 (2008), 4. Aufl., Berlin 2008. (Zit.: *Bearbeiter* in Großkomm. AktG)

Großkommentar zum Handelsgesetzbuch:
Band 1, §§ 1-104, 4. Aufl., Berlin 1982
Band 2, §§ 105-237, 4. Aufl., Berlin 1988.
(Zit.: Staub/*Bearbeiter*)

Grunewald, Barbara: Der gutgläubige Erwerb von GmbH-Anteilen: Eine neue Option, Der Konzern 2007, 13-15.

Grunewald, Barbara: Die Anfechtung wegen arglistiger Täuschung bei der Übertragung von GmbH-Geschäftsanteilen – Besprechung der Entscheidung ZIP 1990, 371 ff, ZGR 1991, 452-466.

Grunewald, Barbara: Die Gesellschafterklage in der Personengesellschaft und der GmbH, Tübingen 1990. (Zit.: *Grunewald*, Die Gesellschafterklage)

Grunewald, Barbara/Gehling, Christian/Rodewig, Désirée: Gutgläubiger Erwerb von GmbH-Anteilen, ZIP 2006, 685-692.

Haas, Ulrich/Oechsler, Jürgen: Missbrauch, Cash Pool und gutgläubiger Erwerb nach dem MoMiG, NZG 2007, 806-813.

Hachenburg, Max: Gesetz betreffend die Gesellschaften mit beschränkter Haftung (GmbHG), Großkommentar.
Band 1, Allgemeine Einleitung; §§ 1-34, 8. Aufl., Berlin 1992.
Band 2, §§ 35-52, 8. Aufl., Berlin 1997.
Band 3, §§ 53-85; Register, 8. Aufl., Berlin 1997.
(Zit.: Hachenburg/*Bearbeiter*)

Hadding, Walther: Ergibt die Vereinsmitgliedschaft „quasi-vertragliche" Ansprüche, „erhöhte Treue und Förderpflichten" sowie ein „sonstiges Recht" im Sinne des § 823 Abs. 1 BGB? Besprechung der Entscheidung BGHZ 110, 323. In: *Goerdeler, Reinhart/Hommelhoff, Peter/Lutter, Marcus/Odersky, Walter/Wiedemann, Herbert*: Festschrift für Albert Kellermann zum 70. Geburtstag am 29. November 1990, Berlin 1991. S. 91-113. (Zit.: *Hadding*, FS Kellermann)

Hager, Johannes: Verkehrsschutz durch redlichen Erwerb, München 1990. (Zit.: *Hager*, Verkehrsschutz)

Hamann, Hanjo: GmbH-Anteilserwerb vom Nichtberechtigten, NZG 2007, 492-494.

Handelsrechtausschuss des DAV: Stellungnahme zum Referentenentwurf eines Gesetzes zur Modernisierung des GmbH-Rechts und zur Bekämpfung von Missbräuchen (MoMiG), NZG 2007, 211-223. (Zit.: Stellungnahme des DAV zum RefE MoMiG)

Handelsrechtausschuss des DAV: Stellungnahme zum Regierungsentwurf eines Gesetzes zur Modernisierung des GmbH-Rechts und zur Bekämpfung von Missbräuchen (MoMiG), NZG 2007, 735-743. (Zit.: Stellungnahme des DAV zum RegE MoMiG)

Harbarth, Stephan: Gutgläubiger Erwerb von GmbH-Geschäftsanteilen nach dem MoMiG-RegE, ZIP 2008, 57-64.

Hasselmann, Cord-Georg: Die Gesellschafterliste nach § 40 GmbHG: Erstellung und Einreichung durch Geschäftsführer und Notare, NZG 2009, 486-493.

Heckschen, Heribert: Auswirkungen des MoMiG auf die Übertragung von GmbH-Anteilen von Todes wegen und im Wege der vorweggenommenen Erbfolge, ZErb 2008, 246-253.

Heckschen, Heribert: Das MoMiG in der notariellen Praxis, München 2009. (Zit.: *Heckschen*, Praxis)

Heckschen, Heribert: Die GmbH-Reform – Wege und Irrwege, DStR 2007, 1442-1451.

Heckschen, Heribert/Heidinger, Andreas, Die GmbH in der Gestaltungs- und Beratungspraxis, 1. Aufl., Köln 2005. (Zit.: Heckschen/Heidinger: Die GmbH (2005))

Heckschen, Heribert/Heidinger, Andreas, Die GmbH in der Gestaltungs- und Beratungspraxis, 2. Aufl., Köln 2009. (Zit.: Heckschen/Heidinger: Die GmbH (2009))

Henzler, Jörg: Haftung der GmbH-Gesellschafter wegen Existenzvernichtung, Baden-Baden 2009. (Zitiert: *Henzler*, Haftung)

Hergeth, Armin/Mingau, Katja, Beteiligungsverträge bei der GmbH, DStR 2001, 1217-1220.

Herrmann, Harald: Gutglaubenserwerb und Gesellschafterdarlehen bei Finanzinvestitionen. Vom Kapitalersatz zum Kapitalverkehrsschutz im neuen GmbH-Recht, DZWIR 2009, 265-274.

Heybrock, Hasso: Praxiskommentar zum GmbH-Recht, Münster 2009. (Zit.: Heybrock/*Bearbeiter*, PK-GmbHG)

Hohner, Georg: Die Bereinigung fehlerhafter GmbH-Anteile. In: *Fischer, Robert/Möhring, Phillip/Westermann, Harry*: Wirtschaftsfragen der Gegenwart, Festschrift für Carl Hans Barz zum 65. Geburtstag am 6. Dezember 1974, Berlin 1974. S. 147-170. (Zit.: *Hohner*, FS Barz)

Höland, Armin: Erwerberschutz durch Redlichkeit – Rechtsscheinaspekte des redlichen Erwerbs nach dem Vermögensgesetz –, AcP 198 (1998), 539-598.

Hölters, Wolfgang: Handbuch des Unternehmens- und Beteiligungskaufs, 6. Aufl., Köln 2005.

Hübner, Heinz: Der Rechtsverlust im Mobiliarsachenrecht. Ein Beitrag zur Begründung und Begrenzung des sachenrechtlichen Vertrauensschutzes – dargestellt an der Regelung nach §§ 932 ff. BGB, Erlangen 1955.

Hueck, Alfred/Canaris, Claus-Wilhelm: Recht der Wertpapiere, 12. Aufl., München 1986.

Hüffer, Uwe: Aktiengesetz, 8. Aufl., München 2008.

Hügel, Stefan: Beck´scher Online-Kommentar Grundbuchordnung, Edition: 8, Stand: 01.01.2010, München 2010. (Zit.: BeckOK Hügel/*Bearbeiter*, GBO)

Issensee, Josef/Kirchhof, Paul: Handbuch des Staatsrechts, Band V Allgemeine Grundrechtslehren, Heidelberg 1992. (Zit.: *Bearbeiter* in: Issensse/Kirchhof HStR V)

Jarass, Hans D./Pieroth, Bodo: Grundgesetz für die Bundesrepublik Deutschland, 10. Aufl., München 2009. (Zit.: Jarass/Pieroth, GG)

Jasper, Ute/Rust, Ulrich: Die Zusammenlegung von GmbH-Geschäftsanteilen, DB 2000, 1549-1553.

Kamlah, Klaus: Optionen, Gesellschafterliste und Guter Glaube, GmbHR 2009, 841-846.

Karner, Ernst: Gutgläubiger Mobiliarerwerb: Zum Spannungsverhältnis von Bestandsschutz und Verkehrsinteresse, Wien 2006. (Zit.: *Karner*, Gutgläubiger Mobiliarerwerb)

Keidel, Theodor: FamFG, Kommentar über das Verfahren in Familiensachen und die Angelegenheiten der freiwilligen Gerichtsbarkeit, 16. Aufl., München 2009. (Zit.: Keidel/*Bearbeiter*)

Kindler, Peter: Grundzüge des neuen Kapitalgesellschaftsrechts – Das Gesetz zur Modernisierung des GmbH-Rechts und zur Bekämpfung von Missbräuchen (MoMiG), NJW 2008, 3249-3256.

Klöckner, Stefan: Praxisprobleme beim gutgläubigen Erwerb von GmbH-Geschäftsanteilen, NZG 2008, 841-846.

Koch, Ulrich: Die Beteiligung einer Gesellschaft bürgerlichen Rechts an der GmbH-Gründung, ZHR 146 (1982), 118-139.

Kolkmann, Johannes: Die Verpfändung von Geschäftsanteilen und die Sicherung des Pfandrechts (Einziehung, Zusammenlegung, Auflösung), MittRhNotK 1992, 1-17.

Konzen, Horst: Geschäftsführung, Weisungsrecht und Verantwortlichkeit in der GmbH und GmbH & Co KG, NJW 1989, 2977-2987.

Kort, Michael: Offene Fragen zu Gesellschafterliste, Gesellschafterstellung und gutgläubigem Anteilserwerb (§§ 40 und 16 GmbHG n.F.), GmbHR 2009, 169-176.

Krafka, Alexander/Willer, Heinz: Registerrecht, 7. Aufl., München 2007.

Krefting, Erwin: Deutscher Notartag 1961 (Diskussionsbeitrag), 79-81.

Kühn, Manfred: Gutgläubiger Erwerb von GmbH-Geschäftsanteilen?, GmbHR 1970, 201-202.

Lange, Heinrich/Kuchinke, Kurt: Erbrecht, 5. Aufl., München 2001.

Larenz, Karl, Methodenlehre der Rechtswissenschaft, 6. Aufl., München 1991. (Zit.: *Larenz*, Methodenlehre)

Larenz, Karl/Canaris, Claus-Wilhelm: Lehrbuch des Schuldrechts. Zweiter Band Besonderer Teil 2. Halbband, 13. Aufl., München 1994. (Zit.: *Larenz/Canaris*, Schuldrecht II 2)

Larenz, Karl/Wolf, Manfred: Allgemeiner Teil des Bürgerlichen Rechts, 9. Aufl., München 2004. (Zit.: *Larenz/Wolf*, AT)

Lautner, Konrad: Alles wieder beim Alten? – Die gesetzlichen Neuregelungen zur Teilnahme der Gesellschaft bürgerlichen Rechts am Grundstücksverkehr, DNotZ 2009, 650-677.

Leenen, Detlef: Die Funktionsbedingungen von Verkehrssystemen in der Dogmatik des Privatrechts. In: *Behrends, Okko/Dießelhorst, Malte/Dreier, Rolf*: Rechtsdogmatik und praktische Vernunft, Symposium zum 80. Geburtstag von Franz Wieacker, Göttingen 1990. S. 108-126.

Leeser, Marcel: Gutgläubiger Erwerb von GmbH-Geschäftsanteilen nach dem Regierungsentwurf des MoMiG, Saarbrücken 2009. (Zit.: *Leeser*, Gutgläubiger Erwerb)

Lege, Joachim: Zwangskontrakt und Güterdefinition. Zur Klärung der Begriffe „Enteignung“ und „Inhalts- und Schrankenbestimmung des Eigentums“, Berlin 1995.

Leuschner, Lars: Die Bedeutung von Allgemeinwohlinteressen bei der verfassungsrechtlichen Rechtfertigung privatrechtlicher Regelungen am Beispiel der §§ 932ff. BGB, AcP 205 (2005), 205-245.

Leuschner, Lars: Verkehrsinteresse und Verfassungsrecht, Berlin 2005.

Link, Jan: Gesellschafterliste und gutgläubiger Erwerb von GmbH-Anteilen aus Sicht der Praxis, RNotZ 2009, 193-221.

Lutter, Marcus: Die Grenzen des sogenannten Gutglaubensschutzes im Grundbuch, AcP 164 (1964), 122-182.

Lutter, Marcus: Theorie der Mitgliedschaft – Prolegomena zu einem Allgemeinen Teil des Korporationsrechts, AcP 180 (1980), 84-159.

Lutter, Marcus/ Hommelhoff, Peter: GmbH-Gesetz, Kommentar, 17. Aufl., Köln 2009. (Zit.: Lutter/Hommelhoff/*Bearbeiter*, GmbHG)

Manger, Robert: Anmerkung zu BGH, Urteil vom 13.12.2004, Az. II ZR 409/02, GmbHR 2005, 355-357.

v. Mangoldt, Hermann/Klein, Friedrich/Starck, Christian: Kommentar zum Grundgesetz Band I, 5. Aufl., München 2005. (Zit.: *Bearbeiter* in: v. Mangoldt/Klein/Stark, GG I)

Martinek, Michael: juris Praxiskommentar BGB, Band 3 – Sachenrecht, 4. Aufl., Saarbrücken 2008. (Zit.: *Bearbeiter* in: jurisPK-BGB)

Marx, Anja: Die Publizität des GmbH-Gesellschafters. Gesellschafteranmeldung, Gesellschafterliste und Notaranzeige, Köln 2002. (Zit.: *Marx*, Die Publizität des GmbH-Gesellschafters)

Maunz, Theodor/Dürig, Günter: Grundgesetz Kommentar (Loseblatt), Band II, Art. 6-16a, Stand: 48. Lieferung, München 2006. (Zit.: *Bearbeiter* in: Maunz/Dürig)

Maunz, Theodor/Schmidt-Bleibtreu, Bruno/Klein, Franz/Bethge, Herbert: Bundesverfassungsgerichtsgesetz, Kommentar (Loseblatt), Stand: 31. Lieferung, München 2009. (Zit.: *Bearbeiter* in: Maunz/Schmidt-Bleibtreu/Klein/Bethge)

Mayer, Dieter: Aufwertung der Gesellschafterliste durch das MoMiG – Fluch oder Segen?, ZIP 2009, 1037-1051.

Mayer, Dieter: Der Erwerb einer GmbH nach den Änderungen durch das MoMiG, DNotZ 2008, 403-433.

Medicus, Dieter: Allgemeiner Teil des BGB, 9. Aufl., Heidelberg 2006.

Medicus, Dieter/Petersen, Jens: Bürgerliches Recht. Eine nach Anspruchsgrundlagen geordnete Darstellung zur Examensvorbereitung, 22. Aufl., Köln 2009.

Mennicke, Petra: Zum Weisungsrecht und der Folgepflicht des GF in der mitbestimmungsfreien GmbH, NZG 2000, 622-626.

Michalski, Lutz: Kommentar zum Gesetz betreffend die Gesellschaften mit beschränkter Haftung, GmbH-Gesetz.
Band I, §§ 1-32, München 2002. (Zit.: Michalski/*Bearbeiter*, GmbHG)
Band II, §§ 33-85, München 2002. (Zit.: Michalski/*Bearbeiter*, GmbHG)

Mülbert, Peter O./Leuschner, Lars: Die verfassungsrechtlichen Vorgaben der Art. 14 GG und Art. 2 Abs. 1 GG für die Gesellschafterstellung – wo bleibt die Privatautonomie?, ZHR (170) 2006, 615-672.

Müller, Klaus J: Anmeldung des Erwerbs von GmbH-Geschäftsanteilen, DStR 1998, 296-303.

Müller, Klaus J: Beseitigung der Anmeldung nach § 16 Abs. 1 GmbHG bei fehlerhafter Anteilsübertragung, GmbHR 1996, 641-650.

Müller, Klaus J: Der Entwurf des „MoMiG" und die Auswirkungen auf den Unternehmens- und Beteiligungskauf, GmbHR 2006, 953-959.

Münchener Kommentar: Münchener Kommentar zum Aktiengesetz.
Band 1, §§ 1-75, 3. Aufl., München 2008.
(Zit.: MünchKommAktG/*Bearbeiter*)

Münchener Kommentar: Münchener Kommentar zum Bürgerlichen Gesetzbuch.
Band 1, §§ 1-240, ProstG, 5. Aufl., München 2006.
Band 2, §§ 241-432, CISG, 5. Aufl., München 2007.
Band 3, §§ 433-610, Finanzierungsleasing, HeizkostenV, BetriebskostenV, 5. Aufl., München 2008.
Band 4, §§ 611-704, EFZG, TzBfG, KSchG, 5. Aufl., München 2009.

Band 6, §§ 854-1296, Wohnungseigentumsgesetz, Erbbaurechtsgesetz, 5. Aufl., München 2009.
Band 9, §§ 1922-2385, §§ 27-35 BeurkG, 4. Aufl., München 2004.
Band 10, Einführungsgesetz zum Bürgerlichen Gesetzbuche (Art. 1-46), Internationales Privatrecht, 4. Aufl., München 2006.
(Zit.: MünchKommBGB/*Bearbeiter*)

Münchener Kommentar: Münchener Kommentar zum Handelsgesetzbuch. Band 1, Erstes Buch. Handelsstand, §§ 1-104, 2. Aufl., München 2005.
(Zit.: MünchKommHGB/*Bearbeiter*)

Münchener Kommentar: Münchener Kommentar zur Zivilprozessordnung. Band 2, §§ 511-945, 3. Aufl., München 2007.
(Zit.: MünchKommHGB/*Bearbeiter*)

v. Münch, Ingo/Kunig, Philip: Grundgesetz-Kommentar, Band 1 Präambel, Art. 1-19, 5. Aufl., München 2000. (Zit.: *Bearbeiter* in: v.Münch/Kunig, GGK I)

Musielak, Hans-Joachim: Kommentar zur Zivilprozessordnung mit Gerichtsverfassungsgesetz, 7. Aufl., München 2009. (Zit.: Musielak/*Bearbeiter*)

Noack, Ulrich: Das EHUG ist beschlossen – elektronisches Handels- und Unternehmensregister ab 2007, NZG 2006, 801-806.

Noack, Ulrich: Die Gesellschafterliste der GmbH, Status: Recht (DB) 2/2009, 38-39.

Noack, Ulrich: Reform des deutschen Kapitalgesellschaftsrechts: Das Gesetz zur Modernisierung des GmbH-Rechts und zur Bekämpfung von Missbräuchen, DB 2007, 1475-1482.

Oppermann, Rainer: Praktische Gestaltung der bedingten Abtretung von GmbH-Anteilen – Risiken durch gutgläubigen bedingungsfreien Erwerb Dritter, ZIP 2009, 651-655.

Orantek, Kerstin: Informationsfreiheit in kleinen Schritten, NJ 2008, 442-445.

Palandt, Otto: Bürgerliches Gesetzbuch, 69. Aufl., München 2010. (Zit.: Palandt/*Bearbeiter*)

Paschke, Marian: Die fehlerhafte Korporation. Zwischen korporationsrechtlicher Tradition und europarechtlicher Rechtsentwicklung, ZHR 155(1991), 1-23.

Pawlowski, Hans-Martin: Methodenlehre für Juristen, 3. Aufl., Heidelberg 1999.

Peetz, Carsten: Anmeldung einer Anteilsabtretung – eine eher unscheinbare Norm, GmbHR 2006, 852-860.

Peters, Frank: Der Entzug des Eigentums an beweglichen Sachen durch gutgläubigen Erwerb, Tübingen 1991. (Zit.: *Peters*, Der Entzug des Eigentums)

Preis, Ulrich: Der persönliche Anwendungsbereich der Sonderprivatrechte, ZHR 158 (1994), 567-613.

Preuß, Nikola: Gesellschafterliste, Legitimation gegenüber der Gesellschaft und gutgläubiger Erwerb von GmbH-Anteilen, ZGR 2008, 676-701.

Priester, Hans-Joachim: Die Zusammenlegung von GmbH-Geschäftsanteilen, GmbHR 1976, 130-133.

Priester, Hans-Joachim/Mayer, Dieter: Münchener Handbuch des Gesellschaftsrechts, Band 3: Gesellschaft mit beschränkter Haftung, 2. Aufl., München 2009. (Zit.: Münch. Hdb. GesR. III/ *Bearbeiter*)

Prütting, Hanns/Wegen, Gerhard/Weinreich, Gerd: BGB Kommentar, 4. Aufl., Köln 2009.

Raisch, Peter: Unternehmensrecht 1, Unternehmensprivatrecht: Handels- und Gesellschaftsrecht, Hamburg, 1973.

Rau, Stephan: Der Erwerb einer GmbH nach In-Kraft-Treten des MoMiG – Höhere Transparenz des Gesellschafterkreises, gutgläubiger Erwerb und Vereinfachte Stückelung, DStR 2006, 1892-1900.

Rebe, Bernd: Zur Ausgleichsfunktion von § 935 BGB zwischen Vertrauensschutz und Eigentümerinteressen beim gutgläubigen Mobiliarerwerb, AcP 173 (1973), 186-202.

Reymann, Christoph: Aufschiebend bedingte Geschäftsanteilsabtretung und Zwischenverfügungen in der GmbH, GmbHR 2009, 343-349.

Reymann, Christoph: Der BGH-Beschluss zur Grundbuchfähigkeit der GbR – Ist dies das Ende des Erwerberschutzes? ZfIR 2009, 81-88.

Reymann, Christoph: Gutgläubiger Erwerb und Rechte an GmbH-Geschäftsanteilen, WM 2008, 2095-2107.

Reymann, Christoph: Zurechnungssystem und Regelungsebenen der GmbH-Gesellschafterliste, BB 2009, 506-513.

Reichert, Jochem: Abtretung von GmbH-Geschäftsanteilen und gutgläubiger Erwerb. In: *Bayer, Walter/Koch, Elisabeth*: Das neue GmbH-Recht, Baden-Baden 2008. S. 29-47. (Zit.: *Reichert* in: Bayer/Koch)

Reichert, Jochem/Weller, Marc-Philippe: Der GmbH-Geschäftsanteil. Übertragung und Vinkulierung. Kommentierung der §§ 14-18 GmbHG, München 2006. (Zit.: *Reichert/Weller*, GmbH-Geschäftsanteil)

Rieger, Reinhard: Grenzen verfassungskonformen Auslegung, NVwZ 2003, 17-22.

Ring, Gerhard/Grziwotz, Herbert: Systematischer Praxiskommentar GmbH-Recht, Köln 2009. (Zit.: Ring/Grziwotz/*Bearbeiter*)

Rischbieter, Gerhard/Gröning, Maximilian: Gründung und Leben der GmbH nach dem MoMiG, München 2009. (Zit.: Rischbieter/Gröning/*Bearbeiter*, Gründung und Leben)

Rodewald, Jörg: Die Legitimation des Veräußerers von Geschäftsanteilen als GmbH-Gesellschafter, GmbHR 1995, 718-720.

Rodewald, Jörg: Gutgläubiger Erwerb von Geschäftsanteilen nach MoMiG – drei Fragen zum Umfang der Legal Due Diligence, GmbHR 2009, 196-199.

Roth, Günter H./ Altmeppen, Holger: Gesetz betreffend die Gesellschaften mit beschränkter Haftung (GmbHG), 5. Aufl., München 2005. (Zit.: Roth/Altmeppen, GmbHG (2005))

Roth, Günter H./ Altmeppen, Holger: Gesetz betreffend die Gesellschaften mit beschränkter Haftung (GmbHG), 6. Aufl., München 2009. (Zit.: Roth/Altmeppen, GmbHG)

Roth, Wolfgang: Die verfassungsrechtliche Überprüfung verfassungskonformer Auslegung im Wege abstrakter Normenkontrolle, NVwZ 1998, 563-567.

Rousseau, Marc-André: Anforderungen an den Erwerber von Geschäftsanteilen nach dem MoMiG, GmbHR 2009, R49-R50.

Rozek, Jochen: Die Unterscheidung von Eigentumsbindung und Enteignung, Tübingen 1998.

Ruffert, Matthias: Vorrang der Verfassung und Eigenständigkeit des Privatrechts, Tübingen 2001.

Sachs, Michael: Grundgesetz Kommentar, 5. Aufl., München 2009. (Zit.: *Bearbeiter* in: Sachs, Grundgesetz)

Saenger, Ingo/Scheuch, Alexander: Auslandsbeurkundungen bei der GmbH – Konsequenzen aus MoMiG und Reform des Schweizer Obligationenrechts, BB 2008, 65-69.

Schäfer, Carsten: Die Lehre vom fehlerhaften Verband. Grundlagen, Verhältnis zum allgemeinen Vertragsrecht und Anwendung auf Strukturveränderungen, Tübingen 2002.

Schlaich, Klaus/Korioth, Stefan: Das Bundesverfassungsgericht, Stellung, Verfahren, Entscheidungen, 7. Aufl., München 2007 (Zit.: *Schlaich/Korioth*, Das Bundesverfassungsgericht)

Schmidt, Karsten: Die fehlerhafte Anteilsübertragung. Eine Untersuchung zum Recht der AG, der GmbH und der Personengesellschaft, BB 1988, 1053-1060.

Schmidt, Karsten: Die GmbH-Beteiligung von Gesellschaften bürgerlichen Rechts als Publizitätsproblem. Wucherungen der Gesamthands-BGB-Gesellschaft? BB 1983, 1697-1702.

Schmidt, Karsten: „Fehlerhafte Gesellschaft" und allgemeines Verbandsrecht – Grundlagen und Grenzen eines verbandsrechtlichen Instituts –, AcP 186 (1986), 421-452.

Schmidt, Karsten: Theorie und Praxis der Vorgesellschaft nach gegenwärtigem Stand, GmbHR 1987, 77-87.

Schmidt, Karsten: Zur Übertragung von Vor-Gesellschaftsanteilen, GmbHR 1997, 869-875.

Schmidt, Karsten: Gesellschaftsrecht, 4. Aufl., Köln 2002.

Schmidt, Karsten: Handelsrecht, 5. Aufl., Köln 1999.

Schmitz, Erich, Vinkulierungs- und Ausschließungsklauseln – Überschneidungen und Gestaltungsmöglichkeiten in der GmbH –. In: *Wank, Rolf/Hirte,*

Heribert/Frey, Kaspar/Fleischer, Holger/Thüsing, Georg: Festschrift für Herbert Wiedemann zum 70. Geburtstag, München 2002. S. 1223-1254. (Zit.: *Schmitz*, FS Wiedemann)

Schneider, Uwe, H: Neue Haftungsrisiken für GmbH-Geschäftsführer bei Erstellung und Einreichung der Gesellschafterliste, GmbHR 2009, 393-396.

Schnorbus, York: Die Teilnahme des Scheingesellschafters an Strukturmaßnahmen in der GmbH, ZGR 2004, 126-157.

Schockenhoff, Martin/Höder, Andreas: Gutgläubiger Erwerb nach dem MoMiG: Nachbesserungsbedarf aus Sicht der M&A-Praxis, ZIP 2006, 1841-1847.

Scholz, Franz: Kommentar zum GmbH-Gesetz.
I. Band, §§ 1-34. 10 Aufl., Köln 2006. (Zit.: Scholz/*Bearbeiter*, GmbHG)
II. Band, §§ 35-52. 10. Aufl., Köln 2007. (Zit.: Scholz/*Bearbeiter*, GmbHG)
III. Band, §§ 45-87. 9. Aufl., Köln 2002. (Zit.: Scholz/*Bearbeiter*, GmbHG, 9. Aufl.)

Schöne, Hartmut/Stöber, Kurt: Grundbuchrecht, 14. Auflage, München 2008.

Schuschke, Winfried/Walker, Wolf-Dietrich: Vollstreckung und Vorläufiger Rechtsschutz. Kommentar zum Achten Buch der ZPO. Band I, Zwangsvollstreckung §§ 704-915h ZPO, 3. Aufl., Köln 2002. (Zit.: *Bearbeiter* in: Schuschke/Walker)

Spindler, Gerald/Stilz Eberhard: Kommentar zum Aktiengesetz, Band 1 §§ 1-178, München 2007. (Zit.: Spindler/Stilz/*Bearbeiter*)

Schreiner, Helmut: Die Mitwirkung erbscheinberechtigter Scheinerben bei Gesellschaftsbeschlüssen und Anteilsübertragungen, NJW 1978, 921-924.

Schreinert, Ingo/Berresheim, Daniel: Bedingte Abtretung von GmbH-Geschäftsanteilen und gutgläubiger Erwerb nach dem MoMiG – Gestalterischer Handlungsbedarf bei Kauf-, Treuhand- und Überlassungsverträgen?, DStR 2009, 1265-1272.

Schröcker, Stefan: Unternehmenskauf und Anteilskauf nach der Schuldrechtsreform, ZGR 2005, 63-100.

Schuler, Hans: Die Verpfändung von GmbH-Anteilen, NJW 1956, 689-693.

Schulze, Reiner/Dörner, Heinrich/Ebert, Ina: Bürgerliches Gesetzbuch, Handkommentar, 5. Aufl., Baden-Baden 2007. (Zit.: HK-BGB/*Bearbeiter*)

Schulze-Osterloh, Lerke: Das Prinzip der Eigentumsopferentschädigung im Zivilrecht und im öffentlichen Recht, Berlin 1980.

Schütze, Rolf/Weipert, Lutz: Münchener Vertragshandbuch, Band 2: Wirtschaftsrecht I, 6. Auflage, München 2009. (Zit.: Schütze/Weipert/*Bearbeiter*)

Seibert, Ulrich: Die rechtsmissbräuchliche Verwendung der GmbH in der Krise – Stellungnahmen zu einer Umfrage des Bundesministeriums der Justiz. In: *Crezelius, Georg/Hirte, Heribert/Vieweg, Klaus*: Festschrift für Volker Röhricht zum 65. Geburtstag, Köln 2005. S. 1223-1254. (Zit.: *Seibert*, FS Röhricht)

Seibert, Ulrich: Gesetz zur Modernisierung des GmbH-Rechts und zur Bekämpfung von Missbräuchen – MoMiG, Köln 2009. (Zitiert: *Seibert*, MoMiG).

Seibert, Ulrich: GmbH-Reform: Der Referentenentwurf eines Gesetzes zur Modernisierung des GmbH-Rechts und zur Bekämpfung von Missbräuchen – MoMiG, ZIP 2006, 1157-1168.

Sikora, Markus/Regler, Rainer/Tiedtke, Werner: Die Auswirkungen des MoMiG auf die Notarkosten, MittBayNot 2008, 437-446.

Soergel, Hs. Theodor: Bürgerliches Gesetzbuch mit Einführungsgesetz und Nebengesetzen
- Sachenrecht 1 (§§ 854-984), 13. Aufl., Stuttgart 2002
- Erbrecht 3 (§§ 2274-2385), 13. Aufl., Stuttgart 2002
(Zit.: Soergel/*Bearbeiter*)

v. Staudinger, J.: J. von Staudingers Kommentar zum Bürgerlichen Gesetzbuch.
- §§ 134-163: Allgemeiner Teil 4, Neubearbeitung 2009
- §§ 255-304: Leistungsstörungsrecht I, Neubearbeitung 2009
- §§ 883-902: Allgemeines Liegenschaftsrecht, Neubearbeitung 2008
- §§ 925-984; Anhang zu §§ 929: Sonderformen der Übereignung: Eigentum 2, Neubearbeitung 2004
- §§ ErbbauRG; §§ 1018-1112: Erbbaurechtsgesetz, Dienstbarkeiten, Vorkaufsrecht, Reallasten, Neubearbeitung 2009
- §§ 1113-1203: Hypothek, Grundschuld, Rentenschuld, Neubearbeitung 2009
- §§ 1204-1296; SchiffsRG; (Pfandrecht), Neubearbeitung 2009
(Zit.: Staudinger/*Bearbeiter*)

Steffek, Felix: Die Gesellschaft bürgerlichen Rechts im Grundbuch, ZIP 2009, 1445-1456.

Stern, Klaus: Das Staatsrecht der Bundesrepublik Deutschland, Band I, Grundbegriffe und Grundlagen des Staatsrechts, Strukturprinzipien der Verfassung, 2. Aufl., München 1984. (Zit.: *Bearbeiter* in: Stern, Staatsrecht I)

Stern, Klaus: Das Staatsrecht der Bundesrepublik Deutschland, Band III/1, Allgemeine Lehren der Grundrechte 1. Halbband, München 1988. (Zit.: *Bearbeiter* in: Stern, Staatsrecht III/1)

Stern, Klaus: Das Staatsrecht der Bundesrepublik Deutschland, Band III/2, Allgemeine Lehren der Grundrechte 2. Halbband, München 1994. (Zit.: *Bearbeiter* in: Stern, Staatsrecht III/2)

Stern, Klaus: Das Staatsrecht der Bundesrepublik Deutschland, Band IV/1, Die einzelnen Grundrechte 1. Halbband, München 2006. (Zit.: *Bearbeiter* in: Stern, Staatsrecht IV/1)

Tebben, Joachim: Die Reform des GmbH – das MoMiG in der notariellen Praxis, RNotZ, 2008, 441-462.

Tebben, Joachim: Unterbeteiligung und Treuhand an Gesellschaftsanteilen, Baden-Baden 2000.

Temme, Ulrich/Küperkoch, Edgar: Heilung und „Reparatur" fehlerhafter Kapitalerhöhungsbeschlüsse, GmbHR 2004, 1556-1561.

Ulmer, Peter/Habersack, Mathias/Winter, Martin: GmbHG – Gesetz betreffend die Gesellschaften mit beschränkter Haftung: GmbH, Großkommentar.
Band 1, Einleitung, §§ 1-28, Tübingen 2005.
Band 2, §§ 29-52, Tübingen 2006.
(Zit.: Ulmer/Habersack/Winter/*Bearbeiter*)

Vossius, Oliver: Gutgläubiger Erwerb von GmbH-Anteilen nach MoMiG, DB 2007, 2299-2304.

Vosskuhle, Andreas: Theorie und Praxis der verfassungskonformen Auslegung von Gesetzen durch Fachgerichte – Kritische Bestandsaufnahme und Versuch einer Neubestimmung –, AöR 125(2000), 177-201.

Wachter, Thomas: Aktuelle Praxisprobleme mit der neuen Gesellschafterliste, NZG 2009, 1001-1005.

Wachter, Thomas: GmbH-Reform: Auswirkungen auf die Übertragung von GmbH-Geschäftsanteilen, ZNotP 2008, 378-400.

Wachter, Thomas: Übertragung von GmbH-Geschäftsanteilen nach MoMiG, GmbHR Sonderheft Oktober 2008, 51-61.

Wachter, Thomas: Unternehmensnachfolge bei der GmbH und GmbH & Co. KG nach dem MoMiG, DB 2009, 159-167.

Weber, Martin: Vormitgliedschaftliche Treubindungen. Begründung, Reichweite und Vorauswirkung gesellschaftsrechtlicher Treubindungen, München 1999. (Zit.: *Weber*, Treubindungen)

Wegen, Gerhard: Gutgläubiger Erwerb von GmbH-Geschäftsanteilen? Eine vorläufige Bewertung aus der Praxis. In: *Moll, Wilhelm*: Festschrift für Hans-Jochen Lüer zum 70. Geburtstag, München 2008. S. 321-335. (Zit.: *Wegen*, FS Lüer)

Wehmann, Jörg: Gutgläubiger Fahrniserwerb bei alternativ zum fehlenden Eigentum des Veräußerers wirkenden Übertragungshindernissen, Göttingen 1988. (Zit.: *Wehmann*, Gutgläubiger Fahrniserwerb)

Weigl, Gerald: Die Sicherung des Erwerbers oder Treugebers eines Geschäftsanteils durch eine aufschiebend bedingte Abtretung nach Inkrafttreten des MoMiG, MittBayNot 2009, 116-121.

Weigl, Gerald: Gesellschafterliste und Gutglaubenserwerb bei aufschiebend bedingten Geschäftsanteilsabtretungen, NZG 2009, 1173-1176.

Wellspacher, Moritz: Das Vertrauen auf äußere Tatbestände im bürgerlichen Recht, Wien 1906.

Westermann, Harry: Die Grundlagen des Gutglaubensschutzes, JuS 1963, 1, 8.

Westermann, Harry: Sachenrecht, 7. Aufl., Heidelberg 1998.

Wicke, Hartmut: Gesetz betreffend die Gesellschaften mit beschränkter Haftung (GmbHG), München 2008. (Zit.: *Wicke*, GmbHG)

Wiebe, Andreas: Die elektronische Willenserklärung, Tübingen 2002.

Wiedemann, Herbert: Die Übertragung und Vererbung von Mitgliedschaftsrechten bei Handelsgesellschaften, München 1965. (Zit.: *Wiedemann*, Die Übertragung)

Wiedemann, Herbert: Gesellschaftsrecht. Ein Lehrbuch des Unternehmens- und Verbandsrechts. Band I Grundlagen, München 1980. (Zit.: *Wiedemann*, Gesellschaftsrecht I)

Wiedemann, Herbert/Frey, Kaspar: Prüfe dein Wissen, Gesellschaftsrecht, 7. Aufl., München 2007.

Wiegand, Wolfgang: Der gutgläubige Erwerb beweglicher Sachen nach §§ 932 ff. BGB, JuS 1974, 201-212.

Wiegand, Wolfgang: Der öffentliche Glaube des Erbscheins, JuS 1975, 283-286.

Wiegand, Wolfgang: Der öffentliche Glaube des Grundbuches, JuS 1975, 205-214.

Wiegand, Wolfgang: Rechtsableitung vom Nichtberechtigten. Rechtsschein und Vertrauensschutz bei Verfügungsgeschäften, JuS 1978, 145-150.

Wieling, Hans, Josef: Sachenrecht. Band 1: Sachen, Besitz und Rechte an beweglichen Sachen, 2. Aufl., Berlin 2006. (Zit.: *Wieling*, Sachenrecht)

Wiesner, Georg: Beurkundungspflicht und Heilungswirkung bei Gründung von Personengesellschaften und Unternehmensveräußerungen, NJW 1984, 95-99.

Wilhelm, Jan: Sachenrecht, 3. Aufl., Berlin 2007.

Wittkowski, Lutz: Die Lehre vom Verkehrsgeschäft, Berlin 1990.

Wolf, Christian: Übertriebener Verkehrsschutz – Zur subjektiven und objektiven Theorie im Rahmen von § 1365 BGB, JZ 1997, 1087-1094.

Wolter, Udo: Was ist heute Handelsrecht? – Eine Einführung in einige grundsätzliche Probleme eines prekären Rechtsgebietes –, Jura 1988, 169-178.

Zeilinger, Andreas: Das Verhältnis zwischen Veräußerer und Erwerber bei der fehlerhaften rechtsgeschäftlich Übertragungen eines GmbH-Geschäftsanteils, NZG 1999, 1021-1030.

Zessel, Marco: Gutgläubiger Erwerb von GmbH-Geschäftsanteilen, GmbHR 2009, 303-306.

Ziemons, Hildegard: Mehr Transaktionssicherheit durch das MoMiG?, BB-Spezial 7 2006, 9-14.

Ziemons, Hildegard/Jaeger, Carsten: Beck´scher Online-Kommentar GmbHG, Edition: 3, Stand: 15.10.2009, München 2009. (Zit.: BeckOK Ziemons/Jaeger/*Bearbeiter*, GmbHG)

Zippelius, Reinhold: Juristische Methodenlehre, 10. Aufl., München 2006.

Zöllner, Wolfgang: Der kritische Weg des Arbeitsrechts zwischen Privatkapitalismus und Sozialstaat, NJW 1990, 1-8.

Zöllner, Wolfgang: Folgen der Nichtigerklärung durchgeführter Kapitalerhöhungsbeschlüsse, AG 1993, 68-79.

Zöllner, Wolfgang: Übertragung von GmbH-Anteilen – Zwei rechtspolitische Grundsatzfragen. In: *Gesellschaftsrechtliche Vereinigung*: Die GmbH-Reform in der Diskussion, Sondertagung der Gesellschaftsrechtlichen Vereinigung (VGR), Köln 2006, 175-193 (Zit.: *Zöllner* in: VGR, Die GmbH-Reform in der Diskussion)

Zweigert, Konrad: Rechtsvergleichend-Kritisches zum gutgläubigen Mobiliarerwerb, RabelsZ (23) 1958, 1-20.